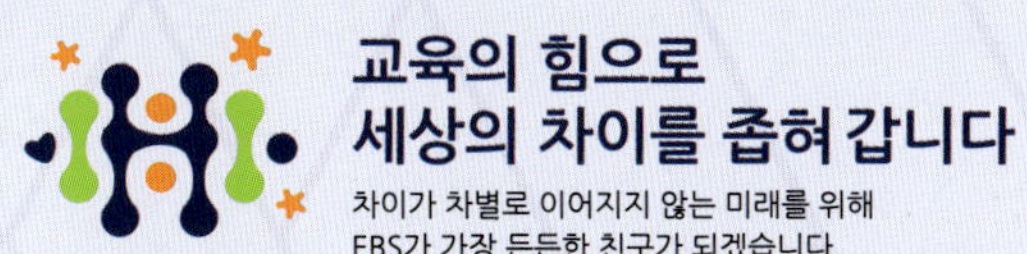

모든 교재 정보와 다양한 이벤트가 가득!
EBS 교재사이트 book.ebs.co.kr

본 교재는 EBS 교재사이트에서
eBook으로도 구입하실 수 있습니다.

고등학교
입문서
NO. 1

고등 예비 과정

통합사회

기획 및 개발

이은희

박영민

본 교재의 강의는 TV와 모바일 APP, EBS 중학사이트(mid.ebs.co.kr),
EBS*i* 사이트(www.ebs*i*.co.kr)에서 무료로 제공됩니다.

발행일 2024. 11. 1. **4쇄 인쇄일** 2025. 10. 30. **신고번호** 제2017-000193호 **펴낸곳** 한국교육방송공사 경기도 고양시 일산동구 한류월드로 281
표지디자인 ㈜무닉 **편집** ㈜동국문화 **인쇄** 금강인쇄주식회사 **사진** 게티이미지코리아, ㈜아이엠스톡, 이미지파트너스
인쇄 과정 중 잘못된 교재는 구입하신 곳에서 교환하여 드립니다. 신규 사업 및 교재 광고 문의 pub@ebs.co.kr

정답과 해설 PDF 파일은 EBS*i* 사이트(www.ebs*i*.co.kr)에서 내려받으실 수 있습니다.

교재 내용 문의
교재 내용 문의는
EBS*i* 사이트(www.ebs*i*.co.kr)의 학습 Q&A 서비스를
활용하시기 바랍니다.

교재 정오표 공지
발행 이후 발견된 정오 사항을
EBS*i* 사이트 정오표 코너에서 알려 드립니다.
교재 → 교재 자료실 → 교재 정오표

교재 정정 신청
공지된 정오 내용 외에 발견된 정오 사항이 있다면
EBS*i* 사이트를 통해 알려 주세요.
교재 → 교재 정정 신청

내신도 수능도
기본서는 역시, EBS

올림포스

선생님 선택 1위!
수행평가까지 한 권으로

내신 ———————— 수능

공통국어1, 공통국어2, 문학1 현대문학,
문학2 고전문학, 영어독해 기본1, 영어독해 기본2,
영어독해 9대 변별 유형, 공통수학1,
공통수학2, 대수, 미적분I, 확률과 통계

수능 빌드업

메인북과 워크북으로
탄탄한 수능 기초 쌓기

내신 ———————— 수능

독서,
대수, 미적분I, 확률과 통계,
영어독해

고등
예비
과정

통합사회

구성과 특징 STRUCTURE & FEATURES

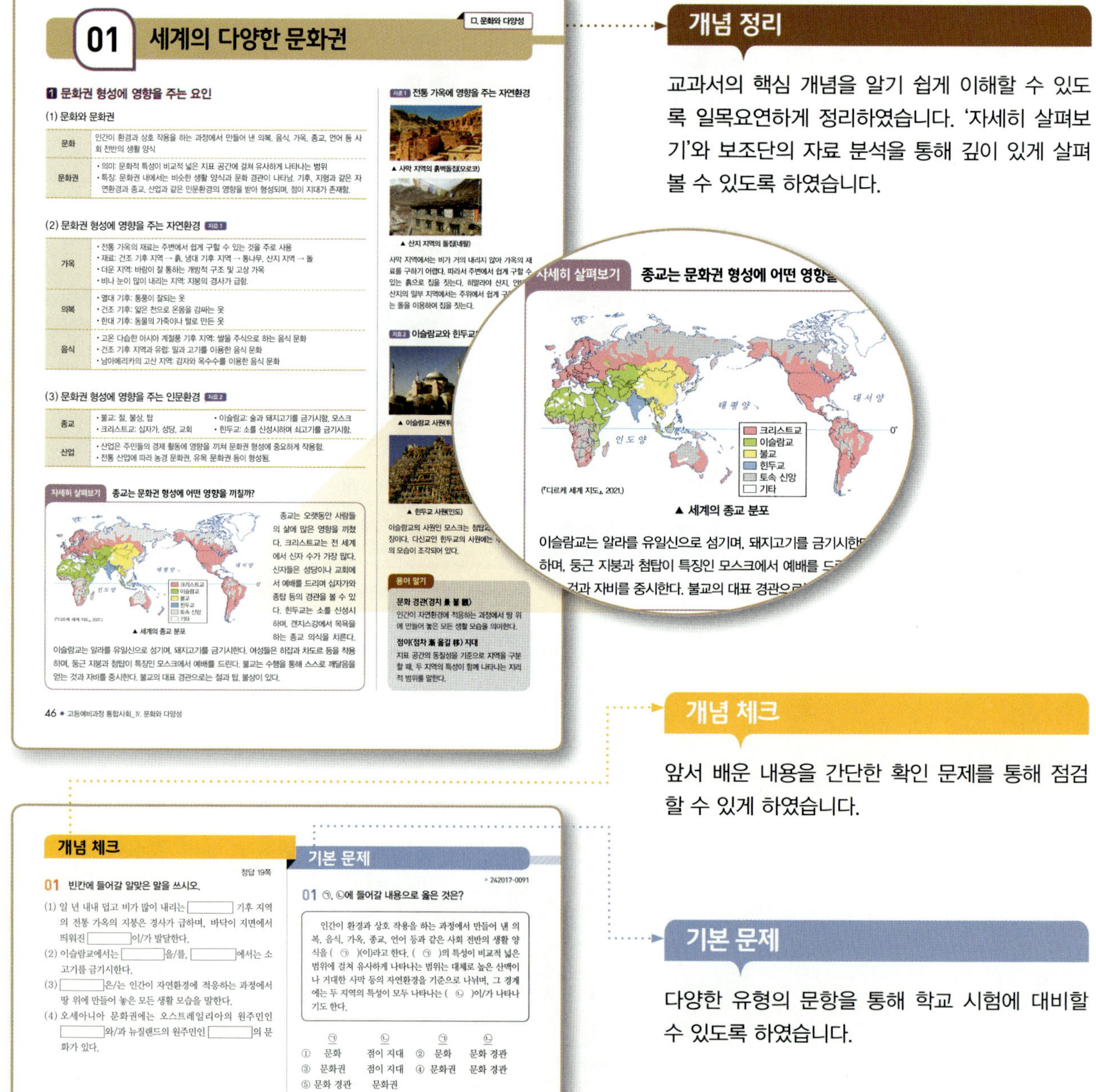

개념 정리

교과서의 핵심 개념을 알기 쉽게 이해할 수 있도록 일목요연하게 정리하였습니다. '자세히 살펴보기'와 보조단의 자료 분석을 통해 깊이 있게 살펴볼 수 있도록 하였습니다.

개념 체크

앞서 배운 내용을 간단한 확인 문제를 통해 점검할 수 있게 하였습니다.

기본 문제

다양한 유형의 문항을 통해 학교 시험에 대비할 수 있도록 하였습니다.

주제 탐구

대단원의 핵심 주제와 관련된 사례를 통해 개념을 다시 한번 이해하고, Q&A를 통해 서술형 문제에도 대비할 수 있도록 하였습니다.

대단원 종합 문제

학습한 내용을 최종 마무리할 수 있도록 단원 통합형 문제 등 종합적인 사고를 할 수 있는 문항으로 구성하였습니다.

미리보는 서술형·논술형

더욱 확대된 서술형·논술형 평가를 대비하기 위한 코너입니다. 서술형·논술형 문항에 막연한 어려움이 있었다면 step 1, 2, 3을 단계별로 따라가면서 극복해 보세요.

차례 CONTENTS

통합사회 1

중학교와 달라지는 고등학교, 이렇게 시작하세요

시작이 반! 제대로 시작하기

대입으로의 첫걸음을 딛는 고등학교 생활! 막연한 두려움을 가질 필요는 없습니다. 어디를 향해 출발해야 할지 알고 목표를 명확하게 세운다면 좋은 결과를 얻을 것입니다. 고등학교에서 배우는 내용의 깊이와 낯선 수능 유형 적응이라는 관문이 높게 보이겠지만, 중학교에서 학습한 내용에 근간을 두고 있다는 점을 명심하고 자신감 있게 시작해 봅시다.

수능 첫 관문, 전국연합학력평가

3월에 시행되는 전국연합학력평가는 나의 성취 수준을 가늠할 수 있는 고등학교 1학년 전국 단위 첫 시험으로 중학교 전 범위가 출제범위입니다. 6월, 9월, 10월에도 전국연합학력평가가 시행되며, 고등학교 1학년 공통과목(국어, 수학, 영어, 한국사, 통합사회, 통합과학) 교육과정 순서에 따라 일부 단원까지만 출제범위에 포함됩니다.

고1 3월 전국연합학력평가 출제범위		
영역(과목)		**출제범위**
국어		중학교 전 범위
수학		
영어		
한국사		
탐구	사회	
	과학	

대학수학능력시험 출제범위		
영역(과목)		**출제범위**
국어		화법과 언어, 독서와 작문, 문학
수학		대수, 미적분Ⅰ, 확률과 통계
영어		영어Ⅰ, 영어Ⅱ
한국사		한국사
탐구	사회	통합사회
	과학	통합과학

성공적인 대입을 위한 내신 관리의 중요성

대학 입시 전형에서 수시 모집 인원이 차지하는 비중은 70% 내외로 수시 모집 전형은 대체로 높은 내신 성적을 요구합니다. 그러므로 고등학교 입학과 동시에 철저한 내신 관리가 필요합니다. 내신 관리의 가장 중요한 점은 학교 수업에서 강조한 부분이 무엇인지 알고 어떤 문제 유형이 출제되는지 아는 것입니다. 성공적인 학습 성과를 거두기 위해 자신의 적성과 진로에 맞춰 과목을 선택하고, 수동적으로 수업을 듣는 것에 그치지 않고 꾸준히 자기 주도 학습을 하는 것이 중요합니다.

★ EBS 100% 활용하기 (+만점을 위한 학습 습관 기르기)
- 교재에 수록된 문항코드를 검색해 모르는 문제는 강의까지 꼼꼼하게 복습한다.
- 기출은 필수! EBSi에서 기출문제 내려받아 풀고, AI단추를 활용해 취약 영역 중심으로 반복 학습한다.

통합사회 1

01, 02 인간, 사회, 환경을 바라보는 다양한 관점, 통합적 관점의 필요성과 적용

1 인간, 사회, 환경을 바라보는 다양한 관점

(1) 시간적 관점 자료1

① 의미: 시대적 맥락에 초점을 두고 사회현상을 살펴보는 것

② 특징: 시간의 흐름에 따라 자료를 다각도로 수집하여 과거와 현재의 관계를 파악하고 미래의 방향을 예측하고자 함.

③ 핵심 질문: 과거부터 현재까지 특정 현상이나 문제가 어떻게 변화해 왔는가?

(2) 공간적 관점

① 의미: 장소와 지역 및 공간적 상호 작용에 중점을 두고 사회현상을 살펴보는 것

② 특징: 위치와 장소, 분포 양상과 형성 과정, 이동과 네트워크 등의 공간적 맥락에서 인간, 사회, 환경 간의 상호 관계를 분석하고 이해함.

③ 핵심 질문: 자연환경과 인문환경에 따라 각 지역의 생활 모습은 어떻게 다르게 나타나는가?

> **자세히 살펴보기** **인구 소멸 위험 지역을 공간적 관점에서는 어떻게 파악할 수 있을까요?**
>
> 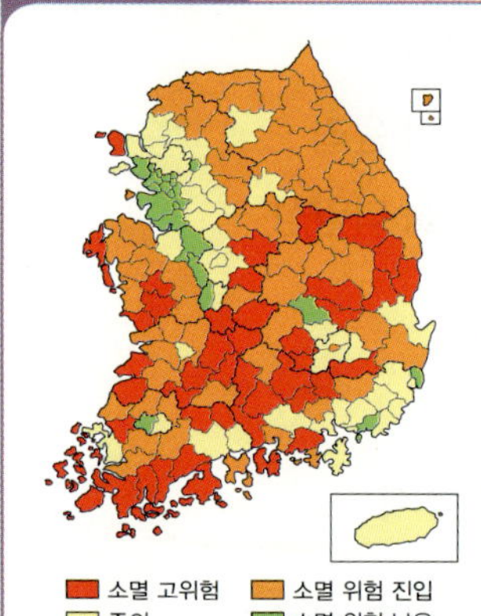
>
> ◀ 우리나라 인구 소멸 위험 지역
>
> 인구 소멸 위험 지역이란 행정 구역 중 거주자가 감소하여 사실상 지역 자체가 사라질 수 있는 지역을 말한다. 왼쪽 지도에서 빨간색으로 표시된 지역은 양질의 일자리를 구성하고 있던 지역 제조업이 차츰 쇠락하고, 일자리 상황이 악화하면서 청년 인구 유출 현상이 심화되는 인구 소멸 위험 지역이다. 2023년 현재 전국적으로 89곳에 이른다. 이 문제를 이해하기 위해서는 공간적 관점에서 지역별 인구 분포, 산업 구조, 연령별 인구 구조, 유입 인구 및 유출 인구, 교육 시설 및 문화 시설, 출생률 등을 파악할 필요가 있다.

(3) 사회적 관점

① 의미: 사회 구조와 사회 제도를 중심으로 사회현상을 탐구하고 대안을 살펴보는 것

② 특징: 사회현상이 나타난 배경을 구조적·제도적·정책적 측면에서 살펴보고 개선해야 할 문제를 파악하여 해결책을 모색하고자 함.

③ 핵심 질문: 사회 구조 및 제도는 인간의 사고와 행동에 어떤 영향을 끼치는가?

(4) 윤리적 관점

① 의미: 도덕적 가치와 도덕규범을 바탕으로 사회현상을 해석하고 문제점을 찾아 바람직한 삶의 모습을 살펴보는 것

② 특징: 다양한 사회현상을 도덕적 가치와 도덕규범에 따라 평가하고 사회가 나아갈 바람직한 방향을 제시하고자 함.

③ 핵심 질문: 현재의 사회현상이 도덕적 가치와 도덕규범을 기준으로 판단했을 때 바람직한가?

자료1 시간적 관점에서 본 저출생 현상

* 합계 출산율: 여성 한 명이 가임 기간(15~49세)에 낳을 것으로 예상되는 평균 출생아 수

▲ 우리나라의 합계 출산율·출생아 수 추이

오늘날 우리나라의 저출생 현상은 과거로부터 이어져 온 시간의 흐름 속에서 파악해야 한다. 위 자료에서 2023년 우리나라의 합계 출산율은 0.72명이다. 연간 출생아 수가 30만 명 아래로 떨어지면서 저출생 현상이 심각한 사회 문제로 부각되었다. 2012년까지만 해도 한 해 48만 명 정도였던 출생아 수가 점차 줄어들고 있는 추세를 통해 앞으로의 상황을 예측해 볼 수 있다.

❋ 사회적 관점의 필요성

인간은 사회를 이루어 다른 사람과 사회적 관계를 맺으며 살아가므로, 사회 구조와 사회 제도는 사회 구성원의 삶을 변화시키는 중요한 원인이 된다. 사회적 관점은 사회현상이 나타난 배경을 사회의 구조적·제도적·정책적 측면에서 살펴보고 개선해야 할 문제를 파악하여 해결책을 모색하려는 특징을 지닌다. 따라서 어떠한 사회현상이 발생한 원인이나 배경을 이해하고 그 현상이 개인이나 사회에 미칠 영향을 알아보려면, 그와 관련된 사회 제도나 사회 구조의 내용과 특징을 살펴볼 필요가 있다.

용어 알기

맥락(혈맥 脈 이을 絡)
사물 따위가 서로 이어져 있는 관계나 연관을 의미한다.

사회 구조
사회적 관계를 맺는 방식이 정형화된 틀을 이루고 있는 것을 말한다.

사회 제도
사회적 행동을 일정한 방향으로 이끌어 주는 조직화된 관행과 절차를 말한다.

❷ 통합적 관점의 의미와 필요성

(1) 의미: 인간과 세상을 역사적 배경과 시대적 맥락, 위치와 장소 및 네트워크 등의 공간적 맥락, 사회 구조와 제도의 영향력, 규범적 방향성과 도덕적 가치 등을 고려하여 종합적으로 살펴보는 것임.

(2) 필요성
① 현대의 복잡한 사회현상을 정확히 이해할 수 있음.
② 사회 문제에 관한 근본적인 해결책을 찾을 수 있음.

❸ 통합적 관점의 적용(기후위기)

(1) 시간적 관점을 적용하여 기후위기 파악
① 대기 중 온실가스 농도 증가 → 온실 효과 심화
② 지표 온도 상승 예측 → 인류의 안전과 생태계 보전 노력의 필요성 인식

자세히 살펴보기　지구의 지표 온도는 어떤 변화를 겪어 왔나요?

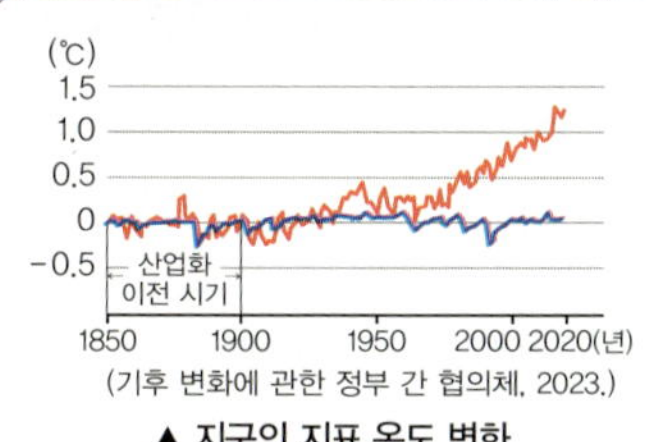

왼쪽 자료에서 붉은색은 관측된 지표 온도 변화이고, 파란색은 자연적 인자만을 고려한 온도 변화이다. 산업 혁명 이후 대기 중 온실가스 농도가 증가하여 온실 효과가 심화하였고, 그 결과 지표면의 평균 온도가 산업화 이전보다 급격히 상승하였다. 이러한 추세라면 머지않아 지표 온도는 산업화 이전보다 1.5℃ 이상 상승할 것으로 예측된다.

(2) 공간적 관점을 적용하여 기후위기 파악
① 국가별 이산화 탄소 배출량, 기후위기의 지역별 양상을 파악
② 일부 국가가 온실가스를 대량으로 배출함. 기후위기로 직접적인 피해를 입는 것은 개발 도상국임.
③ 기후위기의 공간적 양상을 파악하고 이에 따른 대책을 마련해야 함.

(3) 사회적 관점을 적용하여 기후위기 파악
① 기후위기에 대처하기 위해 국가적·국제적 차원에서 어떠한 제도적 노력을 기울이고 있는지를 살펴봄.→ 각국이 온실가스 감축을 위한 구체적인 목표를 세우고, 이에 필요한 제도를 마련하기 위해 노력하고 있음.
② 기후위기를 막기 위한 국제 협약을 체결하는 등의 노력을 꾀함. 자료2

(4) 윤리적 관점을 적용하여 기후위기 파악
① 기후위기에 대처하기 위해 어떠한 도덕적 가치나 도덕규범이 필요한지를 살펴봄.
② 인류가 경제 성장이라는 가치를 지나치게 중시하면서 기후위기를 초래하였음을 파악 → 환경, 평등, 정의 등의 가치를 중시하고 기후정의를 실천할 필요가 있음.

✱ 통합적 관점의 필요성

현대의 사회현상은 시공간적으로 다양한 요인이 서로 영향을 주고받으며 나타나므로 복잡하고 불확실하다. 이러한 사회현상에 따른 문제를 한 가지 관점으로만 바라보고 해결하려는 시도는 사회 문제의 다양하고 복잡한 측면을 고려하지 못하는 한계가 있다. 따라서 다양한 관점을 바탕으로 인간, 사회, 환경을 통합적으로 살펴볼 때 복잡한 사회현상을 정확히 이해하고 사회 문제에 관한 근본적인 해결책을 찾을 수 있다.

자료2　파리 협정(2015년)의 내용

협정 목표	산업화 이전 대비 지구 평균 기온의 상승을 2℃보다 훨씬 낮게 유지, 나아가 1.5℃ 이하로 제한하기 위해 노력할 것
국가별 노력	선진국은 온실가스 감축에 앞장서고, 개발 도상국은 점진적으로 온실가스 감축에 노력할 것

기후위기 극복을 위한 국제적 노력의 하나로 2015년에 파리 협정이 체결되었고, 지구 온도 상승 폭을 "2도보다 훨씬 낮게 유지하고 1.5도 이하를 위한 노력을 추구한다."라는 목표가 이때 정해졌다.

용어 알기

기후위기
기후 변화가 극단적인 날씨뿐만 아니라 물 부족, 식량 부족, 해양 산성화, 해수면 상승, 생태계 붕괴 등 인류 문명에 회복할 수 없는 위험을 초래하고 있는 상태를 말한다.

기후정의
기후 변화가 사회적·경제적으로 열악한 사람들에게 더 큰 악영향을 미칠 수 있다는 것을 인식하고, 기후 변화로 초래된 불평등을 줄이기 위한 노력이 필요하다는 점을 강조하는 용어이다.

정답 2쪽

01 빈칸에 들어갈 알맞은 말을 쓰시오.

(1) 세상을 [   ] 관점에서 바라본다는 것은 역사적 배경과 시대적 맥락에 초점을 두고 사회현상을 살펴보는 것을 의미한다.

(2) '자연환경과 인문환경에 따라 각 지역의 생활 모습은 어떻게 다르게 나타나는가?'는 [   ] 관점에서 할 수 있는 핵심 질문이다.

(3) [   ] 관점은 개별 학문의 경계를 넘어 시간적, 공간적, 사회적, 윤리적 관점을 통합하여 인간, 사회, 환경을 이해하는 관점이다.

02 다음 내용이 옳으면 ○표, 틀리면 ×표를 하시오.

(1) '법, 제도, 정책 등이 인간의 삶에 끼치는 영향은 무엇인가?'는 공간적 관점의 핵심 질문이다. (   )

(2) 세상을 윤리적 관점에서 바라본다는 것은 도덕적 가치와 도덕규범을 바탕으로 사회현상을 해석하고 문제점을 찾아 바람직한 삶의 모습을 살펴보는 것을 의미한다. (   )

(3) 현대의 사회현상은 시공간적으로 다양한 요인이 서로 영향을 주고받으며 나타나므로 복잡하고 불확실하다. (   )

(4) 시간적 관점은 미래를 통해 현재의 사회현상을 바르게 이해하게 해 준다. (   )

03 기후위기 상황을 분석할 때 해당하는 적절한 관점을 보기 에서 고르시오.

> 보기
> ㄱ. 시간적 관점   ㄴ. 공간적 관점
> ㄷ. 사회적 관점   ㄹ. 윤리적 관점

(1) 일부 국가가 이산화 탄소와 같은 온실가스를 대량으로 배출하고 있으나 기후위기로 직접적인 피해를 입는 것은 개발 도상국을 포함한 전 세계임을 알 수 있다. (   )

(2) 환경, 평등, 정의 등의 가치를 중시하고 기후정의를 실천할 필요가 있다. (   )

(3) 산업 혁명 이후 대기 중 온실가스 농도가 증가하여 온실효과가 심화하였고, 그 결과 지표면의 평균 온도가 산업화 이전보다 급격히 상승하였다. (   )

(4) 기후 변화를 막기 위한 국제 협약을 체결하는 등의 노력을 꾀할 수 있다. (   )

[01~02] 다음 자료를 보고 물음에 답하시오. (단, (가)는 A 관점, (나)는 B 관점을 취함.)

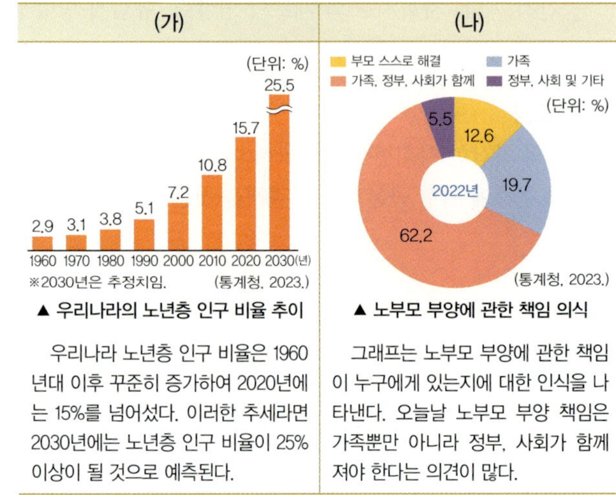

우리나라 노년층 인구 비율은 1960년대 이후 꾸준히 증가하여 2020년에는 15%를 넘어섰다. 이러한 추세라면 2030년에는 노년층 인구 비율이 25% 이상이 될 것으로 예측된다.

그래프는 노부모 부양에 관한 책임이 누구에게 있는지에 대한 인식을 나타낸다. 오늘날 노부모 부양 책임은 가족뿐만 아니라 정부, 사회가 함께 져야 한다는 의견이 많다.

▶ 242017-0001

01 A 관점에 대한 옳은 설명만을 보기 에서 고른 것은?

> 보기
> ㄱ. 시간적 변화 과정을 고려해 해결책을 찾고자 한다.
> ㄴ. 도덕적 행위가 무엇인지를 주로 탐구하는 관점이다.
> ㄷ. 시간적 변화 과정을 통해 현재의 문제 해결의 필요성을 인식한다.
> ㄹ. 현상이 나타나는 위치와 장소 등 공간 정보에 초점을 두는 관점이다.

① ㄱ, ㄴ   ② ㄱ, ㄷ   ③ ㄴ, ㄷ
④ ㄴ, ㄹ   ⑤ ㄷ, ㄹ

▶ 242017-0002

02 B 관점의 핵심 질문으로 가장 적절한 것은?

① 우리가 살아가는 공동체의 역사는 무엇인가?
② 법, 제도, 정책 등이 인간의 삶에 끼치는 영향은 무엇인가?
③ 사회 구조는 인간의 사고와 행동에 어떤 영향을 끼치는가?
④ 자연환경과 인문환경에 따라 각 지역의 생활 모습은 어떻게 다르게 나타나는가?
⑤ 현재의 사회현상이 도덕적 가치와 도덕규범을 기준으로 판단했을 때 바람직한가?

▶ 242017-0003

03 다음 글에서 설명하는 관점으로 옳은 것은?

- 의미: 역사적 배경과 시대적 맥락에 초점을 두고 사회현상을 살펴보는 것을 의미한다.
- 특징: 과거와 현재의 관계를 파악하고 미래의 방향을 예측한다.
- 핵심 질문: 지금 우리가 접하는 문제는 왜 발생했고, 이를 해결하는 데 참고할 만한 과거의 사례는 무엇이 있는가?

① 시간적 관점　　② 공간적 관점　　③ 사회적 관점
④ 윤리적 관점　　⑤ 통합적 관점

▶ 242017-0004

04 A~D의 관점에서 제기할 수 있는 옳은 질문만을 보기 에서 고른 것은?

보기

ㄱ. A: 음주 운전으로 인한 교통사고가 가장 많이 발생하는 지역은 어디인가?
ㄴ. B: 음주 운전이 사회 문제로 대두된 시기는 언제인가?
ㄷ. C: 음주 운전을 처벌하는 법령으로는 무엇이 있는가?
ㄹ. D: 음주 운전을 공동체의 평화를 해치는 문제 행위로 인식하고 있는가?

① ㄱ, ㄴ　② ㄱ, ㄷ　③ ㄴ, ㄷ　④ ㄴ, ㄹ　⑤ ㄷ, ㄹ

▶ 242017-0005

05 ㉠, ㉡에 들어갈 알맞은 말을 쓰시오.

　세상을 바라보는 관점에는 시간적 관점, 공간적 관점, 사회적 관점, 윤리적 관점이 있다. 이 중 (㉠)은 사회현상의 역사적 배경과 시대적 맥락을 살펴보는 것이고, (㉡)은 도덕적 가치와 도덕규범을 바탕으로 사회현상을 해석하고 문제점을 찾아 바람직한 삶의 모습을 살펴보는 것이다.

㉠: (　　　　　　　)　　㉡: (　　　　　　　)

▶ 242017-0006

06 사회현상의 탐구와 관련하여 다음 사례가 주는 교훈으로 가장 적절한 것은?

　옛날 인도의 어느 왕이 진리에 대해 토론을 하다가 신하에게 코끼리 한 마리를 몰고 오라고 지시하였다. 그러고는 시각 장애인들에게 각자 코끼리를 만져 보게 한 후, 코끼리가 무엇과 비슷한지 물었다. 그러자 상아를 만진 사람은 코끼리의 모양이 무같이 생겼다고 하였고, 귀를 만진 사람은 곡식에서 불순물을 제거할 때 쓰는 키와 같다고 하였으며, 꼬리를 만진 사람은 굵은 밧줄같이 생겼다고 하였다. 사람들은 자기가 알게 된 것만을 코끼리라고 주장하였다.

① 인간, 사회, 환경을 개별 학문의 차원에서 살펴야 한다.
② 인권, 정의, 책임과 같은 도덕적 가치로 사회현상을 파악해야 한다.
③ 다양한 관점을 통합적으로 고려해야 문제의 본질을 파악할 수 있다.
④ 과거라는 거울에 비추어 현재를 이해해야 미래를 정확하게 예측할 수 있다.
⑤ 개인이나 집단의 행위에 영향을 끼치는 각종 제도에 초점을 맞추어야 한다.

▶ 242017-0007

07 교사의 질문에 옳게 답변한 학생은?

교사: A 관점에서 미국의 총기 소지 현상을 탐구해 봅시다.

A 관점: 사회 구조와 사회 제도를 중심으로 사회현상을 탐구하고 대안을 살펴보는 것

① 갑: 총기 사고가 가장 빈발한 지역을 조사합니다.
② 을: 총기 소지의 역사적 배경에 대해 조사합니다.
③ 병: 총기 소지 문제를 해결하기 위해 헌법을 수정할 필요가 있는지 검토합니다.
④ 정: 중국이나 러시아와는 달리 미국에서 특히 총기 규제가 어려운 이유는 무엇인지 알아봅니다.
⑤ 무: 생명 존중을 위해 총기 소지를 허용하는 것이 도덕적으로 정당화될 수 있는지 생각해 봅니다.

사람이 운전하지 않아도 스스로 주행하는 자동차, 이른바 자율 주행 자동차는 아주 가까운 시일 안에 우리 앞에 나타날 현실입니다. 그러나 자율 주행 자동차를 상용화하기 위해서는 꼭 풀어야 할 윤리적 문제가 있습니다. 바로 긴급 상황에서 누구를 희생시켜야 할지에 대한 딜레마입니다. 다음의 세 가지 상황을 살펴보겠습니다.

A 상황	B 상황	C 상황
		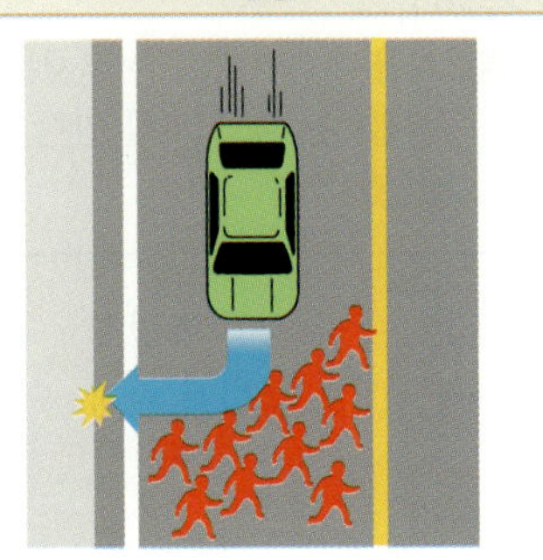
이 상황에서는 그대로 직진하면 여러 사람을 치게 되고 급격히 방향을 바꾸면 한 명만 치게 됩니다.	이 상황에서는 그대로 직진하면 보행자 한 명을 치게 되고 급격히 방향을 바꾸면 차에 타고 있는 운전자 한 명만 다치거나 죽을 수 있습니다.	이 상황에서는 그대로 직진하면 여러 사람이 죽거나 다치고 급격히 방향을 바꾸면 차에 타고 있는 운전자 한 명만 다치거나 죽을 수 있습니다.

각각의 경우 자율 주행 자동차는 어떤 판단을 내리도록 설계되어야 할까요? 우리는 과연 이런 윤리적 문제를 직면할 준비가 되어 있는 걸까요? 자율 주행 자동차가 상용화되기 전에 우리가 이런 문제에 대해 사회적 합의를 이루어야 한다는 사실만은 분명해 보입니다. 국토 교통부는 2020년 이런 문제를 예방하기 위해 자율 주행 자동차 윤리 지침을 발표했습니다.

〈자율 주행 자동차 윤리 지침 중 일부〉

1. 기본 가치
- 자동차 사고로 발생할 손실을 최소화하고, 인간의 생명을 우선하도록 설계, 제작, 관리되어야 한다.
- 손실을 최소화하는 과정에서 인간을 성별, 나이, 종교 등의 개인적 차이로 차별하지 않는다.

2. 행동 원칙
- 운행 중 발생할 수 있는 문제 상황에 대비하여 운행 정보에 관한 투명하고 추적 가능한 기록 시스템을 갖추어야 한다.
- 기록된 정보는 차량 보유자가 보관하되 사고 대응이나 사후 처리를 위해 필요로 하는 관계자에게 제공할 수 있어야 한다.

Q&A

1 세상을 윤리적 관점에서 바라본다는 것은 무엇을 의미하는가?

세상을 윤리적 관점에서 바라본다는 것은 도덕적 가치와 도덕규범을 바탕으로 사회현상을 해석하고 문제점을 찾아 바람직한 삶의 모습을 살펴보는 것을 의미한다.

2 윤리적 관점에서 자율 주행 자동차의 상용화로 인해 발생할 수 있는 문제를 어떻게 예방할 수 있는가?

자동차 사고로 발생할 손실을 최소화하고, 인간의 생명을 우선하도록 자율 주행 자동차를 설계, 제작, 관리해야 한다.

대단원 종합 문제

[01~02] 다음 대화를 읽고 물음에 답하시오.

> 갑: 인공지능 기술이 개인의 사생활을 침해하거나 사회적 소수자를 차별한다는 말이 있어. 인공지능의 확산이 인류의 도덕적 가치나 규범과 관련해 어떤 문제를 일으킬 수 있는지를 알고 싶어.
>
> 을: 나는 인공지능이 일자리에 미치는 영향은 무엇이며, 인공지능의 오작동으로 인해 생긴 피해에 대한 법적 책임은 누가 져야 하는가에 대해 알고 싶어.

▶ 242017-0008

01 갑의 관점에서 던질 수 있는 질문으로 가장 적절한 것은?

① 인공지능이라는 용어가 처음 등장한 시기는 언제인가?

② 인공지능으로 인해 발생하는 윤리 문제에는 어떤 것이 있을까?

③ 인공지능으로 인해 각 지역의 생활 모습은 어떻게 다르게 나타날까?

④ 인공지능으로 인해 변화될 수 있는 사회 제도에는 어떤 것이 있을까?

⑤ 인공지능에 대한 관심이 커지게 된 역사적 사건에는 어떤 것들이 있을까?

▶ 242017-0009

02 을의 관점에 대한 설명으로 옳은 것은?

① 어떤 현상이나 사건의 시대적 배경을 살펴본다.

② 사회 구조 및 제도의 측면에서 분석하고 대안을 살펴본다.

③ 과거를 돌아봄으로써 현재 나타나고 있는 현상이나 문제를 이해한다.

④ 현상이 나타나는 위치와 장소, 현상의 분포 양상과 이동 등을 살펴본다.

⑤ 도덕적 가치와 도덕규범을 바탕으로 사회현상을 해석하고 문제점을 찾아 바람직한 삶의 모습을 살펴본다.

▶ 242017-0010

03 다음 자료에 나타난 사회현상을 바라보는 관점에 대한 설명으로 옳은 것은?

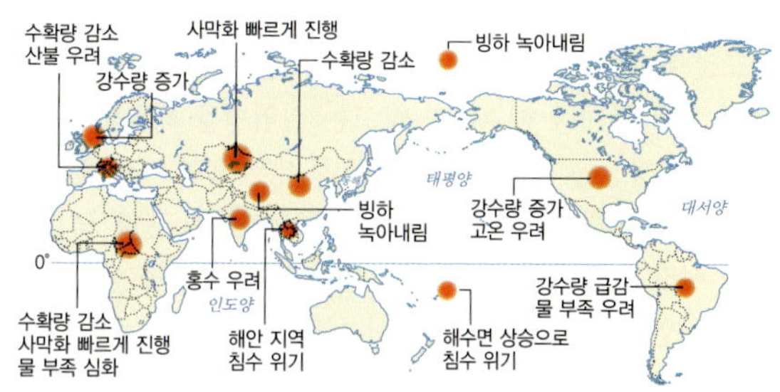

▲ 지구 온난화에 따른 지역별 영향

① 인간, 사회, 환경을 개별 학문의 경계를 넘어 종합적으로 이해한다.

② 일상생활에서 도덕적 행위를 판단하는 기준이 무엇인지를 탐구한다.

③ 사회현상의 배경을 사회 구조 및 제도의 측면에서 분석하고 대안을 살펴본다.

④ 위치와 장소, 분포 양상 및 네트워크 등 다양한 현상의 공간적 맥락을 살펴본다.

⑤ 어떤 현상이나 사건의 현재 모습이 있기까지의 시대적 배경과 맥락을 살펴본다.

▶ 242017-0011

04 밑줄 친 부분에서 강조된 관점으로 아동 노동 문제 해결을 위한 탐구 내용으로 가장 적절한 것은?

> 국제노동기구(ILO)는 5~17세 어린이와 청소년 중에서 건강·안전·도덕에 해를 끼치는 위험한 일에 종사하는 이들의 수가 8천만 명에 이른다고 밝혔다. 아동 노동 문제가 가장 심각한 지역은 사하라 사막 이남 아프리카로 열악한 자연환경, 내전, 극심한 빈곤이 그 원인으로 지목되고 있다.

① 아동 노동의 역사를 시대별로 살펴본다.

② 아동 노동 문제와 관련된 국제 협정을 조사한다.

③ 아동의 인권을 보호하는 법이나 제도를 찾아본다.

④ 아동 노동이 심한 지역의 자연 및 인문환경적 특징을 알아본다.

⑤ 아동 노동이 바람직하지 못한 가치에서 비롯되었는지를 조사한다.

▶ 242017-0012

05 다음 글이 강조하는 내용으로 가장 적절한 것은?

> 오늘날 인간의 일상에 관여하는 시스템은 상상을 초월할 정도로 복잡하게 얽혀 서로 의지하며 돌아가고 있다. 예를 들어 기후 문제를 해결하지 않고는 전염병을 해결할 수 없고, 경제 성장을 새로운 시각으로 보지 않으면 기후 문제를 해결할 수 없다. 인구 및 인간 집단의 이동에 관해 모르면 경제 성장을 끌어올릴 수 없고, 인간 집단의 이동을 예측하려면 전염병을 반드시 고려해야 한다. 20세기에는 쓸모 있던 도구들이 21세기에 들어선 지금 인류가 직면한 여러 과제를 해결하기에는 부족해 보인다.

① 통합적 관점에서 문제를 파악하라.
② 경제적 효율성을 바탕으로 문제를 해결하라.
③ 해당 분야 전문가에게 문제의 해결을 맡겨라.
④ 시간적 관점을 중심으로 사회현상을 탐구하라.
⑤ 사익을 버리고 공익을 중심에 놓고 문제를 해결하라.

▶ 242017-0013

06 A, B에 해당하는 개념을 쓰시오.

사회현상을 바라보는 관점	핵심 질문
A	현재의 문제를 해결하는 데 참고할 만한 과거의 사례에는 무엇이 있는가?
B	정책 마련을 위한 의사 결정 과정에서 정부와 시민 사회의 역할은 무엇인가?

A: (　　　　　　　)　　B: (　　　　　　　)

▶ 242017-0014

07 다음 사례에서 갑이 공정 여행을 바라보는 관점에 대한 설명으로 옳은 것은?

> 최근 여행지의 경제, 문화, 환경 등에 도움을 줄 수 있는 공정 여행이 주목받고 있다. 갑은 공정 여행을 장려하기 위한 국가 및 지방 자치 단체의 지원 정책을 조사하였다.

① 사회현상을 도덕적 가치에 따라 평가하는 관점이다.
② 위치와 장소, 지역 간 네트워크를 중시하는 관점이다.
③ 사회 구조와 사회 제도의 영향력을 강조하는 관점이다.
④ 사회현상을 시대적 배경과 맥락에서 이해하는 관점이다.
⑤ 인문환경과 자연환경이 인간의 생활에 미치는 영향을 강조하는 관점이다.

▶ 242017-0015

08 (가)에 나타난 문제를 (나)의 그림으로 탐구할 때 A~D의 관점에서 조사할 적절한 내용만을 **보기** 에서 고른 것은?

(가)	기후위기는 기후 변화가 극단적인 날씨뿐만 아니라 물 부족, 식량 부족, 해양 산성화, 해수면 상승, 생태계 붕괴 등 인류 문명에 회복할 수 없는 위험을 초래하고 있는 상태를 말한다.
(나)	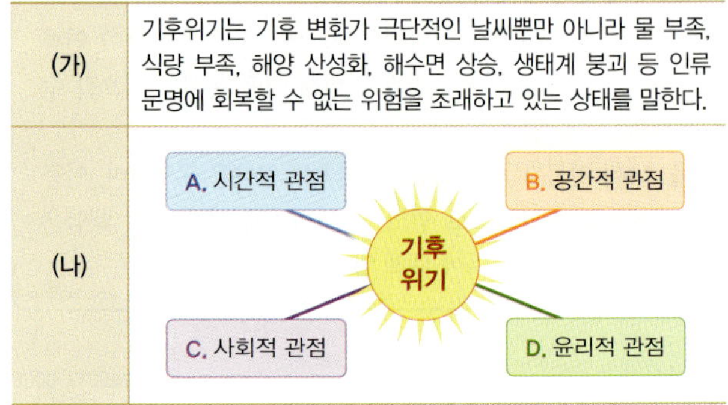

보기

ㄱ. A: 산업 혁명 이후 지구의 지표 온도 변화 조사하기
ㄴ. B: 국가별 이산화 탄소 배출량과 기후위기의 지역별 양상 조사하기
ㄷ. C: 기후정의 실천의 필요성에 대한 사람들의 인식 조사하기
ㄹ. D: 온실가스 감축과 관련한 국제 사회의 협정 이행 실태 조사하기

① ㄱ, ㄴ　　　② ㄱ, ㄷ　　　③ ㄴ, ㄷ
④ ㄴ, ㄹ　　　⑤ ㄷ, ㄹ

▶ 242017-0016

09 다음 신문 기사에 나타난 문제를 해결하기 위해 윤리적 관점에서 제기할 수 있는 질문으로 가장 적절한 것은?

> ○○ 일보
>
> 층간 소음으로 인한 갈등 끊이지 않아
> 세심한 대책과 함께 배려와 양보 필요해

① 층간 소음 문제가 언제부터 심각해졌나요?
② 층간 소음 문제가 가장 심각한 주거 지역은 어디인가요?
③ 층간 소음 문제가 발생했을 때 어떤 법적 절차를 거쳐야 하나요?
④ 층간 소음으로 인한 이웃 간 갈등은 어떤 마음가짐으로 풀어야 하나요?
⑤ 층간 소음 문제를 모범적으로 해결한 다른 나라의 사례로는 어떤 것이 있나요?

미리보는 서술형·논술형

Step 1 서술형 연습하기 ▶ 242017-0017

자료는 우리나라의 인구 성장률과 총인구 추이를 연도별로 나타낸 것이다. 이 자료를 통해 시간적 관점에서 어떤 현상을 파악하고 미래를 예측할 수 있는지를 서술하시오.

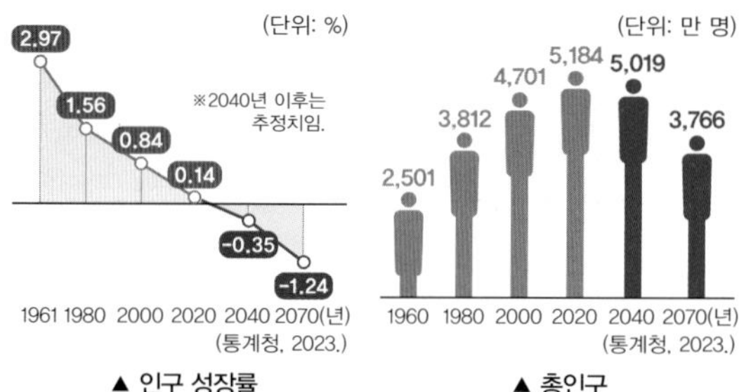

답 완성하기 위 자료에서 우리는 인구 성장률이 지속적으로 (　　　)하여 우리나라의 (　　　)이/가 줄어들 것을 예측하고, (　　　) 현상의 해결책을 모색할 필요성을 인식할 수 있다.

Step 2 서술형 훈련하기 ▶ 242017-0018

다음 밑줄 친 부분에서 강조하는 관점을 쓰고, 이 관점이 갖는 특징을 문제 해결과 관련하여 서술하시오.

> 수도권 쓰레기 매립장인 ○○ 쓰레기 매립장의 사용 연한이 다가옴에 따라 대체 매립지를 찾고 있지만 쓰레기 매립장을 유치하려는 지방 자치 단체가 없어 쓰레기 대란이 우려된다. 전문가들은 쓰레기 매립지의 영향 지역에 거주하는 주민들을 위한 획기적인 보상 정책이나 제도를 마련하고, 쓰레기 매립지 조성에 필요한 법적 절차를 획기적으로 개선한다면 매립지를 유치하려는 지방 자치 단체가 나타날 것으로 보고 있다.

____

____

____

Step 3 논술형 도전하기 ▶ 242017-0019

다음 글을 읽고 (가)에 해당하는 문제를 간략히 쓰고, (나)에서 강조하는 관점이 무엇인지와 (가)에서 언급한 문제의 해결책을 인공지능 교육과 관련하여 300자 이내로 논술하시오.

> 최근 들어 인공지능의 파급력은 매년 상상 이상으로 커지고 있다. (가) 인공지능은 기존에는 없던 새로운 문제를 야기할 수 있다. 무심코 올린 여행지에서의 사진이 인터넷상에 돌아다니거나 자신의 개인 정보가 우연히 유출되어 인공지능에 학습될 경우 개인은 엄청난 피해를 볼 수도 있다. 또한 인류가 창작한 다양한 콘텐츠를 인공지능이 학습하여 어떤 개인이나 기관이 그 이익을 가져가는 것이 바람직한지의 문제도 있다. 이러한 인공지능의 혜택을 누리는 사람과 그렇지 못한 사람과의 차이도 생각해 볼 수 있다. (나) 인공지능의 파급력이 커지는 만큼 이를 만들고 활용하는 데 따르는 책임도 커지고 있다. 이제 우리가 만들어 내는 기술이 사회에 어떤 영향을 미치는지, 의도하지 않았던 결과를 초래할 위험은 없는지 충분한 고민이 필요한 시점이다.

핵심 개념 | 인공지능의 파급력으로 인한 문제
(1) 개인정보 유출 (2) 윤리적 관점 (3) 윤리 교육

____

____

____

____

____

____

01 행복의 기준과 의미

1 삶의 목적

(1) 사람들이 추구하는 다양한 삶의 목적
① 사회에 공헌하기 위해 사는 사람들
② 화목한 가정을 이루기 위해 사는 사람들
③ 많은 부(富)나 명예를 얻기 위해 사는 사람들

(2) 삶의 목적으로서의 행복
① 삶의 궁극적 목적: 그 자체로 선택하고 추구하는 삶의 목적
② 사랑, 성공, 재물 등은 그 자체가 목적이 아니라 행복한 삶을 실현하기 위한 수단임.
③ 사람들이 궁극적으로 추구하는 것은 삶의 목적으로서의 행복임.

2 시대와 지역에 따라 다른 행복의 기준

(1) 행복의 의미와 기준
① 행복은 일반적으로 삶에서 충분한 만족감이나 즐거움을 느끼는 상태
② 행복에 대한 사상가들의 입장
  • 아리스토텔레스: 행복은 덕(德)에 따르는 정신의 활동이며 최고선(善)
  • 석가모니: 올바른 지혜를 통해 생로병사(生老病死)의 괴로움을 벗어난 상태
  • 정약용: 열복(熱福), 청복(淸福)
③ 행복의 기준은 시대 상황이나 지역 여건에 영향을 받음.
④ 동시대를 살아가거나 비슷한 환경에 놓인 사람들은 행복의 기준을 공유하기도 함.

자세히 살펴보기 **동서양의 다양한 사상가들이 생각하는 행복의 의미는 무엇일까?**

• 공자: 부유하지 않더라도 배우고 익히는 데서 얻는 즐거움을 누리고 의롭게 사는 것이 중요하다고 봄.
• 노자: 현재 가진 것에 만족할 줄 아는 미덕을 가져야 한다고 보았으며, 만족할 줄 아는 자는 평화롭고 정신적으로 풍요로운 인생을 살 수 있다고 봄.
• 아리스토텔레스: 행복한 삶을 실현하기 위해 이성을 탁월하게 발휘하고 좋은 습관을 형성해야 한다는 점을 강조함.
• 에피쿠로스: 고통의 부재와 심리적 평온을 행복으로 보고 이를 위해 소박하게 살 것을 강조함.

---

(2) 시대적 상황에 따른 행복의 기준: 같은 지역이라도 시대적 상황이 달라지면 행복의 기준도 달라질 수 있음.

고대 그리스 시대	철학적인 성찰을 통해 얻는 지혜와 덕(德)을 통한 활동
고대 헬레니즘 시대	불안에서 벗어나 마음의 평온함(= 평정심)을 누리는 삶
중세 시대	신의 은총을 통해 구원을 얻는 것
근대 시대	자유와 평등의 보장

✳ 정약용의 행복론

정약용은 행복을 열복과 청복으로 정의하였다. 열복은 가슴을 뜨겁게 해 주는 화끈한 행복이라는 의미를 담고 있으며 주로 세속에서 말하는 성공과 출세를 말하였다. 하지만 청복은 맑고 깨끗한 복으로 정약용은 청복이 진정한 행복이라고 보았다.

✳ 철학적 성찰과 덕(德)
• 철학적 성찰: 고대 그리스의 철학자 소크라테스는 "성찰하지 않는 삶은 살아갈 가치가 없다."라는 말을 통해 자신의 삶을 돌아보고 끊임없이 진리가 무엇인지 탐구해 나갈 것을 강조하였다.
• 덕: 고대 그리스 철학자인 소크라테스, 플라톤, 아리스토텔레스는 참된 진리[知]가 무엇인지 알면 덕(德)을 갖추게 되고 유덕한 사람이 되면 행복한 삶을 살 수 있다는 지덕복 합일설(知德福合一說)을 주장하였다.

용어 알기

덕(德)
고대 그리스에서 덕(德)은 '탁월함', '훌륭함'을 의미한다.

최고선
인간 행위의 최고 목적이 되며 행위의 근본 기준이 되는 선이다.

생로병사(生老病死)
태어나고(生) 늙고(老) 병들고(病) 죽는(死) 것은 불교에서 괴로움[苦]을 일으키는 대표적인 원인이다.

평정심
평안하고 고요한 마음의 상태를 이르는 말이다.

---

(3) **지역적 여건에 따른 행복의 기준:** 같은 시기라도 지역적 여건에 따라 행복의 기준이 달라질 수 있음.
① 경제적으로 빈곤한 지역: 기본적 의식주 해결과 질병 없는 삶
② 종교적·정치적 갈등이 심한 지역: 종교적·정치적 안정을 통한 전쟁 없는 삶
③ 정치적 자유가 없는 지역: 민주주의의 실현을 통한 자유와 권리의 보장
④ 정치적·경제적으로 안정된 지역: 여가와 문화생활 등을 통한 삶의 질 향상
⑤ 자연환경으로 인해 어려움을 겪는 지역: 각 지역의 자연환경의 어려움을 극복하는 삶
　例 마실 물이 부족한 사막 지역에서는 깨끗한 물을 얻는 것이 행복의 기준일 수 있음.

  지역적 특성에 따른 행복의 기준은 무엇일까?

구분	특징	지역 여건	행복의 기준
자연 환경	기후, 지형 등과 관련됨.	건조한 사막 지역	깨끗한 물을 얻는 것
		일조량이 부족한 북유럽 지역	햇볕을 쬘 수 있는 것
인문 환경	종교, 문화, 산업 등과 관련됨.	종교가 발달한 지역	종교의 교리를 실천하는 삶
		민족 및 종교 갈등이 심한 지역	정치적 안정 및 평화 실현
		복지 국가 및 일부 선진국	소득 불평등의 해결, 여가 시간과 문화생활 향유 등 국민 삶의 질 향상
		기아와 질병이 만연한 지역	빈곤 탈출 및 의료 혜택

❸ 행복의 진정한 의미

(1) 다양한 행복의 의미
① 행복의 기준은 시대적 상황과 지역적 여건에 따라 달라질 수 있기 때문에 사람들이 추구하는 목표나 가치는 달라질 수 있음.
② 물질적 풍요와 감각적 만족감이나 즐거움만을 행복의 전부로 보게 되면 쾌락의 역설을 초래할 수 있음. 자료1
③ 자신이 가진 것을 인정하고 자기 삶에 만족하는 삶을 행복이라고 보기도 함.

(2) 행복의 진정한 의미
① 행복은 물질적 풍요와 감각적 만족감이나 즐거움뿐만 아니라 바람직한 가치의 실현이 더해질 때 진정한 의미가 있음.
② 유쾌한 마음의 상태를 유지하는 것도 중요하지만 개인이 지닌 잠재적 가능성을 실현하고 타인에게 선한 영향력을 끼치는 등의 바람직한 가치를 실현해야 함.
③ 행복의 진정한 의미를 실현하기 위한 방안
　• 행복의 다양한 기준을 고려하여 자기 삶을 반성하고 성찰해야 함.
　• 목적을 올바르게 설정하고 올바른 삶의 목적을 지향해야 함.

자료1 쾌락 기계와 쾌락의 역설

쾌락 기계 속에 한 사람이 누워 있다. 그는 평소 꿈꾸어 왔던 모든 종류의 행복, 예를 들어 스포츠 영웅, 영화 스타, 위대한 정치가, 세계 최고의 갑부가 되는 체험을 하고, 사랑하는 사람과의 로맨스를 포함한 모든 것을 누릴 수 있다. 그는 이것들을 정말로 체험하고 있다고 믿기 때문에 지극히 행복한 표정을 짓고 있다.
　　　　　 – 박찬구, 『우리들의 윤리학』

쾌락 기계 속에 있는 사람은 진정으로 행복하다고 할 수 없다. 자극적인 쾌락만을 탐닉하다 보면 점점 더 강도가 높은 쾌락을 원하게 되어 결국에는 원래 추구하던 쾌락 대신 고통이나 권태를 경험하게 되는 쾌락의 역설을 초래할 수 있다.

❈ **디오게네스의 행복**
고대 그리스의 철학자인 디오게네스는 가난하지만 부끄러움이 없는 자족하는 생활을 실천하였다. 경제적으로 빈곤하더라도 자기만족과 자유롭게 살아가는 삶을 행복의 중요한 요소로 제시하였다. 디오게네스가 일광욕을 하고 있을 때 알렉산드로스 대왕이 찾아와 곁에 서서 소원을 물었더니, 아무것도 필요 없으니 햇빛을 가리지 말고 그곳에서 비켜 달라고 하였다는 일화로 유명하다.

정치적 자유
정치에 관한 또는 정치적 활동이나 목적을 위한 자유를 의미한다.

일조량
일정한 물체의 표면이나 지표면에 비치는 햇볕의 양

정답 6쪽

01 빈칸에 들어갈 알맞은 말을 쓰시오.

(1) 점점 올라가다 보면 더 올라갈 수 없이 그 자체로 선택하고 추구하는 삶의 _______에 이르게 된다.

(2) 아리스토텔레스는 사람들이 추구하는 삶의 궁극적인 목적을 _______(이)라고 보았다.

(3) 행복은 일반적으로 삶에서 충분한 _______(이)나 즐거움을 느끼는 상태를 의미한다.

(4) 행복은 물질적 풍요와 감각적 만족감뿐만 아니라 바람직한 _______의 실현이 더해질 때 진정한 의미가 있다.

02 다음 내용이 옳으면 ○표, 틀리면 ×표를 하시오.

(1) 아리스토텔레스는 행복이 인간의 궁극적인 목적이 아니라 다른 것을 위한 수단이라고 보았다. (　　)

(2) 신이 모든 것의 중심이었던 헬레니즘 시대에는 신의 구원이 행복의 중요한 기준이었다. (　　)

(3) 고대 그리스 시대에는 철학적인 성찰을 통해 얻는 지혜와 덕을 통한 활동의 결과가 행복의 중요한 기준이었다. (　　)

(4) 행복의 기준은 시대적 상황과 지역적 여건에 따라 달라질 수 있다. (　　)

(5) 우리는 행복의 다양한 기준을 고려하여 자기 삶을 반성하고 성찰해야 한다. (　　)

03 다음 설명에 해당하는 개념을 보기 에서 고르시오.

> **보기**
>
> ㄱ. 평정심 　　ㄴ. 생로병사(生老病死)
> ㄷ. 쾌락의 역설 　　ㄹ. 정치적 자유

(1) 평안하고 고요한 마음의 상태를 이르는 말 (　　)

(2) 정치에 관한 또는 정치적 활동이나 목적을 위한 자유 (　　)

(3) 태어나고(生) 늙고(老) 병들고(病) 죽는(死) 것을 말함. 불교에서 괴로움[苦]을 일으키는 대표적인 원인 (　　)

(4) 쾌락을 추구하면 할수록 오히려 고통이나 권태가 증가하는 현상 (　　)

▶ 242017-0020

01 행복에 대한 설명으로 적절하지 <u>않은</u> 것은?

① 모든 사람들이 기원하고 바라는 것이다.

② 시대나 지역에 따라 기준이 다를 수 있다.

③ 그 자체로 선택하고 추구하는 삶의 목적이다.

④ 다른 목적을 이루기 위한 수단적 성격만을 가진다.

⑤ 생활 속에서 충분한 만족감이나 즐거움을 느끼는 상태이다.

▶ 242017-0021

02 다음을 주장한 고대 서양 사상가의 입장으로 가장 적절한 것은?

> 행복은 이성을 잘 발휘하여 덕이 있는 삶을 살아갈 때 실현할 수 있다. 덕이 있는 삶을 위해서는 좋은 습관을 형성해야 한다.

① 부와 명예를 삶의 궁극적 목적으로 삼아야 한다.

② 진정한 행복은 종교적 생활을 통해서만 얻어진다.

③ 행복을 실현하기 위해 개인의 이익만을 추구해야 한다.

④ 육체적 쾌락의 충족만으로 진정한 행복에 도달할 수 있다.

⑤ 행복을 실현하기 위해서는 이성의 기능을 잘 발휘해야 한다.

▶ 242017-0022

03 (가), (나)를 통해 유추할 수 있는 행복의 기준에 영향을 미치는 요인으로 가장 적절한 것은?

> (가) 평탄한 농지로 인해 벼농사가 발달했던 고대 중국에서는 조화로운 인간관계를 유지해야 행복한 삶을 살 수 있었다.
> (나) 해상 무역을 비롯하여 상업이 발달했던 고대 그리스에서는 개인의 자율성을 발휘해야 행복한 삶을 실현할 수 있었다.

① 각 개인이 지닌 특수한 가치관

② 각 지역에 나타나는 지역적 여건

③ 각 개인이 가지고 있는 경제적 조건

④ 각 개인이 지닌 관심사나 취미 생활

⑤ 높은 경제력과 고도로 발달한 산업화

❸ 민주주의의 발전

(1) 민주주의의 의미: 국민이 주권자로서 정치권력을 행사하는 제도

(2) 민주주의가 필요한 이유

① 비민주적 체제에서는 국민이 기본적 인권을 누리기 어렵기 때문
② 비민주적 체제에서는 자신의 삶에 대한 만족이나 행복감을 느끼기 어렵기 때문
③ 국민이 정치적 의사를 자유롭게 표출하고 국민의 의사를 정책으로 반영하기 위해
④ 국민이 공동체의 문제를 해결하는 경험을 통해 만족감을 얻을 수 있기 때문

(3) 민주주의 발전의 요소

민주적 제도	주권자인 국민의 의사를 반영하여 정책을 실현하기 위한 제도 ⑩ 의회 제도, 복수 정당 제도, 권력 분립 제도 등
시민의 정치 참여	시민은 정치에 능동적으로 참여함으로써 정부의 잘못을 바로잡고 복지 증진이나 사회 문제 해결에 관한 정부의 역할을 다양한 형태로 요구함. ⑩ 선거, 정당 활동, 이익 집단 활동, 시민 단체 활동 등

자세히 살펴보기　민주주의는 왜 중요할까?

> 1974년 방글라데시에서는 전체적으로 식량이 부족하지 않았는데도 한쪽에서는 굶어 죽고 한쪽에서는 곡물을 이웃 나라에 밀수출하는 일이 벌어졌다. 부정부패와 정치적 혼란으로 공정한 분배에 실패한 것이다. 결국 기근의 주원인은 자연재해가 아닌 민주주의가 결여되어 인간의 기본 인권을 제대로 보장하지 못했기 때문이다.
> — 원용찬, 『아마르티아 센의 경제학: 인간의 자유와 민주주의를 말하다』

가난한 민주주의 국가보다 경제 사정이 나은 독재 국가에서 대기근이 발생한다는 사실을 통해 민주주의가 국민의 기본적 인권을 보장하고 재난에서 인간의 안전을 보장한다는 것을 알 수 있다.

❹ 도덕적 실천

(1) 도덕적 실천의 의미: 타인을 배려하거나 곤경에 처한 사람을 돕는 행동

(2) 도덕적 실천이 필요한 이유　자료2

① 개인뿐만 아니라 사회 전체의 행복 지수를 올릴 수 있기 때문
② 사회적 신뢰의 형성을 통해 사회적 자본을 증진할 수 있기 때문
③ 자신과 타인의 행복을 함께 추구하여 공동체의 행복을 도모하기 위해
④ 현대 사회의 복합성으로 인해 타인에 대해 무관심한 경향이 있기 때문

(3) 도덕적 실천의 요소

도덕적 성찰	도덕적 실천을 하려면 경제적 이익만 추구하기보다 보편적 가치에 따라 도덕적으로 성찰하고 행동하는 습관을 길러야 함.
배려와 공감	다른 사람의 입장에서 상황을 바라볼 줄 아는 역지사지(易地思之)의 마음가짐이 필요하며, 사회적 약자의 고통에 공감하는 자세를 실천해야 함. 자료3

자료2 도덕적 실천과 행복의 연관성

루소	나는 선을 행하는 것이 인간의 마음이 맛볼 수 있는 가장 진실한 행복임을 알고 있으며, 실제로 그렇게 느낀다.
달라이 라마	행복은 다른 사람을 배려하고 다른 사람의 행복을 진정으로 바랄 때 생긴다. 돈, 권력, 사회적 지위로 우정과 애정을 만들 수 있지만 돈과 권력이 사라지면 이 또한 사라진다. 상대방에 대한 순수한 배려, 행복을 위한 마음이 진정한 행복을 가져다준다.

루소와 달라이 라마는 모두 남을 위해 배려하는 선한 마음을 품고 도덕적 실천을 할 때 진정한 행복을 이룰 수 있다고 보았다.

자료3 인간은 남을 도울 때 행복하다

2003년 미시간 대학 연구팀은 423쌍의 장수 부부들의 공통점을 발견했다. 이들이 정기적으로 몸이 불편하거나 가족이 없는 사람들을 방문하여 돕고 있다는 것이다. 사람은 남을 돕고 난 후에는 심리적 포만감인 헬퍼스 하이(Helper's High)를 느끼는데, 이때 즐거움을 느끼게 하는 엔도르핀의 분비는 정상치의 3배 이상 상승하고, 면역 항체의 수치도 높아진다.
— EBS 지식 채널e, 「작은 힘 1부」

타인과 더불어 살아가려는 노력은 다른 사람뿐만 아니라 자신까지도 행복하게 한다는 사실을 알 수 있다. 결국 사람은 타인과 더불어 살아갈 때 행복을 느끼는 도덕적 존재임을 알 수 있다.

용어 알기

복수 정당 제도
단일 정당제를 부인하고 2개 이상의 정당을 인정하는 제도이다.

권력 분립 제도
국가의 권력이 한 개인이나 집단에 집중되지 않도록 하는 제도이다.

사회적 자본
개인이나 집단에 이익을 주는 신뢰, 네트워크, 규범, 제도 등 무형의 자산이다.

역지사지(易地思之)
입장을 바꾸어서 상대방의 입장이나 처지에서 생각하는 것을 의미한다.

정답 7쪽

01 빈칸에 들어갈 알맞은 말을 쓰시오.

(1) 정주 환경이란 인간이 살아가는 데 필요한 자연환경과 □□□□을/를 의미한다.

(2) 경제적 안정은 생활에 필요한 □□□□(이)나 서비스를 안정적이고 일정하게 누릴 수 있는 상태를 말한다.

(3) 민주주의는 국민이 □□□□(으)로서 정치권력을 행사하는 제도를 말한다.

(4) □□□□은/는 타인을 배려하거나 곤경에 처한 사람을 돕는 행동을 말한다.

02 다음 내용이 옳으면 ○표, 틀리면 ×표를 하시오.

(1) 질 높은 정주 환경을 조성하려면 기본적으로 깨끗한 자연환경을 갖추어야 한다. (　　)

(2) 행복한 삶을 위해서는 기본적인 생계를 유지할 수 있는 경제력만 있으면 충분하다. (　　)

(3) 경제적 안정을 위해서는 일정 수준 이상의 소득을 꾸준히 얻을 수 있는 일자리가 보장되어야 한다. (　　)

(4) 시민의 행복을 위해서는 민주적 제도를 잘 갖추는 것도 중요하지만 시민이 책임 의식을 가지고 정치에 참여하는 자세도 필요하다. (　　)

(5) 사람들이 자기 이익에만 집착하고 타인을 도덕적으로 배려하지 않아도 공동체 전체의 행복은 증가한다. (　　)

03 다음 설명에 해당하는 개념을 보기 에서 고르시오.

> **보기**
> ㄱ. 인문환경　　　　ㄴ. 최저 임금제
> ㄷ. 사회적 자본　　　ㄹ. 역지사지(易地思之)

(1) 개인이나 집단에 이익을 주는 신뢰, 네트워크, 규범, 제도 등 무형의 자산 (　　)

(2) 국가가 법으로써 임금의 최저액을 정하여 노동자의 생활 안정을 보장하는 제도 (　　)

(3) 자연환경에 대비되는 개념으로 인간이 자연을 토대로 만들어 낸 환경 (　　)

(4) 입장을 바꾸어서 상대방의 입장이나 처지에서 생각하는 것 (　　)

▶ 242017-0028

01 행복의 조건에 대한 설명으로 적절하지 않은 것은?

① 질 높은 정주 환경을 조성해야 한다.

② 삶의 질을 유지할 수 있는 경제적 안정이 필요하다.

③ 좋은 삶에 관해 성찰하며 도덕적 행위를 실천해야 한다.

④ 시민이 자발적으로 참여하는 민주 사회를 만들어야 한다.

⑤ 국민의 정치 참여 제한을 통해 민주주의 발전을 실현해야 한다.

▶ 242017-0029

02 다음 글을 통해 유추할 수 있는 내용으로 가장 적절한 것은?

> 기근을 자연재해와 같은 것으로 연결하는 사람들이 있다. 하지만 실제로 많은 국가에서는 자연재해나 재난을 당하고도 기근이 일어나지 않는다. 기근을 해결하기 위해 다양한 역할을 하는 정부가 존재하기 때문이다. 민주주의 국가는 선거가 이루어지고 야당과 자유 언론의 비판이 제기되기 때문에 기근 방지를 위해 노력하지 않을 수 없는 것이다.

① 정치적 제도와 정부의 기근 방지 노력은 무관하다.

② 민주주의의 발전은 행복한 삶의 실현과 관련이 없다.

③ 자연재해는 항상 행복 실현에 저해가 되는 요소이다.

④ 행복 실현을 위해 시민의 정치적 권리 행사가 필요하다.

⑤ 정부에 대한 다양한 비판은 행복을 실현하는 데 방해가 된다.

▶ 242017-0030

03 다음 글을 통해 유추할 수 있는 행복의 조건으로 가장 적절한 것은?

> 면적이 2㎢가량인 인도의 다라비에는 백만 명이 모여 사는 것으로 추정된다. 주택은 화장실도 없이 네모난 성냥갑을 붙여 놓은 것처럼 빼곡하게 늘어섰다. 침실과 간단한 부엌만 갖춘 집에는 7명 이상이 모여 살며, 변기는 주민 200명당 한 개에 불과하다. 이곳에 모여 사는 사람들은 자신들의 삶에 대한 만족도가 매우 낮다고 주장한다.

① 질 높은 정주 환경의 조성

② 도덕적 실천과 성찰하는 삶

③ 삶의 질을 유지하기 위한 정치적 안정

④ 시민 참여가 활성화되는 민주주의 실현

⑤ 사회적 구성원들간의 높은 사회적 신뢰

▶ 242017-0031

04 다음 글에서 강조하고 있는 행복의 조건으로 가장 적절한 것은?

전국 남녀 1,000명을 대상으로 "행복을 위한 조건으로 무엇이 가장 중요합니까?"라는 질문에 대한 응답을 받은 결과, 응답자의 40.2%가 '경제적 여유'를 행복의 가장 중요한 조건으로 꼽았다. 뒤이어 건강(21.3%), 긍정적인 마음가짐(16.2%), 화목한 가정(15.9%), 충분한 여가(3.8%), 원하는 직업(2.4%) 등이 행복을 위한 중요한 조건으로 꼽혔다.

① 일정 수준의 소득이 꾸준히 보장되는 것이 중요하다.
② 좋은 이웃들과 정을 나눌 수 있는 환경이 중요하다.
③ 도덕적으로 바람직한 가치를 실천하는 것이 중요하다.
④ 시민들이 국가의 정책 결정에 참여하는 것이 중요하다.
⑤ 구성원들 간의 사회적 신뢰를 형성하는 것이 중요하다.

▶ 242017-0032

05 (가)를 주장한 사상가의 입장에서 볼 때, (나)의 ㉠에 들어갈 내용으로 가장 적절한 것은?

(가)	일반 백성은 고정적인 생업이 없으면 흔들림 없는 도덕적인 마음도 없어집니다. 그러므로 지혜로운 왕은 백성들의 생업을 제정해 주되 반드시 위로는 부모를 섬기기에 충분하게 하고 아래로는 자녀를 먹여 살릴 만하게 하여, 풍년에는 언제나 배부르고 흉년에도 죽음을 면하게 합니다.
(나)	

① 개인의 정치적 권리 행사를 보장하는 것입니다.
② 경제적 안정을 유지하기 위해 노력하는 것입니다.
③ 기본적 욕구를 버리고 금욕적 삶을 사는 것입니다.
④ 물질적인 것을 버리고 자연의 순리를 따르는 것입니다.
⑤ 개인이 쾌락을 극대화할 수 있도록 보장하는 것입니다.

▶ 242017-0033

06 다음 글을 통해 유추할 수 있는 내용으로 가장 적절한 것은?

정 씨는 사내에서 '봉사 왕'으로 유명하다. 사내 봉사 활동 행사 때마다 빠짐없이 참여하고, 주말에는 어김없이 인근 요양원, 장애인 시설을 찾는 게 그의 일과이다. 이처럼 정 씨가 봉사에 나서게 된 이유는 간단하다. 남을 위해 행동하면 그만큼 자신이 행복해진다는 사실을 깨달았기 때문이다.

① 의식주의 충족이 행복 실현의 유일한 기준이다.
② 도덕적 실천보다는 이해타산적 행동이 더 중요하다.
③ 도덕적 실천은 자신에게 진정한 행복감을 가져다준다.
④ 도덕적 실천은 다른 사람에게만 행복감을 가져다준다.
⑤ 도덕적 실천은 정신적 쾌락이 아니라 육체적 쾌락을 발생시킨다.

▶ 242017-0034

07 ㉠에 들어갈 알맞은 말을 쓰시오.

사람들이 자기 이익에만 집착하여 타인을 도덕적으로 배려하지 않는다면 사회 구성원 간의 불신과 갈등이 심해져 개인을 포함한 공동체 전체의 행복이 줄어들 것이다. 반면 도덕적 실천을 통해 신뢰, 규범 등과 같은 무형의 자산인 (㉠)을/를 증진하면 개인을 포함한 공동체 전체의 행복도를 높일 수 있다.

(   )

▶ 242017-0035

08 밑줄 친 ㉠이 행복의 조건으로 중요한 이유만을 보기 에서 있는 대로 고른 것은?

행복한 삶의 구체적인 조건은 다양하지만, 질 높은 정주 환경과 경제적 안정, ㉠민주주의의 발전, 도덕적 실천이 대표적이다.

보기
ㄱ. 시민의 견해가 정치 과정에 반영될 수 있다.
ㄴ. 소수의 전문가 집단의 견해만을 따르게 된다.
ㄷ. 시민의 권익을 보장하고 증진하는 데 기여한다.

① ㄱ   ② ㄴ   ③ ㄱ, ㄷ
④ ㄴ, ㄷ   ⑤ ㄱ, ㄴ, ㄷ

세계 행복 보고서는 어떤 것일까?

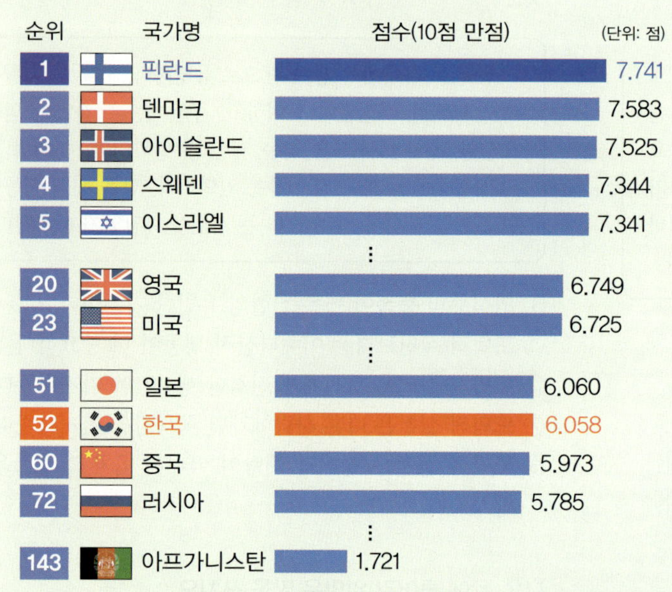

(유엔 산하 지속가능발전 해법 네트워크(SDSN), 2023.)

〈세계 행복 보고서〉의 행복 평가 기준
각 나라별 1,000명의 사람들에게 자신의 삶의 만족도를 조사한 갤럽의 월드 폴(World Poll)을 바탕으로 1인당 국내 총생산(GDP), 기대 건강 수명, 사회적 지원, 선택의 자유, 관대함, 부패에 관한 인식 등 6가지 기준을 고려하여 평가한다.

유엔 지속가능발전 해법 네트워크(SDSN)에서 2024년 3월 20일 유엔이 정한 '국제 행복의 날'을 맞아 '세계 행복 보고서'(WHR)를 발표하였습니다. 이 보고서는 전 세계 150여 개 국가의 국민이 스스로 평가한 행복도를 점수와 순위로 매겨 발표한 것입니다.

2024년 행복도 1위는 핀란드로 7년 연속 1위를 차지하였습니다. 이어 덴마크, 아이슬란드, 스웨덴이 2~4위를 차지하는 등 북유럽 국가들이 상위권을 지켰습니다. 5~10위는 이스라엘, 네덜란드, 노르웨이, 룩셈부르크, 스위스, 호주 순이었습니다. 그리고 미국은 23위로 여전히 상위권에 있었으며, 대표적 유럽 국가인 영국은 20위, 독일은 24위, 프랑스는 27위, 이탈리아는 41위에 있었습니다. 아시아 지역에서는 싱가포르가 30위, 이어 대만이 31위로서 아시아권에서 이들 국가가 단연 행복도 1, 2위에 있었습니다. 한국의 행복도 점수는 6.058점으로, 51위 일본에 이어 52위로 집계되었습니다. 한국은 2022년에는 57위, 2021년에는 62위였습니다. 중국은 지난해의 64위보다 약간 반등한 60위였으며, 러시아는 72위였습니다.

Q&A

1 행복 평가 기준 중에 '선택의 자유'의 의미는 무엇인가?

'선택의 자유'라는 기준의 의미는 삶에서 무엇을 할 것인가를 선택할 자유에 대한 만족도를 의미한다.

2 세계 행복 보고서가 가지는 시사점은 무엇인가?

세계 행복 보고서는 세계 각국의 국민들의 행복도를 6가지 기준을 통해 행복도가 높은 기준과 낮은 기준을 파악함으로써 국민들의 행복도를 높이기 위한 정책과 방안을 마련하는 데 시사점을 줄 수 있다.

대단원 종합 문제

▶ 242017-0036

01 ㉠에 관한 설명으로 적절한 것만을 보기 에서 고른 것은?

의식주에 대한 기본적 욕구 충족이나 신체적·정서적 건강, 친밀한 인간관계 등은 우리가 삶에서 만족감이나 기쁨을 느끼기 위한 필수적인 요소에 해당한다. 따라서 이러한 요소들을 (㉠)의 공통된 기준으로 꼽을 수 있다.

보기

ㄱ. 우리가 그 자체로 추구하는 삶의 목적이다.
ㄴ. 시대적 상황에 따라 기준이 다양할 수 있다.
ㄷ. 대학 입학이나 취업의 성공만으로 실현된다.
ㄹ. 주관적 만족감이 아니라 객관적 기준으로 평가된다.

① ㄱ, ㄴ　　　② ㄱ, ㄷ　　　③ ㄴ, ㄷ
④ ㄴ, ㄹ　　　⑤ ㄷ, ㄹ

▶ 242017-0037

02 (가), (나)를 통해 유추할 수 있는 행복의 기준에 대한 설명으로 가장 적절한 것은?

(가) 신이 모든 것의 중심인 중세 유럽 사회에서는 신의 구원을 받아 천국에 가야 진정한 행복을 누릴 수 있다고 보았다.
(나) 산업이 발달하고 시민 계급이 성장한 근대 유럽 사회에서는 자유와 평등을 보장받아야 행복을 실현할 수 있다고 보았다.

① 행복의 기준으로 심리적 만족도가 중요하다.
② 행복에는 자연환경이 중요한 기준으로 작용하다.
③ 경제적 조건이 행복을 실현하는 유일한 기준이다.
④ 행복의 기준은 시대적 상황에 따라 달라질 수 있다.
⑤ 같은 시기와 같은 지역의 사람들은 행복의 기준이 항상 동일하다.

▶ 242017-0038

03 다음 내용이 설명하고 있는 개념을 쓰시오.

적극적인 쾌락만을 탐닉하다 보면 점점 더 강도가 높은 쾌락을 원하게 되어 결국에는 원래 추구하던 쾌락 대신 고통이나 권태를 경험하게 되는 것을 말한다.

(　　　　　　　　　　　)

▶ 242017-0039

04 다음을 주장한 고대 서양 사상가의 입장에만 모두 'ⅴ'를 표시한 학생은?

누구나 삶을 위해서 자연적이면서도 최소한의 욕구를 만족시켜야 한다. 하지만 식사는 잘하되 과식하지 말고, 사랑을 하되 일정한 범위를 넘어서지 말며, 최소한의 자연적인 쾌락을 추구하되 그 이상의 것은 삼가야 한다. 이렇게 한계를 정해서 과도한 쾌락을 절제함으로써 얻는 것이 마음의 평온함이다.

입장＼학생	갑	을	병	정	무
행복은 육체적 쾌락을 통해서만 얻어진다.	ⅴ			ⅴ	ⅴ
행복은 검소하고 절제 있는 삶을 통해 얻어진다.	ⅴ	ⅴ			
행복은 지속적 쾌락이 아니라 순간적 쾌락을 통해 얻어진다.			ⅴ	ⅴ	ⅴ
행복은 몸의 고통이나 마음의 혼란으로부터 자유로울 때 얻어진다.		ⅴ	ⅴ		ⅴ

① 갑　　② 을　　③ 병　　④ 정　　⑤ 무

▶ 242017-0040

05 그림의 강연자가 지지할 입장으로 적절한 것만을 보기 에서 고른 것은?

보기

ㄱ. 소득이 많을수록 진정한 행복에 도달한다.
ㄴ. 돈과 권력은 일시적인 행복을 가져다준다.
ㄷ. 타인을 배려하는 것과 행복은 관련이 있다.
ㄹ. 진정한 행복은 자신만의 이익을 추구할 때 얻어진다.

① ㄱ, ㄴ　　　② ㄱ, ㄷ　　　③ ㄴ, ㄷ
④ ㄴ, ㄹ　　　⑤ ㄷ, ㄹ

▶ 242017-0041

06 다음 글에서 강조하고 있는 행복의 조건으로 가장 적절한 것은?

> 사람들이 살 터를 정할 때 첫째는 지리(地理)가 좋아야 하고, 둘째는 생리(生利)가 좋아야 하며, 셋째는 인심(人心)이 좋아야 하고, 넷째는 산수(山水)가 좋아야 한다.

① 바람직한 가치와 규범을 실천해야 한다.
② 살기 좋은 정주 환경이 조성되어야 한다.
③ 각 개인의 자아실현 기회가 보장되어야 한다.
④ 정치 참여를 통한 만족감이 부여되어야 한다.
⑤ 사회 발전을 위해 사회적 자본이 조성되어야 한다.

▶ 242017-0042

07 ㉠, ㉡에 들어갈 알맞은 말을 쓰시오.

> 질 높은 정주 환경을 조성하려면 깨끗한 (㉠)을/를 갖추어야 한다. 물, 대기, 토양 등이 오염된 환경에서는 기본적인 생활을 유지하기 어렵다. 치안, 보건, 의료, 교육, 문화 등 안전하고 풍요로운 삶을 위한 사회적 환경인 (㉡)도 갖추어야 한다.

㉠: (   )   ㉡: (   )

▶ 242017-0043

08 다음 글을 통해 유추할 수 있는 내용으로 적절하지 않은 것은?

> 단기적으로는 소득이 증가하면 행복감도 증가하지만 장기적으로는 소득 변화가 행복감의 변화로 이어지지 않는다. 어떤 나라에서는 1인당 국민 소득이 상승 추세에 있더라도 그 나라의 국민들의 행복감이 반드시 증가하는 것은 아니다. 왜냐하면 행복에 영향을 끼치는 요소는 남들과의 비교, 성장, 건강, 가정생활 등 다양하기 때문이다.

① 소득은 삶의 만족도에 영향을 줄 수 있다.
② 소득이 행복에 미치는 영향은 한계가 있다.
③ 소득의 증가와 행복의 증가는 관련이 있다.
④ 부유한 나라의 국민의 행복은 항상 증가한다.
⑤ 행복은 소득 이외의 다양한 요소에 영향을 받는다.

▶ 242017-0044

09 다음 글을 통해 유추할 수 있는 내용으로 적절한 것만을 보기 에서 고른 것은?

> 2003년 미시간 대학 연구팀은 장수 부부들의 공통점을 발견하였다. 이들이 정기적으로 몸이 불편하거나 가족이 없는 사람들을 방문하여 돕고 있다는 것이다. 사람은 남을 돕고 난 후에 심리적 포만감인 헬퍼스 하이(Helper's High)를 느낀다. 이때 즐거움을 느끼게 하는 엔도르핀의 분비는 정상치의 3배 이상 상승하고, 면역 항체의 수치도 높아진다.

> [보기]
> ㄱ. 도덕적 실천과 건강한 삶은 관련성이 있다.
> ㄴ. 타인과 더불어 사는 삶과 행복은 무관하다.
> ㄷ. 인간이 타인을 위해 살아갈 때 행복해 질 수 있다.
> ㄹ. 자신만의 쾌락을 얻기 위한 노력이 행복의 유일한 기준이다.

① ㄱ, ㄴ   ② ㄱ, ㄷ   ③ ㄴ, ㄷ
④ ㄴ, ㄹ   ⑤ ㄷ, ㄹ

▶ 242017-0045

10 다음을 주장한 사상가의 행복에 대한 입장으로 적절한 것만을 보기 에서 고른 것은?

> 절제 있는 사람은 올바르고 용감하고 경건한 사람이니 도덕적인 사람의 본보기가 틀림없다. 그리고 도덕적인 사람은 지속적인 성찰을 통해 무엇을 행하든 훌륭하게 잘 실천하기 마련이며, 잘 실천하는 사람은 행복하기 마련이다. 하지만 무절제한 사람인 나쁜 사람은 불행하기 마련이다. 행복하기를 바라는 사람은 절제를 추구하고 실천해야 한다. 우리는 정의와 절제를 갖추어 행복해지는 일에 자신과 공동체의 모든 노력을 기울여야 한다.

> [보기]
> ㄱ. 행복을 얻기 위해 도덕적 성찰이 필요하다.
> ㄴ. 행복은 물질적 욕구의 충족만으로 얻어진다.
> ㄷ. 행복은 절제 있는 삶을 통해 얻어질 수 있다.
> ㄹ. 무절제한 사람도 도덕적 본보기가 될 수 있다.

① ㄱ, ㄴ   ② ㄱ, ㄷ   ③ ㄴ, ㄷ
④ ㄴ, ㄹ   ⑤ ㄷ, ㄹ

Step 1 서술형 연습하기 ▶ 242017-0046

행복의 기준이 시대적 상황에 따라 어떻게 나타나는지에 대해 서술하시오.

헬레니즘 시대   중세 시대   근대 시대

답 완성하기 같은 지역이라도 시대적 상황이 달라지면 행복의 기준이 달라진다. 지속된 전쟁으로 혼란스러웠던 헬레니즘 시대에는 마음의 (　　　)이/가, 신이 모든 것의 중심이었던 중세 시대에는 신의 (　　　)이/가, 인간의 권리를 강조하였던 근대 시대에는 (　　　)와/과 (　　　)의 보장이 행복의 중요한 기준이었다.

Step 2 서술형 훈련하기 ▶ 242017-0047

다음 표를 보고 민주주의 지수와 행복 지수의 상관관계에 대해 서술하시오.

지수 국가	세계 민주주의 지수 순위	세계 행복 지수 순위
노르웨이	1위	4위
아이슬란드	2위	3위
스웨덴	3위	10위
뉴질랜드	4위	8위
덴마크	5위	1위
스위스	6위	2위
캐나다	7위	6위
핀란드	8위	5위

(이코노미스트, 국제 연합, 2016.)

＊세계 민주주의 지수는 167개국 간, 세계 행복 지수는 157개국 간 비교함.

Step 3 논술형 도전하기 ▶ 242017-0048

다음 자료를 읽고 소득과 행복이 어느 정도 이상이 되면 비례하지 <u>않는</u> 이유가 무엇인지에 대해 200자 이내로 논술하시오.

> 앵거스 디턴 교수는 2010년, 동료인 대니얼 카너먼 교수와 함께 돈과 행복의 상관관계를 연구하였다. 이들은 2008~2009년 미국에 사는 시민 45만 명을 대상으로 설문 조사를 실시하여 통계를 낸 결과, '소득이 높아질수록 삶에 대한 만족도는 계속 높아지지만, 행복감은 연봉 7만 5,000달러(약 8,500만 원)에서 멈춘다.'라는 결론을 내렸다. 즉 연봉이 5,000만 원에서 6,000만 원, 7,000만 원으로 높아질 때는 돈의 액수와 비례해 행복감도 높아진다. 하지만 연간 8,500만 원 이상을 벌게 되면 연봉이 9,500만 원, 1억 원이 된다고 더 행복해지지 않는다는 것이다. 이들은 그 이유를 다음과 같이 말하였다. "10만 달러를 벌던 사람이 15만 달러를 벌게 되었을 때 조금도 더 행복하지 않다는 얘기가 아니다. 우리의 연구 결과는 어느 정도 안정적인 소득을 얻게 되면 그 후로는 행복이 돈 이외의 요소에 영향을 받을 확률이 높아진다는 뜻이다."

핵심 개념 | (1) 소득 (2) 행복

01 자연환경과 인간 생활

1 자연환경이 인간 생활에 미치는 영향

(1) 자연환경의 특성
① 인간의 생명을 이어가는 데 필수 요소인 물과 공기 등을 제공함.
② 기후, 지형, 식생 등은 인간의 생활 양식에 큰 영향을 줌.

(2) 기후와 인간 생활
① 세계의 기후 분포: 적도에서 극지방으로 가면서 대체로 열대-건조-온대-냉대-한대 기후 순으로 분포함.

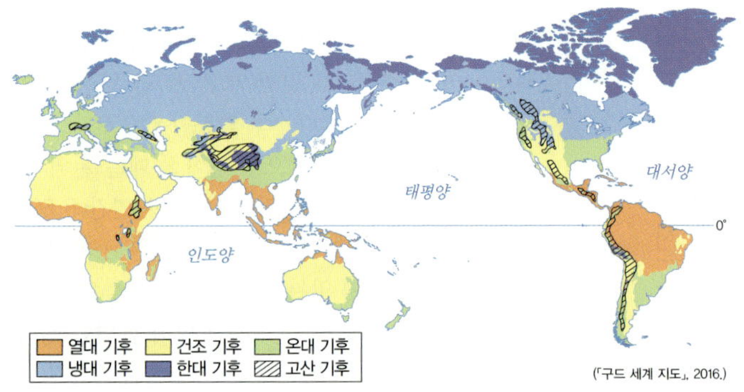

(「구드 세계 지도」, 2016.)

② 기후와 인간 생활의 관계 [자료1]

열대 기후	• 연중 기온이 높음. → 일 년 내내 강수량이 많은 지역과 건기가 나타나는 지역으로 구분됨. • 연중 기온이 높고 강수량이 많은 지역에서는 소금과 향신료를 많이 사용한 음식과 가옥의 바닥을 지면에서 띄워 짓는 고상 가옥 발달
건조 기후 [자료2]	• 연 강수량이 적음. → 연 강수량이 아주 적은 곳은 사막, 그보다 많은 곳은 초원 형성 • 사막에서는 온몸을 가리는 옷을 입고, 초원이 형성되는 지역에서는 유목과 이동식 가옥 발달 • 오아시스에서 밀, 대추야자 재배
온대 기후	• 기후가 온난함. → 여름에 기온이 높고 강수량이 많은 지역, 여름에 기온이 높고 강수량이 적은 지역, 여름에 상대적으로 서늘하고 연중 비가 고르게 내리는 지역 등으로 구분 • 기후 특성을 반영한 벼농사, 수목 농업, 혼합 농업 등 발달
냉대 기후	겨울이 길고 추우며 침엽수림 분포
한대 기후	• 짧은 여름에 키가 작은 풀이 자라는 곳과 연중 눈과 얼음으로 덮여 있는 곳으로 구분 • 눈과 얼음을 이용하여 임시 거처인 이글루를 짓기도 함. • 순록 유목이 이루어짐.

(3) 지형과 인간 생활
① 산지: 경사가 급한 산지는 인간 거주에 불리, 해발 고도가 높은 산지는 지역 간 이동에 장애가 되어 문화권의 경계가 되는 경우가 많음, 지하자원이 매장된 곳에서는 광업 발달, 카르스트 지형과 같은 아름다운 산지 경관은 관광 자원으로 이용됨.
② 평야: 농경지, 주거지, 산업 단지, 교통로 등으로의 개발에 유리

자료1 열대(열대 우림·열대 몬순) 기후 지역과 건조(사막) 기후 지역의 전통 가옥 특성

(가)   (나)

일 년 내내 기온이 높고 강수량이 많은 지역의 전통 가옥은 (가)처럼 지붕은 빗물이 잘 흘러내릴 수 있도록 경사를 급하게, 바닥은 지면의 열이 실내로 들어오는 것을 줄이기 위하여 지면과 떨어뜨려 지었다. 기온이 높고 강수량이 적은 지역(사막)의 전통 가옥은 (나)처럼 지붕을 평평하게 하였고, 외부의 열이 실내로 들어오는 것을 줄이기 위해 벽은 두껍게, 창문은 작게 만들었다.

자료2 초원이 형성되는 건조 기후 지역의 이동식 가옥

✱ 수목 농업과 혼합 농업
온대 기후 중에서 여름에 건조한 지역에서는 수목 농업이, 여름에 서늘한 지역에서는 혼합 농업이 발달하였다.

용어 알기

고상(높을 高 평상 床) 가옥
바닥을 지면에서 띄워 짓는 가옥으로, 지면의 열기, 습기, 해충을 피하고 통풍 기능을 강화한 구조를 갖추고 있다.

혼합(섞을 混 합할 合) 농업
가축 사육과 식량 작물 및 사료용 작물 재배가 함께 이루어지는 농업 형태이다.

수목(나무 樹 나무 木) 농업
나무를 재배하는 농업으로, 여름철에 건조한 지중해성 기후 지역에서 발달하였다.

(4) 자연환경의 변화에 따른 인간 생활의 변화

① 과학 기술의 발달로 인간에 의한 자연환경의 변화가 많아짐.

② 자연환경의 변화는 인간 생활에 영향을 줌.

- 전력 생산, 수자원 확보를 위한 댐 건설: 안개 발생량 증가로 인한 일조량 감소, 하천 유량 감소 등으로 생태계에 나쁜 영향을 미칠 수 있음. 자료 3
- 온실가스 배출량 증가로 인한 지구 온난화로 빙하 축소, 해수면 상승 등 발생
- 해안 인공 구조물(하굿둑, 수중보, 해안 도로 등) 설치로 모래 공급량이 감소하면서 해안 사빈 침식 심화
- 운하 건설: 지역(대륙) 간 선박 이동 시간이 단축되어 해상 운송량 증가 예 수에즈 운하, 파나마 운하 자료 4

2 안전하고 쾌적하게 살아갈 시민의 권리

(1) 자연재해의 의미와 유형

① 의미: 지진, 홍수 등 자연 현상으로 인해 인간에게 발생하는 피해

② 유형

- 기후(기상) 재해: 홍수, 태풍, 강풍, 폭설, 가뭄 등
- 지형(지질) 재해: 화산 활동, 지진, 지진 해일(쓰나미), 산사태 등

(2) 자연재해에 따른 피해

① 인명과 재산상의 피해, 농경지, 산업 시설, 주택 등의 훼손, 통신 설비 파괴 등

② 근래 인간의 활동으로 자연환경이 파괴되면서 자연재해의 발생 빈도가 증가하고 강도가 강해져 피해 규모가 커짐.

(3) 자연재해별 특성

홍수	비가 많이 내려 하천의 물이 흘러넘치는 현상 → 집중 호우 때 주로 발생	
가뭄	장기간 비가 내리지 않아 물이 부족함. → 진행 속도가 느리고 피해 범위가 넓음.	
태풍	저위도 해상에서 발생하여 중위도로 이동하는 열대 저기압 → 강풍과 집중 호우 동반	
지진	땅이 흔들리는 현상	알프스-히말라야 조산대, 환태평양 조산대에서 주로 발생, 짧은 시간에 인명과 재산에 큰 피해를 줌.
화산 활동	용암 분출, 화산재 분출	
산사태	집중 호우나 지진으로 토양층이 순식간에 흘러내리는 현상	

(4) 안전하고 쾌적한 환경에서 살아가기 위한 노력

① 국가의 노력

- 안전하고 쾌적한 환경을 만들기 위해 안전권과 환경권을 헌법에 명시
- 헌법의 안전권, 환경권에 따른 법률 제정 및 각종 정책 · 제도 시행

법률	재난 및 안전 관리 기본법, 자연재해 대책법, 국민 안전 교육 진흥 기본법 등
정책	국가재난관리정보시스템 누리집 운영, 특별 재난 지역 선포, 풍수해 보험 지원 등

② 개인의 노력: 국가적 재난 대응 훈련에 적극 참여, 국가가 구축한 재난 안전 관리 시스템 활용 등

자료 3 **메콩강 유역의 댐 건설에 따른 변화**

(『메콩강 인프라 추적기』, 2021.)

메콩강 유역에는 많은 댐이 건설되었고 앞으로 더 건설될 예정이다. 댐 건설은 주변 지역의 주민들에게 큰 영향을 준다. 수력 발전을 통해 전력을 생산 · 판매하여 수익을 올리기도 하고, 상류의 물 사용량 증가에 따른 유량 감소로 인해 바닷물이 역류하여 하구 부근의 주민이 벼 재배에 어려움을 겪기도 한다.

자료 4 **운하**

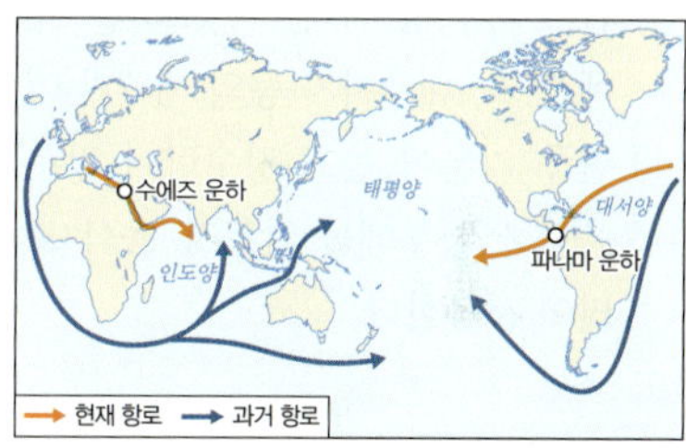

운하는 사람이나 물건을 실어 나르기 위해 만든 인공 수로를 말한다. 수에즈 운하와 파나마 운하가 대표적이다.

용어 알기

하굿둑(하구+둑)

강과 바다가 만나는 지점인 하구에 쌓은 둑으로, 밀물 때 바닷물이 강으로 역류하지 못하도록 하거나 뱃길이나 용수 확보를 위해 강의 유량을 조절하는 역할을 한다.

지진 해일

지진으로 바다 밑에서 지각 변동이 일어나 파도가 급격히 높아져서 발생하는 해일이다.

조산대(지을 造 뫼 山 띠 帶)

산이 만들어지는 지역으로 현재도 산이 만들어지는 지역을 신기 조산대라고 하며, 알프스-히말라야 조산대, 환태평양 조산대가 대표적이다.

정답 11쪽

01 빈칸에 들어갈 알맞은 말을 쓰시오.

(1) 자연환경이 인간 생활을 위협하면서 피해를 주는 현상을 □□□□(이)라고 한다.

(2) □□□□은/는 지진으로 바다 밑에서 지각 변동이 일어나 파도가 급격히 높아져서 발생하는 해일로 쓰나미라고도 한다.

(3) 연중 기온이 높고 강수량이 많은 열대 기후 지역에서는 지면의 열기와 습기를 피하려고 바닥을 지면에서 띄운 □□□을/를 짓는다.

02 다음 내용이 옳으면 ○표, 틀리면 ×표를 하시오.

(1) 산지 지역은 평야 지역에 비해 인간 거주에 불리하여 대체로 인구 밀도가 낮다. ( )

(2) 세계의 기후 분포에서 냉대 기후는 온대 기후보다 대체로 위도가 낮은 곳에 분포한다. ( )

(3) 건조 기후 중 사막이 분포하는 지역에서는 오아시스 주변에서 밀, 대추야자 등의 재배가 이루어진다. ( )

(4) 연중 기온이 높고 강수량이 많은 열대 기후 지역에서는 음식물의 부패를 막고자 음식 조리 시 소금과 향신료를 많이 사용한다. ( )

03 다음 설명에 해당하는 개념을 **보기** 에서 고르시오.

> **보기**
> ㄱ. 수목 농업   ㄴ. 혼합 농업
> ㄷ. 카르스트 지형   ㄹ. 열대 고산 기후

(1) 석회암의 주성분인 탄산 칼슘이 이산화 탄소를 포함한 빗물이나 지하수에 녹아서 형성된 지형 ( )

(2) 적도 주변의 해발 고도가 높은 지역에서 나타나는 기후로, 이 기후가 나타나는 지역은 기온의 일교차가 크고 햇빛이 강함. ( )

(3) 건조한 여름을 잘 견디는 포도, 올리브 등을 재배하는 농업으로 온대 기후 지역 중에서 여름에 건조한 기후 지역에서 발달함. ( )

(4) 작물 재배와 가축 사육을 함께 하는 농업으로 온대 기후 지역 중에서 여름에 서늘하고 연중 강수량이 고른 기후 지역에서 발달함. ( )

[01~02] 지도는 세계의 기후 지역을 나타낸 것이다. 이를 보고 물음에 답하시오.

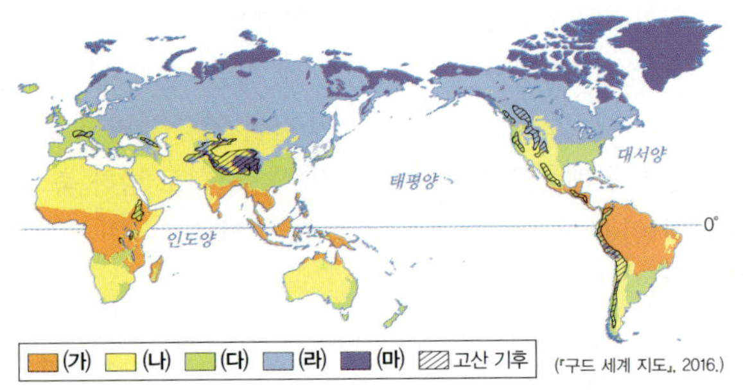

▶ 242017-0049

01 (가)~(다) 지역에 대한 설명으로 옳지 않은 것은?

① (가)의 아시아 지역에서는 벼 재배가 이루어진다.

② (나)에서는 초원이 형성되는 지역을 중심으로 유목이 이루어진다.

③ (다)의 여름에 건조한 지역에서는 수목 농업이 이루어진다.

④ (가)는 (나)보다 전통 가옥의 구조가 개방적이다.

⑤ (나)는 (다)보다 인간 거주에 유리한 기후가 나타난다.

▶ 242017-0050

02 (라), (마) 지역에 대한 설명으로 옳은 것만을 **보기** 에서 있는 대로 고른 것은?

> **보기**
> ㄱ. (라)는 겨울에 두꺼운 옷을 입는다.
> ㄴ. (라)의 오아시스에서는 밀과 대추야자를 재배한다.
> ㄷ. (마)의 전통 가옥으로는 지역 내 침엽수림을 이용한 통나무집이 있다.
> ㄹ. (마)에서는 순록이나 개가 끄는 썰매를 이용하여 이동하는 모습을 볼 수 있다.

① ㄱ, ㄴ   ② ㄱ, ㄹ   ③ ㄱ, ㄴ, ㄷ
④ ㄱ, ㄴ, ㄹ   ⑤ ㄴ, ㄷ, ㄹ

▶ 242017-0051

03 ㉠에 들어갈 알맞은 말을 쓰시오.

> 열대(열대 우림, 열대 몬순) 기후 지역의 전통 가옥이 건조 기후 지역의 전통 가옥에 비해 지붕의 경사가 급한 이유는 (㉠)이/가 많기 때문이다.

(   )

▶ 242017-0052

04 지도는 세계 4대 문명의 발상지를 나타낸 것이다. 이들 지역에서 문명이 발달하게 된 공통적 배경으로 옳은 것만을 보기 에서 고른 것은?

> **보기**
> ㄱ. 높은 산지에 위치하여 방어에 유리하다.
> ㄴ. 농작물 재배에 유리한 비옥한 토지가 있다.
> ㄷ. 연중 기온이 높고 강수량이 많아 열대림이 자란다.
> ㄹ. 하천 범람을 막기 위한 사람들 간의 협력이 필요하였다.

① ㄱ, ㄴ   ② ㄱ, ㄷ   ③ ㄴ, ㄷ
④ ㄴ, ㄹ   ⑤ ㄷ, ㄹ

▶ 242017-0053

05 사진은 두 기후 지역의 전통 가옥을 나타낸 것이다. (가) 기후 지역에 대한 (나) 기후 지역의 상대적 특성으로 옳은 것만을 보기 에서 고른 것은?

(가)   (나)

 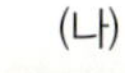 

> **보기**
> ㄱ. 연 강수량이 많다.
> ㄴ. 나무와 풀이 잘 자란다.
> ㄷ. 양의 유목이 발달하였다.
> ㄹ. 위도가 높은 곳에 위치한다.

① ㄱ, ㄴ   ② ㄱ, ㄷ   ③ ㄴ, ㄷ
④ ㄴ, ㄹ   ⑤ ㄷ, ㄹ

▶ 242017-0054

06 다음과 같은 특징이 모두 나타나는 국가로 옳은 것은?

> • 판의 경계에 위치하여 지열이 풍부하다.
> • 적도 주변에 위치하여 해발 고도가 낮은 곳은 연중 기온이 높고 강수량이 많지만 해발 고도가 높은 산지에서는 연중 봄과 같은 날씨의 특성을 지닌 열대 고산 기후가 나타난다.

① 에콰도르   ② 나이지리아   ③ 방글라데시
④ 아이슬란드   ⑤ 아르헨티나

▶ 242017-0055

07 (가)~(다)에 해당하는 농업으로 옳은 것은?

> (가) 작물 재배와 가축 사육을 함께 하는 농업
> (나) 건조한 여름을 잘 견디는 포도, 올리브 등을 재배하는 농업
> (다) 사막에 물이 있는 곳에서 밀이나 대추야자 등을 재배하는 농업

	(가)	(나)	(다)
①	수목 농업	혼합 농업	오아시스 농업
②	수목 농업	오아시스 농업	혼합 농업
③	혼합 농업	수목 농업	오아시스 농업
④	혼합 농업	오아시스 농업	수목 농업
⑤	오아시스 농업	수목 농업	혼합 농업

▶ 242017-0056

08 다음 자료의 (가)에 들어갈 자연재해로 옳은 것은?

(가) 발생 시 행동 요령	

튼튼한 탁자 아래 들어가 몸을 보호합니다.	건물이나 담장으로부터 떨어져 이동합니다.

① 가뭄   ② 지진   ③ 폭설   ④ 태풍   ⑤ 홍수

02 인간과 자연의 관계

1 자연을 바라보는 인간의 관점

(1) 인간 중심주의

① 인간 중심주의의 의미와 특징

의미	인간과 자연의 관계에서 인간을 가장 가치 있는 존재로 여기고 인간의 이익이나 행복을 우선적으로 고려하는 관점
특징	• 인간과 자연을 둘로 나누어서 바라보는 이분법적 세계관을 지님. • 자연은 인간의 생존과 복지를 위한 도구에 불과하다고 봄. • 인간만을 도덕적 고려의 대상으로 바라봄.

② 인간 중심주의의 대표적 사상가

아리스토텔레스	"식물은 동물의 생존을 위해서, 동물은 인간의 생존을 위해서 존재한다." 자료1
아퀴나스	"신의 계시에 의해 동물은 자연의 과정에서 인간이 사용하도록 운명 지어졌다. 따라서 인간이 동물을 죽이거나 또는 다른 방식으로 동물을 사용하더라도 그것이 결코 부정의(不正義)한 것은 아니다."
베이컨	"과학의 목적은 자연을 인간의 의도에 맞도록 변형함으로써 인간의 활동 영역을 넓히는 것이다." → 자연은 인간의 이익을 위해 사용되어야 할 도구적 존재임을 강조함.

③ 인간 중심주의의 한계

- 인간 중심주의를 지나치게 강조하면 자연에 대한 인간의 지배와 착취를 정당화하고 자연을 인간의 필요를 충족하기 위한 수단으로만 취급함.
- 인간 중심주의를 지나치게 강조하면 자원이 고갈되고 환경이 오염되는 등 자연의 위기를 초래하여 자연 속에서 살아가는 인간에게도 피해를 줄 수 있음.

> **자세히 살펴보기** **인간 중심주의의 사례에는 어떤 것이 있을까?**
>
>  열대 과일 팜의 열매에서 얻어지는 식물성 기름인 팜유는 립스틱부터 치약, 도넛, 초콜릿 바까지 수천 가지 제품의 원료로 이용된다. 팜유의 최대 생산지는 인도네시아이다. 원시림에 불을 놓아 만들어진 인도네시아의 대규모 팜유 농장은 많은 일자리를 창출하고 수출을 통해 외화를 벌어들이며 인도네시아의 경제 발전에 이바지하고 있다. — ○○뉴스, 2015. 12. 2. —
>
> 위 사례와 같이 원시림에 불을 놓아 팜유 농장을 만든 것은 자연을 인간의 이익을 위한 도구로 보는 인간 중심주의적 관점의 대표적인 예이다.

(2) 생태 중심주의

① 생태 중심주의의 의미와 특징

의미	인간과 자연의 관계에서 인간의 이익보다는 인간을 포함한 생태계 전체의 균형과 안정을 먼저 고려하는 관점
특징	• 인간을 포함한 자연 전체를 하나로 보는 전일론적 관점을 지님. • 자연은 인간의 이익과 무관하게 그 자체로 가치를 지니는 존재임. • 모든 생명체와 무생물을 포함한 생태계 전체를 도덕적 고려의 대상으로 바라봄.

자료1 **아리스토텔레스의 인간 중심주의**

> 동물은 인간을 위해 존재한다. 가축이 식량이나 기타 용도로 존재하는 것처럼, 야생 동물도 그러하다. 야생 동물은 식량이나 다른 기타의 용도, 즉 의복이나 도구를 만드는 데 사용할 수 있다. 자연이 일정한 목적이나 의도를 위한 것이라는 우리의 믿음이 타당하다면, 그것은 다름 아닌 인간을 위한 것임에 틀림없다.

아리스토텔레스는 자연에 대해 인간 중심주의 관점을 취하고 있으며, 인간을 다른 존재와 구분되는 유일하고 우월한 존재라고 보았다.

❊ **인간 중심주의에 대한 비판**

생명 중심주의자인 테일러는 인간 중심주의를 비판하는데, 그는 인간이 이성과 자유 의지를 지니고 있다면 많은 비인간적 종들은 인간이 소유하지 않은 다른 능력을 지니고 있다는 점에 주목한다. 예를 들어 새의 나는 능력, 치타의 뛰는 속도, 식물 잎사귀의 광합성 능력, 거미의 집을 짓는 숙련성, 나무 꼭대기에서 원숭이의 민첩성 등이다. 테일러는 이 능력들이 인간보다 뛰어난 우월성의 상징으로 간주되어야 함에도, 인간은 자신의 관점에만 사로잡혀 자신의 우월성을 고집하고 있다고 비판한다.

— 김일방, 『환경 윤리의 쟁점』

용어 알기

생태계
상호 작용하는 유기체 및 그들과 서로 영향을 주고받는 주변의 무생물 환경을 묶어서 부르는 말이다.

전일론(온전 全 한 — 논할 論)
전체는 단순히 부분들의 집합이 아니라 각 부분이 밀접하게 연결·결합되어 하나의 독립적인 실체를 이룬다는 이론이다.

② 생태 중심주의의 대표적 사상가: 레오폴드
- 생태계 전체를 하나의 유기체로 보고 공동체의 범위를 동물, 식물, 토양, 물을 비롯한 대지까지 확대해야 한다는 대지 윤리를 주장함.
- 대지는 경제적 가치로만 평가될 수 없으며 무생물과 식물, 곤충, 각종 동물 등이 유기적으로 연결되어 균형을 이루며 살아가는 생명 공동체임.
- 인간은 생명 공동체의 한 구성원이므로 생태계의 안정을 유지할 의무가 있음.

③ 생태 중심주의의 의의와 한계

의의	인간이 내재적 가치를 지닌 생태계를 보존해야 할 의무가 있다는 점을 일깨움으로써 환경 문제를 해결하는 데 도움을 줌.
한계	• 생태 중심주의를 지나치게 강조하여 모든 자연 개발을 중단해야 한다는 주장은 문제가 있음 → 어느 정도의 자연 개발은 불가피함. • 환경 파시즘으로 흐를 수 있음.

② 인간과 자연의 바람직한 관계

(1) 인간과 자연의 공존 관계
① 인간은 생태계를 구성하는 자연의 일부로서 다른 생명체와 공존하는 유기적 관계를 맺으며 살아가야 함.
② 인간과 자연은 서로 대립하거나 한쪽을 파괴하지 않고 조화롭게 공존해야 하는 관계임.

(2) 인간과 자연이 공존하기 위한 노력
① 생태 공동체 의식 정립: 자연 친화적 삶을 살고 미래 세대의 생존과 복지, 동식물을 포함한 생태계 전체의 보전까지 함께 고려해야 함.
② 인간과 자연의 관계는 유기적 관계이며, 공존하는 관계임을 강조하는 동양의 자연관에서 시사점을 얻어야 함.

자세히 살펴보기 | 동양의 자연관

유교	만물이 본래적 가치를 지닌다고 보며, 인간과 자연이 조화를 이루는 천인합일(天人合一)의 경지를 지향함.
불교	만물이 서로 연결되어 상호 의존한다는 연기(緣起)를 깨닫고 모든 생명을 소중히 여기며 자비를 베풀어야 함.
도가	무위자연(無爲自然)을 추구하며 자연의 한 부분인 인간이 자연과 조화를 이루어야 한다고 봄.

③ 지속가능한 개발과 보존을 위한 노력 [자료 2]
- 자연과 조화를 이루는 개발을 하고 자연을 보존해야 함.
- 생태 관광, 생태 도시, 생태 통로, 슬로 시티 등은 인간의 필요와 욕구에 따라 개발이 불가피하더라도 자연 파괴를 최소화할 수 있음을 보여 주는 사례임.

✳ 환경 파시즘

파시즘은 개체(개인)를 전체(국가)에 종속시키는 정치 이데올로기의 일종이다. 환경 파시즘은 생태계 전체의 선(善)을 위해 개체의 선을 희생할 수 있다고 보는 생태 중심주의의 한 입장을 비판적으로 바라보는 관점이다.

[자료 2] 생태 통로

야생 생물의 이동로 제공, 야생 동물 서식지로의 이동, 천적 및 대형 교란으로부터 피난처 역할, 파편화된 생태계의 연결로 생태계의 연속성 유지, 기온 변화에 대한 저감 효과, 교육적·위락적 및 심미적 가치 제고, 개발 억제 효과 등의 역할을 한다.

용어 알기

생명 공동체
생태계 내의 무생물과 생물들이 상호 의존하고 있는 공동체이다.

생태 공동체 의식
생태계의 한 구성원으로서 지녀야 할 역할과 책임에 관한 의식이다.

생태 관광
자연환경, 고유문화, 역사 유적의 보전, 생태적으로 양호한 지역에 대한 관찰과 학습, 관광 사업과 관광객의 지속가능한 관광 활동 등을 총괄하는 관광이다.

정답 13쪽

01 빈칸에 들어갈 알맞은 말을 쓰시오.

(1) 인간 중심주의는 인간과 자연의 관계에서 [   ]을/를 가장 가치 있는 존재로 여긴다.

(2) 생태 중심주의는 인간을 포함한 [   ] 전체의 균형과 안정을 먼저 고려하는 관점이다.

(3) 인간과 자연이 공존하기 위해서는 생태 [   ] 의식을 정립해야 한다.

(4) 인간과 자연이 공존하기 위해서는 인간과 자연이 공생할 수 있는 [   ] 개발과 보존을 위한 노력이 필요하다.

02 다음 내용이 옳으면 ○표, 틀리면 ×표를 하시오.

(1) 인간 중심주의는 인간과 자연의 관계에서 인간의 이익이나 행복을 우선적으로 고려하는 관점이다. (   )

(2) 인간 중심주의는 자연을 그 자체로 가치가 있는 존재라고 본다. (   )

(3) 베이컨의 인간 중심주의 관점은 자연 현상의 객관적 이해를 도와 과학 기술의 발전에 이바지하였다. (   )

(4) 전일론적 관점에 따르면 자연은 인간, 동물, 식물, 환경 등 다양한 구성원이 유기적으로 연결되어 있는 생태계이다. (   )

(5) 생태 중심주의에서는 인간과 자연의 바람직한 관계를 이루기 위해 인간이 자연보다 우월한 위치에 있어야 한다고 본다. (   )

03 다음 설명에 해당하는 개념을 **보기** 에서 고르시오.

보기

ㄱ. 전일론 ㄴ. 생명 공동체
ㄷ. 이분법적 세계관 ㄹ. 생태 공동체 의식

---

(1) 전체는 단순히 부분들의 집합이 아니라 각 부분이 밀접하게 연결·결합되어 하나의 독립적인 실체를 이룬다는 이론 (   )

(2) 인간과 자연을 둘로 나누어서 바라보는 세계관 (   )

(3) 생태계의 한 구성원으로서 지녀야 할 역할과 책임에 관한 의식 (   )

(4) 생태계 내의 무생물과 생물들이 상호 의존하고 있는 공동체 (   )

▶ 242017-0057

01 인간 중심주의 사상가가 긍정의 대답을 할 질문으로 가장 적절한 것은?

① 자연은 그 자체로 가치를 지니는 존재인가?
② 자연은 인간의 이익 증진을 위한 도구인가?
③ 인간보다 다른 생명체들이 더 우월한 존재인가?
④ 자연 안의 모든 생명체가 평등한 권리를 지니는가?
⑤ 인간과 자연의 관계를 전일론적으로 바라보아야 하는가?

▶ 242017-0058

02 다음을 주장한 사상가의 입장으로 가장 적절한 것은?

> 인간을 포함한 자연 전체를 하나로 보는 전일론적 관점을 취한다. 자연은 인간, 동물, 식물, 흙, 물 등 다양한 구성원이 유기적으로 연결되어 있는 생태계이다. 인간은 자연으로부터 독립된 존재가 아니라 다른 생명체와 마찬가지로 자연의 한 구성원일 뿐이다.

① 인간만이 도덕적 지위를 지닌 유일한 존재이다.
② 인간이 아닌 존재는 도덕적 고려의 대상이 아니다.
③ 자연은 인간의 이익과 무관하게 내재적 가치를 지닌다.
④ 자연은 인간의 욕구 충족을 위한 도구적 가치만을 지닌 존재이다.
⑤ 인간은 자연을 마음껏 이용할 수 있는 자연에 대한 소유권을 가진다.

▶ 242017-0059

03 다음을 주장한 사상가의 입장으로 가장 적절한 것은?

> 식물은 동물의 생존을 위해서, 동물은 인간의 생존을 위해서 존재한다. 자연이 일정한 목적이나 의도를 위한 것이라는 우리의 믿음이 타당하다면, 그것은 다름 아닌 인간을 위한 것임에 틀림없다.

① 인간과 자연은 동등한 지위를 지닌 생명 공동체이다.
② 인간은 다른 생명체들의 이익을 위해 존재해야 한다.
③ 자연에 존재하는 것들 중에는 목적을 가지지 않는 존재가 있다.
④ 인간은 자연에 종속된 존재로서 자연에 의해 지배받아야 한다.
⑤ 인간만이 내재적 가치를 지니며 다른 존재들보다 우월한 존재이다.

▶ 242017-0060

04 갑, 을 사상가의 공통된 입장으로 가장 적절한 것은?

갑: 신의 계시에 의해 동물은 자연의 과정에서 인간이 사용하도록 운명 지어졌다. 따라서 인간이 동물을 죽이거나 또는 다른 방식으로 동물을 사용하더라도 그것이 결코 부정의(不正義)한 것은 아니다.
을: 방황하고 있는 자연을 사냥해서 노예로 만들어 인간의 이익에 봉사하도록 해야 한다. 자연은 구속되어야 하고, 과학자의 목적은 자연의 비밀을 밝혀내는 것에 있다.

① 인간과 자연을 하나로 보는 전일론적 세계관을 중시해야 한다.
② 고통을 느낄 수 있는 모든 존재의 도덕적 지위를 존중해야 한다.
③ 인간과 자연은 모두 기계와 같은 존재이므로 물질적 대상이다.
④ 생명 존중 사상을 바탕으로 모든 생명체를 도덕적으로 고려해야 한다.
⑤ 신과 인간이 아닌 모든 존재는 인간의 목적을 이루기 위한 수단으로 취급될 수 있다.

▶ 242017-0061

05 다음을 주장한 동양 사상의 입장에만 모두 'ㅇ'를 표시한 학생은?

인간을 비롯한 동식물, 무생물에 이르기까지 우주 만물은 마치 인드라 망처럼 수많은 조건이 서로를 반영하는 관계들의 연쇄이다. 따라서 연기(緣起)의 원리에 따라 우주 만물은 서로 관련을 맺고 존재하는 것이다.

입장＼학생	갑	을	병	정	무
인간과 자연은 완전히 독립적 관계이다.	∨			∨	∨
인간과 자연은 서로 영향을 주고받는 관계이다.	∨	∨		∨	
인간은 모든 생명을 소중히 여기며 자비를 베풀어야 한다.		∨	∨		∨
인간은 자연을 개발과 극복의 대상으로 보아 통제해야 한다.			∨	∨	∨

① 갑　　② 을　　③ 병　　④ 정　　⑤ 무

▶ 242017-0062

06 다음을 통해 유추할 수 있는 입장으로 적절하지 않은 것은?

우리는 자연을 인간의 욕구 충족을 위한 수단으로 인식하는 도구적 자연관을 강조해야 한다. 동식물을 포함한 자연의 모든 구성 요소는 그 자체로 가치 있는 것이 아니라 인간의 풍요로운 삶을 위한 도구에 불과하다.

① 인간은 자신과 자연 전체에 도덕적 의무를 지니고 있다.
② 인간은 자연의 대상들을 이용할 수 있는 권리를 지니고 있다.
③ 인간은 자연을 효율적으로 통제하기 위해 기술을 발전시켜야 한다.
④ 과학 기술의 발전에 도움이 되기 위해 자연에 대한 탐구를 강화해야 한다.
⑤ 자연에 대한 행위의 옳고 그름의 판단 여부는 인간에게 얼마나 도움이 되는가에 달려 있다.

▶ 242017-0063

07 ㉠에 들어갈 알맞은 말을 쓰시오.

(㉠)은/는 생태계 전체의 선(善)을 위해 개체의 선을 희생할 수 있다고 보는 생태 중심주의의 한 입장을 비판적으로 가리키는 용어이다.

(　　　　　　　　)

▶ 242017-0064

08 다음을 주장한 사상가의 입장으로 적절한 것만을 보기 에서 있는 대로 고른 것은?

어떤 것이 생명 공동체의 통합성, 안정성, 아름다움의 보전에 이바지한다면 그것은 옳다. 그렇지 않다면 그르다.

보기
ㄱ. 인간의 생존이 생태계의 안정보다 중요하다.
ㄴ. 인간은 생명 공동체의 한 구성원에 불과하다.
ㄷ. 인간과 자연의 관계를 이분법적으로 파악해야 한다.

① ㄱ　　　② ㄴ　　　③ ㄱ, ㄷ
④ ㄴ, ㄷ　　　⑤ ㄱ, ㄴ, ㄷ

03 환경 문제 해결을 위한 다양한 노력

1 환경 문제의 원인과 특징

(1) 환경 문제의 발생 원인과 특징

① 발생 원인

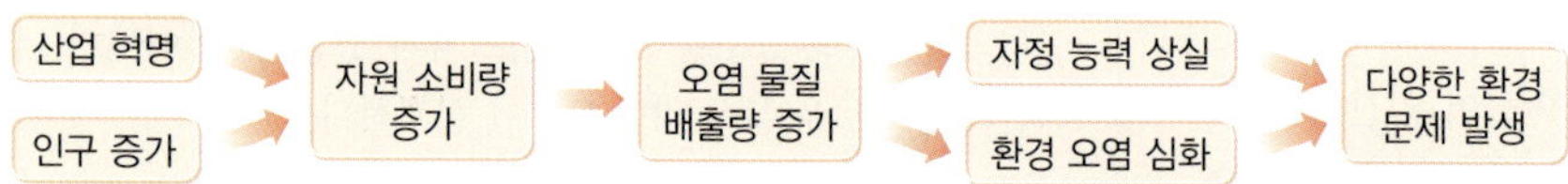

② 환경 문제의 특징

- 다양한 원인으로 발생, 피해 복구에 비용이 많이 들고 시간이 오래 걸림.
- 오염 물질이 발생한 지역 밖에서도 피해가 발생하고, 현재 세대뿐만 아니라 미래 세대의 생존까지 위협함.

(2) 환경 문제의 종류

지구 온난화	• 지구의 평균 기온이 높아지는 현상 **자료1** • 원인: 화석 에너지 소비 증가, 가축 사육 증가 등으로 온실가스 배출량 증가 • 영향: 빙하 감소에 따른 해수면 상승으로 저지대 침수, 이상 기후의 발생 빈도와 이로 인한 피해 규모 증가
사막화	• 사막이 아니던 곳이 사막으로 변하는 현상 • 원인: 극심한 가뭄, 과도한 경작과 목축 및 지하수 개발 • 영향: 경작지 및 초지 감소, 모래 먼지(황사) 발생량 증가
산성비	• 원인: 공장·자동차·발전소 등의 화석 에너지 소비 과정에서 발생하는 대기 오염 물질(황산화물, 질소 산화물 등) 배출량 증가 • 영향: 삼림이 말라 죽음, 호수 산성화, 건축물과 각종 구조물 부식
열대림 파괴	• 원인: 농경지 개간, 초지 조성, 도시 건설을 위한 개발과 벌목, 댐 건설로 인한 수몰 • 영향: 동식물 서식지 감소, 생물종 다양성 감소, 지구 온난화 가속화
오존층 파괴	• 원인: 염화 플루오린화 탄소(CFCs)의 사용량 증가 • 영향: 자외선 투과량 증가로 인한 피부암·백내장 발병률 증가 등
쓰레기 섬	• 원인: 폐어업 도구, 인간이 버린 쓰레기가 해양으로 유입됨. • 영향: 바다에서 살아가는 해양 생물의 생태계 위협

자세히 살펴보기 | 사막화, 산성비, 열대림 파괴 문제가 주로 발생하는 곳은 어디일까?

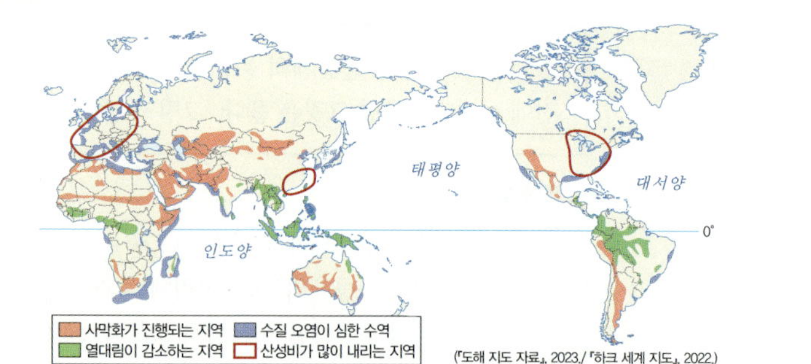

사막화는 사막 주변 지역, 산성비는 인구와 산업이 밀집한 지역과 그곳에서 바람이 불어가는 곳에서 주로 발생하고, 열대림 파괴는 주로 적도 주변에서 발생한다.

자료1 기상 이변의 원인 중 하나로 지목받는 극 소용돌이

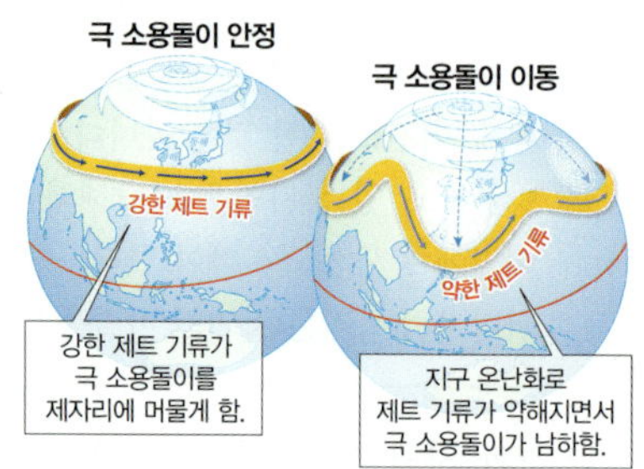

▲ 극 소용돌이 남하에 따른 한파 이동 예상도

지구 온난화로 지구의 평균 기온이 상승하고 있지만, 중위도 지역은 폭설과 한파가 증가하는 기상 이변 발생 빈도가 높아졌다. 이는 지구 온난화로 북극 지역과 중위도 지역과의 기온 차이가 감소하면서 극 소용돌이가 예전에 비해 더 남쪽까지 영향을 미치고 있기 때문이다.

❋ **사막화와 황사**

식생을 파괴하고 토양 침식, 모래 퇴적, 토지 황폐화로 식량 생산 기반을 파괴하는 사막화는 발생한 그 지역만의 문제가 아니라 주변 지역에 큰 영향을 준다. 우리나라는 해마다 봄철에 황사 현상으로 피해를 입는데, 중국 내륙의 사막화는 우리나라의 황사 발생 빈도와 농도를 높일 수 있다.

용어 알기

자정(스스로 自 깨끗할 淨) 능력

오염된 자연환경이 시간이 지나면서 스스로 오염 정도를 낮추어 정화하는 능력이다. 자정 능력의 범위를 넘어서는 환경 오염이 발생할 때 환경 문제가 나타나게 된다.

부식(썩을 腐 갉아먹을 蝕)

물질이 주변 환경과 화학 반응을 일으켜 분해되는 현상이다.

염화 플루오린화 탄소

염소와 불소를 포함한 유기 화합물을 총칭하는 것으로 주로 냉장고나 에어컨의 냉매, 분사제 등으로 사용되었다.

❷ 환경 문제 해결을 위한 정부, 시민 사회, 기업의 노력

(1) 정부

① 환경 문제 해결을 위한 법·제도적 측면의 노력
- 자연환경 보전법 제정, 환경 영향 평가 제도 실시, 저탄소 녹색 정책 추진, 탄소 배출권 거래제 시행
- 환경 영향 평가 제도: 대규모 개발 사업 계획을 수립할 때 개발 사업이 환경에 미치는 영향을 미리 예측, 평가하는 제도
- 탄소 배출권 거래제: 정부에서 기업별로 정한 탄소 배출 허용량을 기준으로 이를 초과 또는 감축한 양에 대하여 기업 간에 사고팔 수 있는 제도

② 국제 환경 협약에 가입하여 환경 문제 해결을 위한 국제 사회 노력에 동참

자세히 살펴보기　**환경 문제 해결을 위해 국제 사회는 어떤 노력을 하고 있을까?**

전 지구적으로 발생하고 있는 환경 문제를 해결하기 위해서는 국제 사회의 협력이 필요하다. 국제 사회는 환경 문제 해결 노력으로 여러 국제 협약을 체결·이행하고 있다.

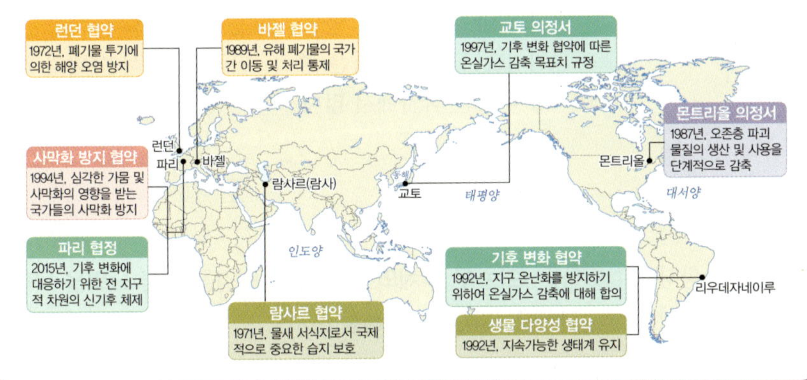

(2) 시민 사회

① 정부 정책과 기업 활동을 환경 보전 측면에서 감시
② 환경 관련 시민 단체 운영 예 그린피스(Greenpeace), 세계 자연 기금(WWF)

(3) 기업

① 제품 생산, 유통, 폐기 과정에서의 온실가스와 오염 물질 배출량 감축 노력

생산	오염 물질 정화 시설 설치, 저탄소 상품 개발 등
유통	유통 과정 간소화, 친환경 상품 우선 공급 및 진열 등
폐기	과대 포장 줄이기, 재활용률을 높일 수 있는 용기 사용 등

② 신·재생 에너지 사용 확대를 통한 친환경 경영 추구 예 RE100 참여

(4) 생태 시민　[자료 2]

① 다양한 환경 문제 해결을 위해 연대하고 실천할 수 있는 생태 시민임을 자각
② 녹색 소비 실천, 로컬 푸드 운동 동참, 디지털 탄소 발자국 줄이기 등 환경친화적인 생활 방식 실천

✱ 그린피스와 세계 자연 기금

그린피스는 세계 여러 나라에 지부를 둔 영향력 있는 국제적인 시민 단체로, 남극 보호, 에너지 절약과 재생 에너지 개발, 삼림 보호, 해양 생태계 보호, 핵 개발 반대 등을 주요 활동 영역으로 설정하고 있다. 세계 자연 기금은 해양, 야생 동물, 식량, 담수, 산림 등 전 지구의 자연환경 보존을 통해 인간과 자연이 조화롭게 사는 미래를 만드는 것을 목표로 하고 있는데, 지구촌 전등 끄기 캠페인으로 잘 알려져 있다.

[자료 2] 생태 시민의 자세

생태 시민은 생태 전환적 사고를 토대로 환경 문제를 해결하려는 실천적 태도를 가져야 한다. 생태 전환적 사고란 인간 중심적 관점에서 벗어나 인간과 자연의 공존과 지속 가능성을 위해 인간의 생각과 행동 양식의 총체적 변화를 추구하는 것을 말한다.

용어 알기

RE100

RE는 Renewable Energy의 약자로, RE100이란 기업이 필요한 전력을 2050년까지 전량 재생 에너지로 구매 또는 자가 생산으로 조달하겠다는 자발적 캠페인이다.

녹색 소비

제품의 생산, 유통, 판매, 소비, 폐기의 전 과정에 걸쳐 환경친화적인 가치를 고려한 소비를 말한다.

로컬 푸드(local food)

장거리 운송 과정을 거치지 않은 지역 농산물을 말한다.

정답 14쪽

01 빈칸에 들어갈 알맞은 말을 쓰시오.

(1) 빙하가 녹으면 해수면이 [ ]한다.
(2) 지구 온난화는 [ ] 배출량이 늘어나면서 지구의 평균 기온이 높아지는 현상이다.
(3) 염화 플루오린화 탄소의 사용량이 증가하면 지표에 도달하는 [ ]의 양이 증가한다.
(4) 극심한 가뭄이나 지나친 지하수 개발 등으로 인해 발생하는 [ ]은/는 황사 현상을 심화시킬 수 있다.
(5) 생태 전환적 사고를 바탕으로 다양한 환경 문제 해결에 연대하고 실천할 수 있는 시민을 [ ](이)라고 한다.

02 다음 내용이 옳으면 ○표, 틀리면 ×표를 하시오.

(1) 인간의 활동이 자연환경에 나쁜 영향을 주는 것은 환경 문제 발생의 원인에 해당한다. ( )
(2) 환경 문제는 한번 발생하면 피해 복구에 긴 시간이 들고 비용과 노력이 많이 든다. ( )
(3) 파리 협정은 선진국에만 온실가스 감축 의무를 부여한 기후 변화 협약이다. ( )
(4) 그린피스(Greenpeace)와 세계 자연 기금(WWF)은 환경 문제 해결을 위해 노력하는 시민 단체이다. ( )
(5) 친환경 포장재를 사용하여 제품을 포장하는 것은 환경 문제 해결을 위한 정부의 노력에 해당한다. ( )

03 다음 설명에 해당하는 개념을 보기 에서 고르시오.

보기

ㄱ. 로컬 푸드   ㄴ. 바젤 협약
ㄷ. 자정 능력   ㄹ. 디지털 탄소 발자국

(1) 장거리 운송 과정을 거치지 않은 지역 농산물 ( )
(2) 유해 폐기물의 국가 간 이동과 교역을 규제하는 국제 협약 ( )
(3) 스마트폰, 태블릿 피시 등 디지털 기기를 사용할 때 발생하는 온실가스의 양 ( )
(4) 오염된 물이나 땅 등이 물리학적 · 화학적 · 생물학적 작용으로 저절로 깨끗해지는 능력 ( )

▶ 242017-0065

01 다음 두 글에 공통적으로 나타난 지구적 규모의 환경 문제에 대한 설명으로 옳지 않은 것은?

> • 키리바시, 몰디브 등의 섬나라에서 국토 일부가 바닷물에 잠겨 피해가 발생하는 현상이 나타났다.
> • 영국 런던자연사박물관은 2023년 올해의 야생 동물 사진 수상작으로 북극곰이 표류하는 작은 빙산 위에서 잠 자는 모습을 담은 사진인 '얼음 침대(Ice Bed)'를 선정하였다.

① 문제 해결을 위해 국제 사회는 파리 협정을 체결하였다.
② 대기 중의 온실가스 함량이 증가하면서 나타나는 현상이다.
③ 신 · 재생 에너지 생산량이 증가하면서 문제가 크게 완화되었다.
④ 지구촌에서 이상 기후 발생 빈도가 증가하는 원인이 되고 있다.
⑤ 원인 물질의 배출량은 중국, 미국 등 화석 에너지 소비량이 많은 국가에서 많다.

▶ 242017-0066

02 표는 두 주체의 환경 문제 해결을 위한 노력을 나타낸 것이다. (가), (나) 주체를 쓰시오.

주체	노력
(가)	• 환경 오염 방지 시설 정비 • 환경친화적 상품 개발
(나)	• 환경 영향 평가 제도 시행 • 친환경 사업자에 대한 보조금 지급

(가): ( ) (나): ( )

▶ 242017-0067

03 다음에서 설명하고 있는 환경 문제를 쓰시오.

> • 원인: 무분별한 벌목과 개간, 목축, 이동식 화전 농업
> • 피해: 동식물 서식지 감소, 생물종 다양성 감소
> • 발생 지역: 아마존강 유역, 콩고 분지, 보르네오섬 등

( )

► 242017-0068

04 환경 문제의 특징으로 옳은 내용만을 **보기** 에서 있는 대로 고른 것은?

> **보기**
> ㄱ. 피해 복구에 시간이 오래 걸린다.
> ㄴ. 현재 세대뿐만 아니라 미래 세대의 생존까지 위협할 수 있다.
> ㄷ. 오염원을 배출한 지역 범위 이외의 지역에 영향을 주지 않는다.
> ㄹ. 다양한 원인으로 발생하여 책임 소재를 명확하게 구분하기 어렵다.

① ㄱ, ㄴ   ② ㄷ, ㄹ   ③ ㄱ, ㄴ, ㄷ
④ ㄱ, ㄴ, ㄹ   ⑤ ㄴ, ㄷ, ㄹ

► 242017-0069

05 생태 시민의 자세로 옳지 <u>않은</u> 것은?

① 정부와 기업의 책임만을 강조한다.
② 생태 활동을 실천하고 습관으로 만든다.
③ 기후 변화, 환경 문제의 원인을 이해한다.
④ 기후 위기와 환경 문제에 민감성을 갖는다.
⑤ 생태 활동의 실천 경험을 공유하고 확산한다.

► 242017-0070

06 ㉠에 들어갈 내용으로 옳은 것은? (단, 국제 사회는 고려하지 않음.)

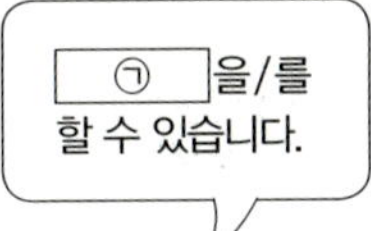

① RE100에 참여하는 것
② 환경 보전을 위한 법을 제정하는 것
③ 녹색 소비를 실천하고 에너지를 절약하는 것
④ 생태 환경을 훼손하는 기업의 활동을 감시하는 것
⑤ 생태 시민임을 깨닫고 환경친화적 가치관을 세우는 것

► 242017-0071

07 다음 단체의 공통된 특징으로 옳은 것만을 **보기** 에서 고른 것은?

> • 그린피스(Greenpeace)   • 세계 자연 기금(WWF)

> **보기**
> ㄱ. 탄소 배출권을 거래한다.
> ㄴ. 친환경 섬유로 옷을 만들어 판매하여 이윤을 추구한다.
> ㄷ. 기업이 추진하는 사업을 환경 보호 측면에서 감시한다.
> ㄹ. 지구적 차원의 환경 보호 활동을 펼치는 비정부 기구이다.

① ㄱ, ㄴ   ② ㄱ, ㄷ   ③ ㄴ, ㄷ
④ ㄴ, ㄹ   ⑤ ㄷ, ㄹ

► 242017-0072

08 그래프와 같은 현상으로 지구 환경에 나타날 변화를 그림의 ㄱ~ㅁ에서 고른 것은?

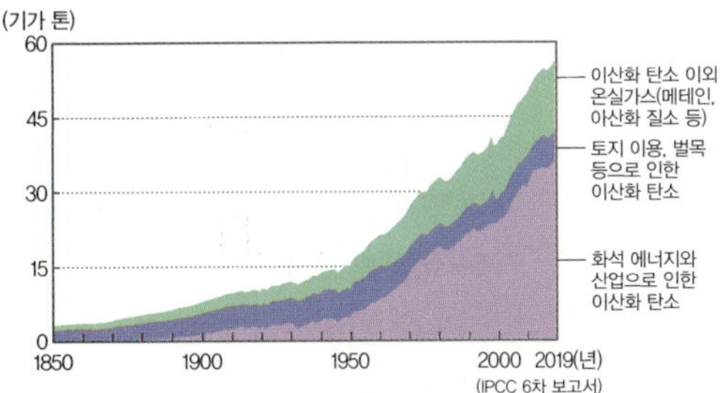

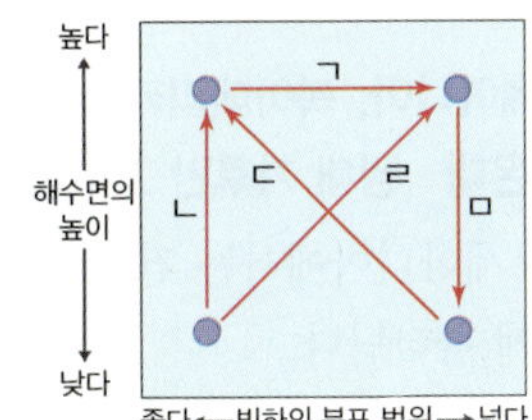

① ㄱ
② ㄴ
③ ㄷ
④ ㄹ
⑤ ㅁ

지역에 따라 기후는 어떻게 다를까?

독일의 기후학자 쾨펜은 세계의 기후를 식생 분포에 큰 영향을 주는 기온과 강수량을 기준으로 구분하였습니다. 세계의 기후를 크게 열대 기후, 건조 기후, 온대 기후, 냉대 기후, 한대 기후로 구분하였고 이를 강수량의 계절 분포, 가장 추운 달 및 가장 따뜻한 달의 평균 기온 등을 기준으로 세분하였습니다. 그 후에 다른 기후학자가 해발 고도가 높은 지역에서 나타나는 기후를 고산 기후로 따로 구분하였습니다.

열대 기후는 건기가 없는 열대 우림 기후, 건기가 짧은 열대 몬순 기후, 건기가 긴 사바나 기후로 세분하였습니다. 열대 우림 기후와 열대 몬순 기후 지역의 주된 식생은 모두 열대 우림이지만 사바나 기후에는 나무가 드문드문 자라고 키 큰 풀이 분포합니다. 건조 기후 중에서 상대적으로 강수량이 많은 스텝 기후는 비가 오는 시기에 초원이 형성되어 유목이 발달하였고, 강수량이 적은 사막 기후는 농경에 불리하여 사람들은 주로 오아시스 주변에 거주합니다.

기후가 온화하여 인간 거주에 유리한 온대 기후는 여름에 건조하여 수목 농업이 활발한 지중해성 기후, 연중 강수량이 고르며 여름에 서늘한 서안 해양성 기후, 여름에 기온이 높고 강수량이 많은 온난 습윤 및 온대 겨울 건조 기후로 구분합니다. 냉대 기후는 냉대 겨울 건조 기후와 냉대 습윤 기후로 구분합니다. 한대 기후 중 툰드라 기후는 짧은 여름에 지표면이 녹고 키 작은 풀과 이끼가 자라는데, 이러한 식생을 이용한 순록 유목이 이루어집니다. 빙설 기후는 연중 눈과 얼음으로 덮여 있어 인간이 거주하기 어렵습니다.

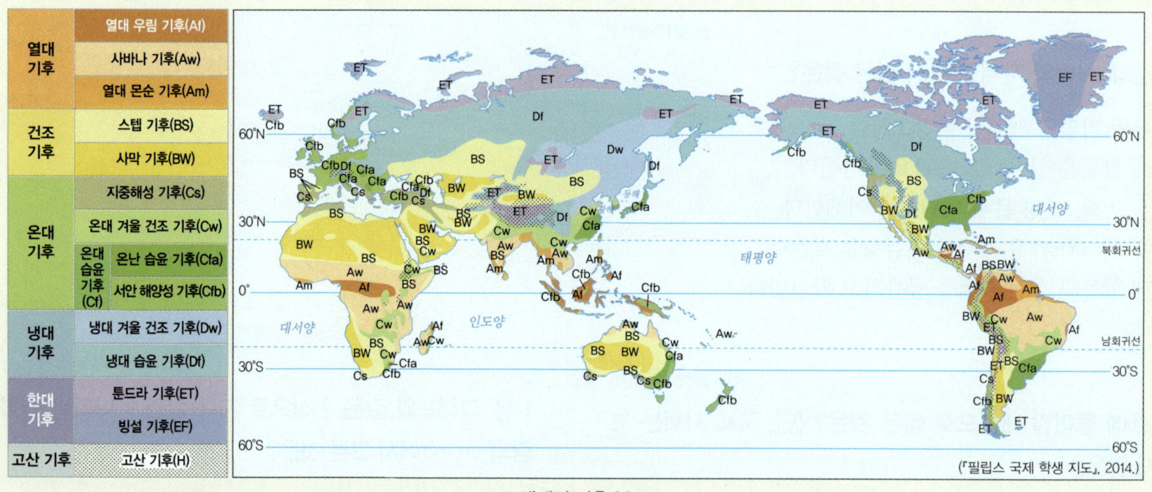

▲ 세계의 기후 분포

Q&A

1 여름에 건조하여 수목 농업이 활발하게 이루어지는 지역의 위도와 지리적 위치를 우리나라와 비교하여 설명해 보자.

여름에 건조하여 수목 농업이 활발하게 이루어지는 지중해성 기후 지역은 우리나라와 위도의 절댓값이 비슷하지만 우리나라가 대륙 동안에 위치한 것과 달리 주로 대륙 서안에 분포한다.

2 아프리카, 오세아니아, 북아메리카, 남아메리카에서 가장 넓게 나타나는 기후는 각각 무엇인가? (단, 열대 · 건조 · 온대 · 냉대 기후만 고려함.)

아프리카와 오세아니아에서는 건조 기후, 북아메리카에서는 냉대 기후, 남아메리카에서는 열대 기후가 가장 넓게 나타난다.

주제 탐구 2 왕가리 마타이의 나무를 심는 그린벨트 운동은 어떤 것일까?

왕가리 마타이(Wangari Muta Maathai)는 케냐 출신의 환경 운동가, 여성 인권 운동가, 민주화 운동가이자 2004년 노벨 평화상 수상자이다. 1940년 4월 1일 영국령 케냐에서 태어났으며 2011년 9월 25일 사망하였다. 벌목과 기후 변화로 인한 사막화를 방지하기 위해 1977년부터 그린벨트 운동을 주도하였고, 평생 동안 케냐 전역에 4,500만 그루 이상의 나무를 심는 업적을 남겨 '나무 여인'이라는 호칭으로도 불렸다.

케냐에서는 개발이라는 이유로 나무를 베는 일이 자주 일어났는데, 이로 인해 사람들은 오히려 삶을 위협받게 되었다. 숲의 약 90%를 잃어버린 케냐는 땅의 대부분이 황무지로 변했고 가뭄이 극심해졌다. 어쩌다 내리는 비는 큰 홍수가 되어 많은 피해를 주었다. 이를 극복하기 위해 케냐 사람인 왕가리 마타이는 나무를 심는 그린벨트 운동을 시작하였다. 이 운동은 아프리카의 열대림을 되살리기 위한 노력이었으며 동시에 많은 여성의 일자리를 창출하는 효과도 있었다. 그 결과에 아프리카에는 4,500만 그루 이상의 나무가 심어졌다. 왕가리 마타이는 "나무는 생명과 희망이에요. 나는 천국이 분명 녹색일 거라고 생각합니다."라고 말하였다.

– 김정신, 『세상 모든 환경 운동가의 환경 이야기』

위 이야기의 주인공인 왕가리 마타이는 그린벨트 운동을 통해 황폐화된 자연을 복구하면서 동시에 많은 여성에게 일자리를 제공하는 경제적 효과도 거두었습니다. 왕가리 마타이의 그린벨트 운동은 인간 중심주의와 생태 중심주의가 조화를 이룬 방안으로 자연과 인간에게 모두 유익한 방법이라고 볼 수 있습니다. 이처럼 우리는 자연과 인간의 상호 의존적인 관계를 올바르게 이해하고 이를 바탕으로 자연과 인간이 공생할 수 있는 방법을 찾으려고 노력해야 합니다.

Q&A

1 왕가리 마타이가 나무를 심는 그린벨트 운동을 하게 된 이유는 무엇인가?

숲이 사라지면 가뭄과 홍수가 증가할 뿐만 아니라 사막화가 심해진다는 것을 왕가리 마타이는 인식하고 있었다. 케냐에서 숲의 감소로 가뭄과 홍수의 피해가 증가하여 주민의 삶이 위협받는 것을 보고 이러한 문제를 해결하기 위해 나무를 심는 그린벨트 운동을 하게 되었다.

2 왕가리 마타이의 환경 운동을 통해 우리가 얻을 수 있는 교훈은 무엇인가?

인간과 자연은 서로 영향을 주고받는 관계이기 때문에 인간은 자연 없이는 살아갈 수 없다는 점을 인식하고, 자연을 보호하면서 인간의 삶을 지속적으로 영위할 수 있는 방안을 찾아 나가야 한다.

대단원 종합 문제

▶ 242017-0073

01 다음 글의 ㉠, ㉡을 지도의 A~D에서 각각 고르고, 시설의 이름을 쓰시오.

> 중량의 원료나 제품의 국제 이동은 주로 선박을 통해 이루어진다. 과학 기술이 발달하면서 지형이 인간 생활에 미치는 영향이 감소하였는데, 이 중 운하 건설은 무역량이 증가하는 요인이 되었다. (㉠)은/는 아메리카 대륙의 파나마 지협에 건설되었으며 태평양과 대서양을 연결한다. (㉡)은/는 이집트 내의 수에즈 지협에 건설되었으며 홍해와 지중해를 연결한다.

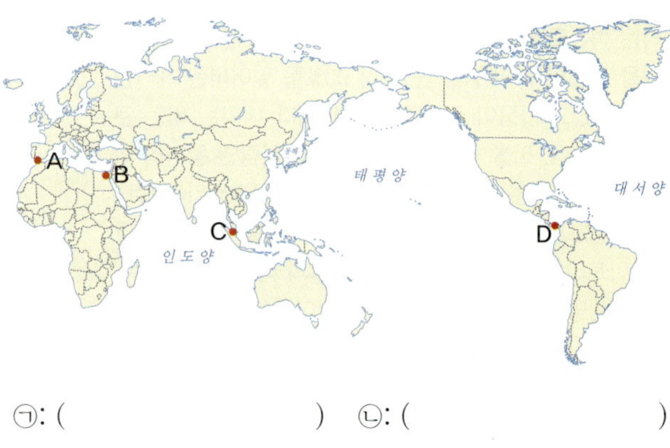

㉠: (　　　　　　　　　) ㉡: (　　　　　　　　　)

▶ 242017-0074

02 다음 자료는 ○○ 작물의 국가별 생산량 비율과 ○○ 작물의 모습을 나타낸 것이다. 이 작물이 많이 재배되는 지역으로 옳은 것은?

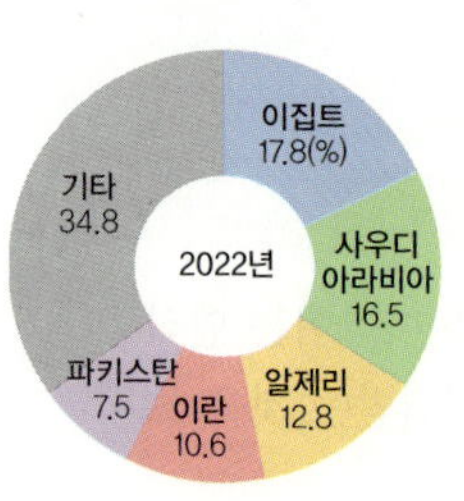

▲ 식용으로 이용되는 대추 모양의 열매를 맺는 야자나무

① 겨울이 춥고 긴 지역
② 사막의 오아시스 주변 지역
③ 높고 험한 산지의 경사진 지역
④ 계절별 강수량이 고른 습윤 지역
⑤ 여름에 건조하고 겨울에 강수량이 많은 지역

▶ 242017-0075

03 지도에 표시된 지역의 전통 생활 모습에 대한 설명으로 옳은 것만을 보기 에서 고른 것은?

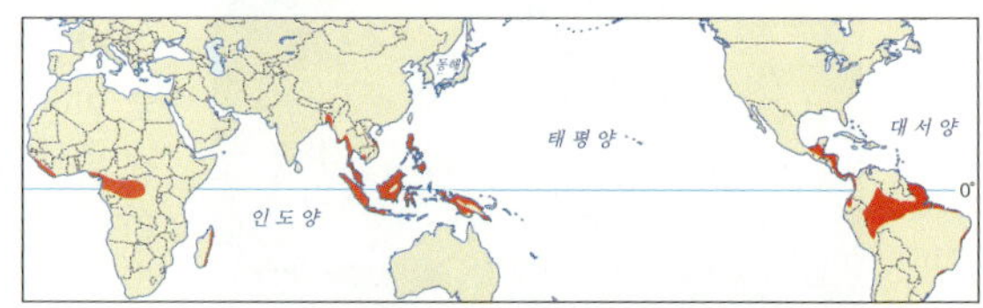

> **보기**
> ㄱ. 열량이 높은 육류 위주의 음식을 먹는다.
> ㄴ. 불에 익히지 않은 날 음식을 많이 먹는다.
> ㄷ. 음식을 조리할 때 소금과 향신료를 많이 사용한다.
> ㄹ. 일 년 내내 통풍이 잘되는 가벼운 옷을 주로 입는다.

① ㄱ, ㄴ　　　② ㄱ, ㄷ　　　③ ㄴ, ㄷ
④ ㄴ, ㄹ　　　⑤ ㄷ, ㄹ

▶ 242017-0076

04 (가), (나) 전통 가옥이 주로 분포하는 기후 지역을 지도의 A~C에서 고른 것은?

> (가) 지붕이 대체로 평평하고 벽이 두꺼우며 창문이 작다.
> (나) 지붕의 경사가 급하고 창이 크며 가옥의 바닥이 지면에서 떨어져 있다.

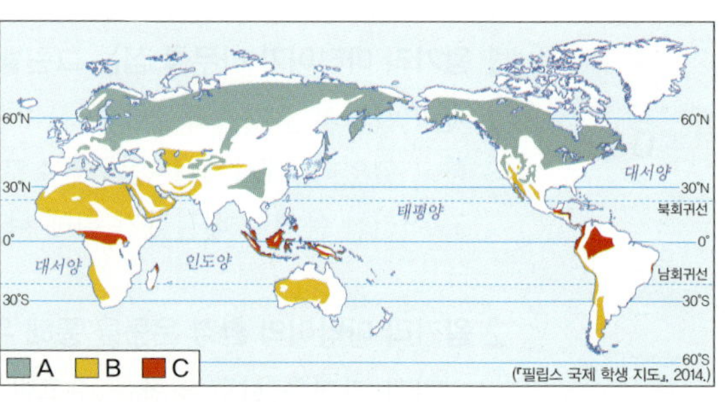

	(가)	(나)		(가)	(나)		(가)	(나)
①	A	B	②	A	C	③	B	A
④	B	C	⑤	C	A			

▶ 242017-0077

05 ㉠에 관한 설명으로 적절한 것만을 보기 에서 고른 것은?

(㉠)은/는 자연의 도구적 가치를 강조하는 자연관이다. 이러한 자연관은 동식물을 포함한 자연의 모든 구성 요소가 그 자체로 가치 있는 것이 아니라 인간의 풍요로운 삶을 위한 도구에 불과하다고 본다.

보기

ㄱ. 모든 자연 개발을 중단해야 한다고 본다.
ㄴ. 자연을 인간의 이익을 위한 도구라고 본다.
ㄷ. 자연은 인간의 경제적 풍요에 도움을 준다고 본다.
ㄹ. 인간과 자연이 조화를 이루는 동등한 관계라고 본다.

① ㄱ, ㄴ   ② ㄱ, ㄷ   ③ ㄴ, ㄷ
④ ㄴ, ㄹ   ⑤ ㄷ, ㄹ

▶ 242017-0078

06 (가), (나) 자연관에 관한 설명으로 가장 적절한 것은?

(가) 인간과 자연의 관계에서 인간의 이익이나 행복을 먼저 고려해야 한다.
(나) 인간과 자연의 관계에서 인간의 이익보다 인간을 포함한 자연 전체의 균형과 안정을 먼저 고려해야 한다.

① (가)는 자연이 인간보다 우월한 존재라고 본다.
② (가)는 인간이 자연에 대한 도덕적 의무를 가진다고 본다.
③ (나)는 자연이 본래적 가치를 지니지 않는다고 본다.
④ (나)는 인간과 자연은 서로 영향을 주는 관계라고 본다.
⑤ (가)와 (나)는 자연이 수단적 가치만을 지닌다고 본다.

▶ 242017-0079

07 다음 내용이 설명하고 있는 개념을 쓰시오.

자연환경, 고유문화, 역사 유적의 보전, 생태적으로 양호한 지역에 대한 관찰과 학습, 관광 사업과 관광객의 지속가능한 관광 활동 등을 포괄하는 관광이다.

(   )

▶ 242017-0080

08 다음을 주장한 동양 사상의 입장에만 모두 '∨'를 표시한 학생은?

인간과 자연이 조화를 이루어 하나가 되는 경지인 천인합일(天人合一) 사상을 인생의 궁극적인 목표로 추구하였다. 이러한 천인합일 사상은 생명력을 부여해 준 자연에 대한 감사와 보답을 의미할 뿐만 아니라, 다른 인간과 존재에 대한 도덕적 사랑을 의미한다.

입장＼학생	갑	을	병	정	무
인간과 자연은 서로 조화를 추구해야 한다.	∨			∨	∨
인간과 다른 존재들을 사랑으로 대우해야 한다.	∨	∨		∨	
인간은 이익을 위해 자연의 이치를 넘어서야 한다.			∨	∨	∨
자연은 인간에게 혜택을 주는 경우에만 가치를 지닌다.		∨	∨		∨

① 갑   ② 을   ③ 병   ④ 정   ⑤ 무

▶ 242017-0081

09 그림의 강연자가 지지할 입장으로 적절한 것만을 보기 에서 고른 것은?

보기

ㄱ. 대지를 도덕적 고려의 대상으로 보아야 한다.
ㄴ. 인류는 대지 공동체의 정복자임을 알아야 한다.
ㄷ. 인류는 생태계 자체를 필연적으로 존중해야 한다.
ㄹ. 대지 공동체의 범주에는 생명체만 포함되어야 한다.

① ㄱ, ㄴ   ② ㄱ, ㄷ   ③ ㄴ, ㄷ
④ ㄴ, ㄹ   ⑤ ㄷ, ㄹ

대단원 종합 문제

▶ 242017-0082

10 지도의 (가)~(라)에 들어갈 내용으로 옳은 것만을 보기 에서 고른 것은?

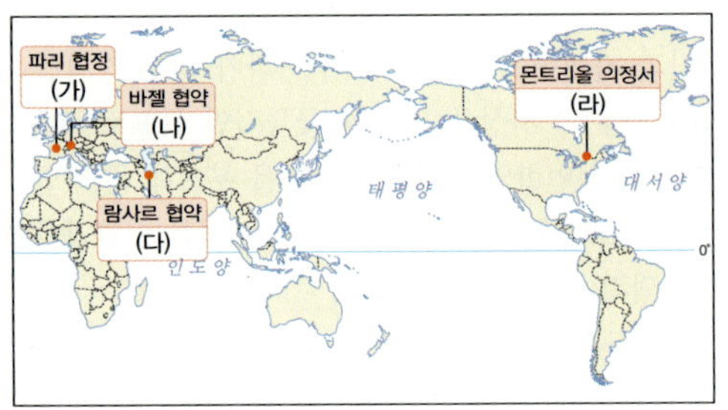

보기

ㄱ. (가)-유해 폐기물의 국가 간 이동 및 처리 통제
ㄴ. (나)-기후 변화 협약에 따른 온실가스 감축 목표치 규정
ㄷ. (다)-물새 서식지로서 국제적으로 중요한 습지 보호
ㄹ. (라)-오존층 파괴 물질의 생산 및 사용 규제

① ㄱ, ㄴ   ② ㄱ, ㄷ   ③ ㄴ, ㄷ
④ ㄴ, ㄹ   ⑤ ㄷ, ㄹ

▶ 242017-0083

11 밑줄 친 협약을 체결하게 된 환경 문제로 옳은 것은?

스웨덴, 핀란드 등 북유럽 국가에서는 나무가 고사하고 호수가 산성화되는 등의 피해가 발생하자 그 원인을 찾기 위한 연구를 하였다. 연구 결과 피해 발생 원인이 이들 지역의 남서부에 위치한 영국, 독일 등지로부터 대기 오염 물질이 이동해 오기 때문이라는 것이 밝혀졌다. 1975년 북유럽 국가들은 대기 오염 물질이 국경을 넘는 문제를 공식 제기하였고 1979년 스위스 제네바에서 대기 오염 물질의 장거리 이동에 관한 협약이 채택되었다.

① 사막화   ② 산성비   ③ 지구 온난화
④ 오존층 파괴   ⑤ 열대림 파괴

▶ 242017-0084

12 다음 국제 환경 협약과 공통적으로 관련된 환경 문제로 옳은 것은?

• 기후 변화 협약   • 교토 의정서   • 파리 협정

① 산성비   ② 쓰레기 섬   ③ 지구 온난화
④ 오존층 파괴   ⑤ 미세 플라스틱

▶ 242017-0085

13 (가), (나) 환경 문제 해결 노력의 주체로 옳은 것은?

(가) 제품의 생산, 유통, 폐기 과정에서 환경 오염을 줄이기 위해 노력한다.
(나) 환경 문제를 해결하기 위해 국제 사회의 노력에 참여하고 친환경 산업을 육성하는 정책을 시행한다.

	(가)	(나)		(가)	(나)
①	기업	정부	②	기업	시민 사회
③	정부	기업	④	정부	시민 사회
⑤	시민 사회	정부			

▶ 242017-0086

14 수행 평가지의 답안 내용이 옳지 <u>않은</u> 것은?

수행 평가지

※ 환경 문제를 해결하기 위해 개인이 실천할 수 있는 방안을 5개 쓰시오.
○ 사용하지 않는 물건은 판매한다. ────────── ㉠
○ 텔레비전의 화면 밝기를 낮춘다. ────────── ㉡
○ 선풍기보다는 에어컨을 이용한다. ────────── ㉢
○ 가까운 곳은 걷거나 자전거를 이용한다. ─────── ㉣
○ 사용하지 않는 전자 제품의 콘센트를 뽑아 놓는다. ── ㉤

① ㉠   ② ㉡   ③ ㉢   ④ ㉣   ⑤ ㉤

▶ 242017-0087

15 (가), (나)에 대한 설명으로 옳은 것만을 보기 에서 있는 대로 고른 것은?

(가) '고기 없는 월요일'은 사람들의 건강과 지구의 건강을 위해 고기를 먹지 않는 것을 장려하는 캠페인이다.
(나) 정부는 기업에 온실가스 배출 허용량을 정해 주고, 기업은 허용량 이내로 온실가스를 배출해야 한다. 배출 허용량보다 남거나 초과한 부분은 기업 간에 사고팔 수 있도록 허용한다.

보기

ㄱ. (가)는 열대림 파괴 문제 해결에 도움이 될 수 있다.
ㄴ. (나)는 환경 보호를 위한 시민 사회의 노력에 해당한다.
ㄷ. (가), (나)는 모두 온실가스 배출량 감축에 도움이 된다.

① ㄱ   ② ㄴ   ③ ㄷ   ④ ㄱ, ㄷ   ⑤ ㄴ, ㄷ

Step 1 서술형 연습하기 ▶ 242017-0088

다음 글의 밑줄 친 노력의 기대 효과를 세 가지 이상 서술하시오.

> 사하라 사막 주변에서는 사막화 현상을 해결하기 위하여 '초록 장벽(Great Green Wall) 프로젝트'가 시작되었다. 이 프로젝트는 아프리카 서쪽 끝에 있는 세네갈부터 동쪽 끝의 지부티에 이르는 약 8,000km 길이의 거대한 숲으로 장벽을 만드는 것이다.

답 완성하기 (   )의 심화를 방지하고 (   )을/를 회복시키며, 지역 주민들에게 나무를 심고 관리하는 (   )을/를 제공할 수 있다. 또한 모래바람으로부터 초지와 경지를 보호할 수 있어 안정적으로 가축을 사육하고 (   )을/를 재배할 수 있다.

Step 2 서술형 훈련하기 ▶ 242017-0089

다음 글의 주장에 대해 생태 중심주의 관점에서 평가하여 서술하시오.

> 지구가 병들어 가고 있다. 지구를 구하기 위해 우리는 무엇을 어떻게 해야 할까? 1973년 영국의 경제학자 에른스트 슈마허가 발표해 큰 반향을 일으켰던 『작은 것이 아름답다』에서 그 해답을 엿볼 수 있다. 슈마허는 제2차 세계 대전 이후 대량 생산에 의한 대량 소비의 진행으로 자연이 수용할 수 있는 한계를 넘어선 인간의 욕망을 성찰함으로써, 인간과 자연이 공존할 수 있는 경제로 나아가자고 주장하였다.

____

____

____

Step 3 논술형 도전하기 ▶ 242017-0090

사진에 나타난 지형에 대하여 다음 조건을 토대로 논술하시오. (단, 우리나라에 한정함.)

> 〈조건〉
> ① 통합적 관점의 네 관점에서 각각 위 지형을 이해하기 위한 질문을 만든다.
> ② 각 질문에 대하여 답하는 내용을 각각 100자 내외로 서술한다.

핵심 개념 | 통합적 관점에서 갯벌 이해하기
(1) 통합적 관점 (2) 갯벌

____

____

____

____

____

____

____

____

____

____

____

01 세계의 다양한 문화권

① 문화권 형성에 영향을 주는 요인

(1) 문화와 문화권

문화	인간이 환경과 상호 작용을 하는 과정에서 만들어 낸 의복, 음식, 가옥, 종교, 언어 등 사회 전반의 생활 양식
문화권	• 의미: 문화적 특성이 비교적 넓은 지표 공간에 걸쳐 유사하게 나타나는 범위 • 특징: 문화권 내에서는 비슷한 생활 양식과 문화 경관이 나타남. 기후, 지형과 같은 자연환경과 종교, 산업과 같은 인문환경의 영향을 받아 형성되며, 점이 지대가 존재함.

(2) 문화권 형성에 영향을 주는 자연환경 `자료1`

가옥	• 전통 가옥의 재료는 주변에서 쉽게 구할 수 있는 것을 주로 사용 • 재료: 건조 기후 지역 → 흙, 냉대 기후 지역 → 통나무, 산지 지역 → 돌 • 더운 지역: 바람이 잘 통하는 개방적 구조 및 고상 가옥 • 비나 눈이 많이 내리는 지역: 지붕의 경사가 급함.
의복	• 열대 기후: 통풍이 잘되는 옷 • 건조 기후: 얇은 천으로 온몸을 감싸는 옷 • 한대 기후: 동물의 가죽이나 털로 만든 옷
음식	• 고온 다습한 아시아 계절풍 기후 지역: 쌀을 주식으로 하는 음식 문화 • 건조 기후 지역과 유럽: 밀과 고기를 이용한 음식 문화 • 남아메리카의 고산 지역: 감자와 옥수수를 이용한 음식 문화

(3) 문화권 형성에 영향을 주는 인문환경 `자료2`

종교	• 불교: 절, 불상, 탑 • 크리스트교: 십자가, 성당, 교회	• 이슬람교: 술과 돼지고기를 금기시함, 모스크 • 힌두교: 소를 신성시하며 쇠고기를 금기시함.
산업	• 산업은 주민들의 경제 활동에 영향을 끼쳐 문화권 형성에 중요하게 작용함. • 전통 산업에 따라 농경 문화권, 유목 문화권 등이 형성됨.	

자세히 살펴보기 **종교는 문화권 형성에 어떤 영향을 끼칠까?**

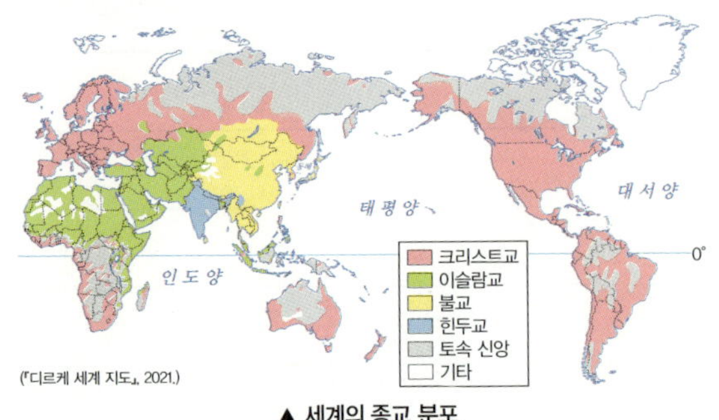

▲ 세계의 종교 분포

종교는 오랫동안 사람들의 삶에 많은 영향을 끼쳤다. 크리스트교는 전 세계에서 신자 수가 가장 많다. 신자들은 성당이나 교회에서 예배를 드리며 십자가와 종탑 등의 경관을 볼 수 있다. 힌두교는 소를 신성시하며, 갠지스강에서 목욕을 하는 종교 의식을 치른다.

이슬람교는 알라를 유일신으로 섬기며, 돼지고기를 금기시한다. 여성들은 히잡과 차도르 등을 착용하며, 둥근 지붕과 첨탑이 특징인 모스크에서 예배를 드린다. 불교는 수행을 통해 스스로 깨달음을 얻는 것과 자비를 중시한다. 불교의 대표 경관으로는 절과 탑, 불상이 있다.

`자료1` **전통 가옥에 영향을 주는 자연환경**

▲ 사막 지역의 흙벽돌집(모로코)

▲ 산지 지역의 돌집(네팔)

사막 지역에서는 비가 거의 내리지 않아 가옥의 재료를 구하기 어렵다. 따라서 주변에서 쉽게 구할 수 있는 흙으로 집을 짓는다. 히말라야 산지, 안데스 산지의 일부 지역에서는 주위에서 쉽게 구할 수 있는 돌을 이용하여 집을 짓는다.

`자료2` **이슬람교와 힌두교의 종교 경관**

▲ 이슬람교 사원(튀르키예)

▲ 힌두교 사원(인도)

이슬람교의 사원인 모스크는 첨탑과 돔 지붕이 특징이다. 다신교인 힌두교의 사원에는 수많은 신들의 모습이 조각되어 있다.

용어 알기

문화 경관(경치 景 볼 觀)
인간이 자연환경에 적응하는 과정에서 땅 위에 만들어 놓은 모든 생활 모습을 의미한다.

점이(점차 漸 옮길 移) 지대
지표 공간의 동질성을 기준으로 지역을 구분할 때, 두 지역의 특성이 함께 나타나는 지리적 범위를 말한다.

② 다양한 문화권의 특징과 삶의 방식 [자료 3]

(1) 동양 문화권

동아시아	유교와 불교 문화, 젓가락과 한자 사용
동남아시아	• 불교, 이슬람교, 크리스트교 등 다양한 종교 • 플랜테이션 농업 발달
남부 아시아	민족, 언어가 다양하며, 힌두교를 중심으로 이슬람교와 불교 등이 다양하게 섞여 있음.

(2) 유럽 문화권

북서 유럽	• 게르만족과 개신교의 비율이 높으며, 산업 혁명의 발상지임. • 편서풍의 영향으로 연중 습윤하며, 혼합 농업과 낙농업 발달
남부 유럽	• 라틴족과 가톨릭교의 비율이 높으며, 관광 산업 발달 • 여름철 고온 건조한 기후를 바탕으로 수목 농업 발달
동부 유럽	슬라브족과 동방 정교가 우세

(3) 아메리카 문화권 [자료 4]

앵글로 아메리카	• 북서 유럽의 식민 지배를 받은 미국과 캐나다 → 개신교, 영어 사용 • 세계 경제의 중심지 역할
라틴 아메리카	• 남부 유럽의 식민 지배 영향 → 가톨릭교, 에스파냐어와 포르투갈어 사용 • 혼혈 인종(민족)이 많으며, 다양한 문화 발달

(4) 건조 문화권

① 북부 아프리카와 서남아시아, 중앙아시아 일대로 대부분 건조 기후임.

② 대부분 이슬람교를 믿으며, 아랍어를 사용함.

③ 전통적으로 유목과 오아시스 농업 발달

(5) 아프리카 문화권

① 사하라 사막 남쪽 지역으로 열대 기후가 넓게 분포함.

② 유럽의 식민 지배로 종족과 국경의 불일치, 불안정한 정치 등으로 분쟁이 많음.

③ 종교와 언어 등이 매우 복잡, 부족 단위의 원시 문화가 남아 있음. 토착 신앙의 비중이 높으며, 이동식 화전 농업 · 플랜테이션 농업 발달

(6) 오세아니아 문화권

① 오스트레일리아, 뉴질랜드, 태평양의 섬 지역

② 유럽 문화의 영향으로 영어 사용, 개신교 비중 높음.

③ 원주민인 애버리지니와 마오리족의 문화 발달

(7) 북극 문화권

① 북극해 연안의 한대 기후 지역

② 네네츠족, 이누이트, 라프족 등이 순록 유목 및 사냥, 어로 활동 → 최근 현대 문명의 전파로 전통적 생활 양식이 사라지고 있음.

[자료 3] **세계의 다양한 문화권**

(『하크 세계 지도』, 2022, 기타)

세계의 문화권은 자연적 · 인문적 특징에 의해 구분되며 같은 문화권에 속하더라도 문화적 특징이 다르므로 하위의 문화권으로 세부적으로 구분할 수도 있다. 예를 들어 동양 문화권은 동아시아, 동남아시아, 남부 아시아 문화권으로 구분하며, 유럽 문화권은 북서 유럽, 남부 유럽, 동부 유럽 문화권으로 구분할 수 있다.

[자료 4] **아메리카 문화권을 나누는 자연적 기준**

아메리카 문화권은 남북으로 길게 뻗은 아메리카 대륙의 범위만큼 다양한 기후가 나타난다. 또한, 유럽인과 세계 각지에서 모여든 이주민의 영향으로 인종도 다양하다. 다양한 기후와 인종을 바탕으로 형성된 아메리카 문화권은 리오그란데강을 기준으로 앵글로아메리카와 라틴 아메리카 문화권으로 구분된다.

용어 알기

수목(나무 樹 나무 木) 농업

고온 건조한 여름철 기후에 잘 견디는 올리브, 오렌지, 포도, 코르크참나무 등을 재배하는 농업 방식을 말한다.

이동식 화전(불 火 밭 田) 농업

토양이 척박한 열대 기후 지역에서 숲에 불을 질러 재를 비료 삼아 농작물을 재배하다가 토양의 영양분이 사라져 척박해지면 다른 지역으로 이동하여 같은 방법으로 농작물을 재배하는 농업을 말한다.

정답 19쪽

01 빈칸에 들어갈 알맞은 말을 쓰시오.

(1) 일 년 내내 덥고 비가 많이 내리는 [   ] 기후 지역의 전통 가옥의 지붕은 경사가 급하며, 바닥이 지면에서 띄워진 [   ]이/가 발달한다.

(2) 이슬람교에서는 [   ]을/를, [   ]에서는 소고기를 금기시한다.

(3) [   ]은/는 인간이 자연환경에 적응하는 과정에서 땅 위에 만들어 놓은 모든 생활 모습을 말한다.

(4) 오세아니아 문화권에는 오스트레일리아의 원주민인 [   ]와/과 뉴질랜드의 원주민인 [   ]의 문화가 있다.

02 다음 내용이 옳으면 ○표, 틀리면 ×표를 하시오.

(1) 인간이 환경과 상호 작용을 하는 과정에서 만들어 낸 의복, 음식, 가옥, 종교, 언어 등과 같은 사회 전반의 생활 양식을 문화라고 한다. (   )

(2) 문화적 특성이 비교적 넓은 지표 공간에 걸쳐 유사하게 나타나는 범위를 문화권이라고 한다. (   )

(3) 남부 유럽 문화권은 게르만족과 개신교가 우세하다. (   )

(4) 앵글로아메리카 문화권과 라틴 아메리카 문화권은 리오그란데강을 기준으로 나뉜다. (   )

(5) 남부 아시아 문화권에서는 유교와 불교문화가 발달하였으며, 젓가락과 한자를 사용한다. (   )

03 다음과 같은 특징을 지닌 문화권을 보기 에서 고르시오.

> **보기**
> ㄱ. 동남아시아 문화권　　ㄴ. 동부 유럽 문화권
> ㄷ. 건조 문화권　　ㄹ. 북극 문화권

(1) 순록 유목 및 수렵과 어로 활동 (   )

(2) 슬라브족과 동방 정교가 우세 (   )

(3) 불교, 이슬람교, 크리스트교 등이 혼재하며 플랜테이션 농업 발달 (   )

(4) 대부분 이슬람교를 믿으며, 아랍어를 사용 (   )

▶ 242017-0091

01 ㉠, ㉡에 들어갈 내용으로 옳은 것은?

> 인간이 환경과 상호 작용을 하는 과정에서 만들어 낸 의복, 음식, 가옥, 종교, 언어 등과 같은 사회 전반의 생활 양식을 (㉠)(이)라고 한다. (㉠)의 특성이 비교적 넓은 범위에 걸쳐 유사하게 나타나는 범위는 대체로 높은 산맥이나 거대한 사막 등의 자연환경을 기준으로 나뉘며, 그 경계에는 두 지역의 특성이 모두 나타나는 (㉡)이/가 나타나기도 한다.

	㉠	㉡		㉠	㉡
①	문화	점이 지대	②	문화	문화 경관
③	문화권	점이 지대	④	문화권	문화 경관
⑤	문화 경관	문화권			

▶ 242017-0092

02 다음 글의 ㉠~㉤에 대한 설명으로 옳지 않은 것은?

> 문화권은 형성 과정에서 ㉠ 다양한 인문환경의 영향을 받기도 하는데, 이 중에서 종교는 문화권을 구분하는 주요 지표로 활용된다. 종교를 기준으로 살펴보면 (㉡) 문화권에서는 사람들이 교회나 성당에 모여 예배하는 모습을 볼 수 있고, 불교 문화권에서는 사원의 독특한 ㉢ 문화 경관을 확인할 수 있다. 이슬람교 문화권에서는 돼지를 불결한 동물로 여겨 돼지고기를 금기시하며, ㉣ 할랄 산업이 발달하였다. 힌두교 문화권에서는 (㉤)을/를 신성한 강으로 여겨 강에서 목욕을 하는 등의 의식을 치른다.

① ㉠에는 언어, 예술, 산업 등이 있다.

② ㉡에는 '크리스트교'가 들어갈 수 있다.

③ ㉢에는 불상과 탑이 대표적이다.

④ ㉣은 이슬람교도에게 허용된 음식이나 제품을 생산하는 업종이다.

⑤ ㉤에는 '인더스강'이 들어갈 수 있다.

▶ 242017-0093

03 ㉠에 들어갈 알맞은 말을 쓰시오.

> 건조한 서남아시아에서는 전통적으로 유목 생활을 많이 하였으며, 뜨거운 햇빛을 막기 위해 온몸을 감싸는 옷을 입는다. 이와 같은 서남아시아의 생활 방식과 의복 문화는 (㉠)환경의 영향을 크게 받았다.

(   )

▶ 242017-0094

04 사진은 두 기후 지역의 전통 가옥이다. (가), (나) 가옥이 나타나는 지역에 대한 옳은 설명만을 보기 에서 고른 것은?

(가)   (나)

보기

ㄱ. 침엽수림이 발달하였다.
ㄴ. 낮과 밤의 기온 차이가 매우 크다.
ㄷ. 애버리지니와 마오리족 등이 거주한다.
ㄹ. 여름철에 고온 건조하여 수목 농업이 발달한다.

	(가)	(나)		(가)	(나)		(가)	(나)
①	ㄱ	ㄴ	②	ㄱ	ㄷ	③	ㄴ	ㄷ
④	ㄴ	ㄹ	⑤	ㄷ	ㄹ			

▶ 242017-0095

05 (가), (나)가 주식인 국가를 지도의 A~C에서 고른 것은?

(가)   (나)

▲ 토르티야   ▲ 파스타

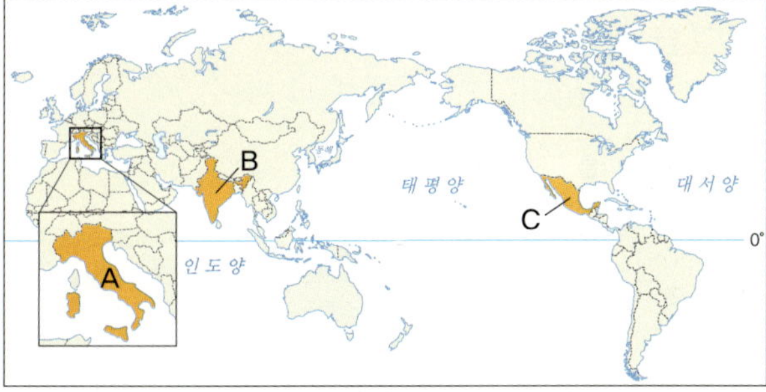

	(가)	(나)		(가)	(나)		(가)	(나)
①	A	B	②	B	A	③	B	C
④	C	A	⑤	C	B			

[06~07] 지도는 세계의 문화권을 나타낸 것이다. 이를 보고 물음에 답하시오.

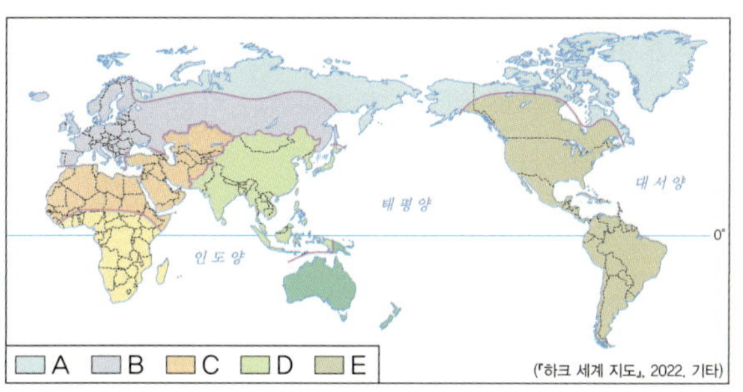

▶ 242017-0096

06 (가)~(다) 문화권을 지도의 A~E에서 고른 것은?

(가) 근대 산업과 자본주의 사상이 발달한 곳으로, 세부적으로 세 개의 문화권으로 구분할 수 있다.
(나) 최근 현대 문명의 전파로 전통적인 순록 유목 등의 전통 생활 방식이 사라지고 있다.
(다) 리오그란데강을 기준으로 두 개의 문화권으로 나누어지며 유럽 국가의 식민 지배 영향을 많이 받았다.

	(가)	(나)	(다)
①	A	B	C
②	A	D	C
③	B	A	E
④	B	D	E
⑤	D	B	C

▶ 242017-0097

07 A~E 문화권에 대한 탐구 주제로 가장 적절한 것은?

① A – 혼합 농업과 낙농업이 음식 문화에 미친 영향
② B – 석유 개발로 인한 전통 생활 양식의 변화
③ C – 식민 지배에 따른 에스파냐어와 포르투갈어 사용
④ D – 계절풍이 벼농사에 미친 영향
⑤ E – 종족과 국경의 불일치에 따른 갈등

02 문화 변동과 전통문화

1 문화 변동의 양상

(1) 문화 변동의 의미와 요인

① 의미: 새로운 문화 요소가 등장하거나 다른 문화와의 접촉을 통해 한 사회의 문화 체계가 변화하는 현상

② 요인 [자료1]

내재적 요인	발명	존재하지 않았던 새로운 문화 요소를 만들어 내는 것
	발견	이미 존재하고 있었지만 알려지지 않았던 문화 요소를 찾아내는 것
외재적 요인	직접 전파	서로 다른 문화 간의 직접적인 접촉에 의한 전파
	간접 전파	인쇄물이나 인터넷 등 매개체를 통해 간접적으로 이루어지는 전파
	자극 전파	서로 다른 문화 체계 간에 문화 요소와 관련된 추상적인 개념이나 아이디어가 전파되어 새로운 문화 요소를 만들어 내는 현상

자세히 살펴보기 | **자극 전파의 사례로는 무엇이 있으며 어떤 특징을 지니고 있을까요?**

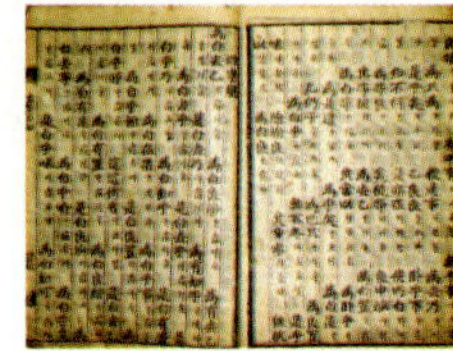

▲ 신라의 이두 문자 　　　　▲ 체로키 문자

자극 전파는 다른 사회에서 전파된 문화 요소에 자극을 받아 새로운 발명이 일어나는 것이다. 신라의 설총이 중국에서 전파된 한자의 영향을 받아 이두를 발명한 것이나 체로키족이 백인들과 접촉하면서 아이디어를 얻어 체로키 문자를 만든 것을 예로 들 수 있다.

(2) 문화 변동의 양상

① 문화 병존

의미	기존의 문화 요소와 전파된 다른 사회의 문화 요소가 공존하는 현상
사례	• 한국의 생활 양식과 중국의 고유문화를 함께 유지하고 생활하는 인천 차이나타운의 모습 • 다양한 종교 기념일과 종교 경관이 공존하는 말레이시아의 모습

② 문화 융합 [자료2]

의미	기존 문화 요소와 전파된 다른 사회의 문화 요소가 결합한 결과 이전의 두 문화와는 다른 새로운 문화가 나타나는 현상
사례	• 서양의 침대 문화와 우리의 온돌 문화가 결합한 돌침대 • 프랑스 사람들이 먹던 빵에 베트남식 전통 소스를 넣어 만든 '반미' 샌드위치

③ 문화 동화

의미	다른 사회의 문화 요소가 전파되었을 때 기존의 문화 요소가 다른 사회의 문화 체계에 흡수되어 소멸하는 현상
사례	아메리카 원주민이 유럽 문화와 접촉하면서 고유 언어와 토속 신앙을 상실한 모습

자료1 직접 전파와 간접 전파

직접 전파	간접 전파
문익점은 중국에서 귀국할 때 목화씨를 가져와 재배에 성공하였다.	인터넷이나 해외여행 안내 책자를 통해 유럽의 자연환경, 인문 환경을 포함한 다양한 문화를 접할 수 있다.

자료2 베트남의 '반미' 샌드위치

베트남에는 '반미'라는 샌드위치가 있다. 베트남이 프랑스 식민지였을 때 프랑스 사람들이 고국에서 먹던 바게트를 베트남에서 많이 나는 쌀가루를 이용해서 만들었던 것에서 유래한 음식이다. 베트남 사람들은 바게트를 닮은 이 빵에 베트남에서 나는 고기와 채소, 베트남식 전통 소스를 넣어 샌드위치로 만들어 먹었다.

용어 알기

문화 요소
문화를 구성하는 영역이나 대상으로, 기술, 언어, 상징, 예술, 가치, 규범 등이 있다.

이두
한자의 음과 뜻을 빌려 우리말을 적은 표기법을 말한다.

② 전통문화의 의의와 창조적 계승 방안

(1) 전통문화의 의미와 의의

① 의미: 어떠한 집단이나 공동체에서 과거로부터 전해 내려오는 문화 요소 중 현재까지 그 가치를 인정받고 발전시킬 만한 가치가 있는 것

② 의의 자료 3

사회 유지와 통합	• 전통문화는 한 사회가 단절되지 않고 세대를 이어 가며 지속할 수 있는 다리 역할을 함. • 우리 전통문화는 타인과 공동체에 대한 배려를 중시하는 예의 문화, 효 사상 등과 더불어 구성원의 공동체 의식과 유대감을 강화하여 구성원의 결속을 다짐.
문화의 고유성 유지	• 전통문화에는 독특한 자연 및 사회적 환경 속에서 오랜 역사를 거쳐 전승되는 조상의 정신과 가치가 담겨 있음. • 전통문화를 통해 문화의 고유성을 유지할 때 사회 구성원으로서 문화 정체성을 지키며 살아갈 수 있음.
세계 문화의 다양성 증진	세계의 전통문화는 각자 나름의 의의가 있고 이러한 전통문화가 모이면 세계 문화는 다채로워짐.

자세히 살펴보기 **세계적인 한국의 유산에는 어떤 것들이 있나요?**

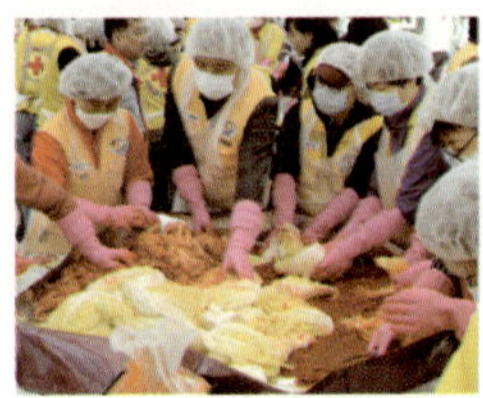

▲ 김장 문화

▲ 경복궁

▲ 종묘 제례악

유네스코(UNESCO)는 인류가 공동으로 보호해야 할 가치가 있는 중요한 유산을 세계 유산으로 지정하여 보호하고 있다. 우리나라는 50개 이상의 유산이 유네스코에 등재되었으며 이를 계승하고 발전시키기 위해 노력하고 있다. 우리나라 「국가유산 기본법」에서는 문화유산, 무형유산, 자연유산이라는 3개의 국가유산 분류 체계로 나눈다. 지방에서 지정하는 시도 지정 문화유산도 있다.

(2) 전통문화의 창조적 계승 방안

① 현실적 여건에 맞게 전통문화 재해석

• 전통문화에 지속적인 관심을 가져야 함.
• 전통문화를 객관적인 입장에서 분석하여 우리 문화만의 고유성과 독창성을 찾아야 함.
• 전통문화를 현대적인 감각으로 재해석하여 새로운 문화 콘텐츠로 발전시켜야 함.

② 외래문화의 비판적 수용과 전통문화와의 조화 노력

• 외래문화를 무분별하게 받아들이기만 한다면 자기 문화의 정체성을 상실할 수 있음.
• 전통문화의 고유성을 유지하면서 외래문화를 비판적으로 수용하도록 노력해야 함.

자료 3 **줄다리기의 의의**

오늘날 학교 체육 대회나 지역 축제 등에서 사회 구성원의 협동심을 키우고 사회적 결속과 연대감을 도모하기 위해 줄다리기를 한다. 벼농사 중심의 문화권에서 비롯한 줄다리기는 여러 사람이 편을 갈라 줄을 마주 잡고 당겨서 승부를 내는 놀이이다. 그러나 이 놀이의 본질은 승부에 연연하지 않고 공동체의 풍요와 안위를 도모하는 데 있다.

✸ **전통문화의 창조적 계승 사례**

노래 '범 내려온다'는 조선 후기의 대표적인 판소리계 소설인 수궁가(별주부전)에서 길짐승들이 서로 자기 자랑하는 내용 중 호랑이가 숲속 골짜기에서 나오는 대목을 재해석한 현대 판소리 노래이다.

용어 알기

정체성(바를 正 물질 體 성질 性)
변하지 않는 존재의 본질을 깨닫는 성질로, 한 사회의 구성원들이 가지는 일체감을 말한다.

문화 콘텐츠
매체를 통하여 제공되는 각종 문화 정보나 그 내용물. 글, 그림, 영화, 문화재 등 문화적 성격을 가진 내용물을 멀티미디어 기술을 통하여 산업적으로 발전시키는 것을 통틀어 이른다.

정답 20쪽

01 빈칸에 들어갈 알맞은 말을 쓰시오.

(1) 백인들과 접촉하였던 체로키족이 영어의 알파벳에서 아이디어를 얻어 체로키 문자를 만든 것은 [   ]의 사례이다.

(2) [   ]은/는 새로운 문화 요소가 등장하거나 다른 문화와의 접촉을 통해 한 사회의 문화 체계가 변화하는 현상을 말한다.

(3) [   ]은/는 어떠한 집단이나 공동체에서 과거로부터 전해 내려오는 문화 요소 중 현재까지 그 가치를 인정받고 발전시킬 만한 가치가 있는 것이다.

02 다음 내용이 옳으면 ○표, 틀리면 ×표를 하시오.

(1) 문화 변동의 내재적 요인 중에서 발견은 이미 존재하고 있었지만 알려지지 않았던 문화 요소를 찾아내는 것이다. (   )

(2) 문익점이 중국에서 귀국할 때 목화씨를 가져와 재배에 성공한 것은 직접 전파의 사례에 해당한다. (   )

(3) 전통문화를 과거 모습 그대로 유지해야 세계화 시대에 전통문화의 가치를 높이고 더욱 발전시킬 수 있다. (   )

(4) 세대에서 세대로 전해 내려오는 전통문화는 최근에 형성된 문화를 포함하지 않는다. (   )

03 다음 사례에 해당하는 문화 변동의 양상을 보기 에서 고르시오.

> **보기**
>
> ㄱ. 문화 동화   ㄴ. 문화 융합   ㄷ. 문화 병존

(1) 우리나라에 서양 의학이 들어온 이후에도 한방 진료를 받을 수 있는 한의원과 서양식 병원이 함께 존재한다. (   )

(2) 여러 부족으로 나누어져 있던 아메리카 원주민은 자신만의 독특한 언어와 문화를 형성하였으나 유럽의 식민 지배 과정에서 원주민 고유의 문화를 상실하였다. (   )

(3) 미국에서 아프리카 흑인 음악의 리듬과 유럽 백인 음악에 사용되는 악기가 결합하여 재즈가 탄생하였다. (   )

▶ 242017-0098

01 (가), (나) 사례에 나타난 문화 변동의 요인으로 옳은 것은?

> (가) 의학자들은 커피의 성분에서 암을 억제하는 요소가 있음을 밝혀 냈다.
> (나) 북한 이탈 주민이 늘어남에 따라 우리나라에서 북한식 말투나 북한 음식 등을 쉽게 찾아볼 수 있다.

	(가)	(나)
①	발견	직접 전파
②	발견	자극 전파
③	발명	직접 전파
④	발명	간접 전파
⑤	직접 전파	간접 전파

▶ 242017-0099

02 문화 변동의 사례 (가)~(다)에 대한 옳은 설명만을 보기 에서 고른 것은?

> (가) A국 사람들은 B국 군인들에 의해 전해진 모자를 즐겨 쓴다.
> (나) C국은 이웃 나라의 문자에서 아이디어를 얻어 개발한 고유 문자를 사용하고 있다.
> (다) D국 사람들은 공기 중에 존재하는 효모를 발효시켜 화덕에 굽는 제빵 기술을 최초로 개발했다.

> **보기**
>
> ㄱ. (가)는 간접 전파에 의한 변동이다.
> ㄴ. (나)는 자극 전파에 의한 변동이다.
> ㄷ. (다)는 내재적 요인에 의한 변동이다.
> ㄹ. (가)는 (나), (다)와 달리 강제적 요인에 의한 변동이다.

① ㄱ, ㄴ   ② ㄱ, ㄷ   ③ ㄴ, ㄷ
④ ㄴ, ㄹ   ⑤ ㄷ, ㄹ

▶ 242017-0100

03 (가), (나)에 나타난 문화 변동 양상을 바르게 연결한 것은?

> (가) 중국 연변 지역에 사는 조선족은 집 밖에서는 중국어를 사용하지만 가족끼리는 한국어를 사용하고 있다. 그들은 평상시에 한국 음식뿐만 아니라 중국 음식도 즐기며 추석과 같은 명절에는 송편 등의 한민족 전통 음식을 먹기도 한다.
>
> (나) 아메리카의 나바호 인디언은 18세기에 에스파냐인과의 빈번한 접촉을 통해 의복과 금속 세공술 같은 에스파냐의 문화 요소를 받아들이고 이를 그들 고유의 문화에 접목하여 기존에 없었던 새로운 문화 요소를 개발하였다.

	(가)	(나)
①	문화 융합	문화 동화
②	문화 융합	문화 병존
③	문화 동화	문화 융합
④	문화 동화	문화 병존
⑤	문화 병존	문화 융합

▶ 242017-0101

04 다음 자료에 나타난 문화 변동의 양상에 대한 설명으로 옳은 것은?

> 말레이시아에서는 각 종교 기념일을 공휴일로 지정하고 있으며 모스크를 비롯하여 사찰, 힌두 사원, 교회와 성당 등 다양한 종교 경관을 쉽게 찾아볼 수 있다.

▲ 부처님 오신 날

▲ 힌두교 빛의 축제

▲ 크리스트교 기념일

① 강제적인 문화 접변에 해당한다.
② 문화 변동 요인 중 내재적 요인에 해당한다.
③ 서로 다른 문화 요소가 함께 존재하는 현상이다.
④ 서로 다른 문화가 합쳐서 새로운 문화가 나타난 결과이다.
⑤ 한 문화가 다른 문화에 흡수되어 고유의 성격을 잃어버린 결과이다.

▶ 242017-0102

05 다음 글을 통하여 알 수 있는 전통문화의 기능으로 보기 어려운 것은?

> 우리는 외국에서 한글을 사용하거나 김치를 먹는 사람들을 보면 동질감을 느낀다. 또한 고려청자의 아름다움에 놀라고 사물놀이에 흥겨워하는 외국인들을 보면서 우리 문화에 대한 자부심을 느낀다.

① 사회를 통합하는 데 기여한다.
② 사회 구성원 간에 유대를 강화한다.
③ 사회 구성원들의 자긍심을 고취시킨다.
④ 문화 산업의 상업적인 육성에 기여한다.
⑤ 그 사회의 독특한 문화 정체성을 표현한다.

▶ 242017-0103

06 ㉠, ㉡에 들어갈 알맞은 말을 쓰시오.

> 문화 변동의 양상 중 문화 병존과 (㉠)은/는 다른 문화의 고유성과 정체성을 인정하여 문화적 다양성을 증진한다. 여러 문화적 배경을 가진 사람들끼리 소통하는 기회를 제공하기도 한다. 그러나 (㉡)은/는 고유문화의 정체성을 상실하게 하여 문화적 다양성을 해친다.

㉠: (   ) ㉡: (   )

▶ 242017-0104

07 다음 글이 시사하는 바로 가장 적절한 것은?

> 퓨전 국악 뮤지컬 「판타스틱」이 호평을 받고 있다. 외국인 관광객이 객석 점유율의 80% 이상을 차지하는 세계적인 공연인 「판타스틱」에서는 3개국 언어 동시 출력과 다양한 영상 구현이 가능한 사물 인터넷 기술을 공연에 적용하였다. 이에 따라 배우의 공연 장면을 다양한 유형의 말풍선 화면을 통해 실시간 다국어와 다양한 영상으로 표현하고 있다.

① 전통문화는 보편화된 세계 문화와 일치되어야 한다.
② 문화적 자부심을 바탕으로 다른 문화를 흡수해야 한다.
③ 외래문화의 발전 정도에 따라 전통문화의 수준이 결정된다.
④ 문화의 다양화를 위해 고유의 전통문화를 있는 그대로 보존해야 한다.
⑤ 세계적으로 보편화될 수 있는 문화 요소를 발견하여 전통문화를 재창조해야 한다.

03 문화 상대주의와 보편 윤리

1 문화적 차이와 문화 다양성

(1) **문화 다양성**: 의식주, 언어, 종교, 도덕 등을 포함하는 문화는 사회에 따라 다양하게 나타남.

(2) **문화 다양성의 원인**

자연환경	각 사회는 서로 다른 자연환경에 적응하는 과정에서 독특한 생활 방식을 형성하여 서로 다른 문화를 가지게 됨.
인문환경	각 사회 구성원이 공유하는 인문환경에 따라 다른 사회와 구분되는 문화가 나타나기도 함. 자료1

(3) **문화 다양성을 존중해야 하는 이유**: 각 문화는 그것이 형성된 배경과 가치 체계가 다른 경우가 많아 문화 간 우열을 가리기 어려움.

자세히 살펴보기 | **'세계 문화 다양성의 날'의 의미는 무엇일까?**

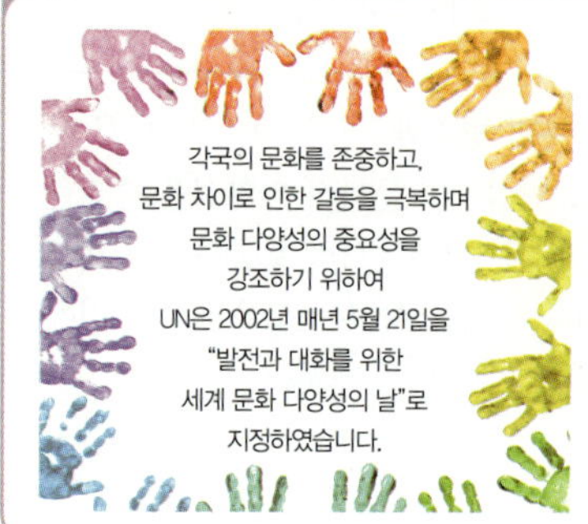

국제 연합이 정한 '세계 문화 다양성의 날'에는 전 세계의 다양한 곳에서 다채로운 행사가 열린다. 행사에서는 '색다른 문화가 담겨 있는 전시장이나 공연장 방문하기', '여러 나라의 스포츠, 민속 음악, 종교를 경험해 보기' 등 다양한 문화를 체험해 볼 기회가 제공되고 있다.

---

2 문화 상대주의적 태도의 필요성

(1) **문화 상대주의**: 문화 간 우열을 가리려는 태도를 경계하고 각 문화를 그 사회의 특수한 환경과 역사적 상황, 사회적 맥락에서 이해하려는 열린 태도

(2) **문화 상대주의적 태도가 필요한 이유**

① 다양한 문화의 모습을 편견 없이 이해하고 존중할 수 있음.

② 자문화 중심주의 및 문화 사대주의와 같은 문화 절대주의로 인한 갈등을 예방할 수 있음. 자료2

자문화 중심주의	• 의미: 자기 문화를 가장 우월한 것으로 여겨 자기 문화를 기준으로 다른 문화를 평가하는 태도 • 순기능: 자기 문화의 정체성을 유지하는 데 유리함. • 역기능: 다른 문화와의 갈등을 초래할 수 있고, 자문화의 발전 가능성을 막을 수 있음.
문화 사대주의	• 의미: 다른 문화를 우월한 것으로 믿고 동경하여 자기 문화를 무시하거나 낮게 평가하는 태도 • 순기능: 발달된 문물을 수용하여 자기 문화를 개선하는 데 유리함. • 역기능: 자기 문화에 대한 문화적 주체성과 자부심을 잃어버릴 수 있음.

자료1 인문환경에 따른 문화 다양성의 사례

서남아시아 사람들은 종교적 가르침에 따라 돼지고기를 먹어서는 안 된다고 보지만, 남태평양 지역 사람들은 혼인 등의 중요한 행사에서 돼지고기를 먹는다.

자료2 문화 절대주의의 사례

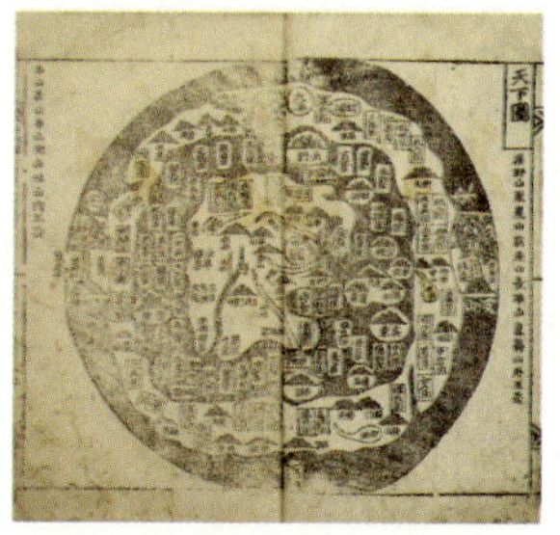

▲ 천하도(天下圖)

천하도는 조선 중기 이후 유행하게 된 지도로서 중국을 지도의 중심에 배치하여 중화사상이 반영된 지도라는 점을 알 수 있다. 따라서 천하도는 중국의 자문화 중심주의와 당시 조선의 문화 사대주의를 엿볼 수 있는 사례이다.

용어 알기

자연환경
지구상의 생물 또는 무생물, 각종 경관 등을 포함한 자연 상태의 환경으로 본질적으로 사람에 의해 생겨난 것이 아닌 자연적으로 생성되거나 갖추어진 지구상의 환경이 여기에 속한다.

인문환경
자연환경에 대비되는 개념으로 인간이 자연을 토대로 만들어 낸 환경. 학교, 공장, 건물 등의 시설과 교통, 문화, 산업 등의 환경들이 여기에 속한다.

---

❸ 보편 윤리를 바탕으로 문화를 성찰해야 하는 이유

(1) 보편 윤리의 의미: 시대와 장소를 초월하여 모든 인간에게 타당하다고 인정되는 윤리 규범

(2) 문화 상대주의의 한계

① 모든 문화를 상대주의적 태도에서 존중하게 되면 인권, 자유, 평등과 같은 보편 윤리를 위협하는 문화도 인정하게 되어 극단적 문화 상대주의에 빠질 수 있음.

② 극단적 문화 상대주의에 빠지게 되면 타 문화뿐만 아니라 자문화의 문제점을 비판하거나 개선할 수 없어서 건전한 문화 발전을 기대하기 어려움.

③ 보편 윤리를 위협하는 사례: 명예 살인, 전족, 사티 등 **자료 3**

> **자세히 살펴보기** **도덕적 객관주의와 보편 윤리는 무엇일까?**
>
> ① 무고한 사람을 죽이지 마라.
> ② 불필요한 고통이나 괴로움을 일으키지 마라.
> ③ 거짓말하거나 기만하지 마라.　　④ 훔치거나 속이지 마라.
> ⑤ 약속을 지키고 맺은 계약을 존중하라.
> ⑥ 다른 사람의 자유를 빼앗지 마라.
> ⑦ 사람들을 그들이 마땅히 받아야 할 대로 대우함으로써 정의를 행하라.
> ⑧ 도움을 받았을 때 감사를 표하라.　　⑨ 정의로운 법을 준수하라.
> ⑩ 다른 사람들을 도와주어라. 특히 자신의 부담이 미미할 경우에는 더욱 그렇게 하라.
> 　　　　　　　　　　　　　　　　　　－ 포이만 외, 『윤리학, 옳고 그름의 발견』
>
> 도덕적 객관주의는 모든 사람과 모든 사회 환경에 타당한 객관적이고 보편적인 도덕 원리가 존재한다는 입장이다. 위의 내용이 보편적 도덕 원리의 대표적인 예시이다.

(3) 보편 윤리에 근거한 문화 성찰

① 문화 상대주의적 태도가 윤리 상대주의나 극단적 문화 상대주의로 이어지지 않도록 하기 위해서 필요함.

② 인류의 문화 발전을 위해 보편 윤리를 위협하는 타 문화에 대한 성찰이 필요함.

③ 자기 사회의 특수한 문화적 관점으로 사회 현상을 이해하면 바람직하지 못한 문화적 관행을 묵인하게 될 수도 있기 때문에 자문화도 보편 윤리 차원에서 성찰이 필요함.

④ 보편 윤리에 근거한 자문화 성찰의 예 **자료 4**

연고주의	• 긍정적 측면: 공동체의 결속력을 강화함. • 부정적 측면: 입학, 채용 등에서 전문성보다 혈연, 학연, 지연 등의 개인적 배경 요소를 더 중요하게 여겨 공정성을 훼손할 수 있음.
지나친 권위주의	• 권위주의는 가부장적 전통과 맞물려 나타나기도 함. • 권위주의가 지나치면 사회 구성원 간의 평등한 관계를 해치고 인권을 침해하는 문제를 일으킬 수 있음.

⑤ 보편 윤리에 근거한 문화 성찰은 인간다운 삶을 침해하는 문화에 대해 윤리적으로 비판하고 개선하라고 요구할 수 있음.

자료 3 보편 윤리를 위협하는 문화의 사례

명예 살인	가족, 부족, 공동체의 명예를 더럽혔다는 이유로 조직 내 구성원이나 외부의 타인을 살해하는 행위를 말한다.
전족	여자아이의 발을 작게 하려고 어릴 때부터 천으로 발가락을 감아 자라지 못하게 하는 중국의 옛 풍습을 말한다.
사티	죽은 남편을 화장할 때 아내도 산 채로 함께 화장하는 힌두교의 옛 풍습을 말한다.

명예 살인, 전족, 사티 등은 인간의 존엄성을 해치는 관습이나 풍습으로, 보편 윤리적 관점에서 볼 때 비판받아야 할 내용이다.

자료 4 연고주의

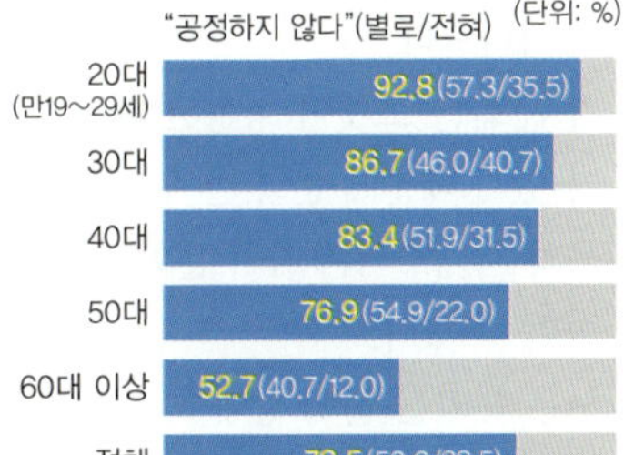

▲ 연고주의 관련 사회 불공정에 대한 세대별 인식도

위 그래프는 세대별로 연고주의가 사회적으로 공정하지 않다는 인식을 나타내 주고 있다. 이러한 연고주의는 공동체 의식이라는 강한 유대감을 통해 공동체를 발전시키는 동력이 되기도 한다. 그러나 사적인 영역이 공적인 영역에까지 확장되어 공과 사를 구분하지 못하게 되면 연고주의의 부작용이 발생할 수 있다.

용어 알기

극단적 문화 상대주의
문화의 특수성을 근거로 인류의 보편적인 가치를 훼손하는 문화도 존중해야 한다는 입장이다.

윤리 상대주의
행위의 도덕적 옳고 그름이 사회 혹은 개인에 따라 다양하며, 보편적인 도덕 기준은 존재하지 않는다는 입장이다.

권위(권세 權 위임 威)주의
어떠한 일에 있어 권위를 내세우거나 권위에 순종하는 태도이다.

정답 22쪽

01 빈칸에 들어갈 알맞은 말을 쓰시오.

(1) 의식주를 비롯하여 언어, 종교, 도덕 등을 포함하는 □□□□□은/는 사회에 따라 다양하게 나타난다.

(2) 특정한 문화를 절대적인 기준으로 삼아 다른 문화를 평가하고 □□□□□을/를 가리려고 한다면 문제가 발생할 수 있다.

(3) □□□□□은/는 각 사회의 문화를 그 고유의 맥락에서 이해하려는 열린 태도를 의미한다.

(4) 타 문화뿐만 아니라 자문화도 □□□□ 차원에서 성찰하고 평가해야 자문화의 문제점을 개선할 수 있다.

02 다음 내용이 옳으면 ◯표, 틀리면 ×표를 하시오.

(1) 문화는 각 지역의 자연환경이나 인문환경에 따라 다양하게 나타난다. (   )

(2) 각 문화는 그것이 형성된 배경과 가치 체계가 다른 경우가 있기 때문에 문화 간 우열을 가리기 쉽다. (   )

(3) 문화 사대주의는 자기 문화에 대한 주체성과 자부심을 약화할 수 있다. (   )

(4) 모든 문화를 문화 상대주의적 태도에 따라 존중하고 따라야 한다. (   )

(5) 자신이 속한 집단의 특수한 문화적 관점만으로 사회 현상을 이해하면 바람직하지 못한 문화적 관행을 묵인할 수 있다. (   )

03 다음 설명에 해당하는 개념을 보기 에서 고르시오.

보기
ㄱ. 권위주의　　　　ㄴ. 문화 사대주의
ㄷ. 윤리 상대주의　　ㄹ. 자문화 중심주의

(1) 어떠한 일에 있어 권위를 내세우거나 권위에 순종하는 태도 (   )

(2) 행위의 도덕적 옳고 그름이 사회 혹은 개인에 따라 다양하며, 보편적인 도덕 기준은 존재하지 않는다는 입장 (   )

(3) 다른 문화를 우월한 것으로 믿고 동경하여 자기 문화를 무시하거나 낮게 평가하는 태도 (   )

(4) 자기 문화를 가장 우월한 것으로 여겨 자기 문화를 기준으로 다른 문화를 평가하는 태도 (   )

▶ 242017-0105

01 문화 상대주의에 관한 설명으로 가장 적절한 것은?

① 서로 다른 문화 간의 우열을 가려야 한다고 본다.
② 개발 도상국보다는 선진국의 문화만이 옳다고 본다.
③ 서로 다른 문화를 평가가 아닌 이해의 대상이라고 본다.
④ 서로 다른 문화는 항상 심각한 갈등을 유발한다고 본다.
⑤ 서로 다른 문화의 고유한 가치를 인정하지 않아야 한다고 본다.

▶ 242017-0106

02 (가), (나)에서 문화적 차이가 나타나는 이유로 적절한 것만을 보기 에서 고른 것은?

(가) 우리 지역은 열대 지방이라서 눈이 내리지 않아 눈을 가리키는 단어가 없다.
(나) 우리 지역은 북극 지방이라서 내리는 눈, 땅에 쌓인 눈, 바람에 휘날리는 눈 등 눈을 표현하는 단어가 많다.

보기
ㄱ. 서로 다른 자연환경을 가지고 있기 때문이다.
ㄴ. 동일한 역사적 특성을 가지고 있기 때문이다.
ㄷ. 자연환경에 적응하면서 문화를 형성하기 때문이다.
ㄹ. 각각의 문화는 항상 시대적 상황에 영향을 받기 때문이다.

① ㄱ, ㄴ　　　② ㄱ, ㄷ　　　③ ㄴ, ㄷ
④ ㄴ, ㄹ　　　⑤ ㄷ, ㄹ

▶ 242017-0107

03 다음 문화 이해 태도에 관한 설명으로 가장 적절한 것은?

자기 문화를 가장 우월한 것으로 여겨 자기 문화를 기준으로 다른 문화를 평가하는 태도이다. 이러한 태도는 다른 문화와의 갈등을 초래하고, 나아가 다른 문화를 배척하는 문제가 발생할 수 있다.

① 자기 문화보다 다른 문화를 낮게 평가한다.
② 문화 간의 위계가 있음을 인정하지 않는다.
③ 각 문화를 그 사회의 맥락 속에서 이해한다.
④ 자기 문화의 정체성과 주체성을 약화시킨다.
⑤ 문화적 다양성의 관점으로 각 문화를 이해한다.

▶ 242017-0108

04 다음 글에 나타난 갈등을 해소하기 위한 문화 이해 태도로 가장 적절한 것은?

> 인도에 사는 힌두교도들은 암소를 생명의 모체로 간주하여 숭배하는 반면, 이슬람교도들은 돼지고기를 먹지 않고 대신 소고기를 먹는다. 이 때문에 힌두교도는 이슬람교도를 소 살해자라고 증오한다. 인도 대륙이 인도와 파키스탄으로 나뉘기 전에는 이슬람교도가 암소를 잡아먹는 것에 분노하여 힌두교도들이 일으킨 유혈 폭동이 연례행사처럼 일어났다.

① 자문화와 타문화에 대해 비판적 성찰을 하지 말아야 한다.
② 자신이 접해 보지 않은 문화에 대해 선입견을 지녀야 한다.
③ 서로 간의 문화적 차이를 인정하고 존중하는 태도를 지녀야 한다.
④ 자기 문화를 기준으로 다른 문화를 평가하는 태도를 지녀야 한다.
⑤ 각 문화는 자기 사회의 종교적 관점을 고수하는 자세를 지녀야 한다.

▶ 242017-0109

05 다음 문화 이해 태도에 관한 입장에만 모두 'V'를 표시한 학생은?

> 한 사회의 관념과 가치 혹은 문화적 영역은 다른 언어로 완전히 번역될 수 없으며, 또한 전적으로 이해될 수 없다. 또한 각기 사회나 민족의 문화는 우월성이나 서열이 있을 수 없고 모두가 상대적 중요성이 있다고 본다. 즉 문화의 절대적인 개념과 가치는 인정되지 않는다는 것이다.

입장 \ 학생	갑	을	병	정	무
자기 문화의 정체성을 버려야 한다.	V			V	V
다른 사회의 문화를 수용해서는 안 된다.	V	V		V	
다른 민족과 문화에 개방적인 자세를 지녀야 한다.		V	V		V
다른 문화를 이해할 때 그 문화의 맥락을 고려해야 한다.			V	V	V

① 갑　　② 을　　③ 병　　④ 정　　⑤ 무

▶ 242017-0110

06 다음 글에 나타난 문화를 인정하기 어려운 이유로 가장 적절한 것은?

> 명예 살인은 정혼자와 결혼을 거부하는 등 가문의 명예를 훼손했다는 이유로 가족을 죽이는 이슬람 사회의 문화적 전통이다. 법으로 금지하고 있는 현재에도 발생하고 있다.

① 문화적 다양성을 존중하지 않았기 때문이다.
② 자기 사회의 전통을 따르지 않았기 때문이다.
③ 타 문화가 아닌 자신의 문화를 따랐기 때문이다.
④ 누구나 존중해야 할 보편 윤리에 위배되기 때문이다.
⑤ 여성을 차별하는 문화적 전통을 따르지 않았기 때문이다.

▶ 242017-0111

07 ㉠에 들어갈 문화 이해 태도를 쓰시오.

> 문화 상대주의가 극단적으로 나아갈 경우에는 '모든 것은 존재할 만한 이유가 있어서 존재한다. 그러므로 존재하는 것은 모두 유용한 것이다.'라는 결론에 도달할 수 있다. 여아 살해나 민족 학살 등도 정당화될 수 있는 것이다. 즉 (㉠)을/를 적용하면 인류의 보편적 가치를 훼손하는 결과를 초래한다.

(　　　　　　　　　　)

▶ 242017-0112

08 다음 사례를 통해 알 수 있는 내용만을 보기 에서 있는 대로 고른 것은?

> 아마존의 자파테크족을 방문한 유럽의 선교사들은 이들이 나체로 있는 것을 보고 부끄럽게 여겨서 이들에게 강제로 옷을 입게 하였다. 그러나 그곳은 기온과 습도가 높은 지역이어서 옷을 입은 원주민의 대부분이 피부병에 걸렸다.

보기
ㄱ. 자문화 중심주의적 태도를 따라야 한다.
ㄴ. 문화는 자연환경에 따라 달라질 수 있다.
ㄷ. 자연환경에 따른 문화적 풍습을 존중해야 한다.

① ㄱ　　　② ㄴ　　　③ ㄱ, ㄷ
④ ㄴ, ㄷ　　　⑤ ㄱ, ㄴ, ㄷ

04 다문화 사회와 문화적 다양성 존중

1 다문화 사회

(1) 다문화 사회의 의미: 한 사회 안에 서로 다른 문화적 배경을 가진 사람들이 함께 어우러져 살아가는 사회

(2) 다문화 사회로의 변화

등장 배경	교통수단의 발달과 정보 통신 기술의 발전으로 세계화가 진전되면서 서로 다른 문화권에 속한 사람들 간의 교류와 접촉이 증가함.
양상	국제결혼 이주민과 이주 배경 청소년, 외국인 근로자, 유학생, 북한 이탈 주민의 증가 등으로 다문화 사회로 이행하고 있음.

(3) 다문화 사회의 긍정적 영향

① 문화의 다양성 증진에 이바지하고 문화 발전을 촉진할 수 있음.

② 여러 산업 분야에 우수한 인력이 유입되어 경제 발전에 도움이 될 수 있음.

③ 저출생 · 고령화 현상으로 인한 노동력 부족 문제를 해결할 수 있음. 자료1

자세히 살펴보기 — 우리 사회의 외국인 주민 증가 추이는 어떠한가?

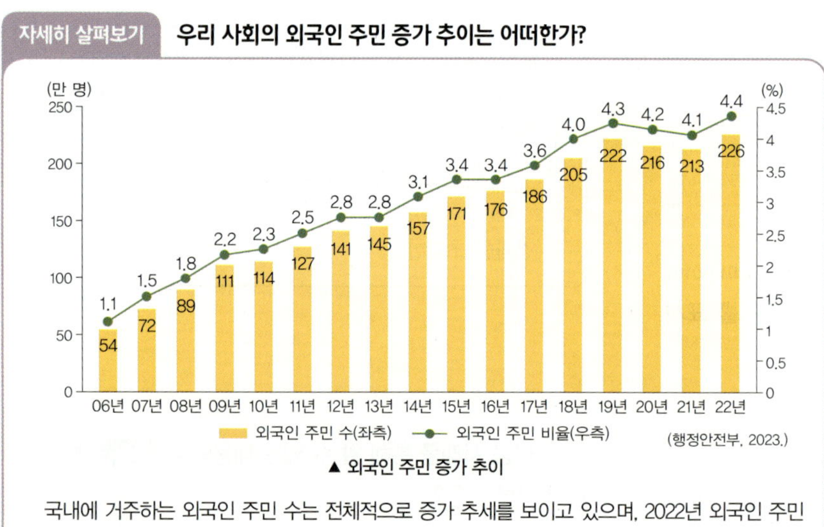

▲ 외국인 주민 증가 추이

국내에 거주하는 외국인 주민 수는 전체적으로 증가 추세를 보이고 있으며, 2022년 외국인 주민 수는 226만 명으로 전체 인구의 4.4%를 차지한다.

2 다문화 사회에서 나타날 수 있는 갈등

(1) 문화적 차이에 따른 갈등: 다른 가치관, 생활 양식 등에 관한 지식과 이해 부족은 사회적 갈등으로 이어질 수 있음. 예 할랄 식품 관련 문제 등 자료2

(2) 편견과 차별에 따른 갈등

① 편견이나 고정 관념은 이주민을 차별 대우하거나 배제하는 문제를 일으킬 수 있음. 예 피부색이나 특정 종교를 이유로 차별 대우하는 것 등

② 편견과 차별은 혐오나 인종 차별처럼 보편적 인권을 침해하는 문제를 초래할 수 있음. 예 제노포비아 등

(3) 경제적 분야에서의 갈등과 의사소통의 어려움에 따른 갈등

자료1 국내 외국인 근로자 현황

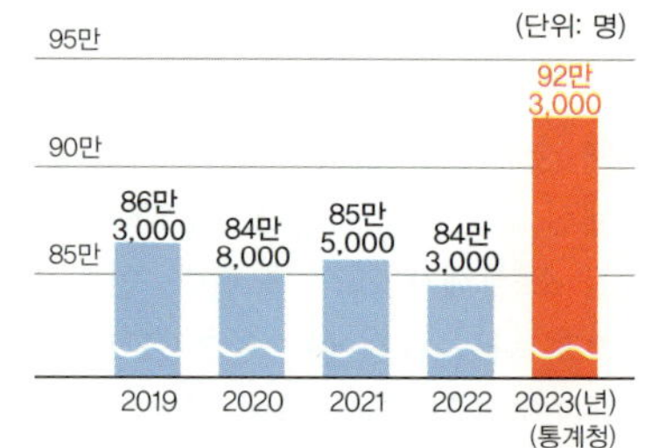

▲ 외국인 근로자 수 추이

외국인 근로자들이 다양한 산업 분야에서 업무를 수행함으로써 현재 우리나라의 노동력 부족 문제를 해소하는 데 기여하고 있다.

자료2 할랄 식품을 파는 상점

이슬람교도는 할랄 방식으로 도축한 고기 등의 식품을 먹는다. 할랄(halal)은 이슬람교도의 생활 전반에 걸쳐 허용된 것을 의미한다. 이러한 할랄 식품에 대한 지식과 이해 부족으로 인해 문화적 갈등이 발생하기도 한다.

용어 알기

고령화
평균 수명의 증가에 따라 총인구 중에 차지하는 고령자(노인)의 인구 비율이 점차로 높아지는 사회 현상을 의미한다.

편견(치우칠 偏 볼 見)
특정 집단에 대해서 한쪽으로 치우친 의견이나 견해를 가지는 태도로 일반적으로 부정적인 정서와 평가를 동반한다.

제노포비아
'이방'이라는 뜻의 '제노'와 '혐오증'이라는 뜻의 '포비아'가 합쳐진 말이다. 상대방이 자기와 다르다는 이유만으로 상대방을 혐오하는 심리 상태를 의미한다.

③ 다문화 사회의 갈등을 해결하는 방안

(1) 개인적 차원의 노력

① 다른 문화를 이해하고자 하는 노력
- 사회 구성원이 서로의 문화를 제대로 이해하지 못하면 갈등이 발생할 수 있음.
- 문화 간의 공존을 위해서는 다른 문화를 깊이 이해하려는 자세와 노력이 먼저 이루어져야 함.

② 관용의 자세를 실천: 다른 문화에 대한 편견이나 차별적인 태도를 버리고 문화적 차이를 인정하는 자세가 필요함.

③ 문화 상대주의적 태도 함양: 이주민의 문화를 그 사회의 맥락에서 이해하면서 문화적 다양성을 존중하는 태도를 지녀야 함.

자세히 살펴보기 **우리나라의 다문화 수용성 지수는 어떠한가?** 자료 3

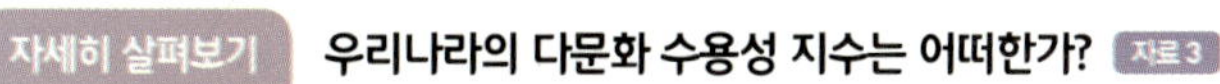
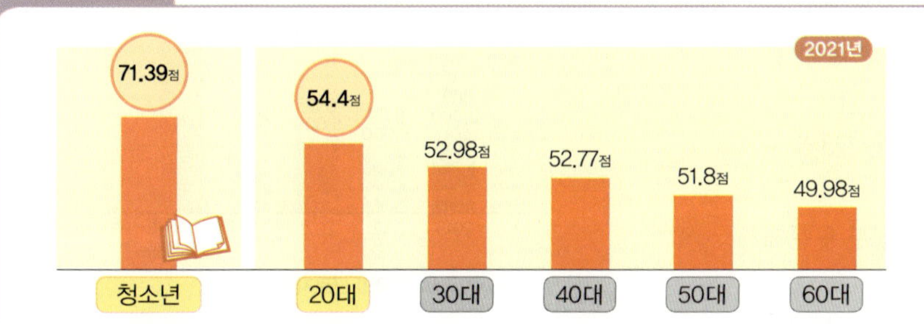

다문화 수용성 지수는 문화 개방성, 국민 정체성, 교류 행동 의지 등 8개 구성 요소별 점수를 종합하여 100점 만점으로 산출한 지수이다. 젊은 연령대일수록 다문화 수용성이 높은 것으로 나타났다.

(2) 사회적 차원의 노력

① 다문화 교육의 강화: 이주민과 그들의 정체성을 인정하고 존중하는 다문화 교육의 강화가 필요함.
  - 예) 이주민의 사회 적응을 위한 언어 교육, 다른 문화를 이해할 수 있는 체험 행사 등

② 법과 제도적 지원의 확대: 관련 법률을 정비하고, 다문화 가족 구성원의 안정적인 가족생활을 지원하기 위한 법과 제도가 마련되어야 함.
  - 예) 외국인 근로자의 고용 등에 관한 법률, 다문화 가족 지원법 등

③ 다문화 사회의 이민자 정책 자료 4

동화주의	• 의미: 이민자가 출신 국가의 언어적·문화적·사회적 특성을 완전히 포기하고 주류 사회의 일원이 되도록 하는 것을 목표로 하는 정책 예) 용광로 이론 • 동화주의 정책을 추구하는 국가는 이민자가 주류 문화로 편입하여 동화가 순조롭게 이루어져 주류 사회의 언어와 문화, 사회적 가치 등을 받아들이도록 함.
다문화주의	• 의미: 이민자가 자신의 문화를 유지하면서 사회 구성원으로 살아갈 수 있게 소수자 집단의 문화 고유성을 인정하고 다양한 문화의 평등한 공존을 추구하는 정책 예) 샐러드 볼 이론 • 다문화주의 정책을 추구하는 국가는 서로 다른 문화적 배경을 가진 사람들이 함께 어울려 살아가는 사회를 목표로 주류 문화와 비주류 문화의 구분 없이 여러 문화가 대등하게 공존하도록 함.

자료 3 **다문화 수용성 관련 국제 지표 비교**

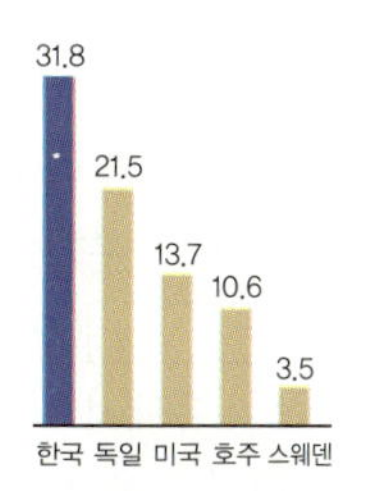

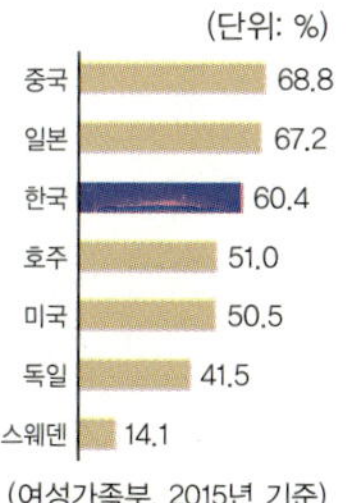

다른 나라와 비교했을 때 우리나라의 다문화 수용성은 여전히 선진국에 비해 낮은 편이다. 이는 이주민에 대한 배타적인 태도가 아직 남아 있음을 보여주는 사례이다.

자료 4 **용광로 이론과 샐러드 볼 이론**

용광로 이론	샐러드 볼 이론
용광로처럼 여러 민족의 다양한 문화를 하나로 녹여 그 사회의 주류 문화에 동화시키고자 하는 것이다.	국가라는 샐러드 볼 안에서 각 문화의 고유한 맛이 나타날 수 있도록 다양한 인종과 문화가 평등하게 어울리는 문화를 만들자는 것이다.

용어 알기

다문화 가족 지원법
다문화 가족 구성원이 안정적인 가족생활을 영위하고 사회 구성원으로서의 역할과 책임을 다할 수 있도록 함으로써, 이들의 삶의 질 향상과 사회 통합에 이바지함을 목적으로 하는 법안이다.

이민자(옮길 移 백성 民 사람 者)
자기 나라를 떠나 다른 나라로 이주하여 사는 사람을 의미한다.

정답 23쪽

01 빈칸에 들어갈 알맞은 말을 쓰시오.

(1) ☐☐☐☐☐의 영향으로 인구 이동이 활발해지면서 다른 문화권에 속한 사람들 간의 접촉이 빈번해지고 있다.

(2) 우리나라는 국제결혼 이주민과 이주 배경 청소년, 외국인 근로자, 유학생을 비롯하여 문화 측면에서 차이가 있는 주민이 증가하면서 ☐☐☐☐☐(으)로 접어들었다.

(3) 출신 국가가 다르다는 이유에서 비롯된 편견이나 고정 관념은 다른 나라에서 터전을 옮겨 온 ☐☐☐☐☐을/를 차별 대우하거나 배제하는 문제를 일으킨다.

(4) ☐☐☐☐☐은/는 특정 집단에 대해서 한쪽으로 치우친 의견이나 견해를 가지는 태도를 말한다.

02 다음 내용이 옳으면 ○표, 틀리면 ×표를 하시오.

(1) 다문화 사회는 문화의 다양성 증진에 이바지하고 문화 발전을 촉진할 수 있다. ( )

(2) 다문화 사회는 문화 간 상호 작용을 통해 새로운 제3의 문화를 형성하기도 한다. ( )

(3) 외국인 노동자의 수용은 다문화 사회의 노동력 부족 문제 해소에 전혀 도움이 되지 않는다. ( )

(4) 다문화 사회에서 문화 간의 공존을 위해서는 다른 문화를 이해하려는 자세와 노력이 필요하다. ( )

(5) 이주민에 대한 편견과 고정 관념을 없애는 데 다문화 교육은 도움이 되지 않는다. ( )

03 다음 설명에 해당하는 개념을 보기 에서 고르시오.

> **보기**
> ㄱ. 다문화 사회　　ㄴ. 동화주의 정책
> ㄷ. 다문화 수용성 지수　　ㄹ. 다문화주의 정책

(1) 이민자가 출신 국가의 언어적·문화적·사회적 특성을 완전히 포기하고 주류 사회의 일원이 되도록 하는 것을 목표로 하는 정책 ( )

(2) 이민자가 자신의 문화를 유지하면서 사회 구성원으로 살아갈 수 있게 소수자 집단의 문화 고유성을 인정하고 다양한 문화의 공존을 추구하는 정책 ( )

(3) 문화 개방성, 국민 정체성, 교류 행동 의지 등 8개 구성 요소별 점수를 종합하여 100점 만점으로 산출한 지수 ( )

(4) 한 사회 안에 서로 다른 문화적 배경을 가진 사람들이 함께 어우러져 살아가는 사회 ( )

▶ 242017-0113

01 다문화 사회의 긍정적 측면으로 가장 적절한 것은?

① 문화적 다양성 증진에 이바지한다.
② 자기 문화의 정체성을 상실하게 된다.
③ 다른 문화에 대한 이해도가 낮아진다.
④ 다른 문화에 대한 사대주의적 태도가 조장된다.
⑤ 다른 문화를 바라볼 때 하나의 기준만을 강조한다.

▶ 242017-0114

02 다음 그래프처럼 외국인 근로자가 증가할 경우 나타날 수 있는 현상으로 적절하지 않은 것은?

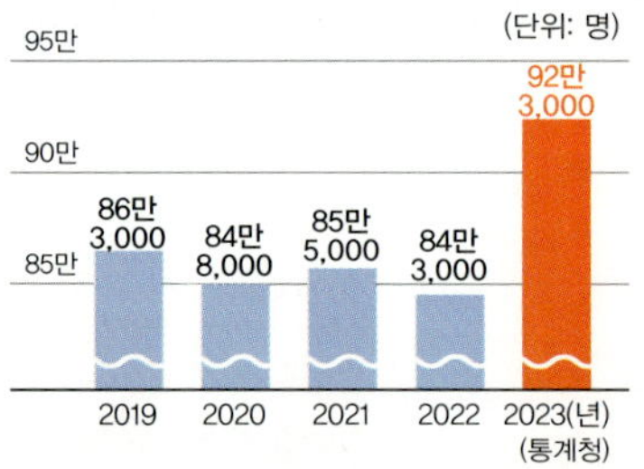

▲ 외국인 근로자 수 추이

① 이주민을 위한 다문화 정책이 필요할 것이다.
② 노동력의 유입으로 경제 발전에 도움이 될 수 있다.
③ 서로 다른 문화 간의 갈등은 발생하지 않을 것이다.
④ 노동력 부족 문제를 해소하는 데 기여하게 될 것이다.
⑤ 다양한 문화를 경험할 수 있는 기회가 늘어날 것이다.

▶ 242017-0115

03 다음 사례와 같은 문제가 발생하는 원인으로 가장 적절한 것은?

> 베트남 출신의 결혼 이주 여성 A 씨는 결혼 초기 점심을 먹은 후 낮잠을 자다가 시어머니로부터 게으르다는 꾸중을 듣고 속이 상했다. 베트남은 더운 나라여서 낮잠 시간이 있는데 이를 시어머니가 이해해 주지 않아 속이 상한 것이다.

① 한국 문화에 대한 며느리의 편견 때문이다.
② 시어머니가 베트남 문화를 이해했기 때문이다.
③ 시어머니가 지나치게 권위주의적이기 때문이다.
④ 며느리가 자신 문화가 우월하다고 보기 때문이다.
⑤ 서로의 문화적 차이를 이해하지 못했기 때문이다.

▶ 242017-0116

04 다음 그래프는 국내 거주 외국인 주민 수와 비율 변화를 나타낸 것이다. 이를 통해 유추할 수 있는 내용으로 적절하지 <u>않은</u> 것은?

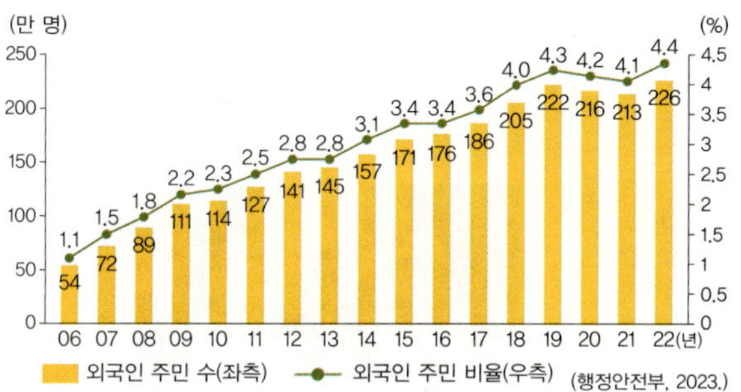

① 다문화 가정이 늘어나게 될 것이다.

② 우리나라도 다문화 사회가 되어 가고 있다.

③ 문화의 획일화가 가속화될 가능성이 커진다.

④ 다른 문화를 가진 사람들을 쉽게 볼 수 있다.

⑤ 다른 문화를 경험하고 향유할 수 있는 가능성이 늘어난다.

▶ 242017-0117

05 다음과 같은 다문화 사회의 갈등을 해결하기 위한 방안에만 모두 'V'를 표시한 학생은?

> 이슬람 문화를 잘 모르는 사람이 이슬람교도에게 무슬림 방식으로 도축되지 않은 소고기나 닭고기를 억지로 권하면서 오해가 생길 수 있다. 다른 가치관, 생활 양식 등에 관한 지식과 이해 부족은 서로를 오해하고 그 정도가 깊어지면 사회적 갈등으로 이어질 수 있다.

방안 \ 학생	갑	을	병	정	무
문화 다양성을 존중하는 다문화 교육을 강화한다.	V			V	V
이주민의 문화를 주류 문화의 관점으로 바라본다.	V	V		V	
문화 간의 공존을 위해 다른 문화를 이해하는 자세를 갖는다.		V	V		V
문화적 다양성이 존중될 수 있도록 법과 제도적 지원을 확대한다.			V	V	V

① 갑　　② 을　　③ 병　　④ 정　　⑤ 무

▶ 242017-0118

06 다음 그래프를 통해 유추할 수 있는 한국의 외국인 노동자에 대한 인식과 관련된 내용으로 가장 적절한 것은?

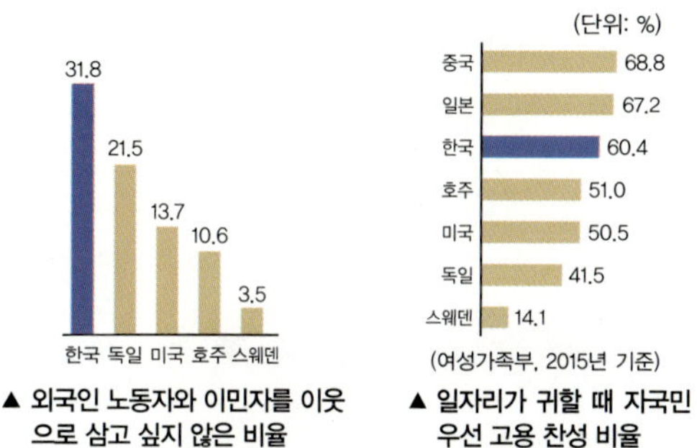

① 외국인 노동자들의 출입국 심사가 간편해지고 있다.

② 외국인 노동자들과 자국민은 동등한 지위를 가진다고 본다.

③ 외국인 노동자들의 인권을 보호하는 정책을 강조하고 있다.

④ 외국인 노동자들은 국가 경쟁력을 약화시키는 대상이라고 본다.

⑤ 외국인 노동자들에 대한 차별 의식이 서구 선진국에 비해 높다.

▶ 242017-0119

07 ㉠에 들어갈 알맞은 말을 쓰시오.

> 다양한 인종, 종교, 언어 등 서로 다른 문화적 배경을 가진 사람들이 함께 살아가는 사회를 (㉠) 사회라고 한다.

(　　　　　　　　　　)

▶ 242017-0120

08 다음과 같은 다문화 정책을 실시하고 있는 이유로 적절한 것만을 보기 에서 있는 대로 고른 것은?

> 재학생 절반 이상이 다문화 학생인 ○○ 초등학교에서는 루마니아 출신 학생이 전교 부회장에 당선되기도 하고, 히잡을 쓴 학생의 모습도 볼 수 있다. 이 학교에서는 총 3개의 다문화 특별 학급을 운용하고 있다. 특별 학급에서 아이들은 다양한 문화가 공존하는 분위기를 익혀 나가고 있다.

보기

ㄱ. 다문화 수용성을 높이기 위해서이다.

ㄴ. 국제결혼 이민자의 취업률을 높이기 위해서이다.

ㄷ. 다문화에 대한 편견과 선입견을 줄이기 위해서이다.

① ㄱ　　② ㄴ　　③ ㄱ, ㄷ　　④ ㄴ, ㄷ　　⑤ ㄱ, ㄴ, ㄷ

문화 병존, 문화 융합, 문화 동화는 모두 서로 다른 사회의 문화가 장기간에 걸쳐 전면적으로 접촉하면서 나타나는 문화 변동 양상이라는 공통점이 있습니다. 그러나 각각 차이점도 갖고 있습니다. 다음은 각 문화 변동의 대표적인 사례입니다. 인천 차이나타운은 문화 병존의 사례이고, 과달루페 성모상은 문화 융합의 사례이며, 아메리카 원주민의 고유 문화 상실은 문화 동화의 사례입니다.

인천 차이나타운	과달루페 성모상	아메리카 원주민의 고유 문화 상실

인천 차이나타운에서는 한국에 사는 중국인이 한국의 생활 양식을 받아들이면서 중국의 음식이나 의복 등 중국의 고유문화를 함께 유지하고 생활한다.	과달루페 성모상은 검은 머리에 갈색 피부를 갖고 있으며 남아메리카 전통 의상을 입은 원주민의 모습을 하고 있다. 이는 멕시코의 전통문화와 유럽의 가톨릭 문화가 결합한 것이다.	여러 부족으로 나누어져 있던 아메리카 원주민은 자신만의 독특한 언어와 문화를 형성하였다. 그러나 유럽의 식민 지배 과정에서 원주민 고유의 문화를 상실하였다.

인천 차이나타운에 사는 중국인은 자신의 고유문화를 유지하고 있습니다. 또한 과달루페 성모상은 멕시코의 전통 의상을 입은 모습을 하고 있습니다. 이를 통해 문화 병존과 문화 융합은 다른 문화를 받아들이면서도 자신의 고유문화를 지키고 있음을 알 수 있습니다. 그러나 아메리카 원주민은 다른 사회의 문화를 받아들이면서 자신의 고유문화의 정체성을 상실하였습니다. 결국 문화 병존과 문화 융합은 다른 사회의 문화를 인정하면서도 자신의 고유문화의 정체성을 유지하면서 문화적 다양성을 증진합니다. 이를 통해 여러 문화적 배경을 가진 사람들끼리 소통하는 기회를 제공하기도 합니다. 그러나 문화 동화는 고유문화의 정체성을 상실하게 하여 문화적 다양성을 해칩니다. 따라서 문화의 고유성과 정체성을 유지하면서 문화의 다양성 증진에 이바지하도록 다른 문화를 비판적으로 수용하는 개방적이고 주체적인 태도가 필요합니다.

Q&A

1 문화 병존의 사례에는 어떤 것들이 있을까?

문화 병존은 기존의 문화 요소와 전파된 다른 사회의 문화 요소가 공존하는 현상이다. 우리나라에 사는 중국인이 우리나라의 생활 양식을 받아들이면서 중국의 음식이나 의복 등 중국의 고유문화를 함께 유지하고 생활하는 인천 차이나타운과 다양한 종교 기념일과 종교 경관이 공존하는 말레이시아의 모습은 문화 병존의 사례라고 할 수 있다.

2 문화 병존과 문화 융합, 문화 동화는 고유문화의 정체성과 문화 다양성 증진 측면에서 어떤 차이가 있을까?

문화 병존과 문화 융합은 다른 사회의 문화를 받아들이면서도 자기의 고유문화의 정체성을 유지하므로 문화의 다양성 증진에 기여한다. 그러나 문화 동화는 다른 사회의 문화를 받아들이면서 자기의 고유문화의 정체성을 상실하므로 문화의 다양성을 해친다.

'세계 문화 다양성 선언'은 문화적 고유성과 다양성을 보호하고 증진하기 위해 2001년 11월에 채택되었습니다. 유네스코는 이 선언문에서 문화 다양성을 지키려는 노력을 신성한 윤리적 의무로 인식해야 한다는 점을 강조하였습니다. 또한 '세계 문화 다양성 선언'은 문화 다양성을 인류의 공동 유산으로 보고, 각국이 문화 정책을 수립할 자주적 권한을 보장하고 있습니다. 그리고 문화 교류 과정에서 발생하는 분쟁의 해결 절차를 제시하며, 문화 약소국에 대한 지원도 명시하고 있습니다. '세계 문화 다양성 선언'의 주요 내용은 다음과 같습니다.

제1조 문화 다양성

생태 다양성이 자연에 필요한 것처럼 교류 · 혁신 · 창조성의 근원으로서 문화 다양성은 인류에게 필요한 것이다. 이러한 의미에서 문화 다양성은 인류의 공동 유산이며 현세대와 미래 세대를 위한 혜택으로 인식하고 보장해야 한다.

제2조 문화 다양성에서 문화 다원주의로

점차 다양화되는 우리 사회에서는 공존에 대한 의지와 더불어 다원적이고 역동적인 문화 정체성을 지닌 사람들과 집단 사이의 조화로운 상호 작용을 보장해야 한다. 모든 시민을 포용하고 그들을 참여시키는 정책은 사회적 단결과 시민 사회의 역동성 및 평화를 위한 선행 조건이므로 문화 다원주의는 문화 다양성 실현을 위한 기반이다.

제4조 문화 다양성을 위한 조건으로서의 인권

문화 다양성을 지키는 것은 윤리적 의무이며, 인간 존엄성을 존중하는 것과 밀접한 관련을 갖는다. 인권과 기본적인 자유의 실천은, 특히 소수 민족과 원주민의 권리를 포함한다. 누구도 국제법으로 보장하는 인권을 침해하거나 제한하는 데 문화 다양성을 이용해서는 안 된다.

Q&A

1 문화 다양성을 인류의 공동 유산이라고 보는 이유는 무엇인가?

문화 다양성은 인류의 혁신과 창조성의 근원이고, 이를 바탕으로 인류 전체의 발전을 도모할 수 있기 때문이다.

2 문화 다양성을 지키는 것이 윤리적 의무인 이유는 무엇인가?

문화 다양성은 인간 존엄성을 존중하는 것과 밀접한 관련이 있기 때문이다. 즉 문화 다양성은 인권과 기본적 자유의 실천과 밀접한 관련이 있는 것이기 때문에 윤리적 의무인 것이다.

대단원 종합 문제

▶ 242017-0121

[01~02] 지도는 세계의 종교 분포를 나타낸 것이다. 이를 보고 물음에 답하시오.

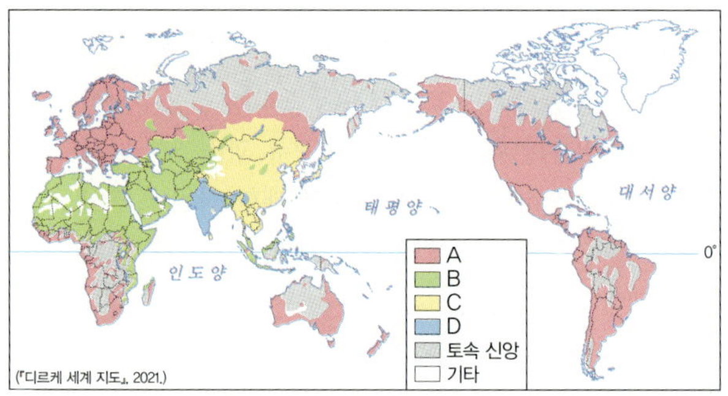

01 (가)~(다)와 같은 종교 경관을 볼 수 있는 종교를 지도의 A~D에서 고른 것은?

(가)   (나)   (다)

	(가)	(나)	(다)		(가)	(나)	(다)
①	A	B	C	②	A	C	D
③	B	A	E	④	B	C	D
⑤	D	A	B				

▶ 242017-0122

02 A~D 종교에 대한 설명으로 옳은 것은?

① A 종교 신자들은 쇠고기를 먹지 않는다.
② B의 신자가 가장 많은 국가는 서남아시아에 있다.
③ C의 대표적 경관은 불상과 탑이다.
④ D의 발상지는 근대 산업이 시작된 지역이다.
⑤ 세계 신자 수는 B가 A보다 많다.

▶ 242017-0123

03 지도는 세계의 언어 문화권을 나타낸 것이다. A~E 언어에 대한 설명으로 옳지 <u>않은</u> 것은?

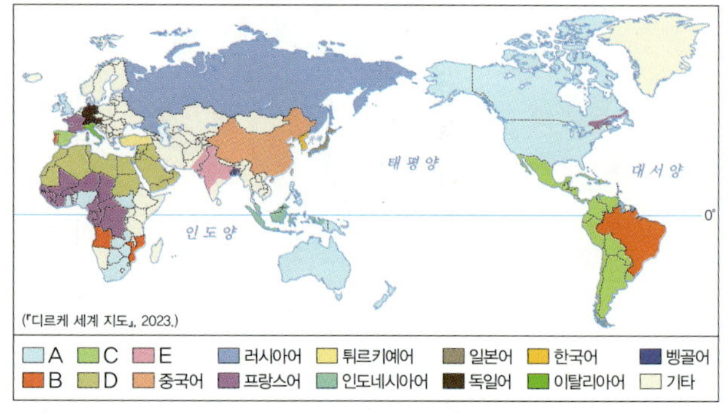

① A는 식민 지배를 통해 아메리카에 전파되었다.
② B는 세계에서 단일 언어로 사용자 수가 가장 많다.
③ B와 C의 모국(母國)은 유럽에 위치한다.
④ C는 B보다 공용어로 사용되는 국가 수가 많다.
⑤ D 사용자는 E 사용자보다 이슬람교 신자 수 비중이 높다.

▶ 242017-0124

04 다음 글에 해당하는 문화권에 대한 설명으로 옳은 것은?

> 영국의 식민 지배로 유럽 문화가 전파되었다. 그 과정에서 이 지역의 원주민인 애버리지니와 마오리족의 원주민 문화가 쇠퇴하였다. 현재 이 지역은 세계적으로 목축업과 관광 산업이 발달하였다.

① 전통적으로 식생활에서 젓가락을 사용한다.
② 에스파냐어를 사용하고 가톨릭의 비율이 높다.
③ 오스트레일리아, 뉴질랜드, 태평양의 섬 지역이 해당한다.
④ 여름철 고온 다습한 계절풍의 영향으로 벼농사가 발달하였다.
⑤ 인간이 살기 어려운 추위와 척박한 환경이 나타나며 순록을 유목하면서 생활한다.

▶ 242017-0125

05 문화 변동의 양상 A~C에 대한 옳은 설명만을 **보기** 에서 고른 것은? (단, A~C는 각각 문화 병존, 문화 동화, 문화 융합 중 하나임.)

문화 변동의 결과 기존 문화의 정체성이 남아 있는가? → 아니요 → A
↓ 예
외래문화 요소가 변형되지 않은 상태로 정착되었는가? → 아니요 → B
↓ 예
C

보기

ㄱ. 다른 나라에서 새로 들어온 결혼 방식이 기존의 결혼 방식을 대체한 것은 A의 사례이다.
ㄴ. B는 서로 다른 문화 요소가 결합하여 새로운 문화가 형성된 경우이다.
ㄷ. A는 B, C와 달리 내재적 요인에 의한 문화 변동에 해당한다.
ㄹ. A, B와 달리 C는 새로운 문화 요소에 의해 문화 정체성의 약화를 초래한다.

① ㄱ, ㄴ ② ㄱ, ㄷ ③ ㄴ, ㄷ
④ ㄴ, ㄹ ⑤ ㄷ, ㄹ

▶ 242017-0126

06 A~C에 해당하는 문화 변동의 요인을 쓰시오.

문화 변동의 요인	문화 변동의 사례
A	한국의 드라마와 노래가 대중 매체를 통해 전 세계에 전파되었다.
B	알렉산드로스 대왕이 인도 원정길에서 돌아올 때 사탕수수를 가져와 지중해 지역에 전파하였다.
C	문자가 없던 아메리카의 체로키족이 백인들과 접촉하면서 알파벳에서 아이디어를 얻어 체로키 문자를 만들었다.

A: (   ) B: (   ) C: (   )

▶ 242017-0127

07 다음 자료에 대한 옳은 설명만을 **보기** 에서 있는 대로 고른 것은?

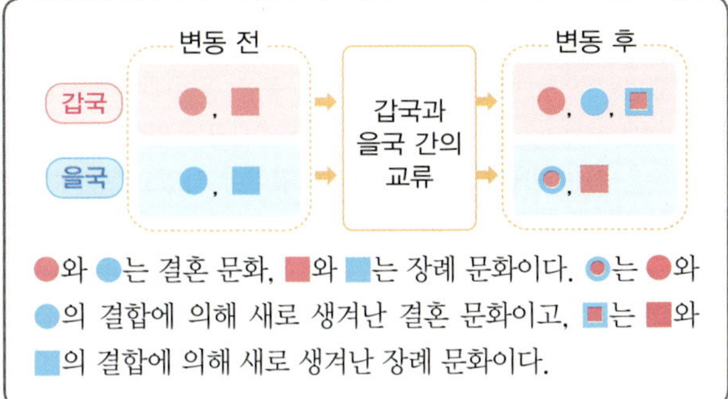

●와 ◑는 결혼 문화, ■와 ■는 장례 문화이다. ◉는 ●와 ◑의 결합에 의해 새로 생겨난 결혼 문화이고, ◪는 ■와 ■의 결합에 의해 새로 생겨난 장례 문화이다.

보기

ㄱ. 갑국은 결혼 문화에서 문화 병존이 나타났다.
ㄴ. 을국은 결혼 문화에서 전통문화가 소멸되었다.
ㄷ. 장례 문화에서 갑국과 달리 을국에서는 문화 융합이 나타나지 않았다.
ㄹ. 장례 문화에서 갑국은 을국에 비해 전통문화에 대한 정체성이 약화되었다.

① ㄱ, ㄴ ② ㄱ, ㄷ ③ ㄴ, ㄹ
④ ㄱ, ㄷ, ㄹ ⑤ ㄴ, ㄷ, ㄹ

▶ 242017-0128

08 (가)에 들어갈 내용으로 가장 적절한 것은?

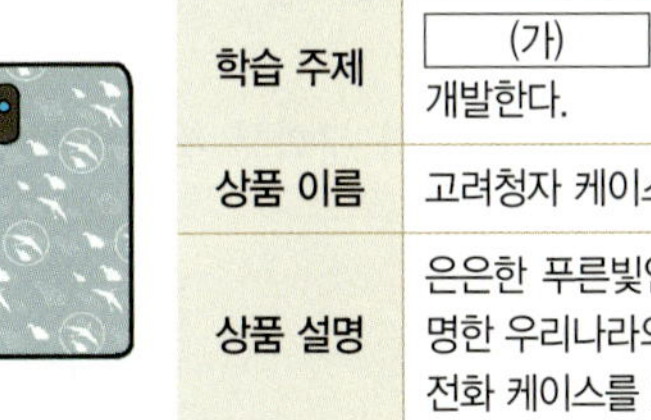

학습 주제	(가) 와/과 관련된 문화 상품을 개발한다.
상품 이름	고려청자 케이스
상품 설명	은은한 푸른빛인 비색과 상감 기법으로 유명한 우리나라의 고려청자를 활용하여 휴대 전화 케이스를 개발하였다.

① 전통문화의 유형
② 전통문화의 원형 보존 방안
③ 전통문화의 문제점 수정 방안
④ 전통문화의 창조적 발전 방안
⑤ 전통문화와 외래문화의 공존 전략

▶ 242017-0129

09 다음 사례를 보편 윤리의 관점에서 평가한 내용으로 적절한 것만을 보기 에서 고른 것은?

전족은 송나라 때 시작되어 명나라와 청나라 시대에 유행했던 것으로 여성의 발을 천으로 꽁꽁 동여매어 성장을 멈추게 하는 풍습이다. 발 모양만 이상해지는 것이 아니라 전족을 하면 발끝으로 종종거리며 걸어야 하였고, 등뼈가 기형적으로 튀어나와 서 있는 자세도 이상해졌다.

보기

ㄱ. 전족은 여성의 인권을 침해하는 풍습이다.
ㄴ. 전족은 여성의 자유를 존중하는 풍습이다.
ㄷ. 전족은 여성의 신체에 고통을 가하는 풍습이다.
ㄹ. 전족은 공동체의 결속에 도움이 되는 풍습이다.

① ㄱ, ㄴ   ② ㄱ, ㄷ   ③ ㄴ, ㄷ
④ ㄴ, ㄹ   ⑤ ㄷ, ㄹ

▶ 242017-0130

10 다음 문화 이해 태도에 대한 설명으로 가장 적절한 것은?

모든 사회는 바람직한 행위가 무엇인지 규정하고 있고, 이러한 평가에는 해당 사회의 가치 체계가 반영되어 있다. 따라서 그 사회의 맥락 속에서 문화나 특정 행위를 판단해야 한다.

① 문화의 다양성을 존중하는 태도가 중요하다고 본다.
② 서로 다른 문화들 간에 우열을 가릴 수 있다고 본다.
③ 문화의 상대성보다는 절대성을 더 강조해야 한다고 본다.
④ 인류는 동일한 인문환경을 바탕으로 문화를 형성한다고 본다.
⑤ 자기 문화의 우월성을 바탕으로 타 문화를 평가해야 한다고 본다.

▶ 242017-0131

11 밑줄 친 '법' 중 대표적인 것을 쓰시오.

다문화 가족 구성원이 안정적인 생활을 영위할 수 있도록 지원을 하는 법과 제도적 지원을 확대해야 한다.

(   )

▶ 242017-0132

12 (가), (나)의 다문화 사회의 이민자 정책에 관한 설명으로 가장 적절한 것은?

(가) 다문화 정책은 여러 문화의 고유성을 그대로 보존하면서 전체적으로 조화롭고 대등한 관계를 이루어야 한다.
(나) 다문화 정책은 다양한 문화가 서로 용해되어 전체적으로 하나가 되는 통합적 문화를 창출해야 한다.

① (가)는 이민자 문화의 고유성을 인정한다.
② (가)의 대표적인 이론은 용광로 이론이다.
③ (나)는 문화 다양성을 실현하는 데 유리하다.
④ (나)는 주류 문화와 비주류 문화를 동등하게 인정한다.
⑤ (가)와 (나)는 모두 문화의 다양성 증진을 강조한다.

▶ 242017-0133

13 그림의 강연자가 지지할 입장으로 적절한 것만을 보기 에서 고른 것은?

보기

ㄱ. 인간의 삶의 토대인 문화는 다양한 형태로 나타난다.
ㄴ. 윤리 상대주의는 보편 윤리를 바탕으로 타 문화를 바라본다.
ㄷ. 윤리 상대주의적 관점으로 모든 문화를 바라봐서는 안 된다.
ㄹ. 노예 제도나 인종 차별 정책들도 하나의 정당한 문화로 인정해야 한다.

① ㄱ, ㄴ   ② ㄱ, ㄷ   ③ ㄴ, ㄷ
④ ㄴ, ㄹ   ⑤ ㄷ, ㄹ

미리보는 서술형·논술형

Step 1 서술형 연습하기 ▶ 242017-0134

사진은 사막 지역 전통 가옥의 모습이다. 이 지역 전통 가옥의 특징을 자연환경과 관련지어 서술하시오.

답 완성하기 전통 가옥은 주변에서 쉽게 구할 수 있는 (　　　)(으)로 만드는 경우가 대부분이다. 사막 지역은 주변에서 가옥을 만들 수 있는 풀이나 (　　　)을/를 구하기 어렵다. 따라서 주변에서 쉽게 구할 수 있는 (　　　)(으)로 집을 짓는다.

Step 2 서술형 훈련하기 ▶ 242017-0135

다음 두 사례에서 공통적으로 도출할 수 있는 전통문화의 의의를 서술하시오.

모내기	줄다리기

벼농사를 하는 우리나라에서는 못자리에 볍씨를 심었다가 5월 하순쯤 논에 옮겨 심어야 한다. 이를 모내기라고 한다. 모내기는 한꺼번에 많은 사람이 필요하므로 마을 단위의 협동이 이루어졌다.	벼농사 중심의 문화권에서 비롯한 줄다리기는 여러 사람이 편을 갈라 줄을 마주 잡고 당겨서 승부를 내는 놀이이다. 그러나 이 놀이의 본질은 승부에 연연하지 않고 공동체의 풍요와 안위를 도모하는 데 있다.

____

____

____

Step 3 논술형 도전하기 ▶ 242017-0136

다음 자료를 읽고 글쓴이가 가지고 있는 문화 이해 태도의 문제점을 200자 이내로 서술하시오.

> 과거 인도에서는 힌두교의 전통에 따라 아내가 남편의 장례식 도중 화장터의 장작불에 뛰어드는 '사티'라는 풍습이 있었다. '사티'라는 풍습은 남편과 아내를 같이 화장함으로써 두 사람 모두 내세에 좋은 곳으로 갈 수 있다고 보았기 때문에 종교적으로 '숭고한 것'으로 생각해 왔다. 또한 힌두교 신자들은 불에 탄 여성의 재를 만져 보는 것을 영광스러운 행위로 보았다. 따라서 '사티'라는 풍습을 보편 윤리적 관점이 아니라 힌두교의 종교적 특수성을 고려하여 이해해야 한다.

핵심 개념 | (1) 보편 윤리 (2) 극단적 문화 상대주의

____

____

____

____

____

____

____

____

____

____

____

____

____

01 산업화와 도시화에 따른 변화

1 산업화와 도시화로 인한 변화

(1) 산업화와 도시화의 의미와 관계 [자료 1]

① 산업화: 산업의 중심이 1차 산업에서 2·3차 산업으로 변화하는 과정

② 도시화: 전체 인구 중에서 도시에 거주하는 인구 비율이 증가하고 도시적 생활 양식이 확산되며 도시 경관이 확대되는 현상

③ 산업화와 도시화의 관계: 2차 산업이 발달하는 곳은 일자리가 증가하고 인구가 모여들어 도시로 성장하거나 도시가 확대 → 이 과정에서 이촌향도 현상으로 촌락 인구 비율은 감소, 도시 인구 비율은 증가

(2) 산업화와 도시화로 인한 공간의 변화

① 생태 환경의 변화: 도시 내 하천의 인위적 개발, 도로와 주거지 등을 위한 도시 내 포장 면적 확대로 녹지 공간 감소

② 거주 공간의 변화: 아파트와 같은 공동 주택 증가, 좁은 지역에 많은 인구와 기능이 집중하면서 고층 건물 증가, 도시 내부가 접근성에 따라 도심, 주거·공업·상업 기능 등 다양한 기능을 담당하는 지역으로 분화, 대도시의 경우 인구와 시설의 교외화 현상이 나타나고 대도시권이 형성됨.

(3) 산업화와 도시화로 인한 생활 양식의 변화 [자료 2]

직업 분화 촉진	· 분업 발달 및 새로운 산업 발달 · 전문성이 증가하면서 직업이 다양화
도시성 확산	· 도시성: 도시에 거주하는 사람들의 독특한 생활 양식 · 촌락에 비해 2차적 인간관계가 발달함. · 공동체보다 개인을 강조하는 경향이 커짐.
개인주의 가치관 확산	· 개인의 다양성과 자율성 강조 · 핵가족 및 1인 가구가 증가하고 개인의 가치와 생활 양식을 존중하는 문화가 보편화됨.

자세히 살펴보기 우리나라의 산업화와 도시화는 어떻게 진행되었을까?

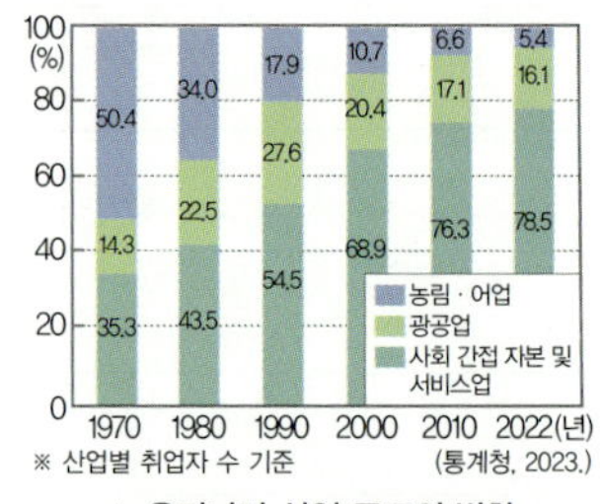

▲ 우리나라 산업 구조의 변화

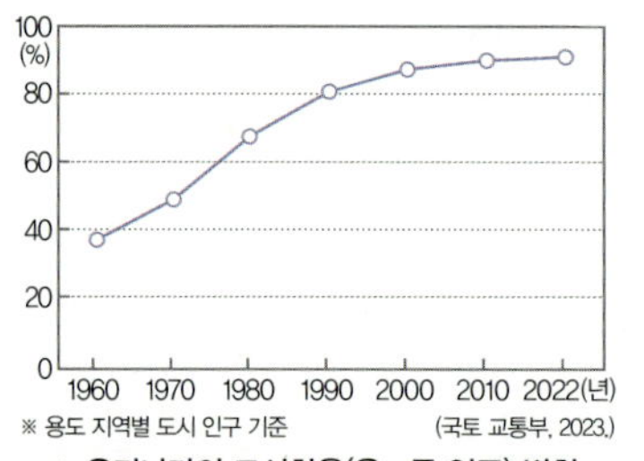

▲ 우리나라의 도시화율(읍·동 인구) 변화

우리나라는 1960년대 이후 산업화가 활발하게 진행되면서 농림·어업 취업자 수 비율이 감소하고 광공업과 사회 간접 자본 및 서비스업 취업자 수 비율은 증가하였는데 광공업 취업자 수 비율은 높아지다가 낮아지고 있다. 이러한 산업화 과정에서 촌락 인구 비율은 줄어들고 도시화율은 높아져 2022년에는 전체 인구의 90% 이상이 도시(읍·동)에 거주하고 있다.

[자료 1] 우리나라 국토의 용도별 이용 면적 변화

구분	1970년	2022년
임야	66,458㎢	63,427㎢
논밭	22,072㎢	18,487㎢
대지	1,573㎢	3,342㎢
도로	1,560㎢	3,453㎢

(국토교통부, 2023.)

우리나라는 산업화·도시화로 임야와 논밭 면적은 감소하고 대지와 도로 면적은 증가하였다.

[자료 2] 우리나라 1인 가구 비율의 추이

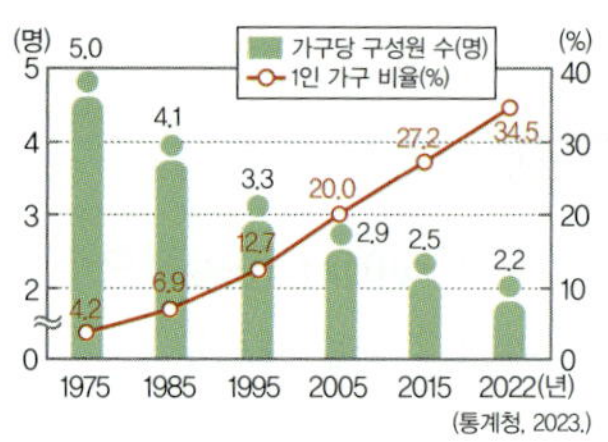

우리나라는 산업화·도시화 과정에서 가구당 구성원 수가 감소하고 1인 가구 비율은 높아졌다.

용어 알기

교외화(성밖 郊 바깥 外 될 化) 현상

대도시의 인구나 기능, 시설 등이 대도시 행정 구역 바깥으로 이동하는 현상이다.

대도시권

대도시와 그 인접 지역을 포함하는 지역권으로 대개 대도시로 통근하는 범위까지가 해당한다.

2차적 인간관계

특정한 목적의식을 가지고 모인 수단적이고 간접적인 인간관계를 말한다.

❷ 산업화와 도시화로 인한 문제점과 해결 방안

(1) 산업화와 도시화로 나타난 문제

① 지역 격차 심화 문제
- 도시와 촌락 간의 격차: 인구와 시설이 도시로 집중하면서 촌락에서는 노동력 부족과 의료, 교통 등 생활 기반 시설의 유지가 어려워지는 문제가 나타남.
- 도시 주거 환경 격차 문제: 인구 밀집으로 주택 가격이 상승하면서 주거 환경의 격차가 커짐.

② 환경 문제 〔자료 3〕
- 생활 쓰레기와 폐기물로 인한 토양 오염, 생활 하수와 산업 폐수로 인한 물 오염, 공장과 자동차에서 대기로 배출하는 오염 물질로 인한 대기 오염 심화
- 인공 열 방출량 증가로 열섬 현상 발생, 포장 면적 증가로 토양의 빗물 흡수 능력 약화, 녹지 면적의 감소로 동물의 서식지가 감소하여 생물종 다양성 감소

③ 이기주의로 인한 문제
- 타인에 대한 무관심과 지나친 개인주의로 인한 공동체 의식과 유대감 약화
- 개인 간의 경쟁이 심화하면서 자신의 이익을 우선하는 이기주의 심화

④ 인간 소외 현상: 기계화·분업화로 심화됨.

(2) 산업화와 도시화로 인해 나타난 문제의 해결 방안

① 국가적 차원의 해결 방안
- 균형 있는 국토 발전을 실현하기 위한 정책 수립 및 시행, 국토 종합 계획 수립 및 시행 ㉠ 지방에 산업 단지 조성, 혁신 도시 정책 시행
- 신도시 건설 및 도시 문제 해결 정책 시행 ㉠ 도시 재생 사업
- 가정과 산업 시설에서 배출되는 오염 물질에 대한 규제 강화

② 지역적 차원의 해결 방안
- 주택 공급 확대 및 도시 기반 시설 확충, 도시 재생 사업 추진
- 녹지 면적을 넓히고 생태 하천을 복원하는 친환경 사업 추진

자세히 살펴보기 | 혁신 도시 정책을 시행하는 이유는 무엇일까?

▲ 혁신 도시의 위치와 특화 분야

혁신 도시는 수도권과 지방의 균형 발전을 목적으로 지역의 성장 거점 지역에 조성하는 미래형 도시로, 지역의 일자리 창출과 경제 활성화, 균형 발전을 실현하여 수도권 과밀 현상 해소, 지역 특화 산업 육성 등의 긍정적 효과를 가져온다.

－ 국토교통부, 혁신도시발전단 누리집

〔자료 3〕 **열섬 현상**

자동차 주행, 가정과 상업 및 업무 시설의 냉난방 등에 따른 인공 열, 콘크리트와 포장된 도로가 내뿜는 열 등이 고층 건물로 인해 대기 중으로 방출되기 어려워 도시(도심) 지역의 기온이 주변 지역에 비해 높은 현상을 말한다.

✳ **도시 재생 사업**

주거 환경의 노후화 등으로 쇠퇴하는 도시를 새로운 기능의 도입·창출 및 지역 자원을 활용하여 경제적·사회적·환경적으로 활성화하는 것을 말한다.

✳ **MICE**

기업 회의(Meeting), 인센티브 관광(Incentive tour), 국제회의(Convention), 전시(Exhibition)의 영어 단어 첫 글자를 딴 용어이다.

용어 알기

인간 소외(트일 疎 바깥 外) 현상
노동의 주체인 인간이 기계의 부속품처럼 전락하여 노동의 성과로 얻는 만족감이나 성취감이 줄어드는 현상이다.

국토 종합 계획
국가가 국토 개발과 보전에 관한 종합적이고 장기적인 정책 방향을 설정하는 계획이다.

도시 기반(도읍 都 시장 市 터 基 소반 盤) 시설
주택, 도로, 공원 등과 같이 도시 기능을 유지하는 데 필요한 물리적 환경을 말한다.

정답 27쪽

01 빈칸에 들어갈 알맞은 말을 쓰시오.

(1) 산업의 중심이 1차 산업에서 2·3차 산업으로 변화하는 과정을 [   ](이)라고 한다.

(2) 전체 인구 중에서 도시 인구 비율이 증가하고 도시적 생활 양식이 확산하는 현상을 [   ](이)라고 한다.

(3) 산업화 수준이 높은 국가는 산업화 수준이 낮은 국가에 비해 대체로 도시화율이 [   ]다.

(4) 도시가 성장하면서 도시 내부가 도심, 주변 지역 등으로 분화하는데 이는 지역에 따라 [   ]의 차이로 인한 지가와 지대의 차이 때문이다.

(5) 산업화와 도시화로 지표면의 포장 면적은 [   ]하고 녹지 면적은 [   ]한다.

02 다음 내용이 옳으면 ○표, 틀리면 ×표를 하시오.

(1) 우리나라는 산업화로 2차 산업 취업자 수의 비율이 계속 높아지고 있다. (   )

(2) 산업 구조가 고도화되고 도시화율이 높아지면서 개인보다 공동체를 강조하는 문화가 강해졌다. (   )

(3) 산업화 과정에서 도시의 성장으로 도시의 토지 이용 집약도가 높아졌다. (   )

(4) 도시 재생 사업은 기존의 시설물을 철거하고 새롭게 건축하는 것만을 의미한다. (   )

03 다음 설명에 해당하는 개념을 보기 에서 고르시오.

> **보기**
>
> ㄱ. 도시성　　　　　ㄴ. 열섬 현상
> ㄷ. 인간 소외 현상　　ㄹ. 2차적 인간관계

(1) 도시(도심) 지역의 기온이 주변 지역에 비해 높게 나타나는 현상 (   )

(2) 도시에 거주하는 사람들이 가지는 특징적인 사고 및 행동 양식 (   )

(3) 특정한 목적의식을 가지고 모인 수단적이고 간접적인 인간관계 (   )

(4) 인간의 풍요로운 생활을 위해 만든 물질이 거꾸로 인간을 지배하는 현상 (   )

▶ 242017-0137

01 그래프는 우리나라의 산업별 취업자 수 비율 변화를 나타낸 것이다. 이에 대한 설명으로 옳지 **않은** 것은? (단, (가)~(다)는 각각 광공업, 농림·어업, 사회 간접 자본 및 서비스업 중 하나임.)

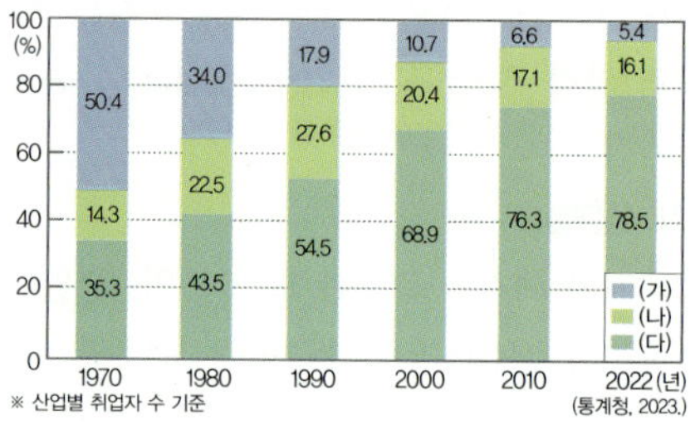

① 광공업 취업자 수 비율은 지속적으로 높아졌다.

② 2022년은 1970년보다 도시화율이 높다.

③ 2022년은 1970년보다 직업의 종류가 다양하다.

④ (다)의 취업자는 주로 도시에 거주한다.

⑤ (가)는 농림·어업, (나)는 광공업이다.

▶ 242017-0138

02 그래프는 우리나라의 도시화율 변화를 나타낸 것이다. 이와 관련된 설명으로 옳지 **않은** 것은?

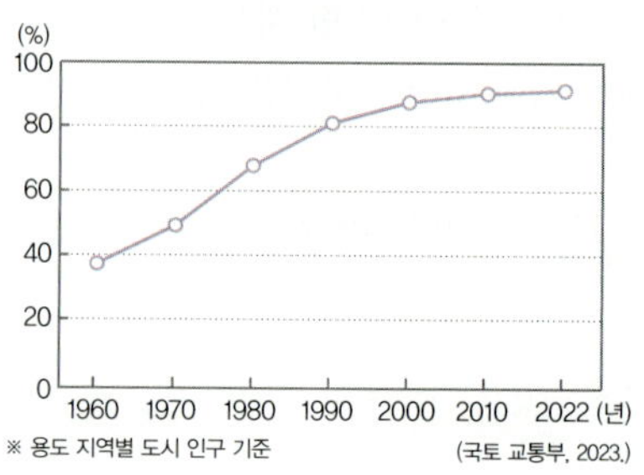

① 1960년은 2022년보다 도시의 수가 많다.

② 1960년은 2022년보다 가구당 구성원 수가 많다.

③ 도시 인구가 촌락 인구보다 많아진 시기는 1980년 이전이다.

④ 1960~1980년은 2000~2022년보다 이촌향도 현상이 활발하였다.

⑤ 2022년은 1960년보다 아파트와 같은 공동 주택에 거주하는 인구 비율이 높다.

▶ 242017-0139

03 그래프는 우리나라의 두 시기 토지 이용 면적을 나타낸 것이다. (가) 시기에 대한 (나) 시기의 상대적 특성으로 옳은 것만을 ⟨보기⟩에서 고른 것은? (단, (가), (나)는 각각 1970년, 2022년 중 하나임.)

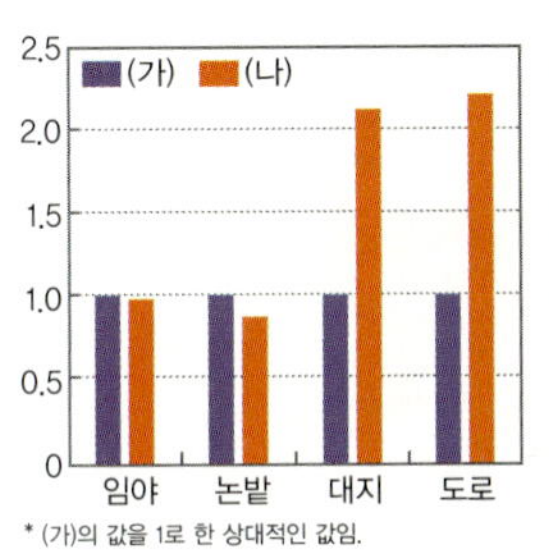

⟨보기⟩
ㄱ. 도시화율이 높다.
ㄴ. 직업의 종류가 다양하다.
ㄷ. 1차 산업 취업자 수 비율이 높다.
ㄹ. 도시와 촌락 간의 경제 규모 차이가 작다.

① ㄱ, ㄴ　② ㄱ, ㄷ　③ ㄴ, ㄷ　④ ㄴ, ㄹ　⑤ ㄷ, ㄹ

▶ 242017-0140

04 지도는 우리나라 두 시기의 도시 분포를 나타낸 것이다. 이를 토대로 한 추론으로 옳은 것은?

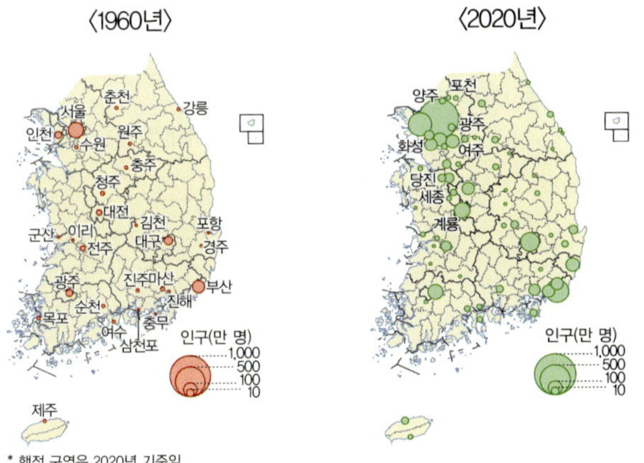

① 1960~2020년에 산업화는 전국적으로 고르게 진행되었을 것이다.
② 1960년 대비 2020년의 지역 내 시가지 면적 증가율은 영남권이 수도권보다 높을 것이다.
③ 2020년에 지역 내 불투수층 면적 비율은 충청 지역이 서울·인천 지역보다 높을 것이다.
④ 2020년에 인구 규모 100만 명 이상의 도시 수는 호남권이 영남권보다 많을 것이다.
⑤ 1960년 대비 2020년의 생활 쓰레기 증가량은 수도권이 호남권보다 많을 것이다.

▶ 242017-0141

05 밑줄 친 ㉠~㉤에 대한 설명으로 옳은 것은?

도시화가 진행되면서 일부 도시는 대도시로 성장한다. 도시가 성장하면서 도시 내부는 ㉠주거 기능, 공업 기능, ㉡상업 기능을 담당하는 여러 지역으로 분화하는데, 이러한 지역 분화에는 ㉢접근성이 큰 영향을 미친다. 또한 도시가 더욱 성장하면 ㉣인구와 산업 시설이 주변 지역으로 이동하는 현상이 뚜렷해지며 ㉤대도시권이 형성된다.

① ㉠은 도시 중심부에 집중되어 있다.
② ㉢이 좋은 곳은 대체로 지가가 싼 편이다.
③ ㉣을 교외화 현상이라고 한다.
④ ㉤의 범위는 교통이 발달하면 축소된다.
⑤ ㉡은 ㉠보다 접근성이 낮은 곳에 입지하는 경향이 있다.

▶ 242017-0142

06 ㉠에 들어갈 내용을 쓰시오.

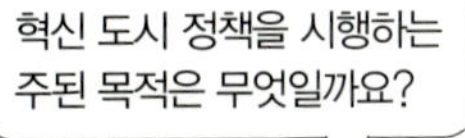

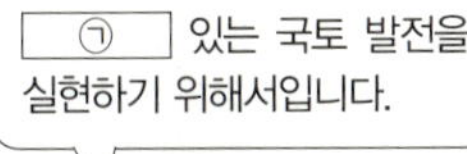

(　　　　　　　　　　)

▶ 242017-0143

07 다음 글의 밑줄 친 현상의 영향으로 옳은 것만을 ⟨보기⟩에서 고른 것은?

18세기에 시작된 산업 혁명으로 인류는 산업화 시대로 접어들게 되었고, 이 과정에서 촌락의 인구가 일자리를 찾아 도시로 모여들면서 도시화가 진행되었다.

⟨보기⟩
ㄱ. 2차적 인간관계를 맺는 특성이 강화되었다.
ㄴ. 개인보다 공동체를 중시하는 문화가 확산되었다.
ㄷ. 전문성이 높은 일에 종사하는 근로자가 증가하였다.
ㄹ. 일자리가 사라져서 새로운 일자리를 구해야 하는 사람이 감소하였다.

① ㄱ, ㄴ　② ㄱ, ㄷ　③ ㄴ, ㄷ　④ ㄴ, ㄹ　⑤ ㄷ, ㄹ

02 교통·통신 및 과학 기술의 발달에 따른 변화

1 교통 · 통신 및 과학 기술의 발달에 따른 변화

(1) 교통 · 통신 및 과학 기술 발달 [자료 1]

① 사람, 물자, 정보의 이동에 드는 시간과 비용 감소

② 지식과 정보가 부가 가치 생산에 미치는 영향이 커짐.

③ 인공 지능(AI), 로봇 공학, 가상 현실(VR), 사물 인터넷(IoT), 3D 프린터 등이 생활에 적용되면서 제4차 산업 혁명 도래

④ 지리 정보 시스템(GIS), 위성 위치 확인 시스템(GPS) 등의 공간 정보 기술을 교통, 재난 예방 등에 활용, 바이오 산업 발달

자세히 살펴보기 │ 제4차 산업 혁명이란 무엇일까?

제4차 산업 혁명은 첨단 정보 통신 기술이 경제와 사회 전반에 융합되어 혁신적인 변화가 나타나는 차세대 산업 혁명을 의미한다. 제4차 산업 혁명이 진행되면 실제 세계의 많은 제품과 서비스가 네트워크로 연결되고, 사물이 지능화하여 우리 생활에 많은 변화가 나타날 것으로 예상된다.

---

(2) 생활 공간의 범위 확대

① 교통수단 발달로 통근 · 통학 가능 범위가 넓어짐, 광역 교통망 발달로 대도시의 기능과 영향력이 주변 지역까지 확대하면서 대도시권 발달

② 정보를 실시간으로 주고받을 수 있게 되면서 시간적 · 공간적 제약 감소

③ 가상 공간에서 교육, 놀이, 문화생활, 원격 수업, 원격 진료 등이 가능

(3) 경제 활동의 범위 확대

① 대형 선박과 항공기를 이용해 화물을 대량으로 빠르게 수송하면서 무역 발달

② 금융 거래가 쉽고 편리해지면서 그 범위가 세계로 확장

③ 화상 회의, 원격 근무가 가능해지면서 업무 처리에 미치는 공간적 제약 감소

④ 전자 상거래의 발달로 무점포 상점 성장

⑤ 빅 데이터를 활용하여 고객의 요구를 고려한 맞춤형 상품 설계 가능

(4) 생태 환경의 변화

① 무인기(드론)를 이용하여 인간의 접근이 어려운 지역의 생태 조사 가능

② 위성 위치 확인 시스템(GPS)을 활용한 멸종 위기 동물 보호

(5) 생활 양식의 변화 [자료 2]

① 사물 인터넷 기술 활용으로 에너지 절약 및 가전제품의 안전 사용

② 전자 상거래 활성화로 상품 구입에 드는 시간과 거리의 제약 감소

③ 국내 여행 및 해외 여행의 기회 증가, 국가 간 문화 교류 활발

④ 쌍방향 의사 소통이 가능해지면서 다양한 사회적 관계망 형성

자료 1 교통 발달에 따른 지구의 상대적 크기 변화

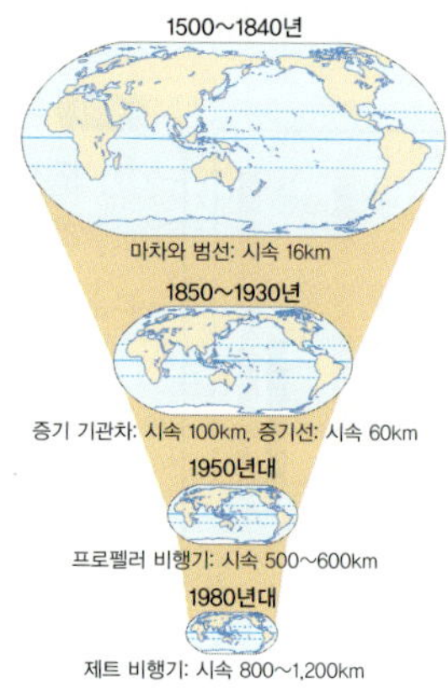

✽ 광역 교통 발달과 대도시권의 형성

광역 교통이란 광역 전철, 도시 철도, 시내버스, 광역 버스와 같이 대도시권 내를 연결하는 교통수단을 가리킨다. 광역 교통망의 발달은 대도시권 형성과 확대에 큰 영향을 미친다.

자료 2 인터넷 쇼핑 거래액 변화

정보 통신 기술이 발달하면서 인터넷 쇼핑 거래액이 빠르게 증가하였다.

용어 알기

사물 인터넷(IoT)
생활 속 사물들을 인터넷으로 연결하여 정보를 공유하는 환경을 말한다.

지리 정보 체계(GIS)
영어로 Geographic Information System이다. 다양한 방법으로 수집된 지리 정보를 수치화하여 컴퓨터에 입력 · 저장하고 이를 사용자의 요구에 따라 분석하는 시스템이다.

② 교통 · 통신 및 과학 기술의 발달에 따른 문제점과 해결 방안

(1) 지역 격차 및 정보 격차의 문제점과 해결 방안
① 교통로 건설로 접근성이 향상된 지역과 상대적으로 교통 조건이 불리해진 지역 간의 경제적 격차 확대, 새로운 교통로 발달로 도시 간 이동이 편리해지면서 빨대 효과 발생 → 교통 접근성이 낮은 지역에 도로 건설, 낙후 지역에 대한 지원 강화, 낙후된 지역의 지역 경쟁력 제고 등
② 인터넷과 정보 통신 기기 접근성의 차이에 따른 지역 및 계층 간 정보 격차 발생 → 정보화 시설이 낙후된 지역에 통신 기반 시설 확충, 소외 계층에 정보화 기기 제공 및 교육 실시

(2) 환경 오염 문제와 해결 방안
① 교통로 건설로 녹지 면적 감소 및 동식물의 서식지 단절 → 생태 통로 설치
② 선박이나 유조선의 충돌 사고로 인한 해양 오염 → 안전 점검 강화
③ 전자 폐기물로 인한 환경 오염 → 폐기물 부담금 제도, 생산자 책임 재활용 제도 실시

(3) 생태 환경의 교란 및 전염병의 확산 문제와 해결 방안 자료3
① 선박 평형수로 인한 외래 생물종의 유입과 같이 교통수단 이동에 따른 외래 생물종의 유입으로 생태계 교란 → 외래 생물종 유입 관리, 선박 평형수 처리 장치 설치 의무화
② 항공 교통의 발달로 한 곳에서 발생한 전염병이 세계 여러 곳으로 빠르고 넓게 확산 → 세계 보건 기구(WHO)의 전염병 발생 상황에 대한 신속한 공유 및 대응 규칙 마련, 전염병에 감염된 사람에 대한 출입국 통제 강화

자세히 살펴보기 **교통 발달은 전염병 확산에 어떤 영향을 미칠까?**

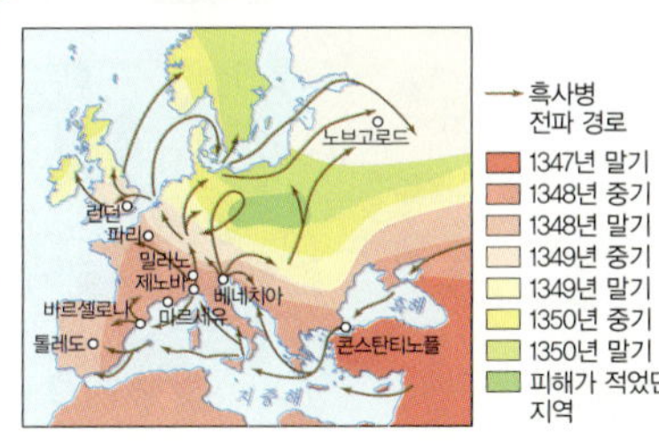

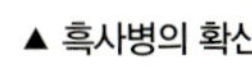

▲ 흑사병의 확산

▲ 코로나 바이러스 감염증의 확산(2020년)

중세 유럽에 큰 피해를 주었던 흑사병은 수년에 걸쳐 유럽 여러 지역으로 확산되었지만, 2020년 발생한 코로나 바이러스 감염증은 불과 한 달여 만에 세계 여러 국가로 확산되었다. 이는 항공 교통의 발달에 따른 국가 간 교류가 활발해진 영향이 크다.

(4) 노동 시장의 양극화 문제와 해결 방안
① 노동 시장의 자동화 · 기계화로 전통적인 제조업 일자리 감소 → 제4차 산업 혁명 적응에 필요한 훈련과 교육 제공
② 정보 사회로의 변화를 수용하기 어려운 근로자의 고용 불안정과 낮은 임금

✳ 생태 통로

야생 동물이 도로나 댐 등의 건설로 인해 서식지가 단절되는 것을 막기 위해 야생 동물이 지나는 길을 인공적으로 만든 것을 말한다.

자료3 선박 평형수로 인한 외래 생물종 유입

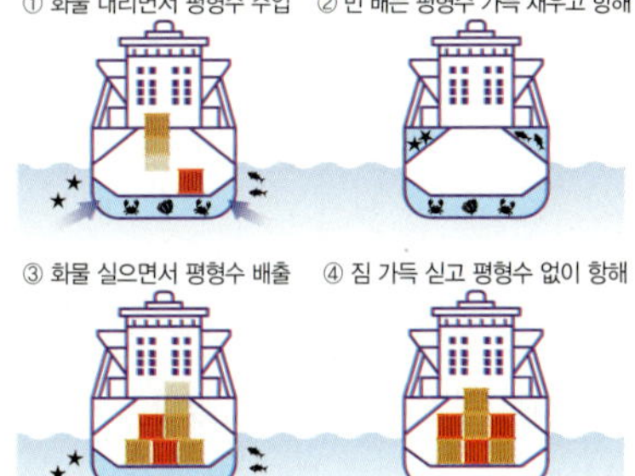

선박의 무게 중심을 유지하기 위해 배의 바닥에 선박 평형수를 채우고 비우는 과정에서 다양한 생물종이 유입되어 해양 생태계에 교란을 일으키기도 한다.

용어 알기

빨대 효과
새로운 교통수단이 개통되면서 대도시가 주변 중소 도시의 인구나 상권을 흡수하는 현상이다.

폐기물 부담금 제도
폐기물을 순환 이용할 수 있음에도 불구하고 폐기물을 소각 또는 매립의 방법으로 처분하는 경우 폐기물 처분 부담금을 부과 · 징수하는 제도이다.

정답 29쪽

01 빈칸에 들어갈 알맞은 말을 쓰시오.

(1) 인공 위성을 통하여 위치를 알 수 있는 시스템을 [ ](이)라고 한다.

(2) 생활 속 사물들을 인터넷으로 연결하여 정보를 공유하는 환경을 [ ](이)라고 한다.

(3) 정보 통신 기술이 산업 현장에 적용되면서 일어나는 혁신을 [ ] 산업 혁명이라고 한다

(4) [ ] 현상은 노동 시장에서 임금, 고용 안정성 등의 측면에서 그 분포가 중간 부분은 줄어들고 양극단은 확대되는 현상이다.

02 다음 내용이 옳으면 ○표, 틀리면 ×표를 하시오.

(1) 교통과 통신의 발달로 사람, 물자, 정보의 이동에 드는 시간과 비용이 감소하였다. ( )

(2) 화상 회의, 원격 근무 환경 개선으로 업무 처리를 위한 대면 접촉 활동이 증가하였다. ( )

(3) 정보 통신 기술의 발달로 정치 참여 기회가 늘어나고 사회적 관계망이 다양해졌다. ( )

(4) 교통로 건설로 빨대 효과가 나타나면 지역 간 경제적 격차는 감소한다. ( )

(5) 노동력이 기계로 대체되는 현상은 노동 시장 양극화 현상의 원인 중 하나이다. ( )

03 다음 설명에 해당하는 개념을 [보기]에서 고르시오.

> **보기**
>
> ㄱ. 빨대 효과 ㄴ. 생태 통로
> ㄷ. 전자 민주주의 ㄹ. 지리 정보 체계(GIS)

(1) 인터넷을 통해 국가의 의사 결정과 집행에 국민이 직접 참여하는 민주주의 ( )

(2) 새로운 교통수단의 개통으로 대도시가 주변 중소 도시의 인구나 상권을 흡수하는 현상 ( )

(3) 도로나 댐 등의 건설로 인해서 야생 동물의 서식지가 단절되는 것을 막기 위해 인공적으로 야생 동물이 지날 수 있도록 만든 길 ( )

(4) 다양한 방법으로 수집된 지리 정보를 수치화하여 컴퓨터에 입력·저장하고 이를 사용자의 요구에 따라 분석하는 시스템 ( )

기본 문제

▶ 242017-0144

01 그림은 교통수단의 발달에 따른 지구의 상대적 크기를 나타낸 것이다. (가)~(라) 시기에 대한 설명으로 옳은 것은?

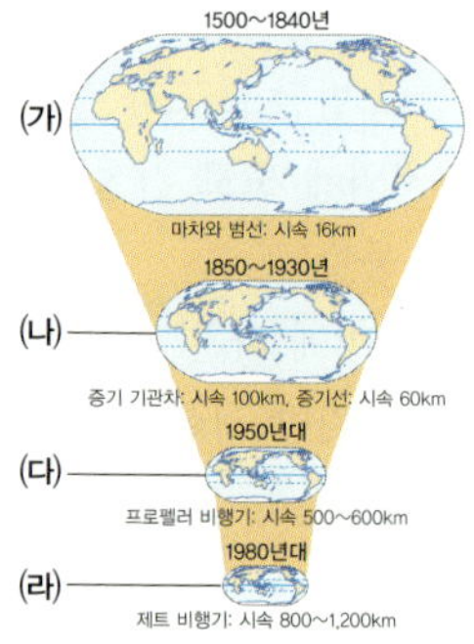

① (라)의 대륙 간 물자 수송은 주로 항공기에 의해서 이루어진다.

② (가)는 (라)보다 지역 간 사람과 물자의 이동이 활발하다.

③ (나)는 (가)보다 교통수단의 이용에 따른 대기 오염 물질의 배출량이 많다.

④ (나)는 (라)보다 기업 활동의 공간적 범위가 넓다.

⑤ (가)에서 (라)로 갈수록 지역 간 교류에 미치는 공간적 제약이 커졌다.

▶ 242017-0145

02 ㉠에 들어갈 알맞은 말을 쓰시오.

> 교통과 통신의 발달로 사람과 물자, 정보의 이동에 드는 시간과 비용이 (㉠)하였다.

( )

▶ 242017-0146

03 그림의 ○로 표시된 곳에 설치된 시설에 대한 설명으로 옳은 것만을 [보기]에서 있는 대로 고른 것은?

> **보기**
>
> ㄱ. 생태 통로라고 한다.
> ㄴ. 사람들의 보행을 목적으로 만든 시설이다.
> ㄷ. 기대 효과로 동물의 로드킬 감소를 들 수 있다.
> ㄹ. 교통로 건설에 따른 동물 서식지 단절 피해를 줄일 수 있다.

① ㄱ, ㄴ ② ㄱ, ㄹ ③ ㄴ, ㄷ
④ ㄱ, ㄷ, ㄹ ⑤ ㄴ, ㄷ, ㄹ

04 ▸ 242017-0147

04 다음 글의 밑줄 친 부분의 기대 효과로 옳은 것은?

> 선박 평형수는 선박의 균형을 잡거나 복원성을 확보하기 위해 선박의 탱크에 주입·배출하는 바닷물을 말한다. 선박 평형수는 배 안에 물건을 실으면 싣고 있던 바닷물을 내버리고 물건을 내리면 다시 바닷물을 담는다. 선박 평형수가 해양 생태계를 교란하고 피해를 주는 문제점이 있어 국제해사기구(IMO)는 2004년 '선박 평형수 관리 협약'을 채택하였다.

① 해양 생태계의 다양성이 감소한다.
② 선박을 이용한 국제 무역이 쇠퇴한다.
③ 선박의 안전 운행에 위험 요소가 증가한다.
④ 대륙 간을 오가는 선박의 규모가 작아진다.
⑤ 유해 수중 생물의 국제 이동을 줄일 수 있다.

▸ 242017-0148

05 다음 자료는 우리나라 온라인 쇼핑 거래에 관한 것이다. ㉠~㉢에 대한 내용으로 옳지 <u>않은</u> 것은?

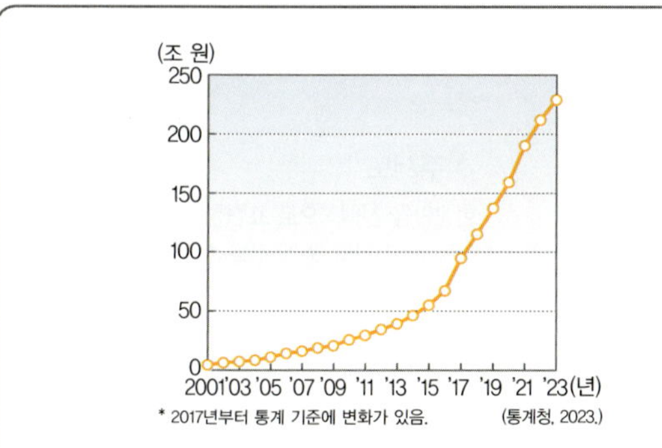

> 온라인 쇼핑 거래액이 증가 추세이다. 이러한 변화의 주된 원인은 ［ ㉠ ］이고, 변화의 결과 ［ ㉡ ］ 등의 현상이 나타났다. 하지만 이 과정에서 ㉢ 문제점도 나타났다.

① ㉠에는 '교통과 정보 통신의 발달'이 들어갈 수 있다.
② ㉡에는 '택배 산업 발달'이 들어갈 수 있다.
③ ㉡에는 '소비 활동의 공간적 제약 확대'가 들어갈 수 있다.
④ ㉢의 사례로 인터넷 거래 사기 건수의 증가를 들 수 있다.
⑤ ㉢의 사례로 온라인 거래 상품에 쓰인 포장 쓰레기 배출량 증가를 들 수 있다.

06 ▸ 242017-0149

06 표는 계층별 디지털 정보 격차 실태 조사 결과를 나타낸 것이다. 이에 대한 분석으로 옳은 것만을 **보기** 에서 고른 것은?

구분	접근 수준	역량 수준	활용 수준
장애인	98.2	76.1	82.9
고령층	95.7	56.5	74.6
저소득층	99.7	93.2	97.3
농어민	97.3	71.9	79.7
북한 이탈 주민	99.1	85.4	96.8
결혼 이민자	99.6	90.8	93.5

* 일반 국민의 수준을 100으로 한 상대 비율임. (과학기술정보통신부, 2023.)

보기

> ㄱ. 모든 계층에서 디지털 정보 역량 수준이 디지털 정보 활용 수준보다 높지 않다.
> ㄴ. 디지털 정보 접근 수준이 디지털 정보 활용 수준보다 계층 간의 차이가 크다.
> ㄷ. 고령층은 디지털 정보 접근·역량·활용 수준 모두 제시된 계층 중에서 가장 낮다.
> ㄹ. 결혼 이민자는 디지털 정보 접근·역량·활용 수준 모두 제시된 계층 중에서 가장 높다.

① ㄱ, ㄴ ② ㄱ, ㄷ ③ ㄴ, ㄷ
④ ㄴ, ㄹ ⑤ ㄷ, ㄹ

07 ▸ 242017-0150

07 밑줄 친 ㉠으로 인해 강원특별자치도에서 나타난 변화로 옳지 <u>않은</u> 것은?

> 2017년 서울특별시 강동구 강일동과 강원특별자치도 양양군 서면을 연결하는 고속 도로인 ㉠ 서울양양고속국도의 전 구간이 개통되었다. 이 고속 도로가 개통되기 전에는 서울 주민들은 6번 국도나 영동고속국도 등을 이용하여 동해안을 방문하였다.

① 고속 도로 나들목 주변의 개발이 활발해졌다.
② 양양을 방문하는 서울 주민의 수가 증가하였다.
③ 6번 국도 주변의 휴게소당 매출액이 증가하였다.
④ 야생 동물의 서식지가 단절되는 사례가 나타났다.
⑤ 서울과 강원특별자치도 동해안 간의 접근성이 향상되었다.

03 우리 지역의 공간 변화

1 지역과 지역 조사

(1) 지역과 지역성

① **지역**: 지리적 특성이 다른 곳과 구별되는 지표상의 공간 범위, 특정한 기준에 의해 구분된 공간 범위로 다양한 자연환경과 인문환경으로 구성됨.

② **지역성**: 다른 지역과 구분되는 그 지역의 고유한 특성, 지역의 자연환경과 인문환경이 오랜 기간 상호 작용하여 형성됨. 지역성과 지역성의 공간 범위는 시간의 흐름, 교통 · 통신의 발달, 지역 간 상호 작용 등에 따라 변화함.

(2) 지역 조사

① **의미**: 지역에 대해 자료를 수집하고 분석 · 종합하여 지역성을 파악하는 활동

② **활용**: 지역은 다양한 원인으로 변화하는데, 이러한 변화는 긍정적 측면과 부정적 측면이 모두 있음. 지역 조사를 통해 부정적 측면을 개선하여 보다 살기 좋은 공간을 만들기 위한 방안을 모색할 수 있음.

③ **지역 조사 과정** 자료1

조사 계획 수립	정보 수집	정리 및 분석	보고서 작성
• 조사 주제와 지역 선정 • 조사 항목과 조사 방법 선정	• 실내 조사: 문헌, 지도, 항공 사진, 통계 자료, 설문지 제작 등 • 야외 조사: 면담, 설문 조사, 관찰 및 촬영	• 항목별 자료 정리 • 도표, 그래프, 지도 등 조사 목적에 맞는 자료로 시각화	조사 목적과 방법, 지역의 공간 변화 및 문제점 등이 나타나도록 작성

자세히 살펴보기 **지역의 변화 모습은 어떻게 알 수 있을까?**

지역은 산업화, 도시화, 교통과 통신의 발달 등의 영향으로 변한다. 지역 변화는 토지 이용, 산업 구조, 인구 구조 등에 잘 반영되어 있으므로 이러한 지역 정보를 두 시기 이상 수집 · 분석하면 지역의 변화 모습을 파악할 수 있다.

아래 자료는 세종시의 두 시기의 위성 사진이다. 왼쪽은 촌락의 특성이 나타나고, 오른쪽은 아파트, 도로 등의 경관이 있는 도시 특성이 나타난다. 사진에 나타난 지역의 구체적인 토지 이용 변화, 인구 구조 변화, 산업 구조 변화 등은 통계 자료, 야외 조사 등을 통해 파악할 수 있다.

〈2002년〉   〈2020년〉

＊ 지역성

근래에 지역 간 경쟁이 치열해지면서 각 지역은 경쟁력을 높이기 위해 다양한 지역 발전을 추구하고 있는데, 발전 방안을 마련할 때 지역성에 바탕을 두는 경우가 많다. 따라서 지역성을 파악하는 것은 지역 발전 전략을 수립하기 위한 시작일 수 있다.

자료1 **설문지 제작 시 유의 사항**

• 조사 대상과 조사 방법 등을 미리 고려
• 조사 대상의 연령층별, 성별, 지역별 특성이 조사 목적에 적절한지 확인
• 설문의 목적과 용도를 밝히고, 개인 정보 처리 및 비밀 보장 문구 기입, 조사자의 소속과 연락처 등을 기재
• 질문은 응답자가 이해할 수 있도록 쉬운 용어와 적절한 설명을 사용
• 질문은 짧게 하고, 특정 답을 유도하는 질문은 하지 않음.
• 비슷한 유형의 질문은 묶어서 배열함.
• 일반적인 수준의 질문에서 전문적인 수준의 질문 순으로 배치
• 설문지 끝부분에는 고마움을 표시하는 문구를 넣음.

＊ 주제도

현상만을 선택적으로 표현한 지도로, 운전할 때 쓰이는 도로 지도, 통계 값을 그림이나 그래프 등으로 지도에 표현한 통계 지도 등이 주제도에 해당한다.

용어 알기

분석(나눌 分 가를 析)
복잡한 내용, 많은 내용을 지닌 사물을 정확하게 이해하기 위해 그 내용을 단순한 요소로 나누어 밝히는 것을 말한다.

위성 사진
인공위성이 찍은 사진이다. 위성 영상을 통해 사람의 눈으로 인지할 수 있는 가시광선 파장 영역뿐만 아니라 적외선 영역, 마이크로파 영역 등 다양한 파장 영역의 영상을 얻을 수 있다.

2 지역 조사 과정별 특성

(1) 조사 계획 수립
① 조사 대상 지역은 조사 주제가 잘 드러날 수 있는 지역을 선정해야 함.
② 조사 항목은 조사 주제에 맞게 선정해야 함.

(2) 지역 정보 수집
① 실내 조사와 야외 조사를 통해 수집할 수 있음.
② 실내 조사: 문헌, 지도, 사진, 항공 사진, 통계 자료(인구 구조, 산업 구조, 생활 폐기물 발생량, 경지 면적, 농작물 생산량, 의료 시설 등), 인터넷 등을 이용하여 정보 수집 및 설문지 제작, 야외 조사 시 이동 경로 등 현장 답사 계획 수립
③ 야외 조사: 현지 조사라고도 함. 조사 지역의 현장에서 주민 면담이나 설문 조사(인간관계, 주민의 가치관, 의료 시설 이용 등), 실측, 사진 촬영 등을 통해 미리 파악한 정보를 확인하고 새로운 정보를 얻음.

(3) 지역 정보 분석 및 정리 [자료 2]
① 지역 정보 수집 단계에서 수집한 정보를 항목별로 정리하고 분석함.
② 조사 목적에 맞게 해당 정보의 특성이 잘 드러나도록 표, 그래프, 통계 지도 등으로 시각화

(4) 조사 보고서 작성
① 지역 정보 분석 및 정리한 내용을 토대로 지역 공간 특성이 드러나도록 정리
② 정리한 자료를 토대로 문제점과 해결 방안을 탐색하고 해결 방안의 장단점 비교 및 정리

자세히 살펴보기 울산을 사례로 인구 자료를 분석해 보자.

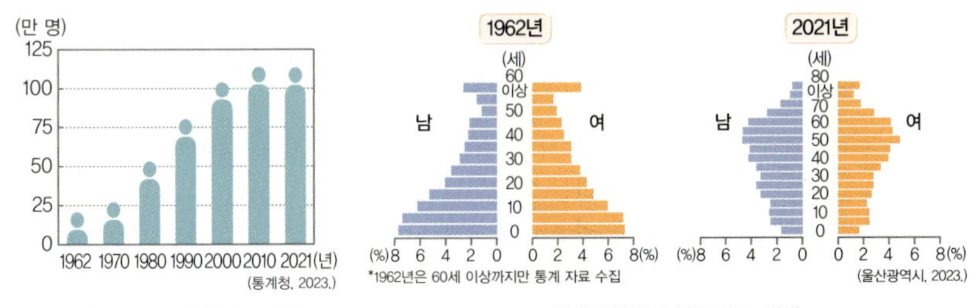

▲ 울산광역시의 총인구 변화   ▲ 울산광역시의 인구 구조 변화

- 〈울산광역시의 총인구 변화〉 울산광역시의 인구는 1962년 약 21만 명에서 2021년 약 114만 명으로 5배 이상 증가하였다. 인구가 특히 빠르게 증가한 시기는 1970년~2010년이며 2010~2021년에는 인구가 감소하였다.
- 〈울산광역시의 인구 구조 변화〉 연령층별 인구 비율의 경우 1962년에는 유소년층 인구(15세 미만) 비율이 40% 이상으로 높았고 노년층 인구 비율은 높지 않았다. 2021년은 1962년에 비해 유소년층 인구 비율이 낮고 청장년층(15~64세) 인구 비율과 노년층 인구(65세 이상) 비율이 높다. 두 시기 연령층별 인구 비율을 비교하면 유소년층 인구 비율은 큰 폭으로 감소한 반면 청장년층 인구 비율과 노년층 인구 비율은 큰 폭으로 증가하였다. 인구 부양비(유소년층 인구와 노년층 인구에 대한 청장년층 인구의 비율) 측면에서 보면 유소년층 인구 부양비는 감소하고 노년층 인구 부양비는 증가하였으며 총 부양비는 감소하였다.

✴ 인구 구조와 조사 항목
인구 구조란 한 지역이나 국가의 인구를 연령층별, 성별, 결혼 여부, 직업, 교육 정도 등을 기준으로 나누어 본 결과로, 인구 구성이라고도 한다. 성별, 연령층별 인구 구조를 그림으로 나타낸 것을 인구 피라미드라고 한다. 성별 인구 구조는 남자와 여자의 비율인데 성비로 나타낸다. 성비는 여자 100명당 남자의 수이다.

✴ 산업 구조의 의미와 조사 항목
한 지역이나 국가의 전체 산업에서 각 산업이 차지하는 비중과 각 산업의 상호 관계로 1차 산업(농림·어업), 2차 산업(광공업–광업 및 공업(제조업)), 3차 산업(서비스업 및 기타)으로 구분한다. 각 산업이 차지하는 비중은 산업별 취업자 수, 출하액 등의 항목으로 파악한다.

[자료 2] 통계 지도(단계 구분도)

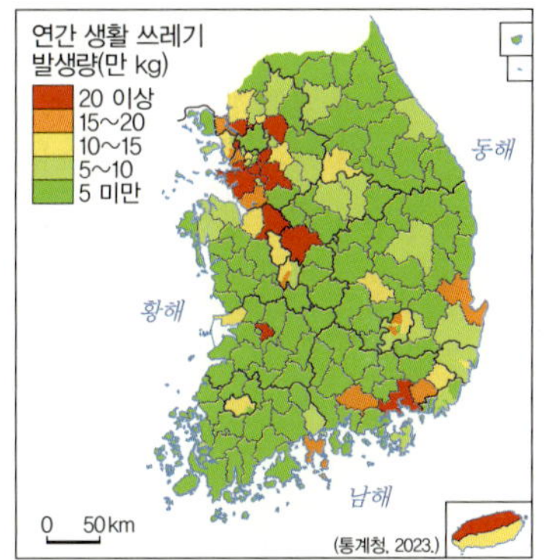

▲ 지역별 연간 쓰레기 발생량 인구가 밀집한 수도권의 쓰레기 발생량이 많다.

✴ 유소년 부양비와 노년 부양비
유소년 부양비는 유소년층 인구에 대한 청장년층 인구의 백분비이고, 노년 부양비는 노년층 인구에 대한 청장년층 인구의 백분비이다.

용어 알기

산업 구조(낳을 産 업 業 얽을 構 지을 造)
한 지역이나 국가의 전체 산업에서 각 산업이 차지하는 비중이다.

인구 피라미드
연령층별, 성별 인구 구조를 나타낸 그림으로 세로축은 연령, 가로축의 왼쪽은 남자, 오른쪽은 여자를 나타낸다.

정답 30쪽

01 다음 내용이 옳으면 ○표, 틀리면 ×표를 하시오.

(1) 산업 구조는 1차, 2차, 3차 산업 취업자 수 비율을 통해 파악할 수 있다. ( )

(2) 지역별 인구 분포의 변화는 두 시기 이상의 지역별 총인구 비교를 통해 파악할 수 있다. ( )

(3) 효율적인 야외 조사를 위해서는 야외 조사의 경로, 방문지, 계획표 등을 사전에 준비해야 한다. ( )

(4) 수집한 정보를 그래프, 지도 등으로 시각화하여 표현하는 것은 지역 정보 분석 및 정리 단계에 해당한다. ( )

02 괄호 안의 내용 중 알맞은 말에 ○표 하시오.

(1) 정보 수집 단계에서 상대적으로 먼저 이루어지는 것은 (실내, 야외) 조사이다.

(2) 지역 조사에서 설문지 만들기, 이동 경로 계획은 (실내, 야외) 조사 단계에서 실시한다.

(3) 농업 노동력 부족 문제가 나타나는 지역을 조사하기 위해서는 인구가 지속해서 (유출, 유입)되는 촌락을 선정하는 것이 적절하다.

(4) 성비는 (여자, 남자) 100명당 (여자, 남자)의 수이다.

03 다음 설명에 해당하는 개념을 [보기] 에서 고르시오.

> [보기]
> ㄱ. 지역　　　ㄴ. 지역성　　　ㄷ. 실내 조사
> ㄹ. 지역 조사　　　ㅁ. 야외 조사

(1) 지리적 특성이 다른 곳과 구별되는 지표상의 공간 범위 ( )

(2) 문헌, 지도, 기록 사진 등을 통해 지역 정보를 수집하는 지역 조사 활동 ( )

(3) 지역 정보를 수집하고 이를 분석·종합하여 지역성을 파악하는 활동 ( )

(4) 주민 면담, 설문 조사, 실측 등을 통해 지역 정보를 수집하는 지역 조사 활동 ( )

(5) 어떤 지역의 자연환경과 인문환경이 상호 작용하여 형성된 그 지역만의 고유한 특성 ( )

기본 문제

▶ 242017-0151

01 (가)~(다)를 지역 조사 순서대로 옳게 나열한 것은?

> (가) 수집한 지역 정보를 분석하여 그래프, 지도 등으로 표현한다.
> (나) 조사 대상 지역에서 지역 주민을 대상으로 인터뷰하고 현지 모습을 사진 촬영한다.
> (다) 조사 지역의 지도를 보고 주요 방문지를 고려한 답사 경로를 정하고 설문 조사지를 만든다.

① (가) → (나) → (다)　　② (가) → (다) → (나)
③ (나) → (가) → (다)　　④ (다) → (가) → (나)
⑤ (다) → (나) → (가)

▶ 242017-0152

02 다음 글은 지역 조사에 대한 내용이다. 밑줄 친 ㉠~㉣에 대한 설명으로 옳은 것만을 [보기] 에서 고른 것은?

> 지역 조사를 하기 위해서는 먼저 ㉠조사 주제 및 지역을 선정해야 한다. 조사 주제와 조사 지역이 선정되면 지역 정보를 수집하는데, 지역 정보 수집 방법에는 ㉡실내 조사와 ㉢야외 조사가 있다. 지역 정보의 수집이 완료되면 수집한 지역 정보를 분석하여 표, ㉣통계 지도, 그래프 등으로 표현하고 이를 정리하여 보고서를 작성한다.

> [보기]
> ㄱ. ㉠에서 조사 주제와 지역은 조사 목적에 부합하게 선정해야 한다.
> ㄴ. ㉡은 관찰, 측정, 면담, 설문 등을 통해 지역 정보를 수집하는 방법이다.
> ㄷ. ㉢은 지도, 문헌, 통계 자료 등을 통해 지역 정보를 수집하는 방법이다.
> ㄹ. ㉣의 사례로 우리나라 시·군별 유소년층 인구 비율 지도를 들 수 있다.

① ㄱ, ㄴ　② ㄱ, ㄹ　③ ㄴ, ㄷ　④ ㄴ, ㄹ　⑤ ㄷ, ㄹ

▶ 242017-0153

03 다음 활동이 이루어지는 지역 조사 단계를 쓰시오.

> • 조사 목적, 방법, 분석 자료, 결론 등을 체계적으로 서술한다.
> • 그래프, 사진 등을 해당 주제와 연관되는 내용에 배치한다.

( )

▶ 242017-0154

04 다음 자료는 어느 모둠의 지역 조사의 일부를 나타낸 것이다. (가), (나) 활동이 이루어지는 단계에 대한 설명으로 옳은 것만을 고른 것은?

> (가) 하천의 과거 모습이 사진으로 게재된 문서들을 찾아 과거 하천의 이용 실태에 대한 정보를 수집한다.
> (나) 복개되었던 하천을 생태 하천으로 바꾼 지역을 방문하여 생태 하천변을 산책하는 주민을 대상으로 하천 개발 전후의 하천 이용 실태에 대한 설문 조사를 실시한다.

> A. 수집한 지역 정보를 정리하여 분석한다.
> B. 야외 조사를 통해 지역 정보를 수집한다.
> C. 실내 조사를 통해 지역 정보를 수집한다.

	(가)	(나)		(가)	(나)		(가)	(나)
①	A	B	②	A	C	③	B	A
④	C	A	⑤	C	B			

▶ 242017-0155

05 다음 자료는 지역 조사 과정의 일부를 나타낸 것이다. 밑줄 친 내용을 토대로 조사 과정의 문제점을 추론한 내용으로 가장 적절한 것은?

> 갑: 지속적인 인구 유출이 발생하는 촌락의 모습을 조사하기 위해 대구광역시에 인접하여 위치한 경산에 왔어.
> 을: 여기저기 공동 주택을 짓는 곳이 보이고 거리에는 사람들이 많이 있어.

① 조사 주제에 맞는 방법을 선정하지 않았다.
② 조사 지역으로 선정된 지역 범위가 너무 넓다.
③ 조사 지역으로 선정된 곳이 조사 주제에 적합하지 않다.
④ 수집한 정보를 한눈에 볼 수 있도록 지도로 표현하지 않았다.
⑤ 실내 조사에서 조사 경로, 설문지 만들기 등이 이루어지지 않았다.

▶ 242017-0156

06 지도는 ○○ 지역의 두 시기 지형도이다. 지형도를 토대로 〈과거〉와 비교한 〈최근〉의 ○○ 지역의 특성으로 옳은 것은?

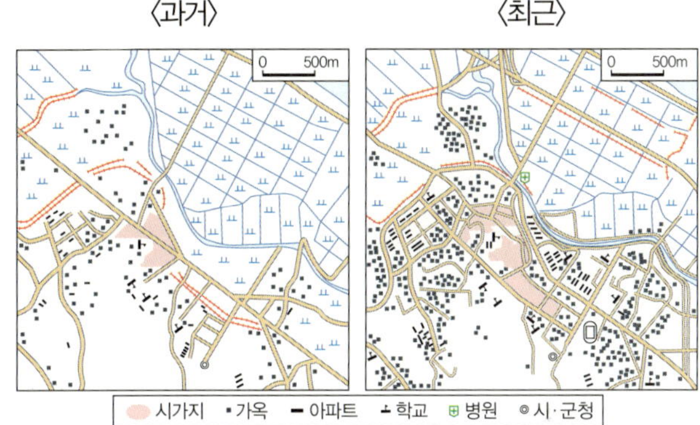

① 경지 면적이 넓다.
② 아파트에 거주하는 인구가 많다.
③ 1차 산업 종사자 수 비율이 높다.
④ 학생들의 평균 통학 거리가 멀다.
⑤ 주민들의 직업의 종류가 단순하다.

▶ 242017-0157

07 표는 ○○ 지역의 두 시기 농업 특성에 대해 수집한 정보이다. 이를 토대로 1990년과 비교한 2023년의 특성으로 옳은 것만을 **보기** 에서 있는 대로 고른 것은?

시기	농가 수 (호)	농가 인구 (명)	경지 면적(ha)	
			논	밭
1990년	188,160	708,079	167,305	68,715
2023년	90,003	179,162	64,874	69,864

보기

> ㄱ. 농가당 인구가 많다.
> ㄴ. 농가당 논 면적이 좁다.
> ㄷ. 농가 인구당 밭 면적이 넓다.
> ㄹ. 지역 내 경지 면적에서 차지하는 밭 면적의 비율이 높다.

① ㄱ, ㄴ   ② ㄷ, ㄹ   ③ ㄱ, ㄴ, ㄷ
④ ㄱ, ㄴ, ㄹ   ⑤ ㄴ, ㄷ, ㄹ

우리나라의 도시화 과정은 어떠할까?

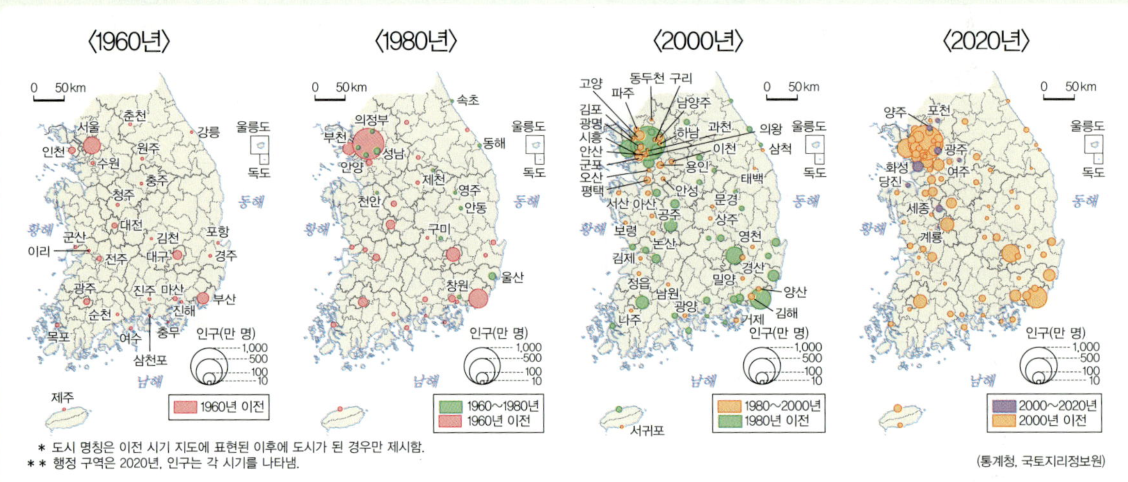

1960년 우리나라 도시는 수도권을 비롯한 전국 여러 지역에 분포하였는데, 도시 발달이 미약하고 도시 수도 적었습니다. 당시 도시 인구는 서울 > 부산 > 대구 등의 순으로 많았습니다.

1980년 도시 분포를 1960년과 비교해 보면 1960년에 이미 도시였던 곳 중에서 서울, 부산, 대구, 광주 등 각 지역에서 비교적 인구 규모가 큰 도시의 성장이 두드러졌습니다. 또한 이 시기에는 수출 위주의 공업화 정책의 영향으로 울산, 창원, 포항, 여수 등의 공업 도시가 발달하였습니다.

2000년의 도시 분포를 1980년의 도시 분포와 비교해 보면 도시 수가 많아졌고 서울과 부산 등 대도시의 인구 규모가 커졌습니다. 또한 대도시의 기능을 분담하는 성남, 안산, 고양, 김해, 양산, 경산 등의 위성 도시의 성장이 두드러지고 지방 중소 도시는 인구가 정체하거나 감소한 경우가 많습니다.

2020년의 도시 분포를 2000년의 도시 분포와 비교해 보면 수도권에 위치한 화성이 두드러지게 성장하였고 2000년 이후 새롭게 도시가 된 곳은 수도권과 충청권을 중심으로 분포합니다.

Q&A

1 다음 권역 중에서 1960~2020년에 도시 인구수가 증가한 1위와 2위 지역은 각각 어디인가?

- 수도권(서울, 경기, 인천)
- 충청권(대전, 세종, 충북, 충남)
- 호남권(광주, 전북, 전남)
- 영남권(부산, 대구, 울산, 경북, 경남)

1위는 수도권이고, 2위는 영남권이다.

2 1980~2000년에 새롭게 도시가 된 사례가 가장 많은 도(道)는 어디인가?

경기도이다.

주제 탐구 2   수집된 통계 자료를 어떻게 표현할 수 있을까?

지역 조사 과정에서는 다양한 통계 자료를 수집하게 됩니다. 이러한 통계 자료를 한눈에 볼 수 있도록 표현한 것이 표, 그래프, 통계 지도 등입니다. 통계 자료를 그래프나 지도로 표현할 때에는 통계 자료의 특성이 잘 드러날 수 있는 방법을 선택하는 것이 좋습니다. 아래 자료는 시 · 도별 산업별 취업자 수 통계 자료를 표현 방법을 달리하여 나타낸 표, 그래프, 지도입니다. 구체적 수치를 나타낸 표나 그래프는 정확한 정보를 알 수 있지만 한눈에 알아보기에는 다소 어려움이 있습니다.

〈시 · 도별 산업별 취업자 수〉

(단위: 만 명)

지역	농림 · 어업	광공업	서비스업 및 기타
서울	0.4	47.3	469.7
부산	2.2	22.1	144.8
대구	1.1	24.2	99.4
인천	0.2	31.5	133.8
광주	2.1	10.2	64.6
대전	0.8	7.7	71.2
울산	0.6	18.0	38.6
세종	0.7	3.0	17.1
경기	14.7	142.2	608.4
강원	7.7	5.9	70.5
충북	10.6	19.7	63.6
충남	16.9	27.2	80.7
전북	16.6	12.9	68.8
전남	22.3	10.2	69.4
경북	28.5	26.0	91.7
경남	20.8	37.3	117.9
제주	5.2	1.5	33.4

(통계청, 2023.)

〈시 · 도별 산업별 취업자 수〉

(통계청, 2023.)

〈시 · 도별 산업별 취업자 수〉

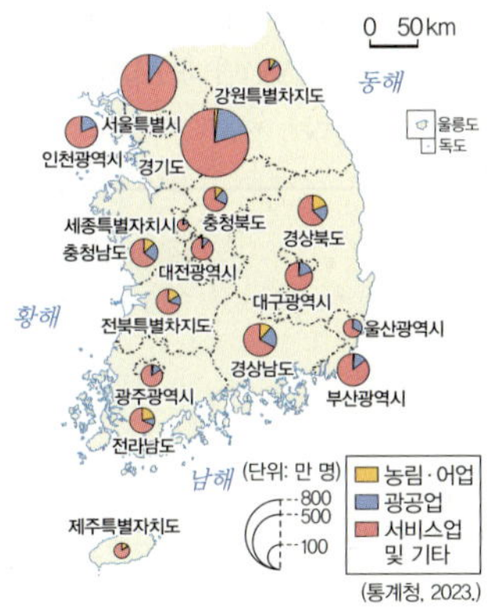

(통계청, 2023.)

Q&A

1 위 표, 그래프, 지도 중에서 지역별 실제 통계 수치를 확인할 수 있는 자료를 고르시오.

표

2 위 표, 그래프, 지도 중에서 공간 정보(위치 정보)와 속성 정보(지역 특성 정보)가 함께 표현된 것을 고르시오.

지도

대단원 종합 문제

[01~02] 그래프는 우리나라 도시 거주 인구와 비도시 거주 인구를 나타낸 것이다. 이를 보고 물음에 답하시오.

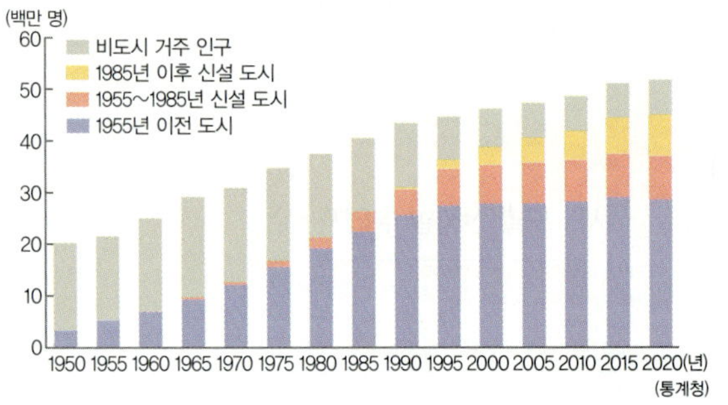

▶ 242017-0158

01 그래프에 대한 설명으로 옳은 것만을 **보기** 에서 고른 것은?

> **보기**
>
> ㄱ. 1960년 우리나라의 도시화율은 50% 이상이다.
> ㄴ. 1960년 이후 우리나라의 도시화율은 높아지는 경향이 나타난다.
> ㄷ. 1950년 이후 우리나라의 촌락 인구는 대체로 증가하는 현상이 나타났다.
> ㄹ. 1985년 이후 신설 도시는 2000년대 이후 우리나라의 도시화율 상승을 주도하였다.

① ㄱ, ㄴ　　　② ㄱ, ㄷ　　　③ ㄴ, ㄷ
④ ㄴ, ㄹ　　　⑤ ㄷ, ㄹ

▶ 242017-0159

02 1950년과 비교한 2020년의 상대적 특성을 그림의 A~E에서 고른 것은?

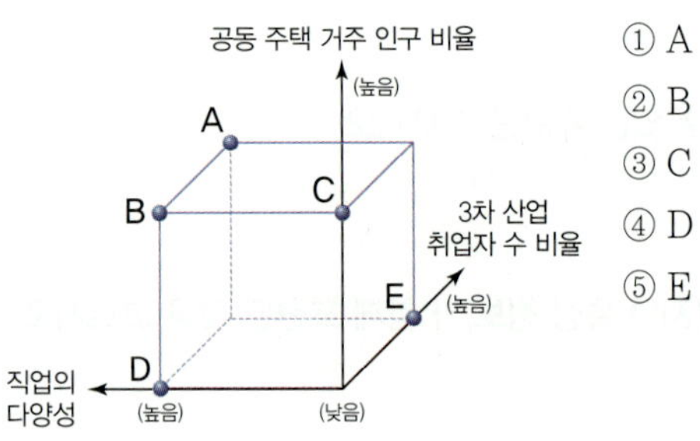

① A
② B
③ C
④ D
⑤ E

▶ 242017-0160

03 그래프는 우리나라 (가) 산업의 취업자 수 비율 변화를 나타낸 것이다. (가) 산업에 대한 설명으로 옳은 것은? (단, 농림·어업, 제조업, 서비스업만 고려함.)

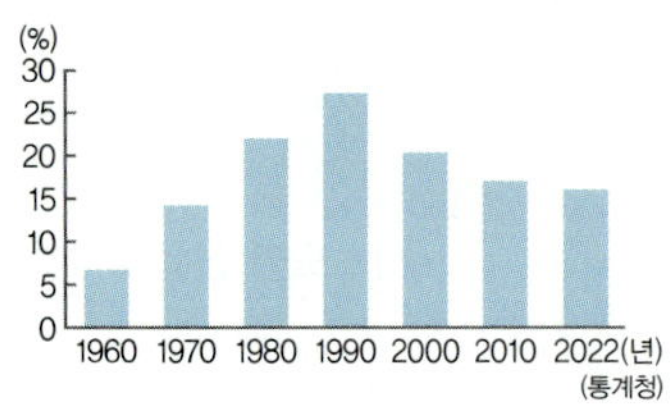

① (가)는 도시보다 촌락에 주로 입지한다.
② (가)는 도시에서는 주로 도심에 입지한다.
③ (가)가 발달하면서 직업의 종류가 단순해졌다.
④ (가)의 발달로 이촌향도 현상이 활발하게 나타났다.
⑤ (가)의 취업자 수 비율과 도시화율은 반비례하는 경향이 있다.

▶ 242017-0161

04 다음 글은 산업화와 도시화에 대한 것이다. ㉠, ㉡에 대한 설명으로 옳지 <u>않은</u> 것은?

> 인류는 산업 혁명으로 ㉠농업 중심의 사회에서 공업과 서비스업 중심의 사회로 변화하였다. 이러한 변화와 더불어 ㉡도시에 인구가 집중하였다.

① ㉠ 현상을 산업화라고 한다.
② ㉠ 현상은 선진국보다 개발 도상국에서 먼저 시작되었다.
③ ㉠이 나타나는 국가에서는 이촌향도 현상이 나타난다.
④ ㉡ 현상을 도시화라고 한다.
⑤ ㉠ 현상이 나타나는 국가는 대체로 ㉡ 현상도 활발하다.

▶ 242017-0162

05 혁신 도시에 대한 설명으로 옳은 것만을 **보기** 에서 고른 것은?

> **보기**
>
> ㄱ. 모두 비수도권에 위치한다.
> ㄴ. 균형 발전 실현에 도움이 될 것을 기대하는 정책이다.
> ㄷ. 도시 재생 사업이 이루어지는 전통적인 지방 중심 도시이다.
> ㄹ. 주된 방법은 민간 대기업 본사와 연구 시설의 지방 이전이다.

① ㄱ, ㄴ　② ㄱ, ㄷ　③ ㄴ, ㄷ　④ ㄴ, ㄹ　⑤ ㄷ, ㄹ

▶ 242017-0163

06 다음 자료와 같은 현상으로 인해 나타날 수 있는 문제점으로 가장 적절한 것은?

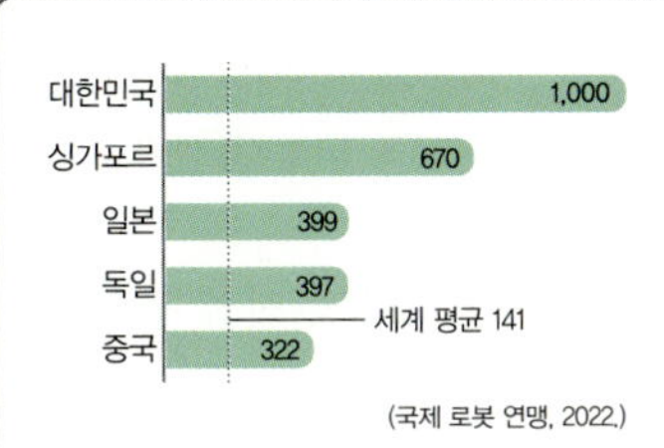

국제 로봇 연맹은 「2022 세계 로봇 보고서」에서 한국은 2021년에 산업용 로봇 밀도가 1,000대를 기록했다고 발표하였다. 이는 제조업 노동자 10명당 로봇이 1대꼴로 배치되어 있다는 뜻이다.

① 지역 간 정보 격차가 확대될 수 있다.
② 노동 시장의 양극화가 심각해질 수 있다.
③ 노동력 부족으로 인해 인건비가 상승할 수 있다.
④ 노동 시장에서 외국인 노동자가 차지하는 비율이 높아질 수 있다.
⑤ 가상 공간에서의 익명성을 이용한 사이버 범죄가 증가할 수 있다.

▶ 242017-0164

07 밑줄 친 ㉠~㉣에 대한 설명으로 옳은 것만을 보기 에서 고른 것은?

교통·통신의 발달로 ㉠사람, 물자, 정보의 이동이 더 쉽고 빨라졌다. 오늘날에는 ㉡제4차 산업 혁명이라고 하여 인공 지능, ㉢로봇 공학, 가상 현실, 사물 인터넷 기술, 3D 프린터 등과 같은 첨단 기술이 우리 생활 곳곳에 적용되면서 ㉣산업 구조에 큰 변화를 가져오고 있다.

보기

ㄱ. ㉠으로 인해 통근자의 통근 가능 거리가 줄어들었다.
ㄴ. ㉡은 정보 통신 기술이 산업 현장에 적용되면서 일어나는 혁신을 의미한다.
ㄷ. ㉢으로 인하여 단순하고 반복적인 노동력에 대한 필요성이 증가하였다.
ㄹ. ㉣의 사례로 산업 구조에서 서비스업의 중요성이 커진 것을 들 수 있다.

① ㄱ, ㄴ   ② ㄱ, ㄷ   ③ ㄴ, ㄷ
④ ㄴ, ㄹ   ⑤ ㄷ, ㄹ

▶ 242017-0165

08 다음과 같은 변화가 나타난 배경으로 가장 적절한 것은?

- 개인의 금융 거래가 쉽고 편리해졌다.
- 개인이나 기업의 경제 활동 범위가 확대되었다.
- 화상 회의, 원격 근무 등을 통해 언제 어디서나 일 처리를 할 수 있게 되었다.

① 교통수단의 발달   ② 로봇 공학의 발달
③ 생활 공간의 범위 확대   ④ 정보 통신 기술의 발달
⑤ 위치 정보 시스템(GPS)의 발달

▶ 242017-0166

09 다음 자료의 ㉠에 들어갈 내용으로 가장 적절한 것은?

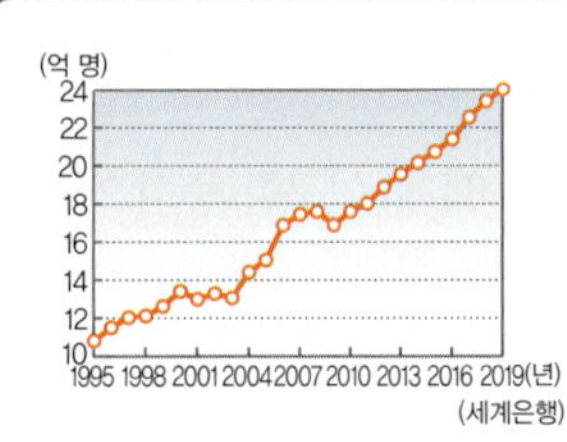

국제 여행객 수는 1995년 10.8억 명에서 2019년 24억 명으로 증가하였다. 이렇게 증가한 주된 요인은 [㉠] 때문이다.

① 사물 인터넷 기술이 발달했기
② 지리 정보 시스템 기술이 발달했기
③ 교통수단의 발달로 장거리 이동이 편리해졌기
④ 가상 공간에서 쌍방향 의사소통이 가능해졌기
⑤ 지식과 정보가 부가 가치 창출에 큰 영향을 미치기

▶ 242017-0167

10 다음 글의 밑줄 친 현상의 원인으로 가장 적절한 것은?

2012년 2월, 서울과 춘천을 오가는 ITX 청춘이 개통되었다. 이로 인해 서울에서 춘천으로 통학하는 학생이 늘어나면서 춘천 지역의 대학생 자취생이 크게 줄었고 대학가의 상권도 피해를 입었다.

* ITX: 한국 철도 공사가 운영하는 특급 열차의 브랜드

① 빨대 효과가 나타났기 때문이다.
② 춘천의 지역성이 약화되었기 때문이다.
③ 서울과 춘천의 정보 격차가 크기 때문이다.
④ 춘천이 서울보다 녹지 면적이 좁기 때문이다.
⑤ 서울이 춘천보다 제조업 일자리 수가 많기 때문이다.

▶ 242017-0168

11 그래프는 ○○ 지역의 두 시기 인구 피라미드를 나타낸 것이다. 이에 대한 해석으로 옳지 <u>않은</u> 것은?

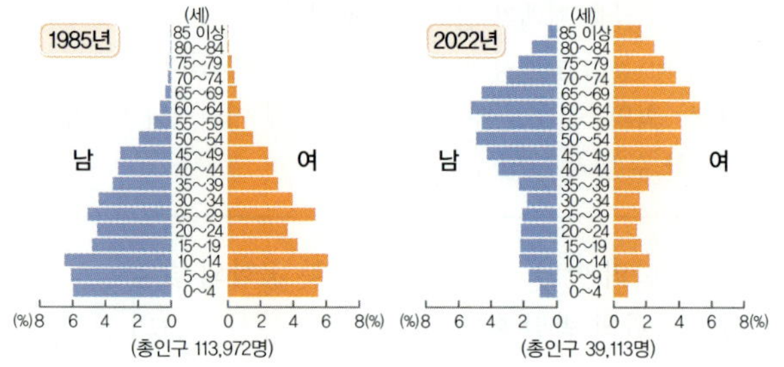

① 2022년은 1985년보다 유소년층(15세 미만) 인구 비율이 낮다.

② 2022년은 1985년에 비해 노년층(65세 이상) 인구 비율이 높다.

③ 두 시기 모두 노년층(65세 이상) 인구는 남성보다 여성이 많다.

④ 1985~2022년에 청장년층(15~64세) 인구를 중심으로 인구 유입이 활발하였다.

⑤ 2022년은 1985년에 비해 초등학생을 대상으로 하는 문구 판매업의 초등학생 소비자가 감소하였다.

▶ 242017-0169

12 표는 경기도 시흥시에 대한 지역 조사 항목을 정리한 것이다. ㉠~㉤에 대한 설명으로 옳지 <u>않은</u> 것은?

구분	조사 항목
㉠	과거의 토지 이용이 나타난 사진과 통계 자료 수집
㉡	현재의 토지 이용 사진 촬영
㉢	산업별 종사자 수와 이주 노동자 수
㉣	여성과 청년 계층의 의견 수렴
㉤	경기만의 조위 변화와 조류 서식지 탐방

① ㉠ - 조사 방법은 실내 조사 중 문헌 조사, 통계 자료 수집이 적절하다.

② ㉡ - 조사 방법은 야외에서 사진을 촬영하는 것이 적절하다.

③ ㉢ - 산업 구조 변화와 이주 노동자 현황 조사 내용에 해당한다.

④ ㉣ - 남성, 어린이 등에 대한 의견 수렴이 없으므로 모든 계층을 대상으로 한 것은 아니다.

⑤ ㉤ - 조류 서식지의 환경 개선을 위해 간척 사업이 필요하다는 보고서를 작성하는 단계에서 하는 활동이다.

▶ 242017-0170

13 다음은 ○○시에 대한 지역 조사 과정의 일부이다. 보기의 ㄱ~ㄹ을 지역 조사 순서대로 바르게 나열한 것은?

보기

ㄱ. 도시화에 따른 ○○시의 변화 양상을 파악하고자 한다.

ㄴ. ○○시에 30년 이상 거주한 노년층 인구를 대상으로 인터뷰를 한다.

ㄷ. ○○시의 과거와 최근의 인구 피라미드, 산업 구조 그래프를 그린다.

ㄹ. 인터넷을 통해 ○○시의 각 연도의 연령층별 인구 및 산업별 종사자 수를 조사한다.

① ㄱ-ㄹ-ㄴ-ㄷ ② ㄱ-ㄹ-ㄷ-ㄴ

③ ㄹ-ㄱ-ㄴ-ㄷ ④ ㄹ-ㄱ-ㄷ-ㄴ

⑤ ㄹ-ㄴ-ㄱ-ㄷ

▶ 242017-0171

14 표는 울산광역시에 대한 지역 조사 항목별 조사 계획을 정리한 것이다. ㉠~㉤에 들어갈 내용으로 가장 적절한 것은?

조사 항목	조사 계획
토지 이용 변화	㉠
산업 구조 변화	㉡
주민 가치관 변화	㉢
공원 이용 실태	㉣
생태 환경 변화	㉤

① ㉠ - 울산광역시를 답사하며 도심과 주변 지역의 자동차 통행량을 사진으로 촬영한다.

② ㉡ - 울산광역시의 시기별 1차·2차·3차 산업 종사자 수에 대한 통계 자료를 수집한다.

③ ㉢ - 울산광역시를 방문한 관광객을 대상으로 울산광역시를 방문하게 된 이유에 대해 설문 조사를 한다.

④ ㉣ - 울산광역시의 시기별 녹지 면적을 조사한다.

⑤ ㉤ - 과거와 현재의 한강 수질 오염 통계 정보를 수집한다.

통합사회 1

미리보는 서술형·논술형

Step 1 서술형 연습하기 ▶ 242017-0172

그래프는 서울의 인구 변화를 나타낸 것이다. 그래프에 점선으로 표시된 부분과 같은 현상이 나타나게 된 원인과 이러한 변화가 서울의 토지 이용에 미친 영향을 서술하시오.

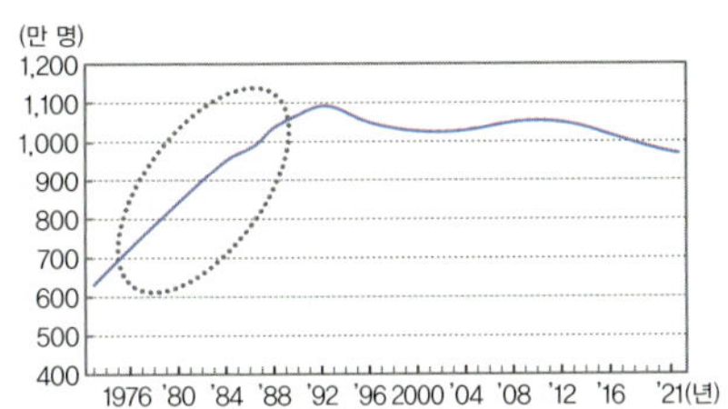

답 완성하기 서울은 산업화 과정에서 (   )의 영향을 받아 인구가 빠르게 (   )하였다. 이 과정에서 서울은 토지 이용의 (   )이/가 높아졌다.

Step 2 서술형 훈련하기 ▶ 242017-0173

표는 ○○ 지역의 연도별 인구를 나타낸 것이다. 이를 제시된 조건에 맞게 그래프로 표현하시오.

〈조건〉
- 인구 단위는 만 명으로 함.
- 성비 축의 최소값은 90, 최대값은 104로 함.

시기(년)	인구(명)	성비	시기(년)	인구(명)	성비
1970	365,137	92.1	2000	512,541	98.3
1980	462,609	95.8	2010	528,411	98.0
1990	514,436	97.7	2022	676,375	100.1

Step 3 논술형 도전하기 ▶ 242017-0174

다음 자료를 통해 알 수 있는 기후 현상에 해당하는 용어를 쓰고, 이러한 현상이 나타난 원인과 대책을 300자 이내로 논술하시오.

〈여름철 맑은 날 서울의 지역별 기온차〉

지역	2020년 6월 22일			2020년 8월 26일		
	평균 온도차	최대차	최소차	평균 온도차	최대차	최소차
수락산 vs 공릉역	4.6	7	2.2	4.73	6.2	3.4
시흥계곡 vs 독산동	3.45	6.2	0.3	2.63	4.3	0.8
서대문(안산) vs 아현역 주변	3.4	4.9	0.3	2.52	4.3	0
남산 vs 명동	2.19	4.8	0.1	2.49	4.6	0.4
평균	3.36	5.77	0.70	3.00	4.86	1.28
최대	4.6	7	2.2	4.73	6.2	3.4
최소	2.19	4.7	0.1	2.49	4.3	0

– 서울시 제공

서울시는 서울 여러 곳에서 기온을 측정한 결과를 발표하였다. 이에 따르면 2020년 맑고 더운 날이었던 6월 22일과 8월 26일에 도심을 비롯한 시가지는 주변 산지에 비해 평균 3~3.4℃, 최대 7℃가량 높았다고 밝혔다.

핵심 개념 | 도시화로 인해 나타나는 도시의 환경 문제 이해
(1) 도심 (2) 주변 지역 (3) 도시 환경 문제의 해결책

통합사회 2

01 인권의 의미와 현대 사회의 인권

1 인권의 의미와 변화 양상

(1) 인권의 의미와 특징

① 의미: 인간이라는 이유만으로 자신의 존엄성을 보장받으며 행복하게 살아갈 권리

② 특징

보편성	인종·성별·종교·사회적 신분 등과 관계없이 인류 구성원 모두가 가짐.
천부성	태어나면서부터 당연히 갖는 권리임.
불가침성	국가나 다른 사람에 의해 침해되어서는 안 되는 권리임.
항구성	일정 기간에만 한정되는 것이 아니라 영구히 보장됨.

(2) 인권 의미의 확장

① 근대 이전: 왕과 귀족, 성직자 등이 권력을 독점함. 대부분의 평민들은 엄격한 신분 제도 때문에 부당한 차별에 시달림.

② 시민 혁명: 자유권, 평등권, 참정권(1세대 인권)의 강조

배경	계몽사상, 천부 인권설, 사회 계약설 → 상공업의 발달 과정에서 성장한 시민 계급이 주도하여 시민 혁명 발생
결과	• 영국의 명예혁명(1688) → 권리 장전 → 의회가 국왕의 권력을 제한 • 미국의 독립 혁명(1776) → 미국 독립 선언문 → 국민 주권, 저항권 선언 • 프랑스 혁명(1789) → 인권 선언 → 재산권 보장, 자유권, 평등권 선언

③ 참정권 확대 운동: 시민 혁명 이후에도 참정권을 보장받지 못한 노동자, 여성들이 주도함 → 20세기에 이르러 보통 선거가 실시되면서 보편적 인권으로 확립됨.

> **자세히 살펴보기** **참정권 확대 운동의 사례로는 어떤 것들이 있을까요?**
>
> 
> ▲ 차티스트 운동
>
> 참정권 확대 운동의 대표적인 사례로는 차티스트 운동을 들 수 있다. 차티스트 운동은 1838년부터 10년간 영국의 노동자들이 일으킨 참정권 확대 운동이다. 노동자들은 인민 헌장에 투표권, 비밀 투표의 보장 등의 요구 사항을 담았다. 노동자뿐만 아니라 여성들도 참정권 확대 운동을 전개했는데, 그 과정에서 많은 희생이 있었다. 영국은 노동자, 여성 등의 참정권 확대 운동으로 투표권자의 범위를 점차 늘렸으며, 1918년에는 여성에게도 투표권을 인정하였다.

(3) 20세기 초: 사회권(2세대 인권)의 등장

① 산업 혁명 이후 열악한 노동 환경, 빈부 격차 등으로 인간다운 생활이 어려움.

② 국민의 생존을 국가가 보장해 줄 것을 요구 → 독일 바이마르 헌법(1919): 사회권이 처음으로 명시됨.

(4) 제2차 세계 대전 이후: 연대권(3세대 인권)의 강조

① 의미: 지구촌 구성원 모두의 인권 보장을 위해 함께 협력할 권리

② 배경: 인종 차별, 국가 간 빈부 격차 등으로 인권을 누리지 못하는 개인과 집단에 대한 각성

③ 세계 인권 선언(1948년): 인권의 국제적 기준 제시 자료1

✳ 인권의 3세대론

프랑스의 법률가인 카렐 바사크가 주장한 인권의 3세대론은 인권 개념이 1세대, 2세대, 3세대를 거치며 확장되어 왔다고 보는 관점이다. 1세대 인권은 국가로부터 불간섭을 요구하는 자유권 중심의 인권이다. 2세대 인권은 사회적 약자들이 인간다운 삶을 보장하고자 하는 사회권 중심의 인권에 초점을 두고 있다. 3세대 인권은 개인과 집단에서의 소수자, 세계에서의 제3세계 등과 같이 인권을 누리지 못하는 개인과 집단에 대한 각성에서 나온 권리로서 연대권 또는 집단권을 강조한다.

자료1 세계 인권 선언

1948년 12월 10일 제3차 국제 연합(UN) 총회에서 채택한 인권 선언이다. 전문과 본문 30개 조항으로 이루어져 있으며, 전문은 인권의 보편성, 천부성, 항구성, 불가침성을 확인하고 국가의 인권 보장 책무를 선언하였다.

용어 알기

계몽(깨우칠 啓 꿈 蒙)사상

지식수준이 낮거나 의식이 덜 깬 사람들을 깨우쳐 인류의 보편적 진보를 꾀하려 한 사상으로서 이성을 통하여 인간과 세계의 보편적 원리나 분명한 법칙을 발견할 수 있다고 보았다.

저항권

국가 권력에 의하여 국민의 기본권이 침해되었을 때 기본권 보장의 최후의 수단으로서 국민이 자기의 권리, 자유를 지키기 위하여 실력 행사를 통해 저항하는 권리이다.

2 현대 사회의 인권

(1) 인권 확장의 배경: 인구의 도시 집중, 과학 기술의 발달, 지구촌 기후위기, 세계화와 다문화 사회의 진전 등

(2) 새롭게 강조되는 인권

① 주거권

의미	쾌적하고 안정적인 주거 환경에서 인간다운 주거 생활을 할 권리
배경	인구의 도시 집중으로 인한 주택 부족, 불안정한 주거 생활 등
보장 노력	「주거 기본법」에 주거권 보장, 최저 주거 기준 설정 등으로 주거 약자를 지원하려고 노력함.

자세히 살펴보기 **「주거 기본법」에서 최저 주거 기준을 설정한 이유는 무엇일까요?**

> 주거 기본법 제17조(최저 주거 기준의 설정) ① 국토 교통부 장관은 국민이 쾌적하고 살기 좋은 생활을 하기 위하여 필요한 최소한의 주거 수준에 관한 지표로서 최저 주거 기준을 설정·공고하여야 한다.

「주거 기본법」에서 규정하고 있는 최저 주거 기준은 건강하고 쾌적한 삶을 영위할 수 있도록 하기 위해 정한 것이다. 인간으로서 존엄과 가치를 갖고 생활하기 위해서는 일정 수준 이상의 주거 면적이 필요하고, 남자아이와 여자아이는 일정 연령 이상이 되면 별도의 방을 사용하고 노부모와도 별도의 방을 사용할 수 있어야 한다.

② 안전권

의미	각종 위험으로부터 안전을 보호받을 권리
배경	오늘날에는 자연재해뿐만 아니라 각종 안전사고, 감염병 대유행 등과 같은 인위적 위험이 인간의 삶을 위협하고 있음.
보장 노력	• 헌법에 국가의 재해 예방 의무를 명시하고 있음. • 「재난 및 안전 관리 기본법」에 국가와 지방 자치 단체의 재난 안전 관리에 관한 구체적인 정책 방향을 규정하고 있음.

③ 환경권

의미	건강하고 쾌적한 환경에서 생활할 수 있는 권리
배경	산업화와 도시화가 진행되면서 대기 오염, 수질 오염, 쓰레기 문제 등이 발생하고 최근에는 기후 변화에 따른 온실가스 증가 등이 환경 문제로 대두함.
보장 노력	• 「환경 정책 기본법」에 국가, 지방 자치 단체, 기업 등의 환경을 보전할 의무 등을 규정함. • 국제적으로는 국제 연합(UN) 기후 변화 협약 등 환경 관련 회의에서 논의된 내용을 이행하기 위해 노력함.

④ 문화권 자료 2

의미	자유롭게 공동체의 문화생활에 참여할 권리, 문화적 삶의 주체로서 자신의 문화적 정체성을 유지할 권리
배경	문화 향유 욕구, 문화적 정체성 존중 요구 대두
보장 노력	• 헌법에 전통문화의 계승·발전과 민족 문화의 창달 노력을 국가의 의무로 규정함. • 「문화 다양성의 보호와 증진에 관한 법률」을 통해 문화적 정체성 유지와 다양한 문화에 관한 이해 증진을 위해 노력함.

✱ 안전 신문고 제도

생활 속 안전 위험 요소를 누구나 휴대 전화 등으로 신고하면 행정안전부에서 처리 기관을 지정하여 해결하는 시스템이다. 안전 신문고 포털(safetyreport.go.kr)에 신고하면 된다.

자료 2 문화권의 등장 배경과 관련 규정

> **헌법 제9조** 국가는 전통문화의 계승·발전과 민족 문화의 창달에 노력하여야 한다.
>
> **세계 인권 선언 제27조**
> 1. 모든 사람은 공동체 문화생활에 자유롭게 참여하며, 예술을 향유하고, 과학의 발전과 그 혜택을 공유할 권리가 있다.

오늘날 생활 수준이 높아지고 여가가 늘어나면서 문화적 측면에서 인간다운 생활을 누릴 수 있어야 한다는 요구가 나오기 시작했다. 특히 오랫동안 문화의 소외를 겪었던 사회적 약자들의 문화 향유에 대한 요구, 자신의 고유문화가 차별받는 문제를 겪었던 이주민의 문화적 정체성 요구가 대두하였다. 이러한 사회 변화 속에서 문화권이 새로운 인권으로 등장하였다.

용어 알기

온실가스

지구 온난화를 일으키는 원인이 되는 대기 중의 가스 형태 물질로서 이산화 탄소, 메탄, 아산화 질소, 수소불화 탄소, 과불화 탄소, 육불화황 등이 있다.

문화적 정체성

어떤 그룹에 소속된 정체성이나 감정이다. 그것은 사람의 자아 개념과 자기 인식의 부분이며 민족성, 민속, 종교, 사회 계급, 세대, 지역 그리고 특징적인 문화를 갖는 사회 그룹과 연결되어 있다.

정답 35쪽

01 빈칸에 들어갈 알맞은 말을 쓰시오.

(1) 인권은 인종·성별·종교·사회적 신분 등과 관계없이 인류 구성원 모두가 가지는 권리라는 점에서 [   ]을/를 지닌다.

(2) 독일 바이마르 헌법에는 모든 국민이 최소한의 인간다운 생활을 보장받아야 한다는 권리인 [   ]이/가 처음으로 명시되었다.

(3) 1948년 국제 연합(UN) 총회는 인권 보장의 국제적 기준인 [   ]을/를 발표하였다.

02 다음 내용이 옳으면 ○표, 틀리면 ×표를 하시오.

(1) 인권은 필요할 경우 남에게 양도할 수 있다. (   )

(2) 영국의 식민 지배에 반발하여 미국 시민은 독립 전쟁을 일으켰고 천부 인권, 국민 주권, 저항권 등이 담긴 독립 선언문을 발표하였다. (   )

(3) 두 차례의 세계 대전, 내전, 기아 등을 겪으며 특정 국가나 지역을 초월하여 지구촌 구성원 모두의 인권 보장을 위해 함께 노력해야 한다는 권리인 연대권이 강조되었다. (   )

(4) 우리 헌법에서는 환경권을 국민의 권리로 보장함과 동시에 환경 보전을 위해 노력해야 할 국민의 의무로 규정하고 있다. (   )

03 다음 설명이 배경이 된 현대 사회의 인권 영역을 <보기>에서 고르시오.

보기
ㄱ. 주거권　　　　ㄴ. 안전권
ㄷ. 환경권　　　　ㄹ. 문화권

(1) 산업화와 도시화가 진행되면서 대기 오염, 수질 오염, 쓰레기 문제 등이 발생하고 있다. (   )

(2) 오늘날에는 자연재해뿐만 아니라 각종 안전사고, 감염병 대유행 등이 인간의 삶을 위협하고 있다. (   )

(3) 오랫동안 문화생활에서 소외를 겪었던 사람들의 문화 향유에 대한 요구, 자신의 고유문화가 차별받는 문제를 겪었던 이주민의 문화적 정체성 존중 요구가 대두하였다. (   )

(4) 오늘날 도시로 인구가 집중하면서 주택이 부족해지고 각종 개발 사업이나 주거비 증가 등으로 불안정한 주거 생활을 하는 사람이 많다. (   )

▶ 242017-0175

01 A에 대한 설명으로 옳은 것은?

> 사람은 누구나 인격적 존재로서 오직 인간이라는 이유만으로 자신의 존엄성을 보장받으며 행복하게 살아갈 권리를 지니는데, 이러한 권리를 A라고 한다.

① 사회적 약자가 갖는 권리이다.
② 태어나면서부터 갖는 권리이다.
③ 다른 사람에게 양도할 수 있는 권리이다.
④ 일정 기간 동안에만 누릴 수 있는 권리이다.
⑤ 법으로 규정되어야 보장받을 수 있는 권리이다.

▶ 242017-0176

02 밑줄 친 부분의 문제점에 대한 설명으로 옳은 것은?

> 18세기 흑인 노예들은 배 밑바닥의 짐칸에 짐처럼 포개져 미국으로 보내졌다. 노예에게는 하루 식사로 죽 한 사발과 약간의 물이 주어졌다. 식량이 부족하면 선장이 노예들을 바다에 던지기도 하였다. 당시 법원은 노예를 익사시킨 행위가 "말이나 화물을 바다에 던진 것과 마찬가지이므로 죄가 아니다."라고 판결하였다.

① 인간의 존엄성을 인식하지 못하였다.
② 노예 제도의 경제적 효율성을 경시하였다.
③ 당시의 시대적 상황을 판결에 반영하지 못하였다.
④ 노예가 자본주의 발전에 기여한 사실을 간과하였다.
⑤ 인종 차별이 사회 갈등의 요인임을 예측하지 못하였다.

▶ 242017-0177

03 다음 자료에서 강조하는 인권에 대한 설명으로 옳은 것은?

> 대기 오염 물질인 미세먼지와 초미세먼지의 농도가 높아지면 시야를 방해하고 숨쉬기도 답답해진다. 미세먼지 농도가 일정 수준 이상이면 자동차 운행 제한, 공사장 단축 운영 등의 미세먼지 비상 저감 조치가 내려진다.

① 불합리한 차별을 받지 않을 권리이다.
② 시민 혁명에서부터 강조되어 온 권리이다.
③ 건강하고 쾌적한 환경을 누리는 권리이다.
④ 자신의 문화적 정체성을 유지할 권리이다.
⑤ 자유롭게 공동체의 문화생활에 참여할 권리이다.

▶ 242017-0178

04 다음은 미국 독립 선언문의 일부 내용이다. 이와 관련된 설명으로 옳은 것은?

> 우리는 다음과 같은 것이 자명한 진리라는 것을 믿는다. 모든 사람은 평등하게 태어났으며, 신에 의해 양도할 수 없는 권리가 주어졌다. 이들 권리를 확보하기 위해 정부가 조직되었으며, 그 정당한 권력은 피지배자의 동의에 의하지 않으면 안 된다. 어떤 형태의 정부라 하더라도 이들 목적을 파괴하게 된다면, 그 정부를 개혁하거나 폐지하여, 시민의 안전과 행복을 위한 새로운 정부를 만드는 것은 시민의 권리이다.

① 영국의 차티스트 운동의 영향을 받았다.
② 역사상 처음으로 사회권을 문서로 밝혔다.
③ 자유권과 평등권, 저항권 사상, 국민 주권주의가 반영되었다.
④ 의회의 동의 없는 과세 금지, 의원 선거의 자유를 보장한 선언이었다.
⑤ 노동자들이 선거권의 확대, 무기명 투표 등을 요구한 사회 운동의 결과이다.

▶ 242017-0179

05 표는 인권 확대와 관련된 시기별 사건이다. 이에 대한 설명으로 옳은 것은?

시기	(가)	(나)	(다)	(라)
역사적 사건	시민 혁명	차티스트 운동	산업 혁명, 세계 대공황	제2차 세계 대전

① (가) 시기에 국가의 적극적인 역할이 강조되었다.
② (나) 시기에 보통 선거제가 보편화되었다.
③ (다) 시기에 시민들은 국가 간섭의 배제를 요구하였다.
④ (라) 시기 이후에는 3세대 인권인 연대권이 중시되었다.
⑤ 자유권은 (가), 사회권은 (나) 시기에 처음 나타났다.

▶ 242017-0180

06 ㉠~㉢에 들어갈 알맞은 말을 쓰시오.

> 프랑스 법학자 카렐 바사크는 인권이 확장되어 온 과정을 (㉠) 중심의 1세대 인권, (㉡) 중심의 2세대 인권, 집단권 또는 (㉢) 중심의 3세대 인권으로 구분하였다.

㉠: (　　　　　)　㉡: (　　　　　)　㉢: (　　　　　)

▶ 242017-0181

07 다음과 같은 배경하에 등장한 인권의 성격으로 옳은 것만을 보기 에서 고른 것은?

> 과거에는 자연이 인간에게 가장 큰 위협이었다. 인류는 자연의 위험에 맞서고 자연을 정복하기 위해 과학과 기술을 동원했다. 그 결과 자연의 위험이 과거보다는 줄어들었지만 자연의 파괴적인 힘 앞에서 인간은 지금도 여전히 속수무책이다. 게다가 오늘날은 자연적 위험에다 인간 스스로가 만들어 낸 인위적 위험까지 더하고 있다. 과학과 기술의 발달이 오히려 새로운 위험 요소를 만들어 내고 있는 것이다.

보기
ㄱ. 자연을 정복함으로써 보장받을 수 있는 권리이다.
ㄴ. 과학과 기술의 발달을 억제해야 보장되는 권리이다.
ㄷ. 헌법에 국가의 재해 예방 의무를 명시하여 보장하려는 권리이다.
ㄹ. 일상생활에서 개인의 적극적인 책임 의식이 요구되는 권리이다.

① ㄱ, ㄴ　② ㄱ, ㄷ　③ ㄴ, ㄷ　④ ㄴ, ㄹ　⑤ ㄷ, ㄹ

▶ 242017-0182

08 교사의 질문에 대하여 옳은 대답을 한 학생만을 보기 에서 고른 것은?

> **교사**: 다음에 제시된 권리들의 공통점을 발표해 볼까요?
>
> > 깨끗한 환경에서 생활할 권리, 쾌적한 주거 환경에서 살 권리, 안전을 보장받을 권리

보기
갑: 국민이 자신의 자율적 생활 영역에서 국가 권력에 의해 침해받지 않을 권리입니다.
을: 최근 인구가 도시에 집중하면서 파생되는 문제점에 대한 대응책으로 요구되는 권리입니다.
병: 불합리한 기준에 의해 차별받지 않을 권리로서 사회적 소수자에게 특히 필요한 권리입니다.
정: 현대 국가에서 그 중요성이 더욱 증대되고 있는 것으로 국가의 적극적인 노력이 필요한 권리입니다.

① 갑, 을　　② 갑, 병　　③ 을, 병
④ 을, 정　　⑤ 병, 정

02 인권 보장을 위한 헌법의 역할과 시민 참여

1 인권 보장을 위한 헌법의 역할

(1) 인권과 헌법의 관계

① 헌법의 인권 보장: 헌법은 국민의 인권을 수호하는 근본 토대 → 헌법에 국민의 기본권을 구체적으로 명시하고 기본권 보장을 위한 각종 제도적 장치를 마련함.

② 우리나라 헌법에서 보장하는 기본권

인간의 존엄과 가치	모든 기본권의 이념, 국가 권력 행사의 기준
행복 추구권	물질적 풍요뿐만 아니라 정신적 만족을 추구할 수 있는 권리
자유권	국가 권력의 간섭을 받지 않고 자유롭게 생활할 수 있는 권리
평등권	성별, 종교, 사회적 신분 등에 의해 차별받지 않고 동등하게 대우받을 권리
참정권	국가의 의사 결정에 참여할 수 있는 권리
사회권	국민이 국가에 인간다운 생활의 보장을 요구할 수 있는 권리
청구권	다른 기본권이 침해되었을 때 이의 구제를 국가에 요구할 수 있는 권리

(2) 인권 보장을 위한 제도적 장치

① 권력 분립 제도

의미	국가 권력을 나누어 각각 다른 기관에 분담시켜 상호 견제와 균형을 이루도록 함.
내용	입법권은 국회, 행정권은 정부, 사법권은 법원에 속하는 3권 분립 제도 실시

② 민주적 선거 제도

의미	국민은 선거를 통해 국가를 운영할 대표자를 선출하여 국민의 의사와 이익을 정치에 반영하도록 함.
내용	일정 나이의 모든 국민에게 선거권 및 공무 담임권 부여

③ 복수 정당제: 누구든지 자유롭게 정당을 설립하고, 여러 정당이 자유롭게 활동할 수 있음. → 국민의 다양한 정치적 견해가 정치에 잘 반영되어 민주적 기본 질서 유지

④ 기본권 구제 제도 [자료1]

의미	인권을 침해받은 국민은 국가의 기본권 구제 기관을 통해 권리를 구제받을 수 있음.
내용	법원의 재판, 헌법재판소의 위헌 법률 심판 및 헌법 소원 심판, 국가 인권 위원회의 인권 침해 구제, 국민 권익 위원회의 고충 민원 처리 및 불합리한 행정 제도 개선 등

자세히 살펴보기 | **헌법 소원 심판은 어떤 경우에 제기하며 어떤 절차로 이루어지나요?**

국가 공권력의 행사 또는 불행사로 기본권을 침해받은 국민은 다른 모든 절차를 거치고도 구제를 받지 못한 경우 최종적으로 헌법재판소에 헌법 소원 심판을 청구할 수 있다. 헌법재판소에서는 해당 사안이 기본권을 침해했는지를 판단한다. 헌법재판소가 해당 사안이 헌법에 위반된다고 결정하면 그 공권력 행사 또는 불행사의 근거가 되는 법률 조항은 무효가 되어 국민은 기본권 침해에 대한 구제를 받는다.

✳ 기본권의 제한과 한계

국민의 기본권을 무한정 보장할 경우 다른 사람의 기본권과 충돌할 수도 있고, 공익을 해칠 수도 있다. 따라서 우리 헌법에서는 국가 안전 보장, 질서 유지, 공공복리를 위해 필요한 경우에는 기본권을 제한할 수 있도록 규정하고 있다. 다만 국가 권력에 의한 기본권 침해를 막기 위해 기본권을 제한할 경우에는 반드시 국회가 정한 법률에 의하여 가능하며, 제한하더라도 기본권의 본질적인 내용을 침해할 수 없도록 하고 있다.

자료1 국가 인권 위원회

국가 인권 위원회는 불가침의 기본적 인권을 보호하고 그 수준을 향상시킴으로써 인간으로서의 존엄과 가치를 구현하고 민주적 기본 질서의 확립에 이바지함을 목적으로 2001년 11월 25일 출범하였다. 국가 인권 위원회는 인권 침해 행위와 평등권을 침해하는 차별 행위에 대해 조사하고 구제하는 것을 주 업무로 하고 있는데, 특히 국가 권력이 저지르는 각종 인권 침해 행위에 대한 구제에 중점을 두고 있다.

용어 알기

공무 담임(맡다 擔 맡길 任)권
선출직 공무원을 비롯한 모든 국가 기관의 공직에 취임할 수 있는 권리를 말한다.

위헌 법률 심판
국회에서 제정한 법률이 헌법에 위반되는지 여부를 헌법재판소가 심사하는 것을 말한다.

고충(괴로울 苦 속마음 衷) 민원
행정 기관이 내린 행정 처분이 위법하거나 부당하다고 생각하여 국민이 제기하는 민원을 말한다.

❷ 시민의 권익 보호를 위한 시민 참여

(1) 시민 참여의 의미와 역할

의미	시민들이 참여 의식을 갖고 정치 과정이나 사회의 공공 문제에 적극적으로 개입하는 것
역할	• 공동체의 이익 증진: 시민 참여를 통해 현실의 문제점을 지적하고 우리 사회를 변화시킴으로써 모든 사회 구성원의 권익을 보호함. • 대의 민주주의의 보완: 대의 민주주의에서는 시민이 선출한 대표자를 통해 간접적으로 주권을 행사하기 때문에 국민의 의사가 잘 반영되지 못할 수 있음. → 시민의 참여로 이를 보완함.

(2) 시민 참여의 방법

① 선거와 투표에 참여: 정책에 정당성을 부여하고 정책이 더 나은 방향으로 나아가도록 요구함.

② 정당, 시민 단체, 이익 집단 활동

정당	정치적 견해를 같이 하는 사람들이 모인 집단 → 정책 제안을 위한 여론 형성, 정부에 영향력 행사 등
시민 단체	공익 추구를 위해 시민들이 자발적으로 결성한 집단 → 공공 문제 해결을 위한 여론 형성, 정책 제안 등
이익 집단	공통의 이해관계를 지닌 사람들이 결성한 집단 → 집단의 이익을 위해 정부에 영향력 행사, 공공의 이익과 충돌하기도 함.

③ 공청회, 주민 간담회에 참여: 공공 문제 해결에 관한 의견 제시

④ 자원봉사 활동: 자신의 여가 시간을 활용하여 봉사 활동을 함.

⑤ 입법 활동에 참여: 입법 청원이나 주민 조례 청구 등

(3) 시민불복종 〔자료 2〕

① 의미: 부정의한 법이나 정책을 바로잡기 위해 의도적으로 법을 위반하는 행위

② 주요 사상가: 롤스, 싱어

③ 정당화 조건

목적의 정당성	사회 정의를 훼손한 법이나 정책에 항의하는 것이어야 함.
비폭력적인 방법	정의롭지 못한 법에 반대한다는 이유로 폭력적인 행동을 선동하는 행위는 정당화될 수 없음.
최후의 수단	여러 가지 합법적인 방식을 시도했으나 실패했을 경우에 시도해야 함.
처벌의 감수	위법 행위에 대한 처벌을 기꺼이 받아들임으로써 기본적으로는 법을 존중하고 정당한 법체계를 세우려는 운동임.

〔자세히 살펴보기〕 **시민불복종의 사례로는 어떤 것이 있을까요?**

1955년 미국 앨라배마주 몽고메리시의 버스 승차 거부 운동을 들 수 있다. 당시 로사 파크스라는 흑인 여성이 백인 좌석에 앉았다가 백인에게 자리를 양보하라는 운전사의 요구를 거부했다는 이유로 경찰에 체포되었다. 이 사건 이후 흑인 차별 철폐를 요구하는 시위가 크게 번졌고, 시민들의 버스 승차 거부 운동이 이어졌다. 결국 미국 연방 대법원은 1956년 몽고메리시의 흑인과 백인을 분리하는 좌석 제도가 헌법에 어긋난다고 판결하였다.

✳ 인터넷을 통한 시민 참여 방법

오늘날에는 정보 통신 기술의 발달로 시민은 온라인 공간에서 시간적 · 공간적 제한을 받지 않고 자신의 견해를 밝힘으로써 여론 형성에 활발하게 참여할 수 있다. 대부분의 공공 기관이나 지방 자치 단체 등에서는 중요한 정책을 결정할 때 미리 그 내용을 홈페이지에 공지하고 다양한 주민 의견을 수렴하여 정책에 반영하는 경우가 많다.

〔자료 2〕 **롤스의 시민불복종**

> 시민불복종은 그것이 비록 법의 바깥 경계선에 있는 것이기는 하지만 법에 대한 충실성의 한계 내에서 법에 대한 불복종을 나타내고 있습니다. 그 법을 어기긴 하지만 법에 대한 충실성은 그 행위의 공공적이고 비폭력적인 성격과 그 행위의 법적인 결과를 받아들이겠다는 의지로 표현됩니다.

롤스(Rawls, J.)는 사회적 다수에 의해 공유된 정의관이 불복종의 기준이 되어야 한다고 주장하였다. 또한 시민불복종은 법에 대한 충실성을 지닌 사람들에 의한 위법 행위이기 때문에 공공적이고 비폭력적이어야 하며, 시민불복종의 참여자들은 법이 부과하는 처벌을 기꺼이 감수하는 태도를 보여야 한다고 강조하였다.

〔용어 알기〕

공청회(공평할 公 들을 聽 모일 會)
국회나 행정 기관, 공공 단체가 중요한 정책의 결정이나 법령 등의 제정 또는 개정안을 심의하기 이전에 이해 관계자나 해당 분야의 전문가로부터 공식 석상에서 의견을 듣는 제도를 말한다.

입법 청원
국민이 의회에 특정 법률의 제정, 개정 또는 폐지를 문서로 요청하는 행위를 말한다.

주민 조례 청구
지역 주민들이 직접 지방 의회에 조례의 제정이나 개정, 폐지를 청구할 수 있는 제도이다.

정답 36쪽

01 빈칸에 들어갈 알맞은 말을 쓰시오.

(1) [   ]은/는 인간은 인간이라는 이유만으로 존중받아야 할 존재이므로 인간을 다른 목적을 위한 수단으로 이용하거나 그 사람의 인격을 훼손하는 행위를 해서는 안 된다는 의미이다.

(2) 우리 헌법은 인권 보장을 위한 제도적 장치로서 국가 권력을 각각 다른 기관이 나누어 맡으며 상호 견제와 균형을 이루도록 하는 제도인 [   ] 제도를 두고 있다.

(3) 시민이 참여 의식을 가지고 정치 과정이나 사회 문제 해결에 적극적으로 개입할 필요가 있는데, 이를 [   ](이)라고 한다.

(4) 부정의한 법이나 정책을 바로잡기 위해 의도적으로 법을 위반하는 행위를 [   ](이)라고 한다.

02 다음 내용이 옳으면 ○표, 틀리면 ×표를 하시오.

(1) 우리나라 헌법에 따르면 국민의 기본권을 제한하는 경우에도 자유와 권리의 본질적인 내용을 침해할 수 없다.

( )

(2) 우리 헌법에서는 다양한 정당 활동을 통해 인권 보장을 실현할 수 있도록 정당 허가제를 규정하고 있다. ( )

(3) 정보 통신 기술의 발달로 시민은 온라인 공간에서 시간적·공간적 제한을 받지 않고 자신의 견해를 밝힘으로써 여론 형성에 활발하게 참여할 수 있다. ( )

(4) 시민불복종은 문제 해결을 위해 시도한 여러 합법적인 방식이 실패했을 때 최후의 수단으로만 시행되어야 하며, 상황에 따라서는 폭력적인 방법을 사용할 수 있다. ( )

03 다음 설명에 해당하는 기본권을 보기 에서 고르시오.

보기
ㄱ. 자유권	ㄴ. 평등권
ㄷ. 사회권	ㄹ. 청구권

(1) 모든 국민이 성별, 종교, 사회적 신분 등에 의해 차별받지 않고 동등하게 대우받을 권리이다. ( )

(2) 국가 권력의 간섭을 받지 않고 자유롭게 생활할 수 있는 권리이다. ( )

(3) 다른 기본권이 침해되었을 때 이의 구제를 국가에 요구할 수 있는 권리이다. ( )

(4) 국민이 국가에 인간다운 생활의 보장을 요구할 수 있는 권리이다. ( )

▶ 242017-0183

01 헌법과 인권의 관계에 대한 옳은 설명만을 보기 에서 고른 것은?

보기
ㄱ. 헌법에 열거되지 않는 권리는 보장되지 않는다.
ㄴ. 헌법의 기본권을 침해하는 법률은 행정 기관의 결정으로 무효화된다.
ㄷ. 헌법은 국가의 최고법으로서 국민의 인권을 수호하는 근본 토대이다.
ㄹ. 기본권을 제한하는 경우에도 자유와 권리의 본질적인 내용을 침해할 수 없다.

① ㄱ, ㄴ   ② ㄱ, ㄷ   ③ ㄴ, ㄷ
④ ㄴ, ㄹ   ⑤ ㄷ, ㄹ

▶ 242017-0184

02 다음 사례에서 갑~병이 공통적으로 행사하고 있는 기본권에 대한 설명으로 옳은 것은?

- 갑은 자기가 살고 있는 지역에 학교를 설립해달라는 조례를 청구하였다.
- 을은 살인 사건의 범인으로 체포되어 구속 상태에서 수사를 받다가 진범이 잡히면서 풀려났다. 을은 이에 대해 형사 보상을 청구하였다.
- 병은 구청이 관리하는 공원의 운동 기구를 사용하다가 다치게 되자 구청에 국가 배상을 청구하였다.

① 국가의 의사 결정에 참여할 수 있는 권리이다.
② 국가의 간섭이나 통제에서 벗어나고자 하는 권리이다.
③ 인간다운 최저한도의 생활 보장을 국가에 요구하는 권리이다.
④ 다른 기본권이 침해되었을 때 이의 구제를 요구할 수 있는 권리이다.
⑤ 모든 국민이 부당하게 차별받지 않고 동등하게 대우받을 권리이다.

▶ 242017-0185

03 다음 사례에서 갑이 다른 구제 절차를 다 거친 후 최종적으로 취할 수 있는 구제 수단으로 가장 적절한 것은?

> 갑은 ○○ 훈련소에서 군사 훈련을 받던 중 분대장으로부터 특정 종교 행사에 참석하라는 요구를 받았다. 종교가 없는 갑은 불참 의사를 밝혔으나 참여를 계속 권유받아 어쩔 수 없이 참여하였다. 갑은 국가의 공권력에 의해 종교의 자유를 침해받았다고 생각하였다.

① 분대장을 형사 고소한다.
② 헌법재판소에 헌법 소원 심판을 청구한다.
③ 부당한 차별을 이유로 국가 인권 위원회에 진정한다.
④ 지방 의회에 종교의 자유와 관련된 입법을 청원한다.
⑤ 국민 권익 위원회에 위법한 행정 처분의 취소를 구한다.

▶ 242017-0186

04 다음은 우리나라의 권력 분립 제도를 나타낸 것이다. A~C에 해당하는 권력 기관으로 옳은 것은?

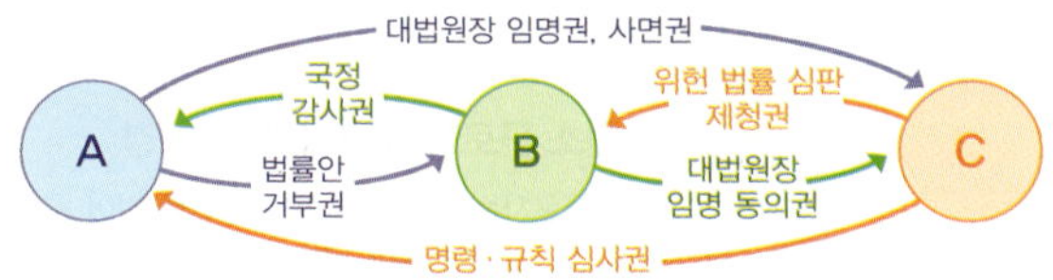

	A	B	C
①	입법부	행정부	사법부
②	입법부	사법부	행정부
③	행정부	입법부	사법부
④	행정부	사법부	입법부
⑤	사법부	행정부	입법부

▶ 242017-0187

05 다음 제도들을 헌법에 규정함으로써 궁극적으로 추구하는 바로 가장 적절한 것은?

> • 국가 권력을 각각 다른 기관이 나누어 맡으며 상호 견제와 균형을 이루도록 하는 권력 분립 제도를 두고 있다.
> • 주권자인 국민이 국가를 운영할 대표를 뽑는 민주적 선거 제도를 두고 있다.
> • 기본권을 침해받았을 때 이를 구제할 수 있는 기본권 구제 제도를 두고 있다.

① 대의 정치 확립   ② 시민 참여 증대
③ 국민 통합 실현   ④ 국민의 인권 보장
⑤ 국가 행정의 효율성 증대

▶ 242017-0188

06 ㉠~㉢에 들어갈 사회 집단을 쓰시오.

> 시민은 정치적 견해를 같이하는 사람들이 결성한 (㉠)이나 공통의 이해관계를 지닌 사람들이 결성한 (㉡)에 가입하여 입법이나 정책 수립에 영향을 미칠 수 있다. 공익 추구를 위해 자발적으로 결성한 (㉢)에 가입하여 여론을 형성하고 공공 문제 해결에 참여하기도 한다.

㉠: (   ) ㉡: (   ) ㉢: (   )

▶ 242017-0189

07 갑~병의 시민 참여 방법에 대한 옳은 설명만을 **보기**에서 고른 것은?

> • 갑은 □□ 시민 단체에 가입하여 행정 기관의 정책 집행 과정 감시 활동을 하고 있다.
> • 을은 ○○ 지역 재건축 추진 협의회에 가입하여 재건축 신속 추진을 촉구하는 집회에 참여하였다.
> • 병은 ◇◇ 공원에 반려견 놀이터를 설치해 줄 것을 구청 홈페이지에 올렸다.

보기

> ㄱ. 갑의 활동은 사적 이익을 목적으로 하는 것이다.
> ㄴ. 을의 활동은 자신의 행위에 대해 정치적인 책임을 지는 방법이다.
> ㄷ. 병의 참여 방법은 공간적 제약으로부터 자유롭다.
> ㄹ. 갑과 을은 집단적 방법, 병은 개인적 방법으로 참여한 것이다.

① ㄱ, ㄴ ② ㄱ, ㄷ ③ ㄴ, ㄷ ④ ㄴ, ㄹ ⑤ ㄷ, ㄹ

▶ 242017-0190

08 A가 정당화되기 위한 조건에 해당하는 내용으로 옳은 것은?

> 부정의한 법이나 정책을 바로잡기 위해 의도적으로 법을 위반하는 행위를 A라고 한다. A는 법을 위반하는 행위인 만큼 사회적 혼란을 가져올 수 있으므로 정당한 이유를 바탕으로 신중하게 해야 한다.

① 처벌을 감수해서는 안 된다.
② 비폭력적인 방법을 사용해야 한다.
③ 목적 달성을 위한 최초의 수단이어야 한다.
④ 개인의 이익에 반하는 정책에 대해 행사해야 한다.
⑤ 정당성 확보를 위해 비공개적으로 이루어져야 한다.

03 인권 문제의 양상과 해결 방안

■ 국내 인권 문제의 양상과 해결 방안

(1) 사회적 소수자 차별 문제

① 사회적 소수자: 한 사회에서 신체적 또는 문화적 특징 때문에 다른 구성원에게 차별을 받으며 스스로 차별받는 집단에 속해 있다는 의식을 가진 사람

② 사회적 소수자의 차별 유형

여성	성별 임금 격차가 심함. 직장에서 여성의 승진이 어려움.
노인	채용, 해고 등에서 연령을 이유로 차별을 받고 있음.
이주 노동자	낮은 임금, 열악한 노동·주거 환경 등에 노출되어 있음.
장애인	이동 및 대중교통 수단 이용에서 차별을 가장 많이 겪고 있음.

③ 차별의 원인: 편견이나 제도의 미비

④ 해결 방안 자료 1

개인적 차원	인간은 존엄한 존재라는 인식을 가지고 대할 것 → 사회적 소수자가 겪는 고통에 공감하며 배려하는 인권 감수성을 지녀야 함.
사회적 차원	사회적 소수자를 차별하는 정책이나 법률을 정비

자료 1 **사회적 소수자를 보호하는 법률**

여성	남녀 고용 평등과 일·가정 양립 지원에 관한 법률
노인	고용상 연령 차별 금지 및 고령자 고용 촉진에 관한 법률
이주 외국인	외국인 근로자의 고용 등에 관한 법률
장애인	장애인 차별 금지 및 권리 구제 등에 관한 법률

우리나라에서 사회적 소수자를 보호하는 법률은 마련되어 있으나 시행 과정에서 미흡한 점이 나타나고 있어 지속적인 보완이 필요하다.

자세히 살펴보기 우리나라 남녀 임금 격차는 어느 정도 수준인가요?

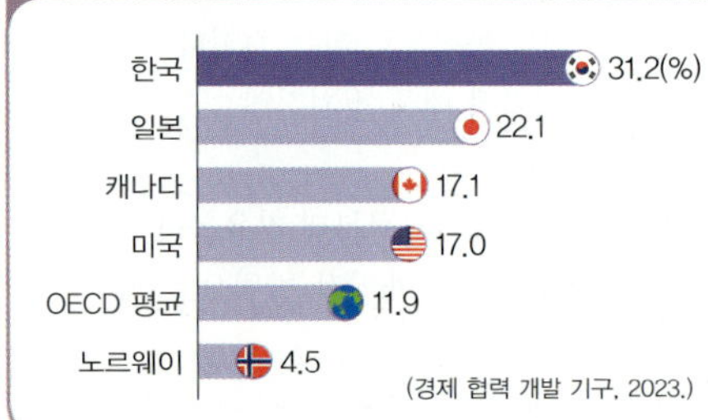

우리나라는 경제 협력 개발 기구(OECD) 국가 중 성별 평균 임금 격차가 가장 큰 상태이다. 2023년 현재 한국 남성 근로자가 100만 원의 임금을 받는다면 여성은 약 69만 원을 받고 있는 수준이다. 경제 협력 개발 기구 평균보다 약 20%p 차이가 난다.

(2) 청소년 노동권 침해 문제

① 청소년 노동권: 청소년이 노동할 기회나 근로관계 등에서 정당한 대우를 받을 권리

② 청소년 노동권 보호 규정: 근로 기준법, 청소년 보호법 등에 규정되어 있음.

- 18세 미만의 연소 근로자는 1일 7시간 이내, 1주 35시간 이내의 근로가 가능함. (사용자와 본인이 합의할 경우 1일 1시간, 1주 5시간 이내에서 연장 근로가 가능함.)
- 연소 근로자는 보호자의 동의를 얻어 스스로 근로 계약을 체결해야 함.
- 4시간 근로에 30분 이상의 휴게 시간을 근로 시간 도중에 부여해야 함.

③ 청소년 노동권 침해 실태: 근로 계약서 미작성, 최저 임금 미만의 임금 지급 등

④ 해결 방안

국가	청소년 노동 기준이나 구제 절차의 보완, 노동 인권 교육 실시
사용자	준법 의식을 가지고 청소년의 노동권을 보장하기 위해 노력
청소년	관련 노동법을 정확히 숙지, 부당한 대우를 받았을 경우에는 적극적으로 대처

✳ 연소 근로자의 근로 계약 체결

연소 근로자는 법정 대리인의 동의를 얻어 근로 계약을 스스로 체결해야 한다. 연소 근로자는 노동권에 대한 지식이나 경험이 부족하기 때문에 사용자와 불공정한 근로 계약을 맺을 가능성이 있고, 혹시 청소년이 취업해서는 안 될 곳인지도 법정 대리인이 확인할 필요가 있기 때문에 법정 대리인의 동의를 얻도록 하는 것이다. 물론 법정 대리인이 대리하여 사용자와 근로 계약을 체결해서는 안 된다. 이는 연소 근로자가 원하지 않는 내용의 근로를 하거나 노동을 착취당할 가능성을 막기 위해서이다.

용어 알기

인권 감수성(느낄 感 받을 受 성질 性)
일상생활에서 인권 문제를 인식하고 그와 관련된 행동이 미칠 영향을 성찰하며 인권 문제를 해결하려는 의식을 가지는 것이다.

연소 근로자
근로 기준법상 15세 이상 18세 미만으로서 근로에 종사하는 자를 말한다.

❷ 세계 인권 문제의 양상과 해결 방안

(1) 세계 인권 문제의 양상

① 빈곤 〔자료 2〕

인권 지수	세계 기아 지수: 영양 결핍 인구, 발육 부진 아동, 영유아 사망률 등을 기준으로 측정함.
실태	기아 수준이 위험한 국가들은 잇따른 자연재해로 식량 생산이 어렵거나 민주주의가 정착되지 못하고 잦은 내전으로 평화로운 삶이 유지되지 못함.

② 성차별

인권 지수	• 성 격차 지수: 경제 참여 기회, 교육적 성취, 정치적 권한 등의 차이를 기준으로 측정함. • 성 불평등 지수: 모성 사망비, 중등 이상 교육 인구 비율, 경제 활동 참가율 등을 기준으로 측정함.
실태	남녀 차별이 심한 국가들은 대체로 종교나 관습, 사회 구조와 편견 등에 의한 여성 차별 관행이 남아 있는 경우가 많음.

인권 지수는 그 나라의 인권 실태를 실제로 정확하게 나타내 주나요?

그렇지 않다. 세계 경제 포럼(WEF)이 발표한 '성 격차 지수(2022)'에서 한국은 146개국 중 99위로 하위권에 머물렀다. 반면 국제 연합 개발 계획(UNDP)이 발표한 '성 불평등 지수(2022)'에서는 191개국 중 15위를 기록하였다. 같은 성평등 통계인데 이렇게 차이가 큰 이유는 지표의 차이 때문이다. 성 격차 지수는 남녀 임금 격차, 출생 성비, 고위직 여성 비율, 기대 수명 등이 포함되지만 성 불평등 지수는 모성 사망비, 중등 이상 교육 인구 비율, 경제 활동 참가율 등을 지표로 쓴다. 따라서 여성의 임금이 남성보다 낮으면 성 격차 지수에는 반영되지만 성 불평등 지수에는 반영되지 않으므로 성 불평등 지수는 상위권이지만 성 격차 지수는 하위권이 될 수 있다. 결국 계량적인 인권 지수를 볼 때는 어떠한 지표가 반영되었는지 살펴보면서 그 나라의 인권 수준을 이해해야 한다.

③ 아동 인권 침해 〔자료 3〕

인권 지수	국제 아동 권리 지표: 국제 연합(UN) 아동 권리 협약을 비준한 국가들을 대상으로 생존권, 건강할 권리, 교육받을 권리, 보호받을 권리 등을 기준으로 측정함.
실태	아동 인권이 위협받는 국가들은 대체로 척박한 자연환경과 빈곤, 내전 등으로 아동이 생존을 위해 과중한 노동을 하고 학교 교육이나 적절한 보호를 받지 못하는 경우가 많음.

(2) 세계 인권 문제의 해결 방안

국제적 차원	• 국제 사회의 다양한 행위 주체가 각국의 인권 상황을 파악하고 문제 해결을 위해 적극적으로 나서야 함. • 국제 연합 인권 이사회(UNHRC), 국제 연합 아동 기금(UNICEF), 국제 연합 개발 계획(UNDP) 등의 기구를 통해 각국의 인권 상황을 파악하고 인권 침해 해결에 노력함. • 국제 사면 위원회, 국경 없는 의사회 등과 같은 국제 비정부 기구도 인권 문제 해결을 위해 노력함.
국가적 차원	• 다양한 국제기구의 인권 보장 노력을 지원하는 등 국제적 연대에 동참해야 함. • 빈곤이나 차별 등의 문제를 겪고 있는 나라에 경제적 지원 등을 할 수 있음.
개인적 차원	세계시민 의식을 가지고 세계 인권 문제 해결을 위해 노력해야 함.

〔자료 2〕 세계 기아 지수

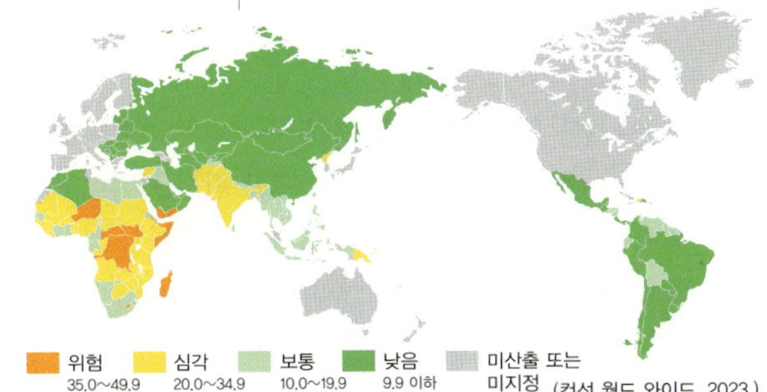

(컨선 월드 와이드, 2023.)

세계 기아 지수(GHI)는 영양 결핍 인구, 발육 부진 아동, 영유아 사망률 등을 기준으로 측정한다. 이에 따르면 예멘, 중앙아프리카 공화국, 콩고 민주 공화국 등은 '위험' 수준의 굶주림을 겪고 있다. 아프가니스탄, 파키스탄, 인도, 아이티 등은 '심각' 수준의 굶주림 상태에 있는 것으로 나타났다.

〔자료 3〕 국제 아동 권리 지표

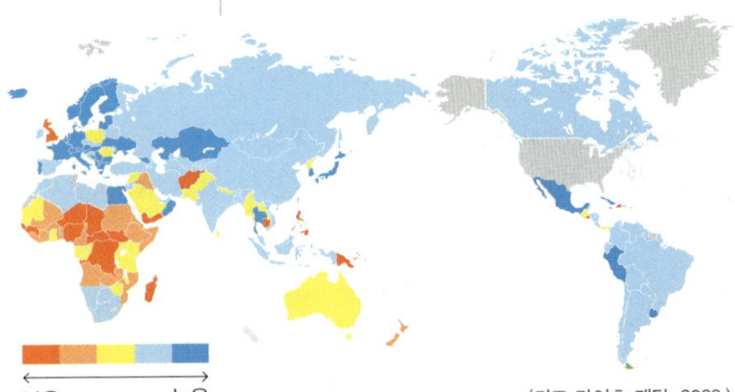

(키즈 라이츠 재단, 2022.)

지도에서 빨간색으로 표시된 국가들은 아동 인권이 심각하게 위협받는 국가들이다.

용어 알기

국제 비정부 기구
국경을 넘어 활동하는 시민 개개인 또는 민간 단체들에 의해 조직된 국제적 기구를 말한다.

세계시민 의식
스스로를 지구 공동체의 구성원으로 여기고 세계적 문제에 관한 책임감을 바탕으로 다양한 문화와 배경을 가진 사람들과 더불어 살아가려는 가치와 태도이다.

01 빈칸에 들어갈 알맞은 말을 쓰시오.

정답 38쪽

(1) ☐☐☐☐☐☐은/는 한 사회에서 신체적 또는 문화적 특징 때문에 다른 구성원에게 차별을 받으며 스스로 차별받는 집단에 속해 있다는 의식을 가진 사람이다.

(2) 사회 구성원은 사회적 소수자에 대한 편견을 버리고 사회적 소수자가 겪는 고통에 공감하며 배려하는 ☐☐☐을/를 지녀야 한다.

(3) 오늘날 ☐☐☐☐☐은/는 국제 연합 인권 이사회(UNHRC)를 비롯하여 국제 연합 아동 기금(UNICEF), 국제 연합 개발 계획(UNDP) 등의 기구를 통해 각국의 인권 상황을 파악하고, 인권 침해가 심각한 나라나 분야에 적극적으로 개입하고 있다.

02 다음 내용이 옳으면 ○표, 틀리면 ×표를 하시오.

(1) 사용자는 근로 시간이 4시간인 경우에는 30분 이상의 휴게 시간을 근로 시간 도중에 주어야 한다. (　　)

(2) 친권자나 후견인은 미성년자의 근로 계약을 대리할 수 있다. (　　)

(3) 15세 이상 18세 미만인 자의 근로 시간은 하루에 8시간, 일주일에 40시간을 초과하지 못한다. (　　)

(4) 18세 미만인 자는 근로 계약 체결 시 친권자(또는 후견인) 동의서가 필요하다. (　　)

03 다음 설명에 해당하는 개념을 보기 에서 고르시오.

> 보기
>
> ㄱ. 세계 기아 지수　　　ㄴ. 성 격차 지수
> ㄷ. 성 불평등 지수　　　ㄹ. 국제 아동 권리 지표

(1) 세계 경제 포럼(WEF)에서 성별 간의 차이를 나타내는 지표로서 남녀의 노동 참여 비율, 교육 성취 비율 등을 기준으로 측정한다. (　　)

(2) 영양 결핍 인구, 발육 부진 아동, 영유아 사망률 등을 기준으로 측정한다. (　　)

(3) 모성 사망비, 중등 이상 교육 인구 비율, 경제 활동 참가율 등을 기준으로 측정한다. (　　)

(4) 국제 연합(UN) 아동 권리 협약을 비준한 185개국을 대상으로 생존권, 건강할 권리, 교육받을 권리, 보호받을 권리, 아동 권리를 위한 환경을 기준으로 측정한다. (　　)

▶ 242017-0191

01 A에 대한 설명으로 옳지 <u>않은</u> 것은?

> A는 성별, 연령, 인종, 종교, 장애 등을 이유로 다른 사회 구성원으로부터 소외와 차별을 받는 사람을 일컫는다.

① 구성원의 수가 적어야 한다.
② 정치·경제·사회적 권력에서 열세에 있다.
③ 신체 또는 문화적으로 구별되는 특징이 있다.
④ 그 집단 구성원이라는 이유로 사회적 차별을 받는다.
⑤ 자기가 차별받는 집단의 구성원이라는 점을 느끼고 있다.

▶ 242017-0192

02 다음은 ○○ 회사의 신입 사원 모집 요강이다. 밑줄 친 ㉠~㉢ 중 불합리한 차별이라고 보기 <u>어려운</u> 것은?

> ◆ 모집 분야: ○○ 회사 세무 회계직
> ◆ 채용 인원: 남자 10명, 여자 10명
> ◆ 응시 자격
> 　- ㉠ 2000년 1월 1일 이후 출생자
> 　- ㉡ 세무 회계 관련 자격증을 갖춘 자
> 　- ㉢ 남자의 경우 현역 군복무를 마친 자
> 　- ㉣ 본인 및 부모가 이주 외국인이 아닌 자
> 　- ㉤ 여성의 경우 미혼이면서 용모 단정한 자
> ◆ 전형 방법: 서류 전형, 면접 전형

① ㉠　　② ㉡　　③ ㉢　　④ ㉣　　⑤ ㉤

▶ 242017-0193

03 다음 사례에서 강조하는 사회적 소수자 차별 문제에 대한 해결 방안으로 가장 적절한 것은?

> 청각 장애인 갑은 인터넷을 통해 커피숍 아르바이트에 지원하였다. 갑은 채용 통보를 받고 출근했는데, 사장은 갑이 청각 장애인임을 알고 즉시 해고하였다. 갑은 커피 제조와 관련된 자격증도 있었지만 사장은 손님들이 싫어할 것이라는 막연한 이유로 해고하였다.

① 사회적 소수자의 채용을 강제해야 한다.
② 사회적 소수자의 대상 범위를 줄여야 한다.
③ 사회적 소수자에 대한 편견을 버려야 한다.
④ 사회적 소수자를 주류 사회에 동화시켜야 한다.
⑤ 사회적 소수자 스스로 능력 증진에 노력해야 한다.

▶ 242017-0194

04 밑줄 친 ㉠~㉣에 대한 옳은 설명만을 보기 에서 고른 것은? (단, 갑은 17세로서 고등학생임.)

> 갑: 나 이번 겨울 방학에 ㉠편의점에서 아르바이트하기로 계약했어.
> 을: 근로 시간은 어떻게 돼?
> 갑: ㉡오전 10시에 출근해서 오후 4시에 퇴근해. 바쁘면 ㉢연장 근로도 할 수 있대.
> 을: 월급은 어느 정도야?
> 갑: 최저 임금보다 훨씬 높아. 다만 ㉣월급은 부모님 통장으로 입금된대.

보기

> ㄱ. ㉠은 갑의 부모가 계약해야 한다.
> ㄴ. ㉡에서 휴게 시간은 30분 이상이어야 한다.
> ㄷ. ㉢은 하루 1시간 이내에서 가능하다.
> ㄹ. ㉣은 갑이 미성년자이기 때문이다.

① ㄱ, ㄴ ② ㄱ, ㄷ ③ ㄴ, ㄷ
④ ㄴ, ㄹ ⑤ ㄷ, ㄹ

▶ 242017-0195

05 교사의 질문에 틀리게 답변한 학생은?

> 교사: 사회적 소수자에 대한 부당한 차별은 인간 존엄성을 해치고 사회적 갈등을 일으킵니다. 여러분 주위에서 사회적 소수자에 대한 차별을 목격한 사례를 말해보세요.
> 갑: 옆집 할아버지는 나이가 많다고 재취업의 면접 기회조차 얻지 못했어요.
> 을: 저의 사촌 형은 관련 자격증이 없다는 이유로 입사 시험에서 불합격했어요.
> 병: 아래층 아저씨는 다리가 조금 불편할 뿐인데 면접 시험에서 자꾸 떨어져요.
> 정: 우리 누나는 여자라는 이유로 입사 동기 남자 직원보다 승진이 늦어지고 있어요.
> 무: 뉴스에서 보니 이주 외국인 근로자들이 내국인 근로자들에 비해 훨씬 낮은 임금을 받고 있어요.

① 갑 ② 을 ③ 병 ④ 정 ⑤ 무

▶ 242017-0196

06 ㉠, ㉡에 들어갈 알맞은 말을 쓰시오.

> 청소년은 경제적 · 사회적 · 신체적 약자이므로 청소년의 근로는 (㉠), 청소년 보호법 등에서 특별히 보호하고 있으나 청소년이 노동권을 침해당하는 문제가 종종 발생한다. (㉡)을/를 작성하지 않은 경우, 임금을 제때 받지 못한 경우 등 청소년의 노동권 침해 사례는 다양하다.

㉠: (   ) ㉡: (   )

▶ 242017-0197

07 다음 자료에 대한 분석으로 옳지 않은 것은?

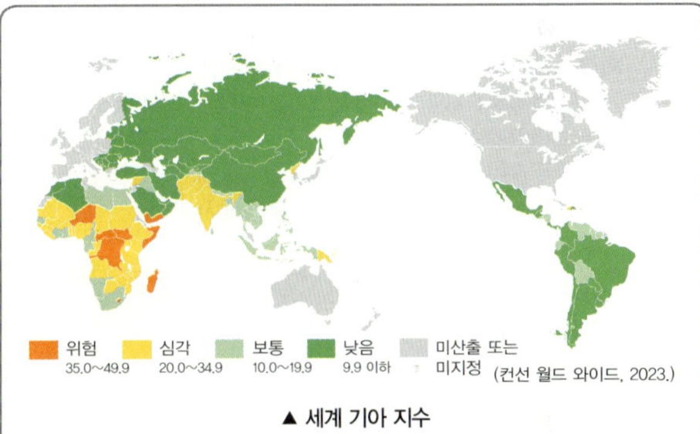

▲ 세계 기아 지수

세계 기아 지수(GHI)는 영양 결핍 인구, 발육 부진 아동, 영유아 사망률 등을 기준으로 측정한다.

① 세계 각국의 빈곤 정도를 알 수 있는 지표이다.
② 기아 수준이 위험한 국가들은 아프리카 지역에 많다.
③ 자연환경이 대체로 열악한 지역의 빈곤 정도가 높다.
④ 미국, 호주가 중국이나 러시아보다 빈곤 정도가 높다.
⑤ 국제적인 연대를 통해 해결 방안을 모색할 필요가 있다.

▶ 242017-0198

08 다음 글에 나타난 문제의 원인으로 가장 적절한 것은?

> 전 세계적으로 1억 6천만 명의 아동이 학교 교육 대신 노동을 강요받고 있다. 이 중 7천 9백만 명의 아동은 건설 현장, 광산, 채석장 같은 위험한 곳에서 일하고 있다. 아동 노동의 40.7%는 세계 최빈국에 집중되어 있다.

① 종교적 관습 ② 빈곤의 심화
③ 국가 권력의 남용 ④ 정치적 표현의 자유 억압
⑤ 다양한 인종이나 계층 간의 갈등

오늘날 우리가 누리는 인권은 저절로 얻어진 것이 아닙니다. 많은 사람들의 끊임없는 저항과 투쟁이 이어져 왔고, 그 과정에서 인권은 더욱 발전해 왔습니다. 인권이 어떤 과정을 거쳐 발달해 왔고, 또 그 결과 나타난 인권 선언은 어떤 내용을 담고 있는지 알아보겠습니다.

프랑스 혁명	산업 혁명	두 차례의 세계 대전
 프랑스에서 일어난 시민 혁명으로 구제도의 모순에 반발한 시민 계급이 주도하였다.	 자본주의가 발달하면서 아이들은 급여도 제대로 받지 못한 채 장시간 공장에서 일을 하였다.	 인류는 두 차례의 세계 대전을 겪으며 인간의 존엄성을 위협받는 상황을 경험하였다.
↓	↓	↓
프랑스 인권 선언(1789년)	독일 바이마르 헌법(1919년)	세계 인권 선언(1948년)
제1조　인간은 태어나면서부터 자유로우며 평등한 권리를 가진다. 제2조　모든 정치적 결사의 목적은 자유, 재산, 안전, 압제에의 저항 등 인간의 소멸될 수 없는 권리를 보전함에 있다. 제3조　주권은 국민에게 있다. 어떠한 단체나 개인도 국민으로부터 유래하지 않은 권리를 행사할 수 없다.	제151조　① 경제생활의 질서는 모든 사람에게 인간다운 생활을 보장할 것을 목적으로 하는 정의의 원칙에 기초하여야 한다. … (후략) … 제163조　② 모든 국민은 노동할 기회가 주어진다. 적절한 일자리를 제공받지 못한 국민은 필요한 생계비를 지원받을 수 있다.	제1조　모든 사람은 태어날 때부터 자유롭고, 존엄하며 평등하다. 모든 사람은 이성과 양심을 가지고 있으므로 서로에게 형제애의 정신으로 대해야 한다. 제28조　모든 사람은 이 선언에 규정된 권리와 자유가 완전히 실현될 수 있도록 사회적, 국제적 질서에 대한 권리를 가진다.

　신분 제도의 모순에 분노한 프랑스 시민들이 혁명을 일으켜 자유와 평등의 이념을 중심으로 인권 선언을 발표하였습니다. 프랑스 인권 선언은 인간과 시민의 권리 선언이라는 이름으로 발표되었으며 자유, 평등, 저항권 사상, 국민 주권주의가 포함되어 있습니다. 18세기 산업 혁명 이후 경제가 급속히 성장하면서 물질적으로는 풍요로워졌지만 노동자를 비롯한 사회적 약자는 열악한 노동 환경, 빈부 격차 등의 이유로 최소한의 인간다운 생활조차 하기 어려운 경우가 많았습니다. 시민은 국가가 적극적으로 사회적 약자를 포함한 모든 사람의 기본적인 생존을 보장해 달라고 요구하였습니다. 이에 따라 독일 바이마르 헌법에 모든 국민이 최소한의 인간다운 생활을 보장받아야 한다는 사회권이 처음으로 명시되었습니다. 21세기에는 두 차례의 세계 대전을 겪으며 세계 각국의 시민은 인권 문제를 해결하기 위해 인류 공동의 노력이 필요하다는 공감대를 갖게 되었습니다. 이에 따라 1948년 국제 연합(UN) 총회에서는 인권 보장의 국제적 기준인 세계 인권 선언을 발표하였습니다.

Q&A

1 프랑스 혁명의 계기가 된 신분 제도의 모순이란 어떤 것인가?

혁명이 일어나기 전 프랑스 사회는 철저한 신분제 사회였다. 제1신분인 성직자와 제2신분인 귀족은 토지와 재산을 소유하면서도 면세 특권을 비롯한 여러 가지 혜택을 누리고 있었지만 제3신분인 평민은 정치 참여가 매우 어려웠으며 무거운 경제적 부담에 시달렸다.

2 프랑스 인권 선언, 독일 바이마르 헌법, 세계 인권 선언은 인권의 3세대론에 비추어 각각 어떤 특징을 갖고 있는가?

프랑스 인권 선언은 자유권과 평등권을 강조한 1세대 인권, 독일 바이마르 헌법은 사회권을 강조한 2세대 인권, 세계 인권 선언은 연대권을 강조한 3세대 인권에 해당하는 내용을 담은 대표적인 문서이다.

통합사회 2

국가 권력이 한 개인이나 일부 집단에 집중되면 권력이 남용되기 쉬워 국민의 자유와 권리를 침해할 수 있습니다. 우리 헌법에서는 국회, 정부, 법원에 각각 입법권, 행정권, 사법권을 부여하고 권력이 남용되지 않도록 다양한 상호 견제 장치를 두고 있습니다.

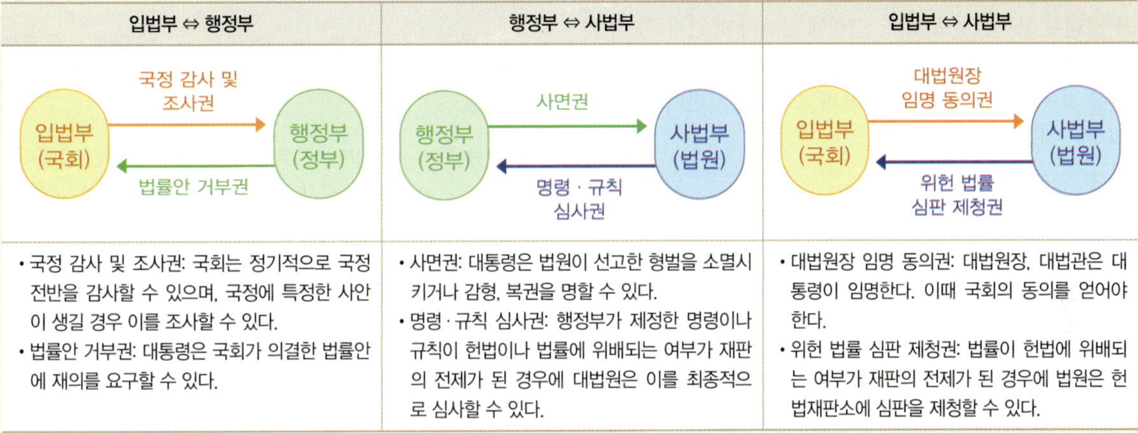

입법부 ⇔ 행정부	행정부 ⇔ 사법부	입법부 ⇔ 사법부
• 국정 감사 및 조사권: 국회는 정기적으로 국정 전반을 감사할 수 있으며, 국정에 특정한 사안이 생길 경우 이를 조사할 수 있다. • 법률안 거부권: 대통령은 국회가 의결한 법률안에 재의를 요구할 수 있다.	• 사면권: 대통령은 법원이 선고한 형벌을 소멸시키거나 감형, 복권을 명할 수 있다. • 명령·규칙 심사권: 행정부가 제정한 명령이나 규칙이 헌법이나 법률에 위배되는 여부가 재판의 전제가 된 경우에 대법원은 이를 최종적으로 심사할 수 있다.	• 대법원장 임명 동의권: 대법원장, 대법관은 대통령이 임명한다. 이때 국회의 동의를 얻어야 한다. • 위헌 법률 심판 제청권: 법률이 헌법에 위배되는 여부가 재판의 전제가 된 경우에 법원은 헌법재판소에 심판을 제청할 수 있다.

우리나라는 입법권은 국회에, 행정권은 정부에, 사법권은 법원에 속하도록 하는 삼권 분립주의를 헌법에 규정하고 있습니다. 삼권 분립은 어느 한 기관에 권력이 집중되는 것을 방지하여 국민의 기본권을 보장하기 위한 것으로, 각 기관 간의 권력 남용을 억제하기 위한 견제 장치를 마련하고 있습니다. 예를 들어 국회는 행정부의 국정 수행이나 예산 집행 등 국정 전반에 관해 국정 감사를 할 권한을 가지며, 정부는 국회에 법률안 거부권을 행사할 수 있습니다.

Q&A

1 입법부가 행정부를 견제하는 수단에는 어떤 것들이 있는가?

우리나라에서 입법부는 국회, 행정부는 대통령을 중심으로 하는 정부에 해당한다. 국회는 국정 감사권과 조사권을 통해 행정부를 견제한다. 또한 대통령이 헌법 기관을 임명할 때 국회의 동의를 받도록 함으로써 국회는 행정부를 견제한다. 이외에도 계엄 선포 시 국회의 동의를 받도록 하며, 긴급 명령을 발할 경우에는 국회의 사후 승인을 얻도록 함으로써 행정부를 견제한다.

2 국가 기관 간 권력 분립과 견제를 해야 하는 궁극적인 이유는 무엇인가?

만일 어느 국가 기관이 모든 권력을 갖고 있으면 권력 남용으로 치닫게 되어 국민의 인권이 침해되기 쉽다. 따라서 국가 기관 간 권력을 분립하고 서로 견제함으로써 권력 남용을 막아 국민의 인권을 보장할 수 있다.

대단원 종합 문제

▶ 242017-0199

01 밑줄 친 '이것'에 대한 설명으로 옳지 <u>않은</u> 것은?

> 근대 이전 서구 사회에서는 일부 특권층을 제외한 대다수의 사람들이 정치에 참여할 수 없었고, 신체적·경제적 자유를 제대로 보장받지 못했다. 근대에 들어와 봉건적 신분제에 의한 차별과 절대 군주의 억압에 맞서 시민의 자유와 권리를 요구하는 <u>이것</u>이 일어났으며, 그 결과 시민의 권리를 명시한 선언이 발표되었다.

① 영국은 의회 정치가 자리 잡는 계기가 되었다.
② 인간 존엄, 자유와 평등을 천부 인권으로 인식하였다.
③ 미국은 독립 전쟁의 형태로 이것을 경험하게 되었다.
④ 이것을 통해 모든 사람이 정치에 참여할 수 있게 되었다.
⑤ 인간 이성에 대한 신뢰를 바탕으로 한 사상이 기반이 되었다.

▶ 242017-0200

02 인권 관련 문서 (가), (나)에 대한 설명으로 옳은 것은?

(가)	(나)
제1조 인간은 태어나면서부터 자유롭고 평등하다. 제2조 모든 정치적 결사의 목적은 인간의 자연적이고 소멸될 수 없는 권리를 보전함에 있다. 그 권리란 자유, 재산, 안전, 그리고 압제에의 저항 등이다. 제3조 모든 주권의 원리는 본질적으로 국민에게 있다. 　　　　－ 프랑스 인권 선언 －	제151조 ① 경제생활의 질서는 모든 사람에게 인간다운 생활을 보장할 것을 목적으로 하는 정의의 원칙에 기초하여야 한다. … (후략) … 제163조 ② 모든 국민은 노동할 기회가 주어진다. 적절한 일자리를 제공받지 못한 국민은 필요한 생계비를 지원받을 수 있다. 　　　　－ 독일 바이마르 헌법 －

① (가)는 자유권을, (나)는 사회권을 강조한다.
② (가)와 달리 (나)는 인간 존엄성을 기초로 하고 있다.
③ (나)와 달리 (가)는 국가의 적극적인 개입을 요구한다.
④ (가)와 (나)는 모두 시민 혁명의 결과 탄생하였다.
⑤ (가)와 (나)에서 강조한 권리는 모두 1세대 인권에 해당한다.

▶ 242017-0201

03 (가)~(마)는 인권 발달 과정에서 나타난 사건 또는 문서이다. 이에 대한 설명으로 옳은 것은?

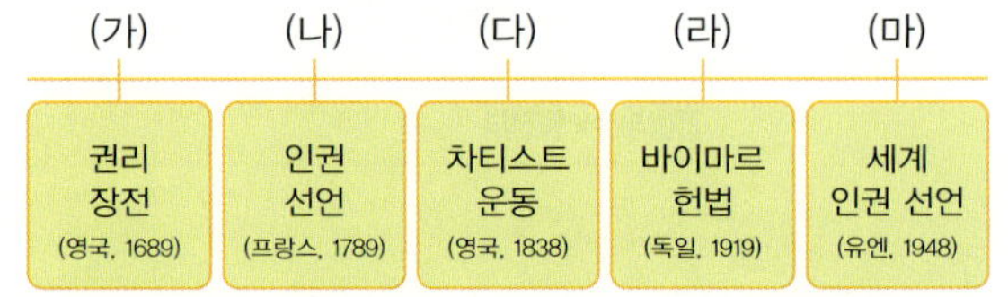

① (가)에서는 연대권이 주요한 인권으로 강조되었다.
② (나)는 사회권을 처음으로 국민의 기본권에 포함시켰다.
③ (다)는 여성의 참정권 보장이 핵심적인 요구 사항이었다.
④ (라)는 최초로 자유와 평등을 국민의 권리로 명시하였다.
⑤ (마)는 인권 보장의 국제적 기준을 제시하였다.

▶ 242017-0202

04 다음은 현대 사회에서 강조되고 있는 인권 관련 사례이다. 이에 대한 옳은 설명만을 보기 에서 고른 것은?

- 갑은 퇴근 중 지하철에서 갑자기 쓰러져 의식을 잃었으나 119 구급대의 신속한 출동으로 안전하게 구조되었다.
- 을은 정부가 청년들을 위한 전세 대출 정책 덕분에 저렴한 가격으로 전세 아파트에 입주할 수 있었다.

보기

ㄱ. 갑의 권리는 개인의 철저한 안전 수칙 이행을 필요로 한다.
ㄴ. 을의 권리는 인구의 도시 집중으로 그 필요성이 강조되고 있다.
ㄷ. 갑의 권리는 을의 권리와 달리 다문화 사회의 도래와 함께 나타난 것이다.
ㄹ. 갑의 권리와 을의 권리는 모두 시민 혁명에서부터 강조되었다.

① ㄱ, ㄴ　　　② ㄱ, ㄷ　　　③ ㄴ, ㄷ
④ ㄴ, ㄹ　　　⑤ ㄷ, ㄹ

05 (가), (나)에 대한 옳은 설명만을 보기 에서 고른 것은? (단, (가)와 (나)는 각각 자유권과 사회권 중 하나임.)

침해된 기본권	(가)	(나)
사례	갑은 치료를 위해 병원에 갔으나 전산 오류로 인해 건강 보험 혜택을 받지 못하고 치료비 전액을 납부하였다.	을은 얼마 전 발생한 강도 사건에서 용의자와 용모가 비슷하다는 이유로 법관이 발부한 영장도 없이 체포되었다.

보기

ㄱ. (가)는 다른 기본권이 침해되었을 때 그 권리 구제를 위해 요구되는 권리이다.
ㄴ. (나)는 현대 복지 국가에서부터 강조되었다.
ㄷ. (가)는 (나)와 달리 국가의 적극적인 개입에 의해 보장된다.
ㄹ. (가)와 (나)는 모두 필요한 경우에는 법률로써 제한이 가능하다.

① ㄱ, ㄴ ② ㄱ, ㄷ ③ ㄴ, ㄷ ④ ㄴ, ㄹ ⑤ ㄷ, ㄹ

▶ 242017-0204

06 ㉠, ㉡에 들어갈 알맞은 용어를 쓰시오.

(㉠) 심판은 헌법상 보장된 국민의 기본권을 국가 기관이 부당하게 침해하였는지를 심판하는 것이다. 기본권을 침해받은 국민은 국가 권력의 행위가 헌법에 위반되는지를 판단해줄 것을 (㉡)에 요청할 수 있다.

㉠: (   )   ㉡: (   )

▶ 242017-0205

07 다음 갑과 을의 대화를 통해 내릴 수 있는 결론으로 가장 적절한 것은?

갑: 탐정이 되어 사건을 해결하고 싶은데, 관련 법이 없다며 안 된다고 하네.
을: 아프리카를 여행하고 왔는데, 풍토병이 의심된다며 국가가 강제로 10일간 격리시켰어.

① 기본권은 절대적 권리이다.
② 자유권은 내국인에게만 보장된다.
③ 인권을 보장하면 사회 정의가 실현된다.
④ 기본권은 필요한 경우에 제한할 수 있다.
⑤ 기본권 침해 시 구제 절차를 밟아야 한다.

▶ 242017-0206

08 교사가 수업 시간을 통해 다음 사례를 제시하였다. 수업 주제로 가장 적절한 것은?

△△대 주변은 비만 오면 사람들의 우산이 맞물려 아수라장이 되었다. 그러나 몇 달 후면 어른 두 명이 겨우 지나갈 수 있는 △△대 주변 통학로가 넓어진다. △△대 학생 6명이 전문가의 자문을 받아 차도를 줄이는 대신, 통학로를 넓히는 아이디어를 제안하였고, 주민들과 함께 2년에 걸쳐 구청을 설득한 결과 관할 구청이 이를 받아들인 것이다.

① 시민 참여의 중요성에 대해 설명해 보자.
② 자연재해로 인한 피해 사례를 조사해 보자.
③ 준법 의식과 사회 발전의 관계를 알아보자.
④ 지방 자치 단체의 역할에 대해 토의해 보자.
⑤ 지역 이기주의의 문제점에 대해 조사해 보자.

▶ 242017-0207

09 다음 사상가의 주장에 대해 긍정의 대답을 할 질문만을 보기 에서 고른 것은?

시민불복종은 그것이 비록 법의 바깥 경계선에 있는 것이기는 하지만 법에 대한 충실성의 한계 내에서 법에 대한 불복종을 나타냅니다. 그 법을 어기기는 하지만 법에 대한 충실성은 그 행위의 공공적이고 비폭력적인 성격과 그 행위의 법적인 결과를 받아들이겠다는 의지입니다.

보기

ㄱ. 부당한 법에 저항할 경우 평화적인 방법을 사용해야 하는가?
ㄴ. 부당한 법을 집행하는 정부가 내리는 처벌을 거부해야 하는가?
ㄷ. 사회적 다수에 의해 공유된 정의관이 불복종의 기준이 되어야 하는가?
ㄹ. 시민불복종은 소수의 엘리트를 중심으로 비밀리에 진행되어야 하는가?

① ㄱ, ㄴ ② ㄱ, ㄷ ③ ㄴ, ㄷ ④ ㄴ, ㄹ ⑤ ㄷ, ㄹ

▶ 242017-0208

10 다음 글을 통해 내릴 수 있는 결론으로 가장 적절한 것은?

> 여성인 갑은 A회사에 근무할 때 업무 능력이 뛰어났으나 여성에게는 중요한 일을 맡기지 않는 회사의 관행으로 한동안 불이익을 받았다. 여성 직원이 압도적으로 많았지만 중요한 일은 남성 직원이 맡았으며 여성 직원들은 여자라는 이유로 사회적 소수자로 차별받았다. 얼마 후 갑은 B회사로 옮겼다. B회사는 남성 직원이 압도적으로 많았으나 양성평등 인식이 정착되어 있었으며, 업무 능력만을 기준으로 사람을 평가하였다. 갑은 B회사에서 업무 능력을 인정받아 활기차게 생활하고 있다.

① 사회적 소수자가 되는 기준은 상대적이다.
② 사회적 소수자는 수적으로 열세에 놓인 집단이다.
③ 성별에 따라 업무가 구분되어야 효율성이 높아진다.
④ 사회적 소수자에 대한 차별은 사회적 관행으로 인정되어야 한다.
⑤ 여성 스스로 사회적 소수자 집단에서 벗어나려고 노력해야 한다.

▶ 242017-0209

11 다음 글을 바탕으로 제시할 수 있는 장애인 차별 해소 방안으로 가장 적절한 것은?

> 최근 대기업의 계열사들이 3년 연속 '장애인 의무 고용 저조 기업 명단'에 이름을 올렸다. 3년 이상 장애인을 1명도 고용하지 않은 곳은 11곳이었는데, ◇◇사를 비롯한 3곳은 10년 동안 한 명도 고용하지 않은 것으로 조사되었다. 이러한 기업들은 장애인을 고용하여 교육하는 과정에서 지출하는 비용이 장애인을 고용하지 않고 내는 부담금보다 많기 때문에 차라리 법 위반에 따른 부담금을 내는 편을 택하고 있다.

① 장애인의 의무 고용 비율을 줄여야 한다.
② 장애인이 적성에 맞는 일자리를 찾을 수 있도록 지원해야 한다.
③ 장애인을 고용하지 않을 경우 내는 부담금을 경감해야 한다.
④ 장애인 고용에 따른 기업의 부담을 줄이는 방안을 강구해야 한다.
⑤ 장애인 의무 고용에 따른 비장애인의 역차별 문제를 해소해야 한다.

▶ 242017-0210

12 다음 법률 상담에서 <u>틀린</u> 내용의 댓글을 단 사람은?

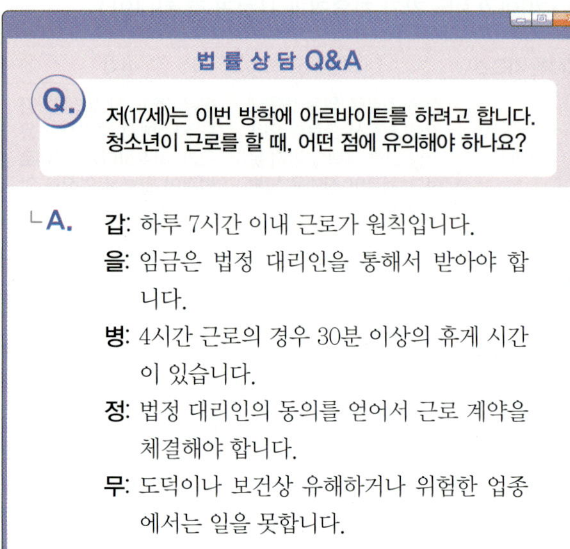

① 갑　　② 을　　③ 병　　④ 정　　⑤ 무

▶ 242017-0211

13 다음 자료에 대한 분석으로 가장 적절한 것은?

> 필리핀 정부는 최근 한국으로부터 쌀 4백 톤을 받았다고 밝혔다. 쌀은 홍수와 산사태로 피해를 본 만여 가구에 배포될 예정이다. 한국 정부의 쌀 기부는 식량 안보 강화, 빈곤 완화, 영양실조 근절을 목표로 아세안 국가 간의 지역 협력인 '아세안+3 비상 쌀 비축 프로그램'에 따른 것이다. 한국은 대외 경제 협력 기금(EDCF)과 한국 국제 협력단(KOICA)을 통해 공적 개발 원조(ODA)를 필리핀에 제공하고 있다. 한국은 필리핀에 여섯 번째로 많이 원조를 하는 국가이다.

① 국제 인권 문제에 대한 국가 차원의 실천 방안이다.
② 개인적 차원에서 세계시민 의식을 통한 해결 방안이다.
③ 국제적인 빈곤 문제에 대한 국제 비정부 기구의 노력이다.
④ 국제 연합이 주체가 되어 국가 간 협력으로 이루어지는 해외 원조이다.
⑤ 빈곤은 해당 국가가 스스로 해결해야 할 인권 문제임을 전제로 하고 있다.

미리보는 서술형·논술형

Step 1 서술형 연습하기 ▶ 242017-0212

다음 글에 나타난 현대 사회의 인권을 쓰고, 이 인권이 오늘날 강조되고 있는 배경을 서술하시오.

> 기존 도심 내 주택을 국가가 사들여 청년, 신혼부부, 고령자 등을 대상으로 공급하는 매입 임대 주택이 주거 약자의 든든한 주거 안전망으로 자리를 잡아 가고 있다. 매입 임대 주택은 신혼부부에게 필요한 아이 돌봄 시설, 청년이 선호하는 운동 시설, 고령자·장애인에게 필요한 각종 편의 시설 등을 갖추고 있다. 최근에는 전세 사기 피해자 임시 거주지로 활용하는 등 사회적 안전망 역할도 하고 있다.

답 완성하기 윗 글에서 정부의 매입 임대 주택이 주거 약자의 주거 안전망으로 자리를 잡아가고 있다고 했으므로 (   )을/를 강조하고 있다. 오늘날 (   )(으)로 인구가 집중하면서 주택이 부족해지고 각종 개발 사업이나 주거비 증가 등으로 (   )한 주거 생활을 하는 사람이 많다. 이에 쾌적하고 안정적인 (   ) 환경에서 인간다운 주거 생활을 할 권리인 (   )이/가 강조되고 있다.

Step 2 서술형 훈련하기 ▶ 242017-0213

다음 사례에서 강조하는 내용을 시민 참여의 역할과 관련지어 서술하시오.

> ○○시가 추진하는 ◇◇ 관광 정책에 시민의 찬반 여론이 엇갈리자 ○○시는 주민 투표를 실시하였다. 그러나 정작 투표일에 투표하는 주민은 찾아보기 어려웠고, 투표율이 너무 낮아 ◇◇ 관광 정책 추진은 무산되었다.

Step 3 논술형 도전하기 ▶ 242017-0214

다음 글을 읽고 성 격차 지수와 성 불평등 지수가 같은 성평등 통계인데 이렇게 차이가 큰 까닭을 근거를 들어 서술하고, 이와 관련하여 인권 지수를 살펴볼 때 유의할 점을 300자 이내로 논술하시오.

> 세계 경제 포럼(WEF)이 발표한 '성 격차 지수(2022)'에서 한국은 146개국 중 99위로 하위권에 머물렀다. 반면 국제 연합 개발 계획(UNDP)이 발표한 '성 불평등 지수(2022)'에서는 191개국 중 15위를 기록하였다. 뉴질랜드의 성 격차 지수는 4위, 성 불평등 지수는 25위였다. 성 격차 지수는 남녀 임금 격차, 출생 성비, 고위직 여성 비율, 기대 수명 등이 포함되지만 성 불평등 지수는 모성 사망비, 중등 이상 교육 인구 비율, 경제 활동 참가율 등을 지표로 쓴다.

핵심 개념 | 인권 지수의 문제점
(1) 성 격차 지수 (2) 성 불평등 지수 (3) 국가의 인권 수준

01 정의의 의미와 실질적 기준

1 정의의 의미와 필요성

(1) 정의의 의미
① 사회적 대우나 보상, 처벌 등에 있어 마땅히 받을 몫을 공정하게 받는 것
② 사회적 이익이나 부담에 있어 받아야 할 만큼의 몫을 받는 것 또는 잘못한 만큼의 처벌을 받는 것

(2) 정의의 종류

분배적 정의	개인 또는 집단 사이에 사회적·경제적 자원을 분배하는 데 있어서의 공정함.
교정적 정의	개인이나 집단에 입힌 손해에 관한 처벌과 배상의 공정함.

자세히 살펴보기 | 아리스토텔레스는 정의를 어떻게 구분했을까요? | 자료 1

> • 법을 지키는 사람과 공정한 사람이 정의로운 사람일 것이라는 점은 명백하다. 그러므로 정의로운 것은 법을 지키는 것이며 공정한 것이고, 부정의한 것은 법을 어기는 것이며 공정하지 않은 것이다.
> • 당사자들이 동등함에도 동등하지 않은 몫을, 혹은 동등하지 않은 사람들이 동등한 몫을 분배받게 되면, 바로 거기서 싸움과 불평이 생겨난다. 또 이것은 가치(공적)에 따라 분배해야 한다는 생각을 중심으로 고려해 보더라도 분명하다.
> • 법은, 한 사람은 부정의를 행하고 다른 사람은 부정의를 당한 경우, 또 어떤 사람은 손해를 입히고 다른 사람은 손해를 입은 경우, 그 손해의 차이에만 주목하여 당사자들을 모두 동등한 사람으로 간주한다.

아리스토텔레스는 정의를 일반적 정의와 특수적 정의로 구분하고, 특수적 정의를 다시 분배적 정의와 교정적 정의로 구분하였다. 일반적 정의는 공익을 지향하는 법을 따르는 것이다. 특수적 정의는 공정한 것과 관련되는데, 그중 분배적 정의는 각 사람의 가치에 따라 분배하는 것이다. 또 교정적 정의는 타인에게 해를 끼쳤으면 그만큼 보상해 주고, 이익을 주었으면 그만큼 돌려받는 것이다.

(3) 정의의 필요성
① 사회생활에서 발생하는 갈등 조정
② 모든 사회 구성원의 인간다운 삶 보장

2 정의의 실질적 기준

(1) 분배적 정의의 실질적 기준
① 능력에 따른 분배

의미	어떤 목적을 달성하는 데 필요한 전문적 지식과 자질에 따라 분배하는 것
장점	• 개인의 성취동기를 높일 수 있음. • 개인이 지닌 잠재력을 실현하여 사회 발전에 이바지할 수 있음.
한계	• 타고난 재능이나 환경과 같은 우연적 요소가 개입될 수 있음. • 능력을 평가하는 정확한 기준을 마련하기 어려움.
사례	채용할 때 자격증 소지자, 경력자 등을 우대하는 경우

자료 1 아리스토텔레스(Aristoteles, B.C. 384~B.C. 322)

고대 그리스 철학자. 플라톤의 제자이며, 알렉산드로스 대왕의 스승으로 알려져 있다. 형이상학, 논리학, 정치학, 윤리학 등 다양한 주제로 책을 저술하였다.

✽ 분배적 정의의 실질적 기준이 필요한 이유

인간이 살아가려면 재화와 서비스, 소득, 기회, 지위 등 다양한 사회적·경제적 자원이 필요하다. 이러한 자원은 모든 사람의 욕구를 충족할 만큼 충분하지 못하여 사회적 갈등이 발생하기도 한다. 따라서 한정된 사회적·경제적 자원을 누구에게 얼마나 나누어 주어야 공정한지를 정하는 일이 중요하다.

✽ 능력에 따른 분배 비판

능력에 따른 분배를 비판하는 입장에서는 어떤 개인이 가진 재능은 자신의 노력이 아니라 행운의 결과이기 때문에, 행운에 따른 혜택이 자신에게 당연히 보장된다고 주장하는 것을 정당하지 못하다고 본다. 또한 어떤 개인이 지닌 재능을 후하게 보상하는 사회에 산다면 그것 역시 우연이며, 자신의 능력에 따른 당연한 결과가 아니라 행운의 결과라고 본다.

용어 알기

정의
개인 간의 올바른 도리. 또는 사회를 구성하고 유지하는 공정한 도리를 의미한다.

능력
일을 감당할 수 있는 힘을 의미한다.

② 업적에 따른 분배

의미	어떤 목적 달성에 이바지한 성과와 실적 정도에 따라 분배하는 것
장점	• 각자가 달성한 결과를 객관화·수량화할 수 있어 측정이 비교적 쉬움. • 주관적 편견을 배제하여 공정성을 확보할 수 있음. • 열심히 노력하려는 성취동기를 북돋아 생산성을 높일 수 있음.
한계	• 타고난 재능이나 환경과 같은 우연적 요소가 개입될 수 있음. • 사회적 약자에 대한 배려가 부족할 수 있음. • 업적을 쌓기 위한 과열 경쟁으로 사회적 갈등이 커질 우려가 있음.
사례	국제 대회에서 메달을 딴 운동선수에게 포상금을 제공하는 경우

③ 필요에 따른 분배

의미	인간의 기본적인 욕구 충족을 위한 우선순위에 따라 분배하는 것
장점	• 사회 구성원들이 인간다운 삶을 살아가는 데 필요한 최소한의 조건을 충족할 수 있음. • 기본적 필요를 충족하기 어려운 사회적 약자를 보호할 수 있음.
한계	• 어느 수준의 필요까지 충족해야 할지 결정하기 어려움. • 열심히 노력하여 업적을 쌓으려는 개인의 성취동기를 저해할 수 있음.
사례	• 장애가 있는 학생에게 대학 입학에 관한 혜택을 제공하는 경우 • 사회적 약자에게 생계비를 제공하는 경우

(2) 교정적 정의의 실질적 기준

① 응보에 따른 처벌(응보주의) [자료 2]

내용	• 범죄 행위에 상응하는 처벌을 가해야 함. • 자율적 존재인 인간은 스스로의 의지로 타인에게 해를 가하거나 공익을 침해하였다면 마땅히 그에 상응하는 처벌을 받아야 함.
한계	범죄 예방과 범죄자 교화에 상대적으로 무관심함.

② 예방을 위한 처벌(예방주의)

내용	• 범죄를 예방하여 사회 전체의 행복을 증진하기 위해 처벌을 해야 함. • 범죄자의 행동을 통제 및 교화하고, 범죄자가 처벌받는 모습을 본보기로 보여 주어 범죄를 예방하기 위해 처벌을 해야 함.
한계	• 처벌의 예방 효과를 증명하기 어려움. • 범죄자를 범죄 예방을 위한 수단으로 여겨 범죄자의 인간 존엄성을 훼손할 수 있음.

자세히 살펴보기 **교정적 정의에 대하여 칸트와 베카리아의 입장은 어떻게 다를까요?**

• 사법적 처벌은 범죄자 자신이나 시민 사회와 관련된 다른 선을 증진하는 수단으로 행해져서는 절대 안 되고, 어떤 경우든 처벌을 받은 개인이 범죄를 저질렀다는 이유만으로 부과되어야 한다. — 칸트 —
• 사법적 처벌이 정당화되려면 그 처벌은 오직 범죄자가 시민에게 새로운 해악을 입힐 가능성을 방지하고 타인의 범죄를 억제하기에 충분한 정도의 강도만을 가져야 한다. — 베카리아 —

칸트는 응보주의를 주장하는 대표적인 사상가이고, 베카리아는 공리주의 입장에서 예방주의를 주장하는 대표적인 사상가이다. 칸트는 처벌의 본질을 범죄 행위에 대한 응당한 보복을 가하는 것이라고 보았고, 베카리아는 처벌의 본질을 사회적 이익을 증진하는 것이라고 보았다.

✳ **기회의 평등과 결과의 평등**

기회의 평등이란 사회의 모든 제도와 사회적 위치에 접근할 수 있는 기회가 관련된 모든 사람에게 공평하게 주어지는 것을 의미한다. 결과의 평등이란 능력이나 배경 등의 사회적 조건이 불리한 사람에게 다양한 혜택을 제공하여 모든 사람이 인간다운 삶을 살아갈 수 있게 하는 것을 의미한다. 업적에 따른 분배를 강조하는 입장에서는 기회의 평등을 중시하며, 필요에 따른 분배를 강조하는 입장에서는 결과의 평등을 중시한다.

자료 2 눈에는 눈, 이에는 이

▲ 함무라비 법전

'똑같이 보복한다.'라는 의미를 담고 있는 말로, 고대 바빌로니아의 왕 함무라비가 만든 성문법인 「함무라비 법전」의 동해보복법(同害報復法)의 원칙을 요약한 문구이다. 이와 관련하여 「함무라비 법전」에는 '만일 사람이 평민의 눈을 상하게 했을 때는 그 사람의 눈도 상해져야 한다.' 등의 조항이 있다.

✳ **교정적 정의의 실현이 중요한 이유**

범죄 행위에 대한 처벌이 제대로 이루어지지 않으면 범죄가 널리 퍼져 사회적 혼란이 발생할 수 있기 때문이다.

✳ **사형에 대한 칸트와 베카리아 입장 비교**

칸트는 응보주의 입장에서 살인자를 사형에 처하는 것이 정당하다고 보았다. 반면 베카리아는 예방주의 입장에서 살인자에 대한 처벌은 사형보다 범죄 예방 효과가 큰 종신 노역형이 바람직하다고 보았다.

용어 알기

업적
어떤 사업이나 연구 따위에서 세운 공적, 성취해 놓은 일이나 이룩해 놓은 성과를 의미한다.

응보(응하다 應 갚다 報)
행위에 따라 되돌려 받게 되는 것을 의미한다.

교화(가르침 敎 될 化)
가르치고 이끌어서 좋은 방향으로 나아가게 함을 의미한다.

정답 43쪽

01 빈칸에 들어갈 알맞은 말을 쓰시오.

(1) ⬜⬜⬜⬜⬜⬜(이)란 사회적 대우나 보상, 처벌 등에 있어 마땅히 받을 몫을 공정하게 받는 것을 의미한다.

(2) ⬜⬜⬜⬜⬜은/는 정의를 일반적 정의와 특수적 정의로 구분하였다.

(3) ⬜⬜⬜⬜ 정의는 개인 또는 집단 사이에 사회적·경제적 자원을 분배하는 데 있어서의 공정함을 의미한다.

(4) ⬜⬜⬜⬜ 정의는 개인이나 집단에 입힌 손해에 관한 처벌과 배상의 공정함을 의미한다.

02 다음 내용이 옳으면 ○표, 틀리면 ×표를 하시오.

(1) 능력에 따른 분배는 개인의 성취동기를 높일 수 있다는 장점이 있다. ( )

(2) 업적에 따른 분배에는 타고난 재능이나 환경과 같은 우연적 요소가 개입할 수 없다. ( )

(3) 필요에 따른 분배는 기회의 평등을 넘어 결과의 평등을 추구한다. ( )

(4) 분배적 정의의 다양한 기준은 각각 장단점이 있어서 어느 한 가지 기준만이 정의롭다고 할 수 없다. ( )

(5) 처벌의 목적이 응보에 있다고 보는 입장에서는 범죄에 상응하는 처벌을 부과해야 한다고 본다. ( )

(6) 처벌의 목적이 예방에 있다고 보는 입장에서는 범죄자 교화에는 무관심하다. ( )

03 다음 사례에 해당하는 분배적 정의의 실질적 기준을 〔보기〕에서 고르시오.

보기
ㄱ. 능력　　　　ㄴ. 업적　　　　ㄷ. 필요

(1) 영화나 연극 등에서 흥행 실적에 따라 보상해 주는 경우 ( )

(2) 장애가 있어 학업에 어려움을 겪는 학생에게 대학 입학에 관한 혜택을 제공하는 경우 ( )

(3) 앞으로 성장할 가능성이 높은 재능 있는 학생에게 장학금을 주는 경우 ( )

(4) 회사에서 실적에 따라 성과급을 지급하는 경우 ( )

▶ 242017-0215

01 ㉠~㉤의 내용으로 옳지 <u>않은</u> 것은?

> **주제: 정의란 무엇일까?**
>
> 1. 의미: 사회적 대우나 보상, 처벌 등에 있어 마땅히 받을 몫을 공정하게 받는 것 ·············· ㉠
> 2. 종류
> (1) 분배적 정의: 사회적 이익이나 부담에 있어 받아야 할 만큼의 몫을 받는 것 ·············· ㉡
> (2) 교정적 정의: 잘못한 만큼의 처벌을 받는 것 ········ ㉢
> 3. 필요성
> (1) 사회생활에서 발생하는 갈등 조정 ·············· ㉣
> (2) 모든 사람에게 동일한 몫을 분배함으로써 절대적 평등의 실현 ·············· ㉤

① ㉠　　② ㉡　　③ ㉢　　④ ㉣　　⑤ ㉤

▶ 242017-0216

02 ㉠의 필요성으로 적절한 것만을 〔보기〕에서 고른 것은?

> ⬜㉠⬜은/는 사회를 구성하고 유지하는 공정하고 올바른 도리이다. 따라서 ⬜㉠⬜은/는 사회를 구성하고 유지하는 데 필요한 핵심 덕목이다. 사회 구성원이 정당하다고 동의할 수 있는 ⬜㉠⬜의 기준을 세우고 사회의 다양한 영역에서 ⬜㉠⬜을/를 실현하기 위해 노력해야 한다.

보기
ㄱ. 인간이 지닌 모든 욕구를 충족하기 위해서이다. ㄴ. 사회생활에서 발생하는 갈등을 조정하기 위해서이다. ㄷ. 모든 사회 구성원 간의 이해관계를 일치시키기 위해서이다. ㄹ. 모든 사회 구성원이 인간다운 삶을 누릴 수 있게 하기 위해서이다.

① ㄱ, ㄴ　　② ㄱ, ㄷ　　③ ㄴ, ㄷ
④ ㄴ, ㄹ　　⑤ ㄷ, ㄹ

▶ 242017-0217

03 ㉠에 대한 설명으로 가장 적절한 것은?

> 누구도 자신의 타고난 재능이나 가족적 배경을 당연한 것으로 여겨서는 안 된다. ㉠ 에 따른 분배, 즉 어떤 목적을 달성하는 데 필요한 전문적 지식과 자질에 따른 분배에서 ㉠ 조차도 자연적 행운이 가져다준 결과이므로 당연한 것이라고 할 수 없다. 더 불운한 사람에게 도움이 되는 한에서만 그 행운으로부터 이익을 취할 수 있다.

① ㉠은 '업적'이 들어가야 한다.
② ㉠에 따른 분배와 사회 발전은 무관하다.
③ ㉠에 따른 분배는 우연적 요소가 개입되지 않는다.
④ ㉠에 따른 분배는 개인의 성취동기를 높일 수 있다.
⑤ ㉠을 정확하게 평가할 수 있는 기준을 마련하는 것은 용이하다.

▶ 242017-0218

04 갑, 을의 입장으로 옳은 것만을 보기 에서 있는 대로 고른 것은?

보기
ㄱ. 갑: 업적에 따라 보상해야 정의롭다.
ㄴ. 갑: 흥행 결과에 따라 보수를 주는 것은 정의롭지 못하다.
ㄷ. 을: 사회적·경제적 약자를 우선적으로 보호하는 것은 정의롭다.
ㄹ. 갑과 을: 모든 사람의 필요를 모두 만족시키는 분배가 정의롭다.

① ㄱ, ㄷ ② ㄱ, ㄹ ③ ㄴ, ㄹ
④ ㄱ, ㄴ, ㄷ ⑤ ㄴ, ㄷ, ㄹ

▶ 242017-0219

05 갑의 입장으로 가장 적절한 것은?

> 교사: 국가가 불법 행위에 대해 처벌을 하는 궁극적 목적이 무엇이라고 생각하나요?
> 갑: 범죄를 예방하여 사회적 이익을 증진하기 위해서입니다.

① 처벌은 범죄 행위에 상응하는 응분의 대가이다.
② 시민이 처벌에 대한 두려움을 가져서는 안 된다.
③ 처벌을 통한 사회 전체의 행복 실현은 불가능하다.
④ 공정한 처벌은 정의로운 사회 실현의 조건이 아니다.
⑤ 처벌은 범죄자의 행동을 교화하는 데 기여해야 한다.

▶ 242017-0220

06 ㉠, ㉡에 들어갈 적절한 말을 쓰시오.

> 업적을 기준으로 분배해야 정의롭다고 주장하는 사람들은 (㉠)의 평등이 실현된 상태에서 자유롭게 경쟁하고 업적에 따라 보상하는 것이 정의롭다고 본다. 반면 필요를 기준으로 분배해야 정의롭다고 주장하는 사람들은 (㉡)의 평등이 실현되어야 한다고 본다.

㉠: (   ) ㉡: (   )

▶ 242017-0221

07 ㉠, ㉡에 들어갈 진술로 적절한 것만을 보기 에서 고른 것은?

> 토론 주제: 처벌의 본질을 범죄 행위에 상응하는 해악을 가하는 것으로 보는 것이 정당한가?

찬성 논거	반대 논거
㉠	㉡

보기
ㄱ. ㉠: 범죄와 처벌 간의 균형을 맞추지 않아도 되기 때문이다.
ㄴ. ㉠: 자율적 인간은 자신의 행동에 마땅히 책임을 져야 하기 때문이다.
ㄷ. ㉡: 처벌의 예방 효과를 증명하기 어렵기 때문이다.
ㄹ. ㉡: 범죄 예방에 상대적으로 무관심할 수 있기 때문이다.

① ㄱ, ㄴ ② ㄱ, ㄷ ③ ㄴ, ㄷ
④ ㄴ, ㄹ ⑤ ㄷ, ㄹ

02 다양한 정의관의 특징과 적용

◀1▶ 자유주의적 정의관

(1) 자유주의

① 개인의 자유를 무엇보다 소중한 가치로 여기는 사상
② 개인의 독립성과 자율성 중시: 개인을 합리적 이성에 따라 스스로 삶의 목적을 선택하는 자율적 존재라고 봄.

(2) 자유주의적 정의관

① 정의를 개인의 자유와 권리 보장과 연관 지어 바라봄.
② 다른 사람의 자유를 침해하지 않는 한에서 개인의 자유와 권리를 최대한 보장하는 것이 정의임.
③ 개인이 사적으로 누릴 수 있는 이익인 사익(개인선)을 실현하는 것을 중요하게 봄.
④ 국가는 개인에게 특정한 가치를 강요해서는 안 됨.
⑤ 대표적인 사상가: 노직, 롤스

사상가	노직 자료 1	롤스 자료 2
입장	자유 지상주의	평등주의적 자유주의
특징	• 개인의 소유 권리를 배타적으로 보장하는 것이 정의임. • 개인의 소유 권리를 보호하는 등의 제한적 역할을 하는 최소 국가 옹호	• 모든 구성원이 평등한 자유를 누릴 수 있도록 공정성을 실현하는 것이 정의임. • 사회적 약자를 포함한 모두의 이익을 위해 국가가 적극적 역할을 해야 한다고 봄.

자세히 살펴보기 ﹒ 노직과 롤스의 정의관은 어떻게 다를까요?

> • 내 수입의 일부를 세금으로 내라는 것은 내 시간을 달라는 것이며 나에게 무엇을 하라고 강요하는 것과 같다. 공정한 경쟁 과정을 거쳐 얻은 이익에 대한 소유 권리는 오롯이 개인에게 있다.
> – 노직 –
> • 정의의 원칙에 따라 모든 사람은 기본적 자유를 최대한 누릴 수 있는 평등한 권리를 가져야 한다. 정의로운 사회에서도 사회적·경제적 불평등은 정당화될 수 있다. 단 사회적·경제적으로 혜택을 받지 못하는 최소 수혜자에게 최대의 이익을 보장해야 하며, 어떤 직책이나 직위에 오를 기회가 모두에게 열려 있어야 한다.
> – 롤스 –

노직에게 정의는 소유에 관한 권리를 보장하는 문제이다. 그는 개인이 자신의 소유물로 무엇을 할지는 개인의 자유로운 선택에 달려 있다고 보았다. 롤스에게 정의는 공정성을 실현하는 문제이다. 그는 원초적 입장에서 합의한 정의의 원칙에 따라 운영되는 사회가 공정한 사회라고 보았다.

◀2▶ 공동체주의적 정의관

(1) 공동체주의

① 인간의 삶에서 공동체가 가지는 의미를 중시하는 사상
② 개인과 공동체는 유기적 관계에 있음을 강조: 개인을 공동체의 영향을 받으며 소속감과 정체성을 형성해 나가는 존재라고 봄.

자료 1 ﹒ 노직(R. Nozick, 1938~2002)

미국의 자유 지상주의 정치 철학자. 개인은 침해할 수 없는 자유의 권리를 가졌기 때문에, 국가는 공동선이라는 이유로 개인의 정당한 소유권을 침해해서는 안 된다고 주장하였다. 대표 저서로 『아나키에서 유토피아로』가 있다.

자료 2 ﹒ 롤스(J. Rawls, 1921~2002)

'정의'라는 한 주제에 관해 연구한 미국의 정치 철학자. 롤스는 자유주의적 전통을 존중하면서도 사회적·경제적 불평등을 최소화하려고 하여 자유와 평등의 조화를 추구하였다. 대표 저서로 『정의론』이 있다.

✸ 자유 지상주의와 평등주의적 자유주의

자유 지상주의는 개인의 자유가 최우선의 가치이므로 최대한으로 보장해야 한다고 주장하는 사상이다. 평등주의적 자유주의는 자유와 평등의 조화를 통한 공정한 분배를 중시하는 사상이다.

✸ 원초적 입장

롤스가 정의의 원칙을 도출하기 위해 가정한 가상적 상황을 의미한다. 롤스는 원초적 입장의 사람들은 자신에게 유리한 선택을 하지 않도록 자신의 자연적·사회적 여건(우연성)을 알지 못하는 무지의 베일을 쓰고 정의의 원칙에 합의한다고 보았다.

용어 알기

자유
외부적인 구속이나 무엇에 얽매이지 아니하고 자기 마음대로 할 수 있는 상태를 의미한다.

공동체(함께 共 한 가지 同 몸 體)
공통의 가치와 정체성을 가지고 특정한 사회적·문화적 공간을 공유하는 사람들의 모임을 의미한다.

(2) 공동체주의적 정의관

① 개인이 속한 공동체 구성원 모두에게 유익한 이익인 공익(공동선)을 실현하는 것을 중요하게 봄.

② 공동체가 공유하는 좋은 삶의 모습을 추구하고 실현하는 것이 정의임.

③ 공동체 구성원은 사회적 유대감과 배려와 같은 공동체적 가치를 함양해야 할 의무를 지님.

④ 국가는 개인에게 공동체의 미덕을 제시하고 권장하는 역할을 해야 함.

⑤ 대표적인 사상가: 매킨타이어, 샌델

사상가	매킨타이어 자료3	샌델 자료4
특징	• 서사적 자아 강조 • 개인은 공동체의 전통과 역사를 바탕으로 책임감 있는 시민으로 살아야 함.	• 연고적 자아 강조 • 개인은 공동체가 공유하는 가치와 목적을 실현해야 함.

자세히 살펴보기 | 매킨타이어와 샌델의 정의관이 강조하는 내용은 무엇일까요?

• 우리는 누군가의 자녀이자 어떤 도시의 시민이며, 어떤 민족 또는 국가의 일원이다. 우리는 공동체로부터 다양한 빚과 유산, 기대와 의무를 물려받는다. 이러한 기대와 의무를 다하는 것이 정의의 출발점이다.
 — 매킨타이어 —

• 흔히 법과 정치는 도덕적 논쟁에 휘말리지 말아야 한다고 하지만 도덕적 중립을 지키는 것은 처음부터 불가능하다. 정의로운 사회를 만들기 위해 좋은 삶이 무엇인지 함께 고민하면서 공동체 구성원으로서 미덕을 키우고 공동선을 실현하기 위해 노력해야 한다.
 — 샌델 —

매킨타이어는 정의 실현을 위해 개인이 공동체의 도덕을 바탕으로 가치관을 형성하고 사회적 연대감을 함양해야 한다고 보았다. 샌델은 정의 실현을 위해 시민의 적극적인 정치 참여와 활발한 토론이 필요하다고 보았다.

③ 다양한 정의관의 적용

(1) 초과 이윤세 도입 문제

자유주의적 정의관	공동체주의적 정의관
자유 지상주의적 입장에서는 초과 이윤세가 개인의 소유 권리를 부당하게 침해한다고 평가할 수 있음.	초과 이윤세가 모든 공동체 구성원의 공익을 증진할 수 있다면 정의로운 제도라고 평가할 수 있음.

(2) 과거 세대의 잘못에 대한 현세대의 책임 문제

자유주의적 정의관	공동체주의적 정의관
• 과거 세대의 잘못에 관한 책임 여부는 현세대의 선택이나 동의에 의해 결정된다고 봄. • 현세대가 책임을 거부하는 행위는 정의에 어긋나지 않는다고 평가할 수 있음.	• 과거 세대의 잘못이라도 현세대는 그에 관한 책임을 지고 공동체 구성원으로서의 의무를 다해야 한다고 봄. • 현세대가 책임을 거부하는 행위는 정의롭지 않은 행위라고 평가할 수 있음.

자료3 매킨타이어(A. MacIntyre, 1929~)

공동체주의를 대표하는 스코틀랜드 사상가. 매킨타이어는 공동체의 전통과 역사를 중시하였고, 삶의 구체적인 모습이 도덕적 판단에 반영되어야 한다고 보았다. 대표 저서로 『덕의 상실』이 있다.

자료4 샌델(M. Sandel, 1953~)

공동체주의적 입장에 있는 미국의 정치 철학자. 샌델은 시민들의 적극적인 정치 참여와 활발한 토론을 통해 공동선을 증진할 수 있다고 보았다. 대표 저서로 『정의란 무엇인가』, 『돈으로 살 수 없는 것들』이 있다.

✳ **서사적 자아와 연고적 자아**

서사적 자아란 인간이 공동체의 전통과 역사가 담긴 이야기를 통해 자신의 정체성을 형성한다는 것을 강조하는 용어이다. 연고적 자아란 인간이 공동선에 대한 숙고와 연대 의식을 바탕으로 공동체 구성원으로서 정체성을 형성한다는 것을 강조하는 용어이다.

✳ **초과 이윤세**

일정 기준 이상의 이익을 얻은 집단이나 개인에게 보통 소득세 외에 추가적으로 징수하는 소득세를 의미한다.

✳ **과거 세대 잘못의 사례: 도둑맞은 세대**

오스트레일리아 정부는 1905년부터 1970년까지 원주민 아이들을 부모로부터 격리해 집단 교육 시설에 강제 수용하거나 백인 가정에서 양육하는 동화 정책을 실시하였다. 그 결과 이산가족의 비극을 겪는 원주민의 숫자는 10만 명에 이르며, 이들을 도둑맞은 세대라고 한다.

용어 알기

유대감(맬 紐 띠 帶 느낄 感)
서로 밀접하게 연결되어 있는 공통된 느낌을 의미한다.

정답 44쪽

01 빈칸에 들어갈 알맞은 말을 쓰시오.

(1) ▢▢▢▢▢▢(이)란 개인의 자유를 무엇보다 소중한 가치로 여기는 사상이다.

(2) ▢▢▢▢▢▢(이)란 인간의 삶에서 공동체가 가지는 의미를 중시하는 사상이다.

(3) 노직은 ▢▢▢▢▢▢ 입장에서 개인의 소유 권리를 배타적으로 보장하는 것이 정의라고 보았다.

(4) 매킨타이어는 ▢▢▢▢▢ 자아를 강조하면서 개인은 공동체의 전통과 역사를 바탕으로 책임감 있는 시민으로 살아야 한다고 보았다.

02 다음 내용이 옳으면 ○표, 틀리면 ×표를 하시오.

(1) 공동체주의에서는 개인이 공동체의 전통이나 가치로부터 독립적이고 자율적인 존재임을 강조한다. ( )

(2) 롤스는 평등주의적 자유주의 입장에서 모든 구성원이 평등한 자유를 누릴 수 있도록 공정성을 실현해야 한다고 보았다. ( )

(3) 샌델은 연고적 자아를 강조하면서 개인은 공동체가 공유하는 가치와 목적을 실현해야 한다고 보았다. ( )

(4) 자유 지상주의 입장에서는 초과 이윤세가 스스로 노력하여 얻은 재산에 대한 개인의 소유 권리를 부당하게 침해할 수 있다고 본다. ( )

(5) 자유 지상주의 입장에서는 사회적 존재인 인간은 공동체의 유산뿐만 아니라 빚이나 의무 역시 물려받는다는 점을 강조한다. ( )

03 다음 내용이 자유주의 입장에 해당하면 '자', 공동체주의 입장에 해당하면 '공'이라고 쓰시오.

(1) 개인선을 실현하는 것이 정의 ( )

(2) 공동선을 실현하는 것이 정의 ( )

(3) 인간은 공동체 속에서 정체성을 형성하는 존재 ( )

(4) 인간은 좋은 삶이 무엇인지 스스로 결정하는 존재 ( )

▶ 242017-0222

01 다음 정의관이 강조하는 주장으로 가장 적절한 것은?

> 정의(正義)란 다른 사람의 자유를 침해하지 않는 한에서 개인의 자유와 권리를 최대한 보장하고, 이를 통해 자신의 행복 추구나 자아실현 등 개인이 사적으로 누릴 수 있는 이익인 사익(개인선)을 실현하는 것이다.

① 정의는 공동체에 관한 의무에 의해 규정된다.
② 공동체의 영향보다 개인의 선택을 강조한다.
③ 국가는 개인에게 공동체적 가치를 강조해야 한다.
④ 국가는 개인에게 공동체의 미덕을 권장해야 한다.
⑤ 개인은 공동체가 공유하는 가치와 목적을 실현해야 한다.

▶ 242017-0223

02 다음과 같은 정의관에서 강조하는 국가의 역할로 옳은 것만을 보기 에서 있는 대로 고른 것은?

> 특정 개인에게만 유익한 것이 아니라 개인이 속한 공동체 구성원 모두에게 유익한 이익인 공익(공동선)을 실현하는 것이 정의롭다. 공동체의 구성원은 사회적 유대감과 배려와 같은 공동체적 가치를 함양하고 공동체가 공유하는 좋은 삶의 모습을 추구해야 한다.

보기

ㄱ. 국가는 좋은 삶의 모습을 개인에게 제시해야 한다.
ㄴ. 국가는 개인에게 특정한 가치를 권장해서는 안 된다.
ㄷ. 국가는 개인의 자유로운 선택권 보장을 최우선시해야 한다.
ㄹ. 국가는 선악이나 옳고 그름과 관련된 문제에 적극적으로 개입할 수 있다.

① ㄱ, ㄷ ② ㄱ, ㄹ ③ ㄴ, ㄹ
④ ㄱ, ㄴ, ㄷ ⑤ ㄴ, ㄷ, ㄹ

▶ 242017-0224

03 ㉠, ㉡에 들어갈 사상가로 옳은 것은?

> 자유주의적 정의관을 주장하는 대표적인 사상가로는 ㉠ 와/과 ㉡ 이/가 있다. ㉠ 은/는 자유 지상주의 입장에서 개인의 소유 권리를 배타적으로 보장하는 것을 정의라고 보았다. ㉡ 은/는 평등주의적 자유주의 입장에서 모든 구성원이 평등한 자유를 누릴 수 있도록 공정성을 실현하는 것을 정의라고 보았다.

	㉠	㉡
①	롤스	노직
②	롤스	샌델
③	노직	롤스
④	노직	샌델
⑤	샌델	롤스

▶ 242017-0225

04 그림의 강연자가 지지할 입장만을 [보기]에서 고른 것은?

정의로운 사회는 좋은 삶의 의미를 함께 고민하고, 으레 생기게 마련인 이견을 기꺼이 받아들이는 문화를 가꾸어야 합니다. 정의에는 어쩔 수 없이 판단이 끼어듭니다. 대리 출산이나 동성혼, 소수 집단 우대 정책이나 최고 경영자의 임금 등을 두고 어떤 논란을 벌이든, 정의는 영광과 미덕, 자부심과 인정에 관해 대립하는 여러 개념과 밀접히 연관됩니다. 따라서 사회는 좋은 삶에 관한 지극히 사적인 견해를 배격해야 하고, 시민들이 공동선에 헌신하는 태도를 키울 수 있도록 도와야 합니다.

[보기]

ㄱ. 정의란 도덕적인 판단이 개입되는 문제이다.
ㄴ. 국가는 개인의 삶에 대해 최대한 중립적인 입장을 견지해야 한다.
ㄷ. 국가는 개인이 공동체에 헌신할 수 있는 태도를 함양할 수 있는 방법을 제시해야 한다.
ㄹ. 정의로운 사회를 실현하기 위해 개인은 공적인 삶에서 자신의 종교적 신념을 무조건 감추어야 한다.

① ㄱ, ㄴ 　　② ㄱ, ㄷ 　　③ ㄴ, ㄷ
④ ㄴ, ㄹ 　　⑤ ㄷ, ㄹ

▶ 242017-0226

05 ㉠~㉣에 들어갈 내용으로 적절한 것만을 [보기]에서 있는 대로 고른 것은?

구분	자유주의	공동체주의
인간관	㉠	㉡
정의관	㉢	㉣

[보기]

ㄱ. ㉠: 개인은 자율적인 존재이다.
ㄴ. ㉡: 개인은 공동체의 전통과 무관한 존재이다.
ㄷ. ㉢: 정의는 개인선을 보장하고 실현하는 것이다.
ㄹ. ㉣: 정의는 공동체가 공유하는 좋은 삶의 모습을 실현하는 것이다.

① ㄱ, ㄴ 　　② ㄴ, ㄷ 　　③ ㄷ, ㄹ
④ ㄱ, ㄴ, ㄹ 　　⑤ ㄱ, ㄷ, ㄹ

▶ 242017-0227

06 ㉠, ㉡에 들어갈 적절한 말을 쓰시오.

> **토론 주제:** 과거 세대의 잘못을 현세대가 책임져야 하는가?
>
> 위 토론 주제에 대하여 (㉠)적 정의관의 입장에서는 과거 세대의 잘못에 관한 책임 여부는 현세대의 선택이나 동의에 달려 있다고 볼 것이다. 반면 (㉡)적 정의관의 입장에서는 과거 세대의 잘못이라도 현세대는 그에 관한 책임을 지고 공동체의 의무를 다해야 한다고 볼 것이다.

㉠: (　　　　　　　　　)　　㉡: (　　　　　　　　　)

▶ 242017-0228

07 ㉠에 들어갈 진술로 가장 적절한 것은?

> 정부는 호흡기로 전염되는 바이러스의 전파를 막기 위해 마스크 착용 의무화 조치를 내렸다. 이 조치에 대해 자유주의적 정의관의 입장에서는 ㉠

① 개인의 자율적 선택을 침해하는 조치라고 볼 것이다.
② 공동체의 안전 유지를 위한 최선의 조치라고 볼 것이다.
③ 공동체의 구성원으로서 마땅히 따라야 할 조치라고 볼 것이다.
④ 사회에 대한 의무보다는 개인의 권리를 우선하는 조치라고 볼 것이다.
⑤ 가장 중요한 가치인 연대 의식 함양을 위한 적절한 조치라고 볼 것이다.

03 다양한 불평등 현상과 정의로운 사회 실현

1 불평등의 의미와 영향

(1) 의미: 희소성을 지니는 사회적 가치가 개인이나 집단에 차등적으로 분배되는 현상

(2) 영향

① 긍정적 영향: 더 많은 희소가치를 보유하기 위해 노력하도록 동기를 부여함.

② 부정적 영향: 사회 불안을 초래할 수 있고 정의 실현을 가로막을 수 있음.

2 다양한 불평등의 양상

(1) 사회적 불평등 자료1

① 의미: 부, 권력, 명예 등 사회적 자원이 개인이나 집단 사이에 차등적으로 분배되어 개인과 집단이 서열화되는 현상

② 원인: 사회적 자원의 희소성 때문에 발생

③ 양상

사회 계층의 양극화	• 의미: 부가 상위층에 집중되고 하위층 비율이 늘어나며 중위층 비율이 줄어드는 현상 • 대표적 원인: 자산과 소득의 차이에 따른 경제적 격차 → 교육 기회의 격차와 같은 다양한 격차로 이어져 부모의 계층이 자녀에게 대물림되는 결과를 낳기도 함. • 영향: 계층 간 위화감 조성, 사회 발전의 동력 감소, 사회 불안 증가 등
사회적 약자에 대한 차별	• 사회적 약자: 장애, 나이, 성별, 출신 국가, 소득 수준 등 다양한 측면에서 사회적으로 소외되어 인간다운 삶을 영위하는 데 어려움을 겪는 개인이나 집단 • 사례: 장애인, 여성, 이주 노동자, 북한 이탈 주민 등 • 차별의 원인: 선입견 및 편견, 차별을 용인하는 사회적 환경 등 • 영향: 개인의 기본적 권리 침해 등

(2) 공간 불평등

① 의미: 지역 간 경제적·사회적·문화적으로 자원이 불균등하게 분배되어 격차가 발생하는 현상

② 양상: 수도권과 비수도권, 도시와 농촌, 신도심지와 구도심지 등

자세히 살펴보기 수도권과 비수도권의 공간 불평등은 어떤 양상을 띨까요?

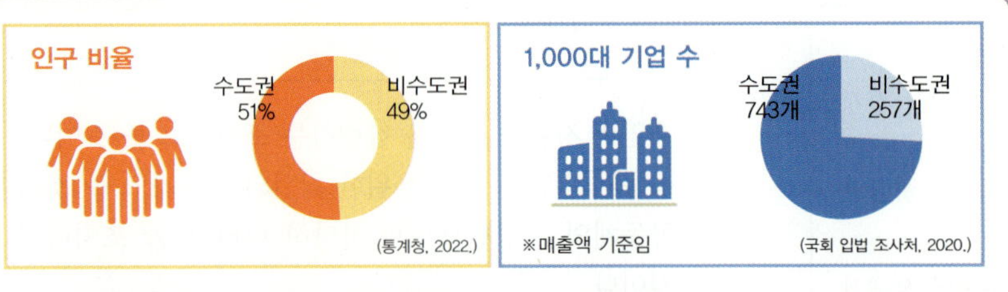

우리나라는 전체 국토 면적의 약 11.8%에 불과한 수도권에 전체 인구의 51%가 밀집해 있다. 또한 매출 규모가 큰 기업도 수도권에 집중되어 있음을 알 수 있다.

③ 대표적 원인: 정부 주도의 성장 거점 개발 정책

④ 영향: 교육, 문화, 의료 등의 불평등으로 이어져 사회 전반의 불평등이 심화됨.

자료1 **상하위 20% 가구 간 자산 격차 심화**

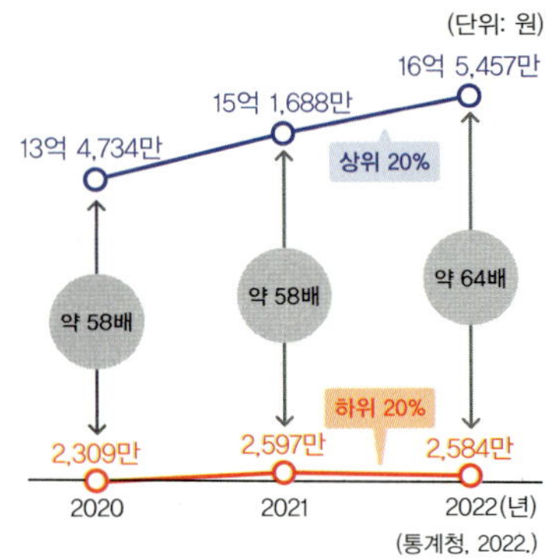

▲ 상하위 20% 가구 간 자산 격차

통계청의 2022년 조사에 의하면, 자산 상위 20% 가구의 평균 자산과 하위 20%의 가구의 평균 자산의 차이는 약 64배였다.

❋ 사회 계층

사회적 희소가치의 소유 정도에 따라 구성원들 간에 위계가 발생하게 되는데, 그 위계가 같거나 비슷한 사람들의 집합체를 의미한다. 또는 정치권력, 경제적 계급, 사회적 지위 등 다양한 차원에서 사회 구성원 사이에 형성된 일정한 층을 의미한다.

❋ 성장 거점 개발 정책

투자 효과가 크고 경제활동의 기반이 잘 구축된 지역을 성장 거점으로 선정하고, 그곳에 자본과 기술을 집중 투자하는 개발 방식이다. 이 방식은 경제 발전의 효율성을 극대화하고 개발 효과가 주변 지역으로 파급되도록 한다는 특징이 있다. 그러나 성장 거점의 발전이 주변 지역으로 파급되지 않고, 오히려 성정 거점 지역에 집중되어 중심 도시와 주변 지역의 발전 격차가 더 커지기도 한다.

용어 알기

희소성(드물 稀 적을 少 성질 性)
인간의 물질적 욕망에 비하여 그 충족 수단이 상대적으로 부족한 상태를 의미한다.

양극화(두 兩 다할 極 될 化)
서로 점점 더 달라지고 멀어지는 현상을 의미한다.

❸ 정의로운 사회 실현을 위한 제도적 방안

(1) 사회 복지 제도 [자료 2]

① 의미: 사회 구성원이 기본적 욕구를 충족하고 정상적인 생활을 할 수 있도록 사회적으로 지원하는 제도

② 종류

사회 보험	• 일정 수준의 소득이 있는 개인, 기업, 정부가 보험료를 분담하여 질병이나 실업, 사고 등 구성원에게 발생하는 사회적 위험에 대비하는 제도 • 민간 보험과 달리 법률이 정한 기준에 해당하는 사람은 의무적으로 가입해야 함. • 보험료는 경제적 능력에 따라 부담하고, 비슷한 수준의 보험 급여를 지급함. → 소득 재분배 효과가 있음.
공공 부조	• 생활 유지 능력이 없거나 생활이 어려운 계층에 국가와 지방 자치 단체가 전액 지원하여 최소한의 생활을 보장하도록 지원하는 제도 • 조세 부담 능력이 있는 국민이 낸 세금을 재원으로 하여 저소득 계층을 지원함. → 사회 보험보다 소득 재분배 효과가 큼.
사회 서비스	• 상담, 재활, 돌봄, 정보 제공, 관련 시설 이용, 사회 참여 지원 등 다양한 서비스 혜택을 국민에게 제공하는 제도 • 비금전적 지원을 원칙으로 함.

(2) 적극적 평등 실현 조치

① 의미: 사회적으로 차별받았던 사회적 약자에게 다양한 측면에서 직간접적인 혜택을 제공하여 불평등을 바로잡으려는 제도

② 사례

- 여성의 공직 진출: 국회 의원 선거에 여성 할당제를 도입함.
- 장애인 고용: 기업이나 관공서에서 일정 비율 이상의 장애인을 고용하도록 하는 장애인 의무 고용 제도를 시행함.
- 대학 입학 전형: 사회적 배려 대상자 전형, 농어촌 학생 전형, 기회균형 전형 등을 실시함.

(3) 지역 격차 완화 정책

수도권 과밀화 해소	• 수도권에 집중된 다양한 기능을 지방으로 분산해야 함. • 구체적인 방안: 공공 기관을 지방으로 이전, 수도권에서 지방으로 이전하는 기업에 세금 감면 및 규제 완화 등의 혜택 제공 등
자립형 지역 발전 기반 구축	• 낙후된 지역의 경쟁력을 높이고 발전을 이끌어야 함. • 구체적인 방안: 지역 브랜드 구축, 관광 마을 조성 및 지역 축제와 같은 장소 마케팅 등

❹ 정의로운 사회 실현을 위한 시민적 실천 방안

(1) 사회 구성원 스스로 불평등 현상에 대한 문제 의식을 갖고 구체적인 해결책을 모색해야 함.

(2) 사회 구성원 스스로가 사회적 약자에 관한 선입견이나 편견을 가지고 있는지 성찰해야 함.

[자료 2] **우리나라의 사회 복지 제도**

사회 보험	• 국민 건강 보험 • 국민연금 • 고용 보험 • 산업 재해 보상 보험 • 노인 장기 요양 보험
공공 부조	• 국민 기초 생활 보장 제도 • 기초 연금
사회 서비스	• 노인 맞춤 돌봄 서비스 • 장애인 활동 지원 • 가사 · 간병 서비스

✳ **여성 할당제**

여성 할당제는 남성 중심 사회에서 사회적으로 구조화된 성 불평등에 대처하기 위한 적극적 평등 실현 조치로, 정치 · 경제 등 각 분야에 필요한 인력 중 일정 비율을 여성에게 할당하는 제도이다. 정치, 공직, 기업의 고위직 등에 여성의 진출이 어려웠기 때문에 이를 교정하기 위해 도입되었다. 오늘날 북유럽을 비롯한 많은 나라에서 여성 할당제를 제한적으로 실시하고 있다.

✳ **지역 브랜드와 장소 마케팅**

지역 브랜드는 특정 지역에서 생산되는 상품 · 서비스 · 축제 등을 특별한 브랜드로 인식시켜 지역 이미지를 높이고, 지역 자체에 하나의 고유한 상표를 부여하여 지역 경제를 활성화하는 전략을 의미한다. 장소 마케팅은 지역의 특정 장소를 하나의 상품으로 인식하여 매력적으로 보이도록 이미지와 시설 등을 개발하는 것을 의미한다.

용어 알기

사회 복지
국민의 생활 향상과 사회 보장을 위한 사회 정책과 시설을 의미한다.

과밀화(지날 過 빽빽할 密 될 化)
인구나 건물, 산업 시설 등이 한곳에 지나치게 집중되어 있는 현상을 의미한다.

정답 46쪽

01 빈칸에 들어갈 알맞은 말을 쓰시오.

(1) ⬚⬚⬚⬚(이)란 부, 권력, 명예 등 사회적 자원이 개인이나 집단 사이에 차등적으로 분배되어 개인과 집단이 서열화되는 현상을 의미한다.

(2) ⬚⬚⬚⬚은/는 정치권력, 경제적 계급, 사회적 지위 등 다양한 차원에서 사회 구성원 사이에 형성된 일정한 층을 의미한다.

(3) 부가 상위층에 집중되고 하위층 비율이 늘어나며 중위층 비율이 줄어드는 현상을 사회 계층의 ⬚⬚⬚⬚(이)라고 한다.

(4) ⬚⬚⬚⬚(이)란 장애, 나이, 성별, 출신 국가, 소득 수준 등 다양한 측면에서 사회적으로 소외되어 인간다운 삶을 영위하는 데 어려움을 겪는 개인이나 집단을 의미한다.

(5) ⬚⬚⬚⬚은/는 지역 간 경제적·사회적·문화적으로 자원이 불균등하게 분배되어 격차가 발생하는 현상을 의미한다.

02 다음 내용이 옳으면 ○표, 틀리면 ×표를 하시오.

(1) 사회 보험은 민간 보험과 마찬가지로 의무적으로 가입해야 한다. ( )

(2) 공공 부조는 사회 보험보다 소득 재분배 효과가 크다. ( )

(3) 장애인 의무 고용 제도는 적극적 평등 실현 조치의 하나이다. ( )

(4) 지역 격차를 완화하기 위해서는 자립형 지역 발전 기반을 구축해야 한다. ( )

(5) 정의로운 사회 실현을 위해 시민은 다양한 방식으로 참여할 수 있다. ( )

03 사회 복지 제도의 종류와 사례를 바르게 연결하시오.

(1) 사회 보험 • • ㉠ 국민연금

(2) 공공 부조 • • ㉡ 노인 맞춤 돌봄 서비스

(3) 사회 서비스 • • ㉢ 국민 기초 생활 보장 제도

▶ 242017-0229

01 다음 자료에 대한 옳은 분석 및 추론만을 [보기]에서 있는 대로 고른 것은?

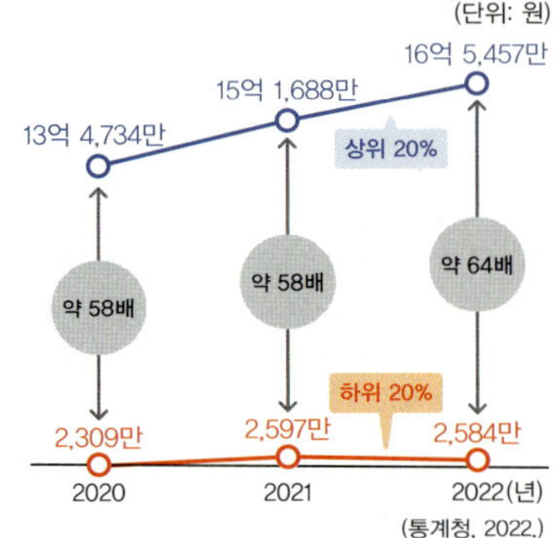

▲ 상하위 20% 가구 간 자산 격차

[보기]

ㄱ. 경제적 불평등이 심화되고 있다.
ㄴ. 상위층과 하위층의 자산 격차가 증가하고 있다.
ㄷ. 계층 간 위화감이 조성될 가능성이 낮아지고 있다.
ㄹ. 사회 구성원들 간에 통합이 어려워질 가능성이 있다.

① ㄱ, ㄷ ② ㄱ, ㄹ ③ ㄴ, ㄷ
④ ㄱ, ㄴ, ㄹ ⑤ ㄴ, ㄷ, ㄹ

▶ 242017-0230

02 다음과 같은 현상이 발생하는 원인으로 적절한 것만을 [보기]에서 고른 것은?

유리 천장이란 충분한 능력을 갖춘 구성원, 특히 여성이 조직 내의 일정 서열 이상으로 오르지 못하게 하는 보이지 않는 장벽을 은유적으로 표현한 말이다. 투명한 유리로 된 천장이라 직접 부딪히기 전까지는 있는 줄 모른다는 의미를 포함하고 있다.

[보기]

ㄱ. 남성과 여성이 가진 능력의 차이
ㄴ. 남성과 여성에게 부여된 동등한 기회
ㄷ. 여성이 사회적 활동에 적합하지 않다는 편견
ㄹ. 출산 등에 따른 업무 공백을 이유로 여성 고용을 꺼리는 사회적 환경

① ㄱ, ㄴ ② ㄱ, ㄷ ③ ㄴ, ㄷ
④ ㄴ, ㄹ ⑤ ㄷ, ㄹ

► 242017-0231

03 다음 자료에 대한 추론으로 옳지 <u>않은</u> 것은?

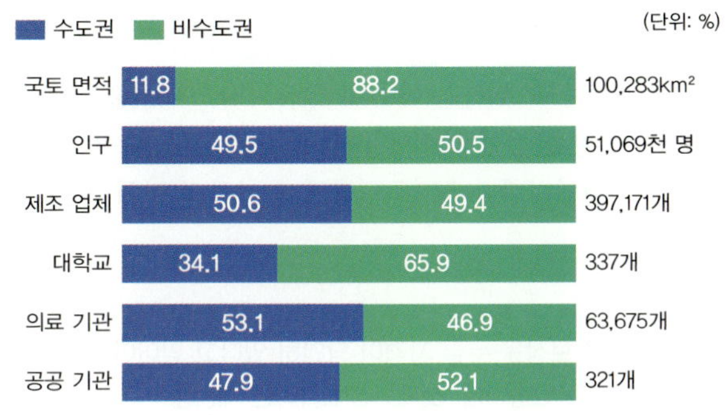

▲ 수도권과 비수도권 간 비교

① 수도권의 면적은 비수도권의 면적보다 작다.
② 모든 국토가 균형적으로 이용되고 있는 것은 아니다.
③ 비수도권이 수도권보다 개발 기회를 더 많이 받았다.
④ 의료 기관과 같은 주요 시설이 수도권에 집중되어 있다.
⑤ 특정 지역에 거주한다는 이유로 생활 환경의 측면에서 불편함을 겪을 수 있다.

► 242017-0232

04 ㉠, ㉡에 해당하는 구체적인 방안으로 적절하지 <u>않은</u> 것은?

정의로운 사회의 실현을 위해서는 수도권과 비수도권, 도시와 농촌 간의 지역 격차 완화 정책을 통해 공간 불평등을 해소하여 국토의 균형 발전을 이루어야 한다. 이를 위해서는 먼저 ㉠수도권 과밀화를 해소할 필요가 있다. 또한 낙후된 지역의 경쟁력을 높이고 발전을 끌어내기 위한 ㉡자립형 지역 발전의 기반을 구축해야 한다.

① ㉠: 수도권 중심의 국토 개발 정책을 실시한다.
② ㉠: 공공 기관을 수도권에서 지방으로 이전한다.
③ ㉠: 수도권에서 지방으로 이전하는 기업에 세금 감면의 혜택을 제공한다.
④ ㉡: 지역의 특성을 살릴 수 있는 지역 브랜드를 구축한다.
⑤ ㉡: 관광 마을 조성을 통해 장소 마케팅을 적극 활용한다.

► 242017-0233

05 다음과 같은 제도의 공통적인 시행 목적으로 가장 적절한 것은?

• 국민연금
• 국민 건강 보험
• 노인 장기 요양 보험
• 고용 보험
• 산업 재해 보상 보험

① 사회적 위험을 사전에 대비하기 위하여
② 사회 전체의 효율성을 증대시키기 위하여
③ 지역 간 경제적 격차를 완화시키기 위하여
④ 사회적 약자에 대한 차별을 바로잡기 위하여
⑤ 사회 구성원의 노동 의욕을 고취시키기 위하여

► 242017-0234

06 밑줄 친 '이것'은 무엇인지 쓰시오.

이것은 투자 효과가 크고 경제활동의 기반이 잘 구축된 지역을 성장 거점으로 선정하고, 그곳에 자본과 기술을 집중 투자하여 경제 발전의 효율성을 극대화하고 개발 효과가 주변 지역으로 파급되도록 하는 개발 방식을 의미한다.

(   )

► 242017-0235

07 밑줄 친 '이것'에 해당하는 것만을 보기 에서 있는 대로 고른 것은?

정의로운 사회 실현을 위해서는 사회적 약자가 경제, 고용, 교육 등 다양한 분야에서 소외되거나 차별받지 않게 하는 제도가 필요하다. 이것은 사회적으로 차별받았던 사회적 약자에게 다양한 측면에서 직간접적 혜택을 제공하여 불평등을 바로잡으려는 제도이다.

보기
ㄱ. 남성 근로자에게 출산 및 육아 휴직 허용
ㄴ. 관공서에서 일정 비율 이상의 장애인 고용
ㄷ. 농어촌 학생을 위한 대학 기회균형 전형 실시
ㄹ. 비례 대표 의원 후보자 추천 시 여성 의무 배정

① ㄱ, ㄷ   ② ㄱ, ㄹ   ③ ㄴ, ㄹ
④ ㄱ, ㄴ, ㄷ   ⑤ ㄴ, ㄷ, ㄹ

능력에 따른 분배는 개인의 성취동기를 높이고, 개인이 지닌 잠재력을 실현하여 사회 발전에 이바지할 수 있다는 장점이 있습니다. 능력이 뛰어난 사람이 자신의 재능을 마음껏 발휘하여 높은 성과를 낼 수 있기 때문입니다. 하지만 능력에 따른 분배는 타고난 재능이나 환경과 같은 우연적 요소가 개입될 수 있다는 단점이 있습니다. 예를 들어 예술적 재능은 부모로부터 물려받은 자연적 재능이거나 조기 교육과 같은 환경적 조건에 따라 형성될 수 있는데, 이는 개인의 노력 여부와는 관계없이 단순히 운에 따른 것일 수 있다는 것입니다. 이러한 맥락에서 미국의 정치 철학자 마이클 샌델은 능력에 따른 분배가 불공정하다고 주장하였습니다.

우리의 재능이 운명을 결정해야 하며, 그에 따른 보상을 누릴 자격이 당연히 있다고 믿어야만 할까요? 이 가정에 의문을 제기할 두 가지 이유가 있습니다. 첫째, 내가 이러한 재능을 가지게 된 것은 내 노력이 아니라 행운의 결과입니다. 행운에 따른 혜택이 내게 당연히 보장된다고 할 수 없습니다. 둘째, 내가 나의 재능을 후하게 보상하는 사회에 산다면 그것 역시 우연이며, 내 능력에 따른 당연한 결과라고 주장할 수 없습니다. 이 또한 행운의 결과이기 때문입니다. 매우 인기 있는 스포츠인 농구를 하며 수백만 달러를 번 운동선수를 예로 들어 봅시다. 그가 탁월한 운동 재능을 가졌고 그 재능을 가치 있게 여기고 보상해 주는 사회에서 산다는 것은 행운입니다. 그가 잘할 수 있는 스포츠를 좋아하는 사람이 많은 사회에 살고 있음은 그가 노력한 결과가 아닙니다. 가령 그가 르네상스 시대 피렌체처럼 농구 선수가 아닌 프레스코 화가가 각광받던 사회에 태어났다면 어떠하였을까요?

샌델에 따르면, 능력에 따른 분배가 공정하다고 생각하는 사람들은 대부분 '우리 성공은 우리 몫'이라는 신념을 갖고 있다고 합니다. 그러나 우리의 재능이 노력의 결과가 아님을 인식한다면, 즉 우리 재능이 유전이든 우연의 결과이든 신의 선물이든 누군가에게 빚진 것이라면, 우리는 거기서 비롯된 혜택을 온전히 누릴 자격이 있다고 자만해서는 안 될 것이라고 주장합니다.

Q&A

1 능력에 따른 분배의 장점은 무엇인가?

능력에 따른 분배는 개인의 성취동기를 높이고, 개인이 지닌 잠재력을 실현하여 사회 발전에 이바지할 수 있다는 장점이 있다.

2 샌델은 능력에 따른 분배에 대하여 어떻게 생각하였는가?

샌델은 능력이 자신의 노력이 아니라 행운의 결과이며, 자신의 재능을 후하게 보상하는 사회에 산다면 그 역시 우연이라는 점을 들어 능력에 따른 분배가 공정하지 못하다고 주장하였다.

통합사회 2

현대 사회에서 모든 국민이 직접 정치에 참여하기란 불가능하지만, 선거를 통해 국민은 자신의 권리를 행사하고 있습니다. 모든 국민은 투표소에서 한 표를 던져서 자신의 의사를 표현할 수 있는 것입니다. 이런 측면에서 많은 사람들은 선거를 '민주주의의 꽃'이라고 합니다. 그런데 2008년 18대 총선에서는 투표율이 46.1%로 역대 최저치를 보였습니다. 이후 19대 54.2%, 제20대 58%, 제21대 66.2%로 점점 높아졌지만, 여전히 부족하다는 의견이 있습니다. 이에 투표율을 높이기 위해 의무 투표제를 도입해야 한다고 주장하는 사람들이 있습니다. 투표율을 높이기 위해 법으로 투표를 강제해야 한다는 것입니다. 반면 의무 투표제가 개인의 자유를 침해할 가능성이 있다는 주장도 있습니다. 의무 투표제에 대한 찬성과 반대 입장을 정리하면 다음과 같습니다.

찬성 입장	반대 입장
• 낮은 투표율은 당선자의 대표성과 정당성을 약화시켜 권력에 위기를 불러온다. • 의무 투표제는 정치적 관심을 높이는 데 도움이 될 수 있다. • 투표율이 낮으면 정치권이 국민의 의견을 무시하고 권력을 남용할 위험이 있다.	• 투표를 강제하는 것은 개인의 자유를 침해하는 일이다. • 의무 투표제는 단순히 투표율만 올릴 뿐, 정치에 관심을 가지고 참여를 이끄는 근본적인 방법이 될 수 없다. • 투표율을 높이기 위해 관련 제도를 마련하는 것보다 정치권의 반성이 우선이다.

▲ 의무 투표제를 실시하고 있는 나라

우리나라에서는 유권자가 투표에 참여하는 것이 권리이자 자유이지만, 투표가 의무인 나라도 있습니다. 현재 벨기에, 브라질, 싱가포르, 호주 등의 나라에서 의무 투표제를 실시하고 있습니다. 의무 투표제를 실시하는 나라들은 투표 불참자에게 소명 요구, 벌금 부과, 참정권 제한, 공직 취업 제한 등 다양한 제재를 가하고 있습니다. 이러한 이유로 해당 나라들은 의무 투표제를 시행하지 않은 나라보다 투표율이 높습니다. 특히 호주는 대부분의 선거에서 90% 이상의 투표율을 보입니다.

Q&A

1 의무 투표제란 무엇인가?

의무적으로 유권자에게 투표에 참여하도록 하는 제도를 말한다.

2 의무 투표제에 대한 찬성과 반대의 핵심 주장은 무엇인가?

의무 투표제를 찬성하는 입장에서는 의무 투표제가 투표율을 높여 선출된 후보의 대표성과 정당성을 강화할 수 있으며, 정치적 관심을 높이는 데 도움이 될 수 있다고 주장한다. 반면 반대하는 입장에서는 의무 투표제가 개인의 자유를 침해하는 일이며, 단순히 투표율만 올릴 뿐 정치에 관심을 가지고 참여를 이끄는 근본적인 방법이 될 수 없다고 주장한다.

대단원 종합 문제

▶ 242017-0236

01 그림의 강연자의 주장으로 가장 적절한 것은?

① 모든 정의는 단일한 기준이 적용되어야 한다.
② 공익을 지향하는 법을 지키는 것은 정의와 무관하다.
③ 타인에게 해를 끼친 것보다 더 많이 보상해야 정의롭다.
④ 누구에게나 동일한 양의 물질적 재화를 분배해야 정의롭다.
⑤ 분배적 정의는 각자의 가치에 비례하여 그 몫을 분배할 때 실현된다.

▶ 242017-0237

02 갑이 을에게 제기할 수 있는 비판으로 가장 적절한 것은?

① 목적 달성에 이바지한 성과를 중시해야 함을 간과한다.
② 사회적·경제적 약자의 보호가 가장 중요함을 간과한다.
③ 결과의 평등을 보장하는 것은 정의와 무관함을 간과한다.
④ 기회의 평등을 보장하는 것이 최우선적이어야 함을 간과한다.
⑤ 다양한 재화나 가치가 차등적으로 분배될 수 있음을 간과한다.

▶ 242017-0238

03 다음 사례에 적용된 분배적 정의의 실질적 기준으로 옳은 것은?

(가) 의사 채용 공고	(나) 러닝 개런티	(다) 대학 입학 특별 전형
1. 채용: 치과 의사 2. 자격 조건: 치주·보철과 전공의 과정 이수자 또는 치주·보철과 전문의 취득자	영화나 연극에 참여하는 배우나 제작진이 출연료 외에 흥행 결과에 따라 보수를 받는 형식	1. 기회균등 특별 전형 대상: 기초 생활 수급자, 차상위 계층, 한 부모 가족 지원 대상자 등 2. 장애인 대상자 특별 전형

	(가)	(나)	(다)		(가)	(나)	(다)
①	업적	능력	필요	②	업적	필요	능력
③	능력	필요	업적	④	능력	업적	필요
⑤	필요	업적	능력				

▶ 242017-0239

04 (가), (나)의 입장으로 적절한 것만을 보기 에서 있는 대로 고른 것은?

> (가) 범죄 행위에 상응하는 해악을 처벌로 가할 때 교정적 정의를 실현할 수 있다.
> (나) 처벌에 대한 두려움으로 범죄를 예방하여 사회 전체의 행복을 증진할 때 교정적 정의를 실현할 수 있다.

보기

ㄱ. (가): 처벌의 목적은 응보에 있다.
ㄴ. (가): 인간은 자신의 행위에 책임을 져야 한다.
ㄷ. (나): 처벌은 사회 행복 증진을 위한 수단이다.
ㄹ. (나): 처벌을 통한 범죄자의 교화 여부는 중요하지 않다.

① ㄱ, ㄴ 　② ㄱ, ㄹ 　③ ㄷ, ㄹ
④ ㄱ, ㄴ, ㄷ 　⑤ ㄴ, ㄷ, ㄹ

▶ 242017-0240

05 ㉠, ㉡에 들어갈 적절한 말을 쓰시오.

> (㉠)은/는 개인이나 집단에 입힌 손해에 관한 처벌과 배상의 공정함을 말한다. 이것은 주로 국가의 (㉡) 집행에 따른 처벌을 통해 불법 행위나 부정의를 바로잡음으로써 실현된다.

㉠: (　　　　　　)　　㉡: (　　　　　　)

▶ 242017-0241

06 갑, 을 사상가들의 입장으로 가장 적절한 것은?

> 갑: 정의로운 사회란 원초적 입장에서 합의한 정의의 원칙에 따라 운영되는 사회를 의미한다. 이때 시민의 기본적 자유에 대한 원칙은 다른 원칙보다 우선한다.
> 을: 정의로운 사회란 개인의 소유 권리가 보장되는 사회를 의미한다. 공정한 경쟁 과정을 거쳐 얻은 이익에 대한 소유 권리는 개인에게 있다.

① 갑: 사회적·경제적 불평등은 정당화될 수 없다.
② 갑: 자연적 우연성에 따라 재화를 분배해야 한다.
③ 을: 배타적으로 보장되는 개인의 소유 권리는 없다.
④ 을: 정당한 취득물은 개인의 자유로운 선택에 의해 이전될 수 없다.
⑤ 갑과 을: 국가는 시민의 기본적 자유를 보장해야 한다.

▶ 242017-0242

07 ㉠, ㉡에 들어갈 적절한 말을 쓰시오.

> 자유주의에서는 자신의 행복 추구나 자아실현과 같은 (㉠)을/를 실현하는 것이 정의롭다고 본다. 반면 공동체주의에서는 공동체 구성원 모두에게 유익한 이익인 (㉡)을/를 실현하는 것이 정의롭다고 본다.

㉠: (   )   ㉡: (   )

▶ 242017-0243

08 다음을 주장한 사상가의 입장에만 모두 'V'를 표시한 학생은?

> 우리는 누군가의 자녀이자 어떤 도시의 시민이며, 어떤 민족 또는 국가의 일원이다. 우리는 공동체로부터 다양한 빚과 유산, 기대와 의무를 물려받는다. 이러한 기대와 의무를 다하는 것이 정의의 출발점이다.

입장 \ 학생	갑	을	병	정	무
인간은 무연고적 자아의 특성을 지닌다.	V	V		V	
공동체의 전통과 역사를 이해해야 한다.	V		V		V
맥락적 사고를 바탕으로 도덕적 판단을 해야 한다.			V	V	V
국가는 개인의 삶에 최대한 간섭하지 않아야 한다.		V		V	V

① 갑   ② 을   ③ 병   ④ 정   ⑤ 무

▶ 242017-0244

09 다음을 주장한 사상가의 입장만을 보기 에서 고른 것은?

> 누구도 자신의 타고난 재능이나 가족적 배경을 당연한 것으로 여겨서는 안 된다. 노력을 기울이는 능력조차도 자연적 행운이 가져다준 결과이므로 당연한 것이라고 할 수 없다. 더 불운한 사람에게 도움이 되는 한에서만 그 행운으로부터 이익을 취할 수 있다.

보기

> ㄱ. 능력에 따른 분배를 통해서만 분배적 정의가 실현된다.
> ㄴ. 노력은 재능과 달리 우연적 요소가 개입되지 않는다.
> ㄷ. 예술적 재능의 형성에 환경적 조건이 개입될 수 있다.
> ㄹ. 천부적 재능은 최소 수혜자에게 도움이 되도록 활용되어야 한다.

① ㄱ, ㄴ   ② ㄱ, ㄷ   ③ ㄴ, ㄷ
④ ㄴ, ㄹ   ⑤ ㄷ, ㄹ

▶ 242017-0245

10 갑 사상가는 긍정, 을 사상가는 부정의 대답을 할 질문으로 가장 적절한 것은?

> 갑: 사법적 처벌은 범죄자 자신이나 시민 사회와 관련된 다른 선을 증진하는 수단으로 행해져서는 절대 안 되고, 어떠한 경우든 처벌을 받은 개인이 범죄를 저질렀다는 이유만으로 부과되어야 한다.
> 을: 사법적 처벌이 정당화되려면 그 처벌은 오직 범죄자가 시민들에게 새로운 해악을 입힐 가능성을 방지하고 타인의 범죄를 억제하기에 충분한 정도의 강도만을 가져야 한다.

① 사법적 처벌은 정당화될 수 있는가?
② 처벌의 목적은 사회적 이익 증진인가?
③ 살인자가 마땅히 받아야 할 처벌은 사형인가?
④ 처벌을 통해 정의로운 사회를 만들 수 있는가?
⑤ 범죄를 저지른 사람이 처벌을 받지 않아도 되는 경우가 있는가?

▶ 242017-0246

11 (가), (나)에 대한 분석으로 옳은 것만을 [보기]에서 있는 대로 고른 것은?

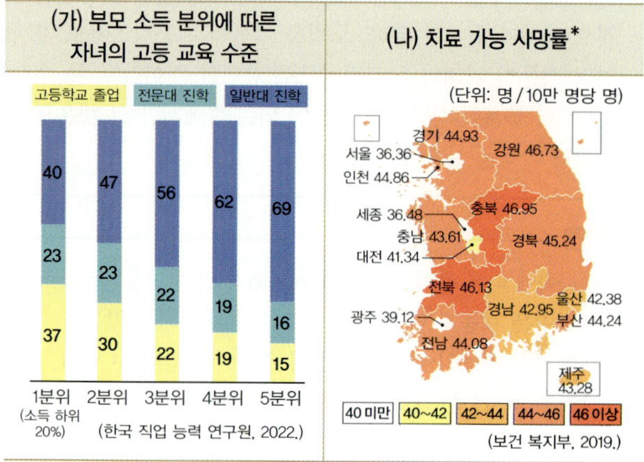

* 치료 가능 사망률: 적절한 치료가 이루어지지 않아 숨진 이들의 비율을 따져 보는 지표

[보기]

ㄱ. (가): 부모의 소득 수준이 높을수록 자녀의 대학 진학률이 높아진다.
ㄴ. (나): 지역마다 의료 자원의 차이가 나타난다.
ㄷ. (나): 서울보다 충북의 의료 시설이 더 잘 갖추어져 있다.

① ㄱ   ② ㄷ   ③ ㄱ, ㄴ
④ ㄴ, ㄷ   ⑤ ㄱ, ㄴ, ㄷ

▶ 242017-0247

12 (가), (나)에 대한 설명으로 옳지 <u>않은</u> 것은?

(가) 일정 수준의 소득이 있는 개인, 기업, 정부가 보험료를 분담하여 질병이나 실업, 사고 등 구성원에게 발생하는 사회적 위험에 대비하는 제도
(나) 국가와 지방 자치 단체 및 민간 부문의 도움이 필요한 모든 국민에게 상담, 재활, 돌봄, 정보 제공 등 다양한 서비스 혜택을 제공하는 제도

① (가): 보험료는 경제적 능력에 따라 부담한다.
② (가): 공공 부조보다 소득 재분배 효과가 크다.
③ (나): 노인 맞춤 돌봄 서비스나 간병 서비스 등이 해당된다.
④ (나): 공공 부조와 달리 비금전적 지원을 원칙으로 한다.
⑤ (가)와 (나): 사회 구성원이 기본적 욕구를 충족할 수 있도록 사회적으로 지원하는 제도이다.

▶ 242017-0248

13 (가), (나)의 공통점으로 적절한 것만을 [보기]에서 있는 대로 고른 것은?

(가) 기업이나 관공서에서 일정 비율 이상의 장애인을 고용하도록 하는 제도
(나) 정치, 경제 등 각 분야에 필요한 인력 중 일정 비율을 여성에게 할당하는 제도

[보기]

ㄱ. 사회적 약자의 처지를 개선하기 위한 제도이다.
ㄴ. 사회적 약자에게 직간접적으로 혜택을 제공하는 제도이다.
ㄷ. 사회적 약자에 대한 불평등을 적극적으로 시정하려는 제도이다.
ㄹ. 사회적 약자에게 최소한의 생활비를 직접적으로 지원하는 제도이다.

① ㄱ, ㄴ   ② ㄱ, ㄹ   ③ ㄷ, ㄹ
④ ㄱ, ㄴ, ㄷ   ⑤ ㄴ, ㄷ, ㄹ

▶ 242017-0249

14 다음의 정책이 공통적으로 추구하는 목적으로 가장 적절한 것은?

• 지역 브랜드 구축
• 관광 마을 조성 및 지역 축제의 활성화
• 공공 기관의 수도권에서 지방으로의 이전
• 수도권에서 지방으로 이전하는 기업에 대한 세금 감면

① 경제 발전의 효율성 극대화
② 사회적 약자에 대한 차별 시정
③ 사회 계층의 양극화 현상 완화
④ 지역 경제 활성화를 통한 지역 격차의 완화
⑤ 자유로운 계층 이동을 통한 폐쇄적인 사회 구조 극복

미리보는 서술형·논술형

통합사회 2

Step 1 서술형 연습하기　▶ 242017-0250

다음과 같은 논쟁이 벌어진 이유를 서술하시오.

> 국가 인권 위원회가 직원을 채용할 때 학사 이상 학력을 요구하거나 심사 위원에게 출신 학교를 공개한 ○○ 대학교에 이를 개선하라고 권고하였다. 해당 대학은 "대학 생활 경험은 업무 수행에 도움이 되기 때문에 조교를 채용할 때 학사 이상의 학력을 요구하고 있다. 출신 학교는 성실성을 평가하는 척도일 수 있는 참고 자료이다."라고 주장하였다. 반면 국가 인권 위원회는 "연구직이나 상담직 등 업무 자체가 특정 학위를 자격 요건으로 하는 경우는 학력 제한이 합리적일 수 있지만, 일반 행정 업무의 성격은 조교의 업무와 다르다. 행정 직원을 채용할 때 학력 제한은 평등권을 침해한 차별 행위이다."

답 완성하기　○○ 대학교와 국가 인권 위원회 간에 의견이 다른 이유는 무엇을 (　　　　)하다고 볼 것인지에 관한 의견 차이를 보이기 때문이다.

Step 2 서술형 훈련하기　▶ 242017-0251

㉠에 들어갈 분배적 정의의 실질적 기준을 쓰고, ㉡에 들어갈 구체적인 사례를 두 가지 서술하시오.

> (　㉠　)을/를 기준으로 하면 어떤 목적을 달성하는 데 필요한 전문적 지식과 자질에 따라 입학이나 취업 기회, 소득이나 사회적 지위 등이 분배된다. (　㉠　)을/를 분배 기준으로 적용한 사례로는 (　㉡　) 등이 있다.

- ㉠: ＿＿＿＿＿＿＿＿＿＿＿＿＿＿＿＿＿

- ㉡: ＿＿＿＿＿＿＿＿＿＿＿＿＿＿＿＿＿

＿＿＿＿＿＿＿＿＿＿＿＿＿＿＿＿＿＿＿

Step 3 논술형 도전하기　▶ 242017-0252

다음에서 설명하고 있는 '초과 이윤세'에 대해 자유 지상주의적 정의관과 공동체주의적 정의관에서 어떻게 평가할지 200자 이내로 논술하시오.

▲ 초과 이윤세를 지지하는 사람들

> 기름값이 정부의 유류세 인하 조치에도 연일 오르자 초과 이윤세를 도입해야 한다는 목소리가 나오고 있다. 초과 이윤세란 일정 기준 이상의 이익을 얻은 집단이나 개인에게 보통 소득세 외에 추가적으로 징수하는 소득세이다. 영국 등 유럽 일부 국가는 기업이 기름값 폭등으로 벌어들인 수익에 대해 초과 이윤세를 걷고 있다. 실제 영국은 석유 및 가스 회사 이익에 25%의 초과 이윤세를 부과하기로 하였다. 이에 따라 에너지 기업 세율은 기존 40%에서 65%로 증가하였다. 영국 정부는 초과 이윤세 도입을 통해 12개월 동안 50억 파운드(약 8조 원)의 재원이 마련될 것으로 예상하고 있다.

핵심 개념 | 다양한 정의관의 적용
(1) 소유 권리　(2) 개인　(3) 공동선　(4) 공동체

---

01 자본주의의 전개 과정과 경제 체제

1 자본주의의 역사적 전개와 특징

(1) 자본주의의 의미와 특징 자료 1

① 자본주의의 의미: 사유 재산 제도를 바탕으로 자유로운 경제활동이 보장되는 경제 체제

② 자본주의의 특징

- 사유 재산권의 보장: 개인이 자유롭게 재산을 획득하고 사용이 가능함.
- 시장의 기능 활성화: 시장에서 결정된 가격에 따라 상품 거래가 이루어짐.
- 경제활동의 자유 보장: 시장에서의 경쟁을 통해 사적 이익의 추구가 인정됨.

(2) 자본주의의 역사적 전개 과정

① 상업 자본주의(16~18세기)

- 의미: 상품의 생산보다는 상품의 유통 과정에서 이윤을 추구하는 자본주의
- 배경: 신항로 및 식민지 개척을 통해 해외로부터 자본의 공급, 상품 수요의 증가, 교역의 확대 등을 배경으로 성장함.
- 특징: 절대 왕정의 중상주의 아래에서 번창함.

② 산업 자본주의(18~19세기)

- 의미: 상품 생산을 통해 이윤을 추구하는 자본주의
- 배경: 18세기 중반 영국에서 시작된 산업 혁명으로 인해 상품의 대량 생산이 가능해짐.
- 특징: 산업 시설을 소유한 자본가의 주도로 산업 자본주의로 변화함, 생산한 제품을 자유롭게 사고팔 수 있는 시장의 자유 요구
- 주요 학자: 애덤 스미스, '보이지 않는 손'의 역할 강조, 국가의 시장 개입 최소화 주장 → 작은 정부로 이어짐.

자세히 살펴보기 **애덤 스미스의 자유방임주의는 무엇일까요?**

> 우리가 저녁 식사를 기대할 수 있는 건 푸줏간 주인, 양조장 주인, 빵집 주인의 자비심 덕분이 아니라, 그들이 자기 이익을 챙기려는 생각 덕분이다. …… 각 개인은 보이지 않는 손에 인도되어 자기가 전혀 의도하지 않았던 목적을 촉진하게 된다. …… 그는 자신의 이익을 추구함으로써 오히려 더 효과적으로 사회의 이익을 촉진한다.
>
> – 애덤 스미스, 『국부론』 –

애덤 스미스는 그의 저서 『국부론』에서 시장의 작동 원리를 '보이지 않는 손'에 비유하면서 개인이 사익을 추구하는 과정에서 누가 의도하지 않아도 효율적인 자원 배분이 이루어진다고 주장하였다. 경제에 참여하는 여러 주체에게 보다 많은 자유가 주어질수록 경제가 발전할 것이라는 그의 사상, 즉 자유방임주의는 산업 자본주의의 이론적 기반이 되었다.

③ 수정 자본주의(20세기)

- 의미: 시장 기능의 한계를 인정하고 국가의 적극적인 시장 개입을 도입한 자본주의

자료 1 프로테스탄트 윤리와 자본주의 정신

▲ 막스 베버

막스 베버는 그의 저서 『프로테스탄트 윤리와 자본주의 정신』을 통해 프로테스탄트로 개종한 사람들의 삶의 태도(세속적 금욕주의, 자신의 직업을 천직으로 여기는 의식 등)가 자본주의 발전의 원동력이 되었다고 주장하였다.

✽ 경제 체제의 분류

생산 수단의 소유 형태에 따라	자본주의 경제 체제	개인의 생산 수단 소유를 법적으로 보장
	사회주의 경제 체제	생산 수단의 국유 또는 공유만을 인정
경제 문제의 해결 방식에 따라	계획경제 체제	정부의 계획 및 명령에 따라 경제 문제 해결
	시장경제 체제	시장 가격에 따라 자유롭게 경제 문제 해결

용어 알기

경제 체제
희소한 자원을 어떻게 활용하고 분배하는가에 관해 사회적으로 합의된 각종 제도와 방식의 총체를 말한다.

중상주의(무거울 重 장사 商 주인 主 옳을 義)
자본주의 생성기에 절대주의 국가가 취한 경제 정책으로, 국가의 보호 무역주의에 의해 유리한 무역 차액을 얻어 나라를 부강하게 하려는 것을 말한다.

- 배경: 19세기 후반 자유 경쟁을 지나치게 강조한 결과 대규모 독점 기업의 등장, 소수 대자본에 의한 독과점 발생 → 과잉 생산과 소비 부족 → 생산 위축에 따른 기업의 도산과 대량 실업의 문제 발생
- 특징: 정부의 역할 강조 → 정부가 다양한 정책을 통해 시장에 적극 개입하여 시장의 한계 보완, 국민의 인간다운 생활을 보장하기 위한 역할 수행, 미국은 수정 자본주의에 입각한 뉴딜 정책을 통해 대공황을 극복함.
- 주요 학자: 케인스 → 정부의 개입과 역할 강조

④ 신자유주의(20세기 말)
- 의미: 정부 역할을 제한하고, 시장의 기능과 자유로운 경제활동을 강조하는 자본주의
- 배경: 20세기 후반 정부의 지나친 시장 개입에 따른 자원 배분의 비효율성 발생, 복지의 확대로 인한 근로 의욕의 저하 및 정부의 재정 악화, 1970년대 석유 파동으로 인해 발생한 스태그플레이션에 대한 정부 대처의 한계 발생
- 특징: 공기업의 민영화, 노동 시장의 유연화, 복지 축소 등
- 주요 학자: 프리드먼, 하이에크 → 정부 역할의 축소 강조

② 경제 체제에 따른 다양한 삶의 방식

(1) 시장경제 체제
① 특징: 시장 원리에 의한 경제 문제 해결, 자본주의와 결합하여 사유 재산권 보장, 시장 가격에 기초한 개별 경제 주체의 자유로운 의사 결정 보장
② 장점: '보이지 않는 손'의 작동으로 효율적인 자원 배분, 사유 재산권 보장으로 개인의 능력과 창의성 발휘 등
③ 한계: 빈부 격차의 발생으로 형평성 저해, 급격한 경기 변동 가능성으로 인해 시장의 안정성 저해 등

(2) 계획경제 체제
① 특징: 정부의 결정과 통제에 의한 경제 문제 해결, 사회주의와 결합하여 사유 재산권이 원칙적으로 부정되어 생산 수단의 국유화, 개별 경제 주체의 경제활동 자유 제한
② 장점: 정부의 계획에 의한 부와 소득의 불평등 완화, 정부의 명령과 계획에 따른 자원 배분 등으로 사회 주요 목적의 신속한 달성 등
③ 한계: 사유 재산권 및 경제활동 자유의 제한으로 인한 경제적 유인의 부족 → 경제활동의 창의성과 역량 발휘 저해, 비효율적 자원 배분, 소비자의 다양한 욕구를 반영한 계획 수립의 어려움, 정부의 잘못된 결정으로 인해 경제 발전의 저해 가능 등

(3) 혼합 경제 체제
① 등장 배경: 1930년대의 대공황 → 시장의 자동 조절 기능에 대해 한계를 체감한 정부가 시장에 적극적으로 개입하여 경제 문제 해결을 시도함.
② 특징: 시장경제적 요소와 계획경제적 요소를 혼용, 오늘날 대부분의 국가는 혼합 경제 체제를 채택함, 국가가 추구하는 목표에 따라 혼합의 정도가 다름.

✻ **스태그플레이션(stagflation)**

경기 침체(stagnation)와 인플레이션(inflation)의 합성어로, 경기 침체 상황에서 물가가 상승하는 현상을 말한다. 일반적으로 경기가 침체될 경우 물가는 하락하나 1970년대 석유 파동에 따른 경기 침체는 물가 상승까지 동반하여 더 큰 악영향을 미쳤다.

✻ **수정 자본주의와 신자유주의의 대표적 학자들의 주장**

수정 자본주의	케인스: "대공황과 같이 경기가 침체된 상황에서 실업 문제를 해결하기 위해서는 정부가 재정 지출을 확대하여 일자리를 늘림으로써 소득을 보장해야 한다."
신자유주의	• 프리드먼: "정부와 시장은 별개이다. 정부는 존재해야 하지만 시장의 게임 규칙을 집행하는 심판자로서의 역할만 해야 한다." • 하이에크: "정부의 시장 개입은 비효율성과 부패를 낳아 효율적인 자원 배분을 저해한다. 따라서 정부로부터 시장의 자유를 지켜야 한다."

✻ **자본주의와 정부의 역할**

산업 자본주의	작은 정부 – 정부 역할의 최소화
수정 자본주의	큰 정부 – 정부의 적극적인 시장 개입
신자유주의	작은 정부 – 정부 역할의 축소

용어 알기

도산(넘어질 倒 낳을 産)
재산을 모두 잃고 망함을 의미한다.

민영화(백성 民 경영할 營 될 化)
국가에서 운영하던 기업을 민간인이 경영하게 하는 것을 말한다.

생산 수단
생산의 과정에서 사용되는 수단으로, 토지, 삼림, 지하자원, 원료, 생산 설비, 생산용 건물, 교통 및 통신 수단 등이 이에 해당한다.

01 빈칸에 들어갈 알맞은 말을 쓰시오.

정답 50쪽

(1) ______은/는 사유 재산 제도를 바탕으로 시장에서의 자유로운 경쟁을 통해 상품의 생산, 교환, 분배, 소비가 이루어지는 경제 체제이다.

(2) ______은/는 상품의 유통 과정에서 이윤을 추구하는 것으로, 신항로 개척과 유럽 절대 왕정의 ______ 정책을 통해 더욱 발전하였다.

(3) 수정 자본주의는 시장에 대한 ______의 개입을 강조한다.

(4) 석유 파동에 따른 경제 위기는 ______이/가 등장하게 된 중요한 배경 가운데 하나이다.

02 다음 내용이 옳으면 ○표, 틀리면 ×표를 하시오.

(1) 애덤 스미스는 자유방임주의를 강조하였다. (　　)

(2) 케인스는 정부 역할의 최소화를 주장하였다. (　　)

(3) 수정 자본주의는 대공황을 배경으로 등장하였다. (　　)

(4) 상업 자본주의에서는 기업의 자유로운 활동에 대한 정부 규제 완화, 복지 축소, 공기업의 민영화 등을 강조한다.

(　　)

(5) 신자유주의는 정부 실패를 야기하였다. (　　)

03 ㉠~㉢에 들어갈 알맞은 용어 혹은 경제 사상가를 쓰시오.

	배경	산업 혁명
산업 자본주의	특징	• 개인의 자유로운 경제활동을 통해 사익을 추구하는 과정에서 국부가 증진된다고 봄 • 애덤 스미스의 『국부론』 → 이른바 '(㉠)'에 의한 경제 문제 해결 주장
	배경	대공황
(㉡)	특징	• (㉢)의 경제사상: 정부가 적극적으로 시장에 개입하여 여러 가지 경제 문제를 해결해야 한다고 봄. → 큰 정부 지향 • (㉣) 정책: 정부의 재정 지출 확대를 통해 대공황 극복 시도

▶ 242017-0253

01 교사의 질문에 대한 학생의 응답으로 가장 적절한 것은?

교사: 얼마 전 A국의 ○○ 지역에 엄청난 폭우가 쏟아졌습니다. 교통 두절로 생필품의 공급이 어려워져 주민들은 불편을 호소하였고, 생필품 가격은 폭등하기 시작하였습니다. 그러자 물건을 비싸게 팔 수 있게 된 공급자들이 앞다투어 생필품을 ○○ 지역에 공급하였고, 얼마 지나지 않아 주민들은 필요한 생필품들을 모두 갖출 수 있었습니다. 자본주의와 관련하여 이 사례가 시사하는 바는 무엇일까요?

① 필요한 경우 정부는 시장에 개입해야 합니다.
② 자본주의는 사유 재산 제도를 기반으로 합니다.
③ 자본주의는 약육강식의 경쟁을 기본으로 합니다.
④ 시장을 통한 거래가 효율적인 자원 배분을 유발합니다.
⑤ 자본주의는 어느 사회에서나 자연스럽게 나타나는 경제 체제입니다.

▶ 242017-0254

02 다음은 자본주의의 특징에 관한 글이다. ㉠~㉢ 중 옳지 않은 것은?

자본주의에서는 ㉠ 개인이 재산을 자유롭게 획득하고 사용할 수 있는 권리인 사유 재산권이 인정되지 않는다. 한편 ㉡ 상품 거래는 주로 시장에서 이루어지고, ㉢ 가격 또한 시장에서 결정된다. 이러한 자본주의에서는 ㉣ 경제활동의 자유가 보장되고, ㉤ 개별 경제 주체들은 시장에서의 경쟁을 통해 자신의 경제적 이익을 자유롭게 추구한다.

① ㉠　　　　② ㉡　　　　③ ㉢
④ ㉣　　　　⑤ ㉤

▶ 242017-0255

03 다음 글의 A에 들어갈 경제 체제에 대한 설명으로 옳은 것은?

> '우리가 저녁을 먹을 수 있는 것은 고기, 술, 빵 등의 판매업자가 베푸는 친절이나 자비심 때문이 아니라 그들의 이기심 때문이다.' 이와 같은 주장을 한 학자는 18세기 후반 ㅤA ㅤ가 확립되는 데 사상적 기초를 마련하였다.

① 스태그플레이션을 계기로 등장하였다.
② '보이지 않는 손'의 기능을 경시하였다.
③ 국가의 적극적 시장 개입을 강조하였다.
④ 18세기 산업 혁명을 바탕으로 형성되었다.
⑤ 토지를 소유한 지주를 중심으로 형성되었다.

▶ 242017-0256

04 다음 ㉠~㉣에 대한 옳은 설명만을 보기 에서 고른 것은?

㉠ 중상주의	㉡ 산업 자본주의
㉢ 수정 자본주의	㉣ 신자유주의

보기

ㄱ. ㉠은 정부가 특별히 농업과 상업을 중요시하는 것을 말한다.
ㄴ. ㉣은 공기업의 민영화에 부정적인 입장이다.
ㄷ. 시장에 대한 정부 역할은 ㉡보다 ㉢에서 강하다.
ㄹ. 자본주의의 발전 단계는 ㉠ → ㉡ → ㉢ → ㉣ 순이다.

① ㄱ, ㄴ   ② ㄱ, ㄷ   ③ ㄴ, ㄷ
④ ㄴ, ㄹ   ⑤ ㄷ, ㄹ

▶ 242017-0257

05 ㉠, ㉡에 들어갈 알맞은 말을 쓰시오.

> 경제 체제는 경제 문제의 해결 방식에 따라 (㉠)와/과 (㉡)(으)로 나뉜다. 예를 들어 국민이 거주할 주택이 필요한 경우, (㉠)에서는 시장에서 여러 기업이 자유롭게 주택을 건설하여 판매하는 방식으로 제공하는 반면, (㉡)에서는 정부가 직접 주택을 건설하여 분배한다.

㉠: (   )   ㉡: (   )

▶ 242017-0258

06 표는 계획경제 체제의 특징과 비교한 시장경제 체제의 상대적 특징을 나타낸다. (가), (나)에 들어갈 적절한 내용만을 보기 에서 고른 것은?

(가)	(나)
+	−

* +는 강함 또는 높음을, −는 약함 또는 낮음을 의미함.

보기

ㄱ. (가) – 자원 배분의 효율성
ㄴ. (가) – 기업의 이윤 추구 동기
ㄷ. (나) – '보이지 않는 손'의 기능 정도
ㄹ. (나) – 모든 경제 주체의 경제적 자율성 정도

① ㄱ, ㄴ   ② ㄱ, ㄷ   ③ ㄴ, ㄷ
④ ㄴ, ㄹ   ⑤ ㄷ, ㄹ

▶ 242017-0259

07 표는 경제 체제 A, B를 질문에 따라 구분한 것이다. 이에 대한 설명으로 옳은 것은? (단, A와 B는 각각 시장경제 체제, 계획경제 체제 중 하나임.)

질문	A	B
생산 수단의 사적 소유를 인정합니까?	예	아니요
(가)	㉠	㉡
(나)	예	예

① A에서는 정부의 명령에 의한 자원 배분을 중시한다.
② B에서는 '보이지 않는 손'을 통한 경제 문제 해결을 강조한다.
③ B에서는 A와 달리 민간 경제 주체들 간의 자유로운 경쟁을 중시한다.
④ (가)가 '경제적 유인 체계를 강조합니까?'라면, ㉠은 '예', ㉡은 '아니요'이다.
⑤ (나)에는 '희소성에 따른 경제 문제가 발생합니까?'가 들어갈 수 없다.

02 합리적 선택과 경제 주체의 역할

1 합리적 선택의 의미와 한계

(1) 합리적 선택

① 자원의 희소성: 인간의 욕망에 비해 사용할 수 있는 자원의 양은 상대적으로 부족한 상태 → 자원의 희소성으로 인해 선택의 문제가 발생

② 합리적 선택과 기회비용
- 합리적 선택의 의미: 최소의 비용으로 최대의 편익을 얻을 수 있는 선택
- 기회비용: 선택 가능한 여러 대안 중 하나의 대안을 선택함으로써 포기하게 되는 대안들 중 가장 가치가 큰 것
- 기회비용의 구성: 기회비용 = 명시적 비용 + 암묵적 비용

명시적 비용	어떤 대안을 선택함으로써 실제로 지불하는 비용
암묵적 비용	실제로 지불한 것은 아니지만 어떤 대안을 선택함에 따라 얻을 수 있었으나 포기한 경제적 이익

- 합리적 선택: 편익−기회비용>0
- 매몰 비용: 이미 지불하여 회수할 수 없는 비용으로 합리적 선택을 위해 고려해서는 안 됨.

자세히 살펴보기 · **기회비용은 어떻게 구할 수 있을까요?**

갑은 매주 토요일마다 편의점에서 아르바이트를 하며 1시간에 15,000원을 받는다. 친구들이 토요일에 뮤지컬을 보러 가자고 하는데 아르바이트 시간과 겹쳐 둘 중 하나를 선택해야 한다. 뮤지컬 관람권의 가격은 50,000원이고 관람 시간은 2시간이다. 갑에게 뮤지컬 관람의 기회비용은 얼마일까? 또한 뮤지컬 관람을 통해 얼마의 편익을 얻어야 합리적 선택이 될까?

위 상황에서 뮤지컬 관람의 명시적 비용은 뮤지컬 관람권 가격 50,000원이며, 암묵적 비용은 2시간 동안 아르바이트를 하면 벌 수 있는 돈인 30,000원이다. 따라서 뮤지컬 관람의 기회비용은 80,000원(= 명시적 비용 50,000원 + 암묵적 비용 30,000원)이다. 그러므로 갑은 뮤지컬 관람을 통해 얻는 편익이 80,000원보다 커야 합리적 선택이 된다.

(2) 합리적 선택의 한계

① 시장 실패: 시장경제 체제에서 자원의 배분이 효율적으로 이루어지지 못하는 현상

② 시장 실패의 유형 [자료1]

독과점 문제	• 독과점: 시장에 하나(독점) 또는 소수(과점)의 공급자만 존재하는 상태 • 독점 기업의 경우 생산량이나 가격을 임의로 조정하여 소비자에게 피해를 입히거나, 과점 기업의 경우 담합하여 소비자에게 피해를 입힐 수 있음.
외부 효과	• 외부 효과: 한 경제 주체의 생산·소비가 다른 경제 주체에게 의도하지 않은 이익이나 손해를 주지만 이에 대한 대가를 받거나 지불하지 않는 상태 • 긍정적 외부 효과: 어떤 경제 주체의 경제활동이 다른 사람들에게 이익을 주지만 그 대가를 받지 않아 사회적 최적 수준보다 과소 생산·소비됨. • 부정적 외부 효과: 어떤 경제 주체의 경제활동이 다른 사람들에게 피해를 입혔음에도 불구하고 그 대가를 지불하지 않아 사회적 최적 수준보다 과다 생산·소비됨.

✽ 편익과 비용
- 편익: 경제적 선택을 함으로써 얻게 되는 효용이나 만족감
- 비용: 선택을 함으로써 치르게 되는 대가(돈, 시간 등)

[자료1] 외부 효과

긍정적 외부 효과의 사례	부정적 외부 효과의 사례
담장을 허물고 정원을 가꾸면 집주인뿐만 아니라 이웃이나 지나가는 사람들에게 즐거움을 줄 수 있다. 그러나 담장을 허물어 정원을 가꾸는 집은 많지 않다.	어떤 기업이 제품 생산 과정에서 대기 오염을 일으키는 물질을 배출하였다. 공장 주변 공기의 질이 나빠지고 호흡기 질환을 호소하는 사람들이 증가하였다.

긍정적 외부 효과의 경우 사회적으로 바람직한 양에 비해 적게 생산 또는 소비되는 반면, 부정적 외부 효과는 사회적으로 바람직한 양에 비해 많이 생산 또는 소비된다.

용어 알기

독과점(홀로 獨 적을 寡 점령할 占)
하나 혹은 소수의 특정 기업이 생산과 시장을 지배하고 이익을 독차지하는 상태를 말한다.

담합(말씀 談 합할 合)
생산품이 비슷한 회사끼리 서로 짜고 생산량과 물건의 가격을 미리 결정해서 소비 시장에서 막대한 이익을 챙기는 행위. 소비자들로부터 가격을 비교하여 물건을 싼 가격에 구매할 수 있는 기회를 빼앗는 불공정 거래 행위이다.

공공재 부족	• 공공재: 대가를 지불하지 않은 사람도 이용할 수 있는 재화나 서비스로 국방, 치안 서비스 등이 있음. • 공공재의 특성 : 가격을 지불하지 않아도 누구나 소비할 수 있고(소비의 비배제성), 한 사람이 소비해도 다른 사람의 소비가 줄어들지 않음(소비의 비경합성). • 공공재는 기업의 이윤 추구에 별 도움이 되지 않아 기업이 적극적으로 생산하지 않음. → 시장경제에서 공공재가 충분히 공급되기 어려움.
정보의 비대칭성	소비자와 판매자가 가진 거래에 필요한 정보의 양과 질이 서로 다른 상태

❷ 지속가능발전을 위한 경제 주체의 바람직한 역할과 책임

(1) 정부의 역할

① 공정한 경쟁 촉진
- 독과점 기업의 횡포를 규제하는 제도 마련
- 담합이나 기업 간의 불공정한 거래가 나타나지 않도록 규제

② 외부 효과 개선
- 긍정적 외부 효과에 대해서는 세금 감면, 보조금 지급 등으로 생산 및 소비 촉진
- 부정적 외부 효과에 대해서는 세금 부과, 벌금 부과 등으로 생산 및 소비 억제

③ 공공재 생산: 정부가 공공재 생산에 직접 참여하여 공공재 부족 문제 해결

④ 정보의 비대칭성 개선: 중고 제품 시장에서의 품질 보증 제도, 상품의 성분 표시, 원산지 표시제 등을 통해 정보의 비대칭성 해소

⑤ 빈부 격차 개선: 소득 재분배 정책, 사회 보장 제도 등을 통해 빈부 격차 완화

(2) 기업가의 역할

① 기업가 정신: 기업가가 이윤 추구 과정에서 위험과 불확실성을 무릅쓰고 새로운 시장을 개척하며 도전하는 정신

② 기업 윤리 및 사회적 책임: 법규를 준수하며, 노동자나 소비자의 권리를 존중하고, 기업의 행위가 사회 전체에 영향을 끼친다는 것을 생각하고 사회적 책임을 다해야 함.

(3) 노동자의 역할

① 노동력의 제공을 통해 생산 활동에 참여

② 노동권(근로권): 근로 기준법, 최저 임금법 등을 통해 보호하고 있음.

③ 노동 3권: 단결권, 단체 교섭권, 단체 행동권

④ 기업의 존재 없이 노동자가 있을 수 없다는 상호 동반자 의식이 필요함.

(4) 소비자의 역할

① 모든 생산은 소비를 전제하므로 시장경제의 작동을 위해서는 적정한 규모의 소비가 필요함, 소비자는 합리적 소비를 함으로써 합리적 생산을 유도할 수 있음.

② 소비자 주권: 생산물의 종류와 수량을 결정하는 최종적인 권한은 소비자에게 있다는 것

③ 윤리적 소비: 비용과 편익만을 기준으로 하는 합리적 소비 개념과 달리 보다 나은 사회 변화를 유도하기 위해 윤리적 차원에서 접근하여 소비하는 것

✳ **소득 재분배**

시장 활동에서 가계가 노동이나 자본 등의 생산 요소를 제공하고 임금이나 이자 등을 받는 과정이 1차적 소득 분배라면, 이렇게 분배된 소득이 조세 징수 및 정부 지출 등을 통해 조절되는 과정이 소득 재분배이다.

✳ **정보의 비대칭성 유형**

역선택	• 의미: 상대적으로 거래에 필요한 정보가 부족한 당사자가 바람직하지 않은 상대방과 거래할 가능성이 높거나 자신에게 불리한 선택을 하는 경향 • 사례: 소비자가 중고 제품 시장에서 외형만을 보고 불량품을 구매하는 것
도덕적 해이	• 의미: 상대적으로 거래에 필요한 정보가 많은 당사자가 자신의 이익만을 위해 행동하여 사회적으로 바람직하지 않은 결과가 나타나는 경향 • 사례: 의료비 보험에 가입한 사람이 자신의 건강 관리를 하지 않거나 위험을 회피하지 않는 것

✳ **노동(근로) 3권**

단결권	근로자가 근로 조건 개선을 위해 단체를 결성할 수 있는 권리
단체 교섭권	근로자의 단체가 사용자와 근로 조건에 대해 교섭하고 협약을 체결할 수 있는 권리
단체 행동권	근로 조건의 유지 및 개선을 위해 근로자가 파업이나 태업과 같은 단체 행동을 할 수 있는 권리

용어 알기

비대칭
대칭, 즉 서로 동등한 관계가 아닌 것을 말한다.

교섭
어떤 일을 이루기 위해 서로 의논하고 절충하는 것을 말한다.

정답 51쪽

01 빈칸에 들어갈 알맞은 말에 ○표 하시오.

(1) 합리적 선택을 하기 위해서는 고민하는 선택지 중 편익과 기회비용을 비교하여 (편익, 기회비용)보다 (편익, 기회비용)이 큰 선택을 해야 한다.

(2) 어떤 경제적 행위를 할 때 지출한 돈을 (명시적 비용, 암묵적 비용)이라고 한다. 이와 달리 현금 지출이 필요하지는 않지만 어떤 선택으로 인해 포기한 대안의 가치를 (명시적 비용, 암묵적 비용)이라고 한다.

(3) 독과점 시장에서는 (수요자, 공급자) 간에 경쟁이 제대로 이루어지기 어렵기 때문에 시장에서 자원이 효율적으로 배분되지 않는다.

(4) 어떤 경제 주체의 행위가 다른 사람에게 이득을 주거나 손해를 끼치면서도 그에 대한 대가를 받거나 지불하지 않는 현상을 (외부 효과, 정보의 비대칭성)(이)라고 한다.

(5) 공공재는 무임승차 문제가 발생하여 사회에서 필요한 양만큼 생산이 되지 않으므로 (기업, 정부)이/가 직접 공급할 필요가 있다.

02 다음 내용이 옳으면 ○표, 틀리면 ×표를 하시오.

(1) 긍정적 외부 효과는 외부 불경제라고도 한다. (   )

(2) 부정적 외부 효과가 발생할 경우 정부는 이를 개선하기 위해 생산자 또는 소비자에게 보조금을 지급한다. (   )

(3) 소비자 주권이란 기업이 재화와 서비스의 생산 형태나 수량 등을 결정하는 데 소비자가 결정적인 권한을 가지고 있음을 뜻한다. (   )

03 다음 설명에 해당하는 개념을 보기 에서 고르시오.

> **보기**
>
> ㄱ. 편익　　　　　　ㄴ. 공공재
> ㄷ. 시장 실패　　　　ㄹ. 기업가 정신

(1) 어떤 선택을 했을 때 얻게 되는 이익 (   )

(2) 미래의 불확실성을 감수하고 과감히 생산을 수행하는 기업의 혁신 노력 (   )

(3) 시장경제 체제에서 자원의 배분이 효율적으로 이루어지지 못하는 현상 (   )

(4) 가격을 지불하지 않아도 누구나 소비할 수 있고, 한 사람이 소비해도 다른 사람의 소비 기회가 줄어들지 않는 특성을 가진 재화 (   )

▶ 242017-0260

01 다음 글이 시사하는 바로 가장 적절한 것은?

> 선택은 공짜가 아니다. 어떤 형태이든 비용이 들기 마련이다. A와 B 두 대안 중 A를 선택하면 A를 얻는다. 그러면 이 선택에서 얻는 것이 A만 있고 잃는 것은 없을까? A를 선택함으로써 B를 포기한 아쉬움이 있다. 반대로 B를 선택하면 A를 포기해야 한다. 이렇게 어느 것을 선택하더라도 다른 하나는 포기해야 하는 비용이 발생한다.

① 합리적 선택을 위해서는 매몰 비용을 고려해야 한다.
② 명시적 비용은 합리적 선택에서 그다지 중요하지 않다.
③ 합리적 선택을 위해서는 편익보다 비용을 중요시해야 한다.
④ 합리적 경제생활을 위해서는 항상 기회비용을 고려해야 한다.
⑤ 개인의 합리적 선택이 항상 사회적으로 바람직한 결과를 초래하는 것은 아니다.

▶ 242017-0261

02 다음 자료에 대한 옳은 설명만을 보기 에서 고른 것은?

> 갑은 ㉠가수 □□□ 콘서트를 보기 위해 티켓 구입비 3만 원을 지불하고 티켓을 예매하였다. 그런데 콘서트를 보러 가기로 한 날에 친구가 무료 티켓이 생겼다며 ㉡○○ 영화를 보러 가자고 제안하여 고민에 빠졌다. 단, 콘서트 티켓은 환불이나 타인 양도가 불가능하다.

> **보기**
>
> ㄱ. ㉠을 선택하는 것이 합리적이다.
> ㄴ. ㉠을 선택할 때의 3만 원은 명시적 비용이다.
> ㄷ. ㉡을 선택할 경우 명시적 비용은 없다.
> ㄹ. ㉡을 선택할 경우 암묵적 비용은 발생하지 않는다.

① ㄱ, ㄴ　　　② ㄱ, ㄷ　　　③ ㄴ, ㄷ
④ ㄴ, ㄹ　　　⑤ ㄷ, ㄹ

▶ 242017-0262

03 다음은 어떤 경제학자의 주장이다. 이 주장을 반박하는 근거만을 보기 에서 고른 것은?

> 어떤 기업의 시장 점유율이 높다는 것은 그만큼 그 기업이 다른 경쟁자들보다 우수한 상품을 개발하여 소비자들에게 큰 만족을 주었다는 것을 의미한다. 따라서 독점 기업을 규제해서는 안 된다.

보기

> ㄱ. 시장이 독점화되면 소비자의 이익이 감소할 수 있다.
> ㄴ. 과잉 경쟁은 중복 투자를 초래하여 비효율성을 낳을 수 있다.
> ㄷ. 일부 기업은 불공정한 방법으로 시장 지배력을 높이기도 한다.
> ㄹ. 초기 투자 비용이 많이 들어가는 산업의 경우 기업들이 진출하지 않으려고 한다.

① ㄱ, ㄴ ② ㄱ, ㄷ ③ ㄴ, ㄷ
④ ㄴ, ㄹ ⑤ ㄷ, ㄹ

▶ 242017-0263

04 다음 두 사례를 통해 공통으로 파악할 수 있는 진술로 적절한 것은?

> • 공동 주거 공간인 아파트에 살다 보면 층간 소음으로 인해 고통받을 때가 있다.
> • 감염병이 널리 퍼지고 있을 때 해당 감염병에 대한 백신을 접종한 사람들이 많아질수록 그 병에 걸릴 확률은 낮아진다.

① 시장에서 가격은 효율적인 자원 배분 기능을 수행한다.
② 특정 행위가 의도하지 않은 외부 효과를 가져올 수 있다.
③ 긍정적인 외부 효과의 경우 무임승차 문제가 발생할 수 있다.
④ 시장경제에서 자유 경쟁은 경제적 불평등을 유발할 수 있다.
⑤ 시장 실패가 발생할 경우 정부의 역할을 약화시킬 필요가 있다.

▶ 242017-0264

05 그림은 합리적 선택의 한계와 그에 대한 정부의 대응을 설명하기 위한 것이다. (가)에 들어갈 내용으로 적절하지 <u>않은</u> 것은?

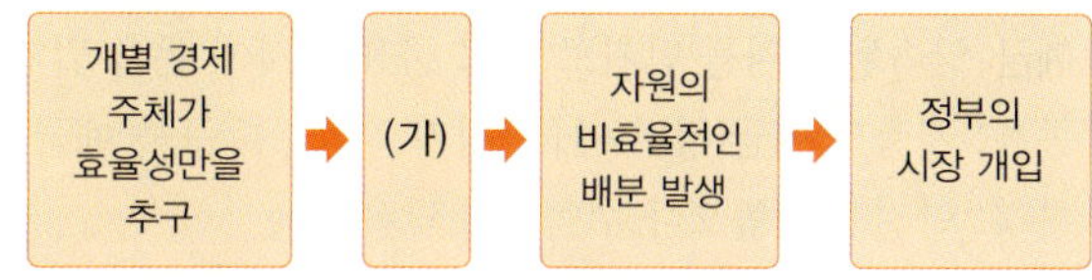

① 공공재 부족
② 외부 효과 발생
③ 독과점 시장 형성
④ 경제적 불평등 심화
⑤ 공기업의 방만한 운영

▶ 242017-0265

06 밑줄 친 '노동 3권'에 해당하는 권리 3가지를 모두 쓰시오.

> 시장경제의 지속가능발전을 위해서는 노동자의 역할이 필수적이다. 그러나 노동자는 경제적으로나 사회적으로 불리한 위치에 있는 경우가 많다. 그래서 우리나라는 노동자가 사용자와 대등한 위치에서 협상할 수 있도록 하기 위해 <u>노동 3권</u>을 보장하고 있다.

▶ 242017-0266

07 다음 중 윤리적 소비를 한 사람만을 있는 대로 고른 것은?

> • 갑은 환경친화적인 방식으로 닭을 길러 수확한 달걀만 구입한다.
> • 을은 아동 노동을 통해 생산 비용을 크게 절감하여 반값으로 판매되는 축구공을 구입하였다.
> • 병은 제3세계 노동자들에게 정당한 노동의 대가를 지급하고 생산된 초콜릿만 구입한다.

① 갑 ② 을 ③ 병
④ 갑, 병 ⑤ 을, 병

통합사회 2

03 자산 관리와 금융 생활 설계

1 금융 자산의 특징과 자산 관리의 원칙

(1) 금융 자산의 종류

① 예금: 약속된 이자를 받기로 하고 금융 회사에 돈을 맡기는 금융 상품
- 종류: 저축성 예금(정기 예금, 정기 적금), 요구불 예금
- 특징: 안전성은 높으나 수익성이 낮음.

② 주식: 주식회사가 경영 자금 확보를 위해 투자자의 지분을 표시하여 발행하는 증서로 주식 시장에서 거래 가능
- 특징: 주식 시장의 상황에 따라 주식 가격 변동 가능, 수익성은 높으나 안전성이 낮음.
- 투자 수익: 주식 매매에 따른 시세 차익 및 배당 수익 기대 가능

③ 채권: 정부나 기업 등이 미래에 일정한 이자를 지급할 것을 약속하고 투자자로부터 돈을 빌린 후 제공하는 증서, 채권 시장에서 거래 가능
- 특징: 정해진 기간 후 이자와 원금을 돌려받을 수 있음, 주식보다 안전성이 높음.
- 투자 수익: 채권 매매에 따른 시세 차익 및 이자 수익 기대 가능

자세히 살펴보기 | **펀드, 보험, 연금이란 무엇일까요?**

펀드	보험	연금
• 금융 기관에 돈을 맡겨서 대신 투자하도록 하는 금융 상품 • 높은 수익을 기대할 수는 있으나 자산 운용의 결과 원금 손실이 발생할 수 있음.	장래에 예상되는 위험(사망, 상해, 화재, 교통사고 등)을 보험 회사에 전가하는 대가로 보험료를 납부하는 상품	노후 생활의 안정을 위해 필요한 자금을 적립하여 노령, 퇴직 등의 사유가 발생했을 때 급여를 지급받는 금융 상품

(2) 자산 관리의 기본 원칙 [자료 1]

① 안전성
- 투자한 자산의 가치가 보전될 수 있는 정도
- 특징: 안전성이 높을수록 수익성이 낮아짐.

② 수익성
- 금융 상품의 가격 상승이나 이자 수익 등을 기대할 수 있는 정도
- 특징: 수익성이 높을수록 안전성이 낮아짐.

③ 유동성
- 보유하고 있는 자산을 쉽게 현금으로 전환할 수 있는 정도
- 특징: 유동성이 낮을 경우 현금으로의 전환이 어려움.

④ 자산 관리를 위해 고려할 사항
- 금융 상품의 안전성, 수익성, 유동성 → 어떤 금융 상품에 투자할 것인가?
- 현재의 수입과 자산의 규모 → 가진 자산 중 어느 정도의 자금을 투자할 것인가?
- 미래에 필요할 자금의 종류와 규모 → 저축의 목적과 기간은 어떻게 되는가?
- 물가 상승률 → 투자의 실질 수익률은 어느 정도로 예상되는가?

✳ **정기 예금과 정기 적금**

정기 예금은 계좌 개설 시 일정 금액을 예치한 후 만기일에 원리금을 수령하는 금융 상품이고, 정기 적금은 일정 금액을 일정 기간 정기적으로 적립한 후 만기일에 원리금을 수령하는 금융 상품이다.

✳ **예금의 안전성**

은행 예금의 경우 예금자 보호 제도에 의해 은행이 파산하더라도 원금과 이자를 합쳐 1개 금융 회사당, 1인당 1억 원까지 예금 보험 공사가 원리금 지급을 보장하고 있다.(2025년 9월 1일부터 상향됨) 즉, 은행 예금은 1억 원까지 원리금 손실의 우려가 없는 것이다. 따라서 다른 금융 자산에 비해 안전성이 가장 높다.

[자료 1] **수익성과 안전성의 상충 관계**

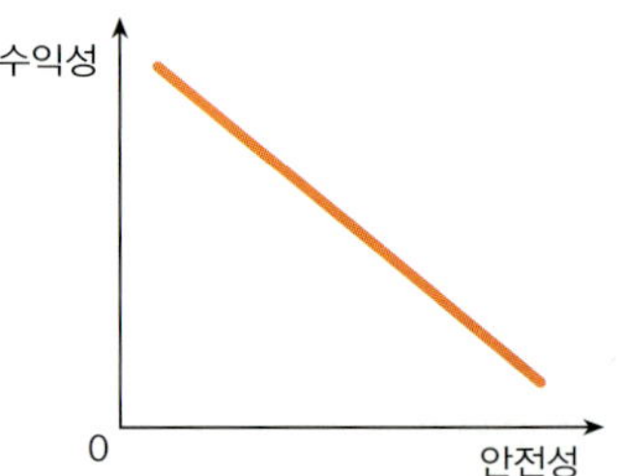

일반적으로 주식과 같이 높은 수익을 기대할 수 있는 금융 자산은 안전성이 낮고, 예금과 같이 원금 손실의 위험성이 낮은 금융 자산은 수익성이 낮다.

용어 알기

이자
돈을 사용한 대가, 돈을 빌리거나 빌려주었을 경우 그 대가로 받는 금전을 이자라 한다.

배당(짝 配 마땅 當)
주식을 가지고 있는 사람들에게 그 소유 지분에 따라 기업이 이윤을 분배하는 것을 말한다.

(3) 나의 미래를 위한 금융 생활 설계

① 금융 생활 설계의 의미: 자신의 생애 주기별 과업을 실행하기 위해 재무 목표를 설정하고, 미래의 수입과 지출을 예상하여 과업 달성에 필요한 구체적인 계획을 세우는 과정

② 금융 생활 설계의 필요성: 제한된 소득을 활용하여 현재의 생활을 유지하고, 주기별 과업을 달성하며 예기치 못한 위험에 대비하여 안정적인 미래를 설계하는 데 도움을 줌.

③ 금융 생활 설계의 원칙

• 현재의 소득뿐만 아니라 미래에 변화할 소득까지 고려하여 장기적인 관점에서 소비와 저축을 고려해야 함.

• 기대 수명 연장 등으로 고령화가 가속화되면서 은퇴 이후를 대비할 필요성이 증가하여 노년기에 소요될 충분한 자금을 확보해야 함.

자세히 살펴보기 — 금융 설계는 어떤 과정을 거칠까요?

재무 목표 설정	재무 상태 분석	재무 행동 계획 수립	재무 행동 계획 실행	재무 실행 평가와 수정
자신의 가치관과 재무 상태 등을 고려해 장·단기 재무 목표 설정	자신의 재무 상태 및 이용 가능한 자산 파악	재무 목표의 우선순위와 시간 계획 등을 설정	재무 목표 달성을 위한 계획 실행	목표 달성 정도를 평가하고 달성하지 못하였을 경우 문제점을 파악하고 수정

④ 생애 주기별 소득과 지출의 변화 [자료 2]

유소년기	주로 보호자의 소득에 의존하여 생활함.
청년기	취업하면서 지속적인 소득을 얻음, 결혼과 자녀 출산 등을 대비해 자산을 모으고 지출을 관리해야 함.
중·장년기	소득은 가장 높지만 자녀 양육, 자녀 결혼 등으로 소비도 대폭 늘어남.
노년기	은퇴 이후 소득은 빠르게 감소하는 반면, 지출은 소득에 비해 감소하는 속도가 느림.

② 경제적·정치적·사회적 환경 변화와 금융 의사 결정

(1) 경제적 환경의 변화

① 일자리 시장이 안정적(불안정적)이고 수입이 증가(감소)할 경우: 개인은 소비와 저축, 투자를 늘림(줄임).

② 정부가 세율을 인상(인하)하거나 중앙은행이 기준 금리를 인상(인하)할 경우: 개인은 소비와 투자를 줄임(늘림).

(2) 정치적, 사회적 환경의 변화

① 전쟁, 테러 등으로 국내외의 정치 상황이 불안정할 경우: 안전성이 높은 금융 자산에 대한 선호가 높아짐.

② 환경에 대한 관심 증대로 친환경 제품에 대한 수요가 증가할 경우: 관련 기업의 실적이 좋아질 것으로 예상되어 해당 기업에 대한 투자가 늘어남.

✱ 재무

개인이나 가정, 단체 등의 경제 상태와 관련된 일을 말한다.

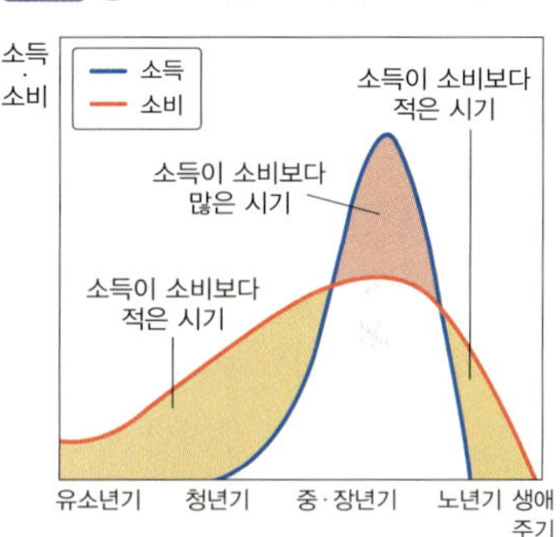

자료 2 생애 주기별 소득과 소비 곡선

✱ 중앙은행의 기준 금리 조절을 통한 경기 대응

경기가 과열될 경우 중앙은행은 이에 대응하기 위해 기준 금리를 인상한다. 이는 가계의 소비와 기업의 투자를 줄여 경기가 진정되는 데 도움을 준다. 반면 경기가 침체될 경우 중앙은행은 기준 금리를 인하한다. 이는 가계의 소비와 기업의 투자를 늘려 경기가 부양되는 데 도움을 준다.

용어 알기

과업(매길 課, 업 業)
꼭 해야 할 일이나 임무를 말한다.

기준 금리
돈을 빌린 사람은 일정 기간 동안 돈을 쓰고 난 다음 빌린 원금 외에 돈을 쓴 데 대한 대가를 지급하는데 이를 이자라 하며, 이자의 원금에 대한 비율을 이자율 또는 금리라고 한다. 기준 금리는 한 나라의 금리를 대표하는 정책 금리로 각종 금리의 기준이 된다.

정답 53쪽

01 다음 내용이 옳으면 ○표, 틀리면 ×표를 하시오.

(1) 정기 예금은 예금자 보호 제도의 적용 대상이다. (　　)
(2) 주식은 정기 적금에 비해 안전성이 높다. (　　)
(3) 채권과 주식 모두 시세 차익을 누릴 수 있다. (　　)
(4) 예금은 채권에 비해 수익성이 높다. (　　)
(5) 채권은 배당 수익을 기대할 수 있다. (　　)
(6) 주식은 채권과 달리 회사의 부채로 기록된다. (　　)

02 다음 빈칸에 들어갈 자산 관리의 원칙을 쓰시오.

(1) ▢▢▢▢▢은/는 금융 상품의 가격 상승이나 이자 수익을 기대할 수 있는 정도를 말한다.
(2) ▢▢▢▢▢은/는 투자한 자산의 가치가 보전될 수 있는 정도를 말한다.
(3) ▢▢▢▢▢은/는 현금이 필요할 때 그 자산을 쉽게 현금화할 수 있는 정도를 말한다.

03 생애 주기의 단계와 이에 맞는 생애 설계를 연결하시오.

(1) 아동기 •　　• ㉠ 자녀 양육과 은퇴 자금 마련
(2) 청년기 •　　• ㉡ 건강 관리, 생애 마지막 시간 준비
(3) 중·장년기 •　　• ㉢ 학교 생활과 진로 탐색
(4) 노년기 •　　• ㉣ 취업 및 능력 계발, 결혼 준비

04 다음을 읽고 옳은 내용에 ○표 하시오.

(1) 소득이 증가할 경우 개인은 이에 따라 소비를 (늘리는, 줄이는) 경향이 있다.
(2) 정부가 세율을 인상할 경우 개인은 이에 따라 금융 자산에 대한 투자를 (늘리는, 줄이는) 경향이 있다.
(3) 중앙은행이 기준 금리를 인하할 경우 개인은 이에 따라 소비를 (늘리는, 줄이는) 경향이 있다.

▶ 242017-0267

01 다음 금융 자산에 대한 설명으로 옳은 것은?

> 이번에 고객님께 소개할 금융 자산은 목돈 모으기 상품으로, 계약 기간은 12개월 이상에서 48개월 이하입니다. 매월 30만 원 이상 적립할 수 있으며, 1년 이상을 적립할 경우 연 이자율은 5%입니다. 그러나 3개월 이내에 중도 해지할 경우에는 연 0.3%의 이자만 드립니다.

① 정기 예금이다.
② 시세 차익을 누릴 수 있다.
③ 배당 수익을 기대할 수 있다.
④ 자산 가치의 변동이 심하다.
⑤ 예금자 보호 제도의 대상이 된다.

▶ 242017-0268

02 (가)~(다)에 들어갈 수 있는 금융 자산의 분류 기준을 **보기** 에서 고른 것은?

구분 기준	채권	주식	정기 예금
(가)	예	아니요	예
(나)	아니요	예	아니요
(다)	예	예	아니요

보기

ㄱ. 만기가 있는가?
ㄴ. 이자 수익이 발생하는가?
ㄷ. 배당 수익을 기대할 수 있는가?
ㄹ. 시세 차익을 얻을 수 있는가?

	(가)	(나)	(다)
①	ㄱ	ㄴ	ㄷ
②	ㄱ	ㄷ	ㄹ
③	ㄴ	ㄱ	ㄷ
④	ㄴ	ㄹ	ㄱ
⑤	ㄷ	ㄱ	ㄹ

▶ 242017-0269

03 표의 ㉠~㉢에 해당하는 금융 자산을 쓰시오.

금융 자산	특징
㉠	노후 생활의 안정을 위해 일정 금액을 적립해 놓고 은퇴 또는 일정 연령 이후에 이를 지속적으로 돌려받는 금융 상품
㉡	투자자들로부터 모은 자금을 전문적인 운영 기관이 주식이나 채권 등에 투자하여 그 수익을 투자자들에게 돌려주는 간접 투자 상품
㉢	화재, 질병, 사고 등 미래에 발생할 수 있는 위험에 대비하기 위하여 보험료를 납부한 후 사고를 당할 경우 받는 위험 대비 상품

㉠: (　　　　　)　㉡: (　　　　　)　㉢: (　　　　　)

▶ 242017-0270

04 그림은 갑~병의 금융 자산 구성을 나타낸다. 이에 대한 분석으로 옳은 것은?

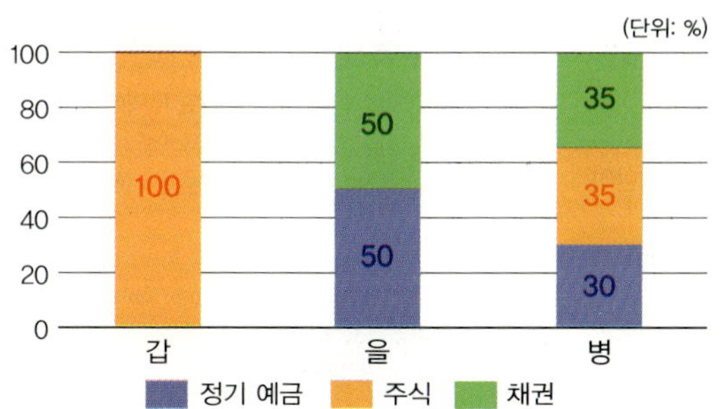

① 갑은 안전성을 중시한다.

② 을의 자산에는 배당금이 지급되는 것이 있다.

③ 병은 수익성을 가장 중시한다.

④ 을은 병과 달리 미래의 위험에 대비하고 있다.

⑤ 병은 갑과 달리 분산 투자를 하고 있다.

▶ 242017-0271

05 교사의 질문에 대한 학생의 발표 내용으로 옳지 않은 것은?

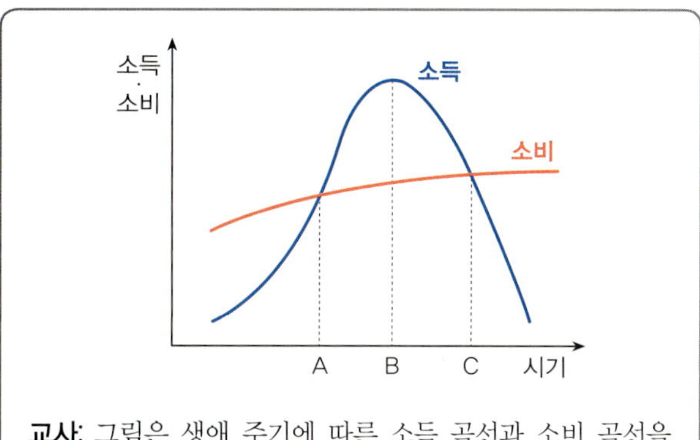

교사: 그림은 생애 주기에 따른 소득 곡선과 소비 곡선을 나타냅니다. 이를 보고 발표해 볼까요?

① 대부분의 사람들은 A 시점 이전에 저축을 하기 어렵습니다.

② A 시점 이전에는 누군가의 도움을 받아야 생활을 유지할 수 있습니다.

③ A~C 구간은 저축을 할 수 있습니다.

④ B~C 구간에서는 저축 총액이 점점 증가합니다.

⑤ 은퇴 시점이 연장되면 B 시점과 C 시점 간의 거리가 짧아집니다.

▶ 242017-0272

06 다음 자료의 (가)~(다)에 들어갈 말로 옳은 것은?

경기가 과열 또는 침체될 경우 중앙은행은 기준 금리를 변동시켜 이에 대응한다. 기준 금리는 중앙은행이 일반 은행과 같은 금융 기관에 적용하는 이자율로, 중앙은행은 경제 상황을 고려하여 정책적으로 결정한다. 경기 과열 시 중앙은행의 기준 금리 조절과 그에 따른 효과는 다음과 같다.

경기 과열 → 기준 금리 (가) → 통화량 감소, 시중 금리 (나) → 가계의 소비 및 기업의 투자 (다) → 경기 진정

	(가)	(나)	(다)
①	인하	하락	증가
②	인하	상승	감소
③	인상	상승	감소
④	인상	상승	증가
⑤	인상	하락	감소

통합사회 2

04 국제 분업과 무역

1 국제 분업과 무역의 필요성

(1) 국제 분업과 무역 [자료1]

① 무역: 각 나라가 자신들이 생산한 재화와 서비스를 다른 나라와 사고파는 국제 거래

② 국제 분업: 각 나라가 무역에 유리한 것을 특화하여 생산하는 것 → 특화하여 무역하면 교역 참여국 모두 더 많은 이익을 얻을 수 있음.

(2) 국제 분업 및 무역이 필요한 이유

① 국가 간 생산 비용의 차이

- 국가마다 보유한 생산 요소의 종류와 양이 다름.

자연환경의 차이	국가에 따라 기후, 지형 등이 다름.
보유 자원의 차이	국가에 따라 보유한 자원의 양과 질이 다름.
사회적 조건의 차이	인구, 교육 수준, 경제 규모 등의 차이 → 노동, 자본 등 생산 요소, 기술 수준의 차이로 이어짐.

- 보유한 생산 요소의 차이로 같은 종류의 상품을 생산하더라도 국가마다 생산비의 차이가 발생함.
- 국내에서 생산 가능한 상품이라도 외국에서 더 저렴하게 생산 가능한 경우가 있음. → 직접 생산하는 것보다 수입하는 것이 경제적임.

자세히 살펴보기　**무역 확대의 영향에는 어떤 것이 있을까요?**

긍정적 영향

- 다양한 상품이나 서비스를 낮은 가격에 소비할 기회 증대
- 무역의 확대에 따른 기업의 생산량 증가로 규모의 경제가 발생하여 생산비 절감
- 기업의 생산량 증가에 따른 고용 창출로 경제 활성화 및 일자리 증가
- 해외 기업과의 경쟁 과정에서 기업의 기술 수준 향상 및 상품의 질 개선
- 외국과 교역하는 과정에서 선진 기술의 전파 및 경제 발전의 기회 마련 가능

부정적 영향

- 해외 기업에 비해 경쟁력을 갖추지 못한 국내 산업의 위축, 실업의 증가
- 무역에 따른 이해관계자의 증가로 인하여 정부가 경제 정책을 자율적으로 운영하는 데 제한이 따를 수 있음.
- 선진국과 개발 도상국 간의 경제 격차가 더욱 확대됨. → 선진국에 비해 경쟁력이 낮은 개발 도상국의 경우 무역 과정에서 손해를 볼 수 있음.
- 국가 간 상호 의존도가 높아져 어느 한 지역의 경제 문제가 다른 나라로 확대됨. → 무역 의존도가 높은 국가의 경우 더욱 큰 영향을 주고받음.

---

② 절대 우위

- 의미: 특정한 상품을 생산하는 비용이 다른 나라보다 적은 경우
- 무역의 발생: 다른 나라에 비해 절대 우위를 가진 상품을 생산하여 수출하고, 다른 나라에 비해 절대 우위가 없는 상품을 수입함.

자료1　**우리나라의 시기별 주요 수출품 변화**

1960년대
생사 · 중석 · 합판 · 면직물

1970년대
섬유 · 합판 · 가발 · 철광석 · 전자 제품

1980년대
의류 · 철광판 · 신발 · 선박 · 음향 기기 · 기계

1990년대
의류 · 반도체 · 신발 · 영상 기기 · 선박

2000년대
반도체 · 컴퓨터 · 자동차 · 석유 제품 · 선박

2000년대 이후
반도체 · 선박 · 자동차 · 디스플레이 · 석유 제품

(한국 무역 협회, 2023.)

✻ 특화

특정 재화만을 전문적으로 생산하는 것을 의미한다.

✻ 규모의 경제

생산 규모가 커지거나 생산량이 늘어날수록 평균 생산 단가가 하락하는 경제 현상을 말한다. 자동차, 선박 등 대규모 생산 시설이 필요한 산업의 경우 규모의 경제 현상이 나타난다.

✻ 무역 의존도

한 나라의 경제가 어느 정도 무역에 의존하고 있는가를 나타내는 지표로, '{무역액(= 수출액 + 수입액)/국내 총생산(GDP)}×100'으로 나타낸다.

용어 알기

무역
나라와 나라 사이에 상품을 사고팔거나 교환하는 일을 말한다.

생산 요소
생산에 없어서는 안 될 요소로, 토지, 노동, 자본 등이 이에 해당한다.

- 사례: 바나나의 경우 우리나라에 비해 열대 기후 지역의 생산비가 적으며, 이에 따라 우리나라는 바나나를 수입하고 있음.

③ 비교 우위 <자료 2>
- 의미: 특정한 상품을 생산하는 기회비용이 다른 나라보다 작은 경우
- 무역의 발생: 한 나라가 다른 나라에 비해 상대적으로 기회비용이 작은 상품을 생산하여 수출하고, 기회비용이 큰 상품을 수입
- 사례: 우리나라는 전자 기기와 섬유 제품의 기술력이 모두 뛰어나 생산 비용이 동남아시아 국가보다 낮으나, 기회비용이 작은 전자 기기 생산에 집중하여 수출하고, 기회비용이 큰 섬유 제품을 동남아시아 국가에서 수입하고 있음.
- 의의: 한 나라가 모든 상품의 생산에 절대 우위를 가진 경우의 국제 무역을 설명할 수 있음.

자세히 살펴보기 — 비교 우위에 따른 무역의 발생에 대해 알아볼까요?

〈표 1〉 각 재화 1단위의 생산 비용

구분	X재	Y재
갑국	10달러	20달러
을국	40달러	40달러

〈표 2〉 각 재화 1단위 생산의 기회비용

구분	X재	Y재
갑국	Y재 1/2단위	X재 2단위
을국	Y재 1단위	X재 1단위

갑국과 을국만 존재하며, 양국 모두 X재와 Y재만 생산한다고 가정할 경우 각 재화의 1단위 생산 비용이 〈표 1〉과 같다면 갑국은 X재와 Y재 모두 절대 우위를 가진다. 그러나 각 재화의 1단위 생산의 기회비용을 보면 〈표 2〉처럼 X재 1단위를 생산하기 위해 갑국은 Y재 1/2단위, 을국은 Y재 1단위의 생산을 포기해야 한다. 한편, Y재 1단위를 생산하기 위해서 갑국은 X재 2단위, 을국은 X재 1단위의 생산을 포기해야 한다. 따라서 X재는 갑국이 을국보다 작은 기회비용을 지불하고 생산할 수 있으며, Y재는 을국이 갑국보다 작은 기회비용을 지불하고 생산할 수 있다. 즉, 갑국은 X재 생산에, 을국은 Y재 생산에 각각 비교 우위가 있다.

❷ 지속가능발전에 기여하는 국제 무역의 방안 <자료 3>

(1) 친환경적인 생산 및 운송 방식을 도입하여 환경에 미치는 영향을 최소화함.
(2) 각국의 환경 관련 국제 협약을 철저히 이행함.
(3) 친환경 기술에 대한 연구 개발 확대
(4) 선진국의 기술 이전 및 협력을 통한 개발 도상국 지원
(5) 국가 간 경제적 불평등 해결 및 공정 무역 촉진
(6) 지속가능발전을 위한 국제적 차원의 협력과 노력을 강화함.
(7) 국제 무역에서 발생하는 문제를 최소화하고 공동으로 해결하려는 노력을 강화함.

자료 2 사례로 이해하는 비교 우위

경영자는 비서보다 경영 능력이 훨씬 뛰어날 뿐만 아니라 타자도 더 빨리 칠 수 있다고 가정해 보자. 경영자는 비서보다 경영 능력도 더 낫고 타자도 더 빨리 칠 수 있으므로 두 가지 일에 대해 모두 절대 우위를 갖고 있다. 이때 경영자는 모든 일을 비서보다 잘할 수 있지만 비서를 고용하여 타자 치는 일을 비서에게 맡길 것이다. 왜냐하면 경영자가 타자 치는 시간에 기업을 경영하면 훨씬 더 큰 이득을 얻을 수 있기 때문이다.

위 사례에서 경영자는 경영에, 비서는 타자 치는 일에 비교 우위를 가진다.

✱ 지속가능발전
미래 세대의 필요를 충족시킬 능력을 저해하지 않으면서 현세대의 필요를 충족시키는 발전을 말한다.

자료 3 지속가능발전을 위한 공정 무역 10원칙

– 세계 공정 무역 기구(WFTO)

용어 알기

우위(넉넉할 優 자리 位)
남보다 유리한 위치나 입장을 말한다.

협약(화합할 協 맺을 約)
단체와 개인 또는 단체 상호 간에 맺는 협정으로 협상조약의 준말이다.

정답 54쪽

01 다음 내용이 옳으면 ○표, 틀리면 ×표를 하시오.

(1) 분업의 모습은 국내에서만 나타나는 것이 아니라 국제적으로도 나타날 수 있다. (　　)

(2) 국가 간 무역이 발생하는 이유는 생산비의 상대적 차이가 있기 때문이다. (　　)

(3) 국가별로 갖고 있는 생산 요소의 양과 질이 다르면 같은 재화나 서비스를 생산하는 데 들어가는 비용도 달라지게 된다. (　　)

(4) 갑국이 을국보다 두 제품 모두 싸게 생산할 수 있다면 을국과 교역을 하지 않는 것이 이익이다. (　　)

(5) 국제 거래가 확대되면 생산 규모가 늘어나면서 제품의 단위당 평균 생산비가 증가한다. (　　)

02 빈칸에 들어갈 알맞은 용어를 쓰시오.

(1) ☐☐☐☐☐은/는 생산 규모가 늘어나면서 제품 단위당 평균 생산 비용이 감소하는 현상을 말한다.

(2) ☐☐☐☐☐은/는 한 나라의 경제가 어느 정도 무역에 의존하고 있는가를 나타내는 지표로, '{무역액(=수출액+수입액)/국내 총생산(GDP)}×100'으로 나타낸다.

(3) ☐☐☐☐☐은/는 경제 발전의 혜택으로부터 소외된 개발도상국의 생산자에게는 더 좋은 무역 조건을 제공하고, 노동자에게는 생산에 투입한 정당한 대가를 제공함으로써 지속가능발전에 기여한다.

03 다음 설명에 해당하는 개념을 보기 에서 고르시오.

> **보기**
> ㄱ. 특화　　　　ㄴ. 비교 우위
> ㄷ. 절대 우위　　ㄹ. 지속가능발전

(1) 한 나라가 다른 나라보다 상품 생산의 기회비용이 상대적으로 적은 것 (　　)

(2) 각국이 자기 국가에서 생산하기에 유리한 상품을 전문적으로 생산하는 것 (　　)

(3) 한 나라가 어떠한 상품을 생산하는 비용이 다른 나라보다 절대적으로 적게 드는 것 (　　)

(4) 미래 세대의 필요를 충족시킬 능력을 저해하지 않으면서 현세대의 필요를 충족시키는 발전 (　　)

▶ 242017-0273

01 교사의 질문에 대한 학생의 답변으로 적절하지 <u>않은</u> 것은?

① 각 나라마다 가진 자원이 다르기 때문입니다.
② 국가마다 생산 요소의 질과 양에 차이가 있기 때문입니다.
③ 국가마다 기술 수준이나 지식 수준 등이 다르기 때문입니다.
④ 무역을 통해 생산 요소를 효율적으로 활용할 수 있기 때문입니다.
⑤ 생산 비용이 많이 드는 상품을 특화하는 것이 유리하기 때문입니다.

▶ 242017-0274

02 그림은 갑국과 을국의 주요 수출품이 교역되는 상황을 나타낸다. 이를 근거로 한 추론으로 가장 적절한 것은?

갑국의 주요 수출품		을국의 주요 수출품
반도체, 자동차, 전기차 배터리	⇄	의류, 목재류, 신발

① 갑국은 을국보다 총인구가 적을 것이다.
② 갑국은 을국보다 교역으로부터 얻는 이득이 클 것이다.
③ 을국은 갑국보다 인건비가 비쌀 것이다.
④ 을국은 갑국에 비해 상대적으로 노동력이 풍부할 것이다.
⑤ 을국은 갑국보다 부가 가치가 높은 상품에 비교 우위가 있을 것이다.

▶ 242017-0275

03 다음 글에서 추론할 수 있는 진술로 적절하지 <u>않은</u> 것은?

국토의 면적이 넓고 인구가 적은 갑국은 곡류를 적은 비용으로 생산할 수 있는 반면 을국은 국토의 면적이 좁지만 우수한 기술 인력이 풍부하여 첨단 전자 제품을 적은 비용으로 잘 만들 수 있다. 따라서 두 나라가 각각 곡류와 첨단 전자 제품을 함께 생산하는 것보다 갑국은 곡류 생산에 특화하고, 을국은 첨단 전자 제품 생산에 특화하여 무역하는 것이 이득이다.

① 무역은 부가 가치를 창출하는 활동이다.
② 생산 요소의 양은 생산비에 영향을 준다.
③ 국가 간 생산비의 차이가 국제 거래를 초래한다.
④ 자연환경도 생산비의 차이를 가져오는 요인이다.
⑤ 무역은 소비자보다 생산자에게 더 많은 이득을 준다.

▶ 242017-0276

04 다음 대화에서 을의 주장을 뒷받침하는 근거로 옳지 <u>않은</u> 것은?

갑: 이번에 우리나라가 □□국과 자유 무역 협정(FTA) 협상을 타결했다는 뉴스 봤어? □□국의 제품에 대한 수입을 규제하는 것이 우리나라 경제에 더 도움이 될텐데 왜 이런 결정을 했는지 의문이야.
을: 나는 다르게 생각해. □□국과의 자유 무역 협정(FTA) 체결은 자유 무역의 확대로 인해 궁극적으로 우리나라 경제에 이익을 가져다줄거야.

① 소비 가능 영역이 확대된다.
② 선진 기술이 전파되기도 한다.
③ 국내 기업의 효율성이 향상될 수 있다.
④ 모든 산업 전반에 걸쳐 일자리가 창출된다.
⑤ 수출 기업은 규모의 경제를 실현할 수 있다.

▶ 242017-0277

05 ㉠, ㉡에 들어갈 알맞은 말을 쓰시오.

(㉠)은/는 한 나라가 다른 나라보다 상품 생산의 (㉡)이/가 상대적으로 적은 것을 의미한다. (㉡)이/가 적은 제품은 특화하고 (㉡)이/가 큰 제품을 수입하면 무역 당사국 모두 이익을 얻을 수 있다.

㉠: (　　　　　　)　　㉡: (　　　　　　)

▶ 242017-0278

06 다음 자료에 대한 옳은 설명만을 [보기]에서 고른 것은?

표는 갑국과 을국에서 쌀과 옷 1단위 생산에 필요한 비용을 나타낸다. 단, 갑국과 을국만 존재하고, 양국 모두 생산 요소를 전부 두 재화의 생산에만 투입한다.

(단위: 달러)

구분	쌀	옷
갑국	10	20
을국	5	15

[보기]

ㄱ. 갑국은 쌀 생산에 절대 우위를 가진다.
ㄴ. 갑국은 쌀 1단위 생산을 위해 옷 1/2단위를 포기해야 한다.
ㄷ. 을국은 쌀 생산에 비교 우위를 가진다.
ㄹ. 을국은 쌀 1단위 생산을 위해 옷 3단위를 포기해야 한다.

① ㄱ, ㄴ　　② ㄱ, ㄷ　　③ ㄴ, ㄷ
④ ㄴ, ㄹ　　⑤ ㄷ, ㄹ

▶ 242017-0279

07 다음 자료의 (가)에 들어갈 내용으로 적절하지 <u>않은</u> 것은?

지속가능발전에 기여하기 위한 무역의 방향은 국제 연합(UN)이 2016년부터 2030년까지 이행해야 할 지속가능발전 목표를 통해 가늠해 볼 수 있다. 국제 연합은 지속가능발전을 위한 17가지의 주된 목표를 제시하였는데, 국제 분업과 무역은 　　　　(가)　　　　 와/과 같이 이러한 목표의 달성을 저해하지 않거나 촉진할 수 있는 방향으로 진행되어야 한다.

① 탄소 배출이 높은 산업 제품의 무역 장려
② 재생 가능 에너지를 사용하는 제품의 무역 촉진
③ 환경 보호 규제를 준수하는 기업과의 무역 확대
④ 공정 무역을 통해 개발 도상국의 경제 발전 지원
⑤ 지속가능한 농업 제품의 국제 시장 접근성 개선

- **독과점 문제:** 시장에서는 다수의 수요자와 공급자가 시장에 참여하기 때문에 자유로운 경쟁이 이루어진다. 그러나 현실에서는 한 기업이 특정 상품의 공급을 독점하거나 소수의 기업이 담합하여 상품의 가격이나 공급량을 조절하는 등 경쟁이 제한되기도 한다. 독과점 기업이 시장 지배력을 가지면 이윤을 늘리기 위해 경쟁 시장보다 높은 가격 수준을 유지하려고 한다. 이로 인해 상품의 가격은 높아지고 생산량은 줄어들어 사회가 요구하는 수준만큼 공급되지 않게 된다.

- **외부 효과:** 어떤 상품의 생산 과정에서 발생한 매연으로 사람들에게 피해를 주고도 해당 기업이 이에 대한 대가를 지불하지 않는다면, 기업이 매연을 줄일 경제적 유인이 없으므로 매연은 계속해서 발생할 것이다(부정적 외부 효과 또는 외부 불경제). 한편 과수원 옆에서 양봉업을 하는 사람이 있는데 과수원 주인이 양봉업자에게 의도하지 않게 꽃의 꿀을 제공하여 이득을 주고도 그에 대한 대가를 받지 않는 상황이 발생할 수도 있다(긍정적 외부 효과 또는 외부 경제). 경제활동에 대한 대가를 주거나 받지 않는다면 경제 주체는 경제적 유인이 없으므로 해당 상품의 생산을 늘리거나 줄이려고 하지 않는다. 이에 따라 사회의 최적 수준보다 상품이 과다 생산·소비되거나 과소 생산·소비된다.

- **공공재의 부족:** 일반적으로 시장에서 거래하는 재화나 서비스는 일정한 대가, 즉 가격을 지불하지 않으면 소비할 수 없는 특징인 배제성과 한 사람이 소비하면 다른 사람의 소비가 줄어드는 특징인 경합성이 있다. 그런데 시장에는 국방이나 치안 서비스와 같이 배제성과 경합성이 없는 재화와 서비스가 있다. 이러한 특성을 지닌 공공재는 무임승차자 문제(일정한 대가를 지불하지 않고 재화나 서비스를 소비하려는 현상)가 발생한다. 무임승차자가 발생하면 시장에서 생산자는 그 재화나 서비스를 생산하고도 충분한 이익을 얻기 어려우므로 생산을 하지 않으려고 할 것이다. 따라서 국방이나 치안 서비스와 같은 공공재는 우리에게 꼭 필요하지만, 시장에 맡기면 사회의 최적 수준만큼 생산되지 않는다.

- **정보의 비대칭성:** 시장에서 자원이 효율적으로 배분되기 위해서는 상품을 거래하는 당사자 간에 정보가 충분히 공유되어야 한다. 하지만 현실에서는 거래 당사자들이 가진 정보의 양과 질이 달라 정보의 비대칭성이 발생한다. 예를 들어 중고차 시장에서는 거래의 양 당사자 중 판매자만 품질을 알고 있는 정보 비대칭이 발생하기 쉽다. 시장에는 다양한 품질의 차량이 존재하는데, 판매자는 자신이 파는 차의 품질에 비례하여 가격을 받으려 하고, 소비자는 품질을 모르기 때문에 시장의 평균 가격에 차량을 구매하려고 한다. 이 상황에서는 양질의 중고차는 거래되지 않고 낮은 품질의 중고차만 거래된다.

Q&A

1 시장 실패란 무엇인가?

시장에서 자원이 효율적으로 배분되지 못하는 상태를 의미한다.

2 시장 실패의 유형에는 어떤 것들이 있는가?

독과점 문제, 외부 효과, 공공재의 부족, 정보의 비대칭성이 있다.

자본주의는 역사적으로 어떤 전개 과정을 거쳤는가?

대공황 이후 수정 자본주의의 등장

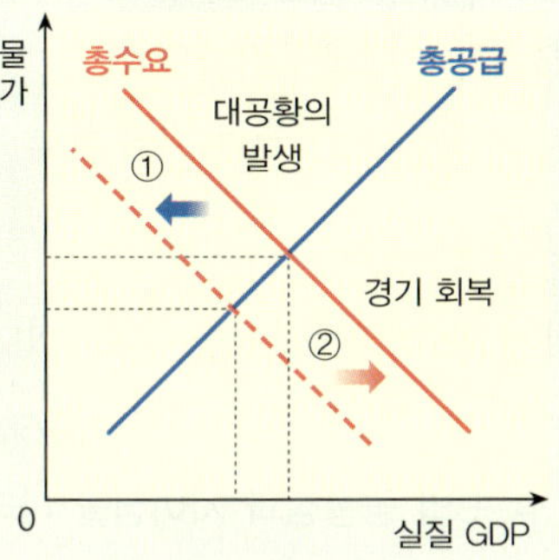

시장이 가장 합리적이고 효율적으로 자원을 배분할 것이라 믿고 있던 사람들에게 1930년대에 발생한 대공황은 큰 충격을 안겼다. 독점 기업의 시장 지배로 인해 시장이 정상적으로 기능하지 못하는 상황에서 기업의 도산 및 실업 증가로 인해 국가의 전체적인 수요(총수요)가 감소하게 되자 물가는 하락하고 경기는 더욱 침체되었다. 이 상황에서 개인들은 실직을 우려하여 소비를 더욱 줄였으며 이는 총수요의 감소(그림의 ①)로 이어져 경기는 더욱 악화되었다. 이에 케인스는 경기 안정을 위해 정부가 적극적으로 시장에 개입해야 한다고 주장했고, 이에 따라 정부는 사회간접자본(SOC) 건설과 같은 대규모 재정 지출을 통해 기업과 가계에 일감을 제공하였고, 적극적인 복지 제도를 마련하여 가계의 소비를 유도하였다. 이를 뉴딜 정책이라 하며, 정부의 적극적인 시장 개입 후 경기는 차츰 회복(그림의 ②)되었다. 이러한 과정에서 정부의 시장 개입이 보다 효율적인 자원 배분을 가능하게 한다는 수정 자본주의가 확립하게 되었다.

스태그플레이션 이후 신자유주의의 등장

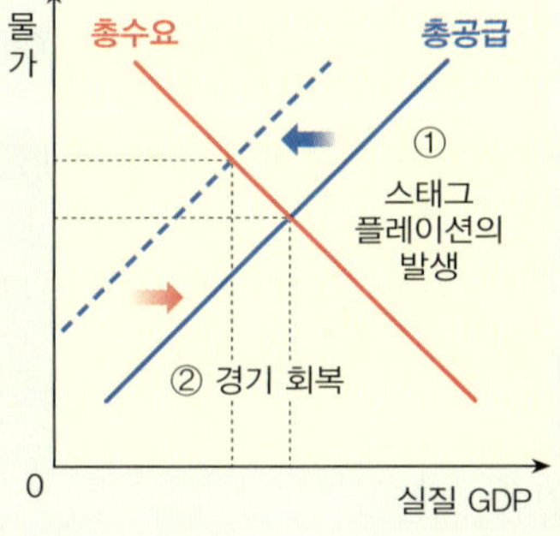

1970년대 석유 가격이 급등하는 석유 파동이 발생하게 되었다. 석유 가격이 급등하게 되자 기업들은 생산에 어려움을 겪게 되었다. 기업의 생산이 감소하게 되자, 국가 전체적으로 시장 공급(총공급)이 감소하였으며 이로 인해 경기 침체와 물가 상승이 함께 나타나는 스태그플레이션이 발생하였다(그림의 ①). 이때 과거 대공황을 극복하려는 노력처럼 정부가 대규모의 재정 지출을 실시한다면 위의 그림에서 총수요가 우측으로 이동하게 되어 물가가 더 상승하게 된다. 결국 정부의 시장 개입으로는 물가 상승과 경기 침체라는 두 가지 상황을 해결하지 못하게 된 것이다.

총수요 감소로 인해 발생했던 대공황과 달리 총공급 감소로 인해 발생한 스태그플레이션 앞에 정부는 무능력했으며, 스태그플레이션의 극복을 위해 프리드먼과 하이에크 등은 시장의 자율성을 보장하여 시장 기능을 회복해야 한다고 주장했다. 시장의 기능이 회복되면 총공급의 확대(그림의 ②)를 가져와 스태그플레이션을 극복할 수 있다고 본 이들의 주장이 힘을 얻은 결과, 정부 기능을 축소하고 시장의 자율성을 보장해야 한다는 신자유주의가 등장하게 되었다.

1 수정 자본주의가 등장하게 된 배경인 대공황이 발생한 이유는 무엇인가?

19세기 후반 자유 경쟁을 지나치게 강조한 결과 대규모 독점 기업이 등장하게 되었고, 이들에 의한 과잉 생산과 소비 부족이 생산 위축에 따른 기업의 도산과 대량 실업으로 이어지게 되었다.

2 신자유주의의 주요 정책에는 어떤 것이 있으며, 그 특징은 무엇인가?

공기업의 민영화, 노동 시장의 유연화, 복지 축소 등이 있으며, 이는 정부의 시장 개입을 축소하고자 한다.

▶ 242017-0280

01 (가), (나)는 자본주의의 역사적 전개 과정에서 발생한 사건이다. 이에 대한 옳은 설명만을 **보기** 에서 고른 것은?

> (가) 정부의 시장 개입에도 불구하고 스태그플레이션이라는 새로운 형태의 경기 침체는 해결되지 않았으며, 복지 과잉에 따른 근로 의욕 저하 등과 같은 비효율성 문제는 더욱 심화되었다.
>
> (나) 과잉 생산의 영향으로 주가가 폭락하면서 20세기 초 대공황이 시작되었다. 주가 폭락은 지속되었고 기업의 도산과 대량 실업이 이어졌으며, 국가 경제 전체적인 침체가 지속되었다.

보기

ㄱ. (가)는 정부의 시장 개입에 따른 부작용에 해당한다.
ㄴ. (가)로 인해 등장한 경제 체제는 시장 가격의 기능을 중시한다.
ㄷ. (나)는 신자유주의가 등장하게 된 배경이 되었다.
ㄹ. (나)로 인해 등장한 경제 체제는 작은 정부를 지향하였다.

① ㄱ, ㄴ   ② ㄱ, ㄷ   ③ ㄴ, ㄷ
④ ㄴ, ㄹ   ⑤ ㄷ, ㄹ

[02~03] 다음은 자본주의의 발달 과정을 시간 순서와 상관없이 나타낸 것이다. 이를 읽고 물음에 답하시오.

> • 영국을 중심으로 일어난 산업 혁명으로 공장에 기계가 도입되고 대량 생산이 가능해지면서, 산업 시설을 소유한 자본가가 주도하는 A가 발전하였다.
> • 유럽에서 봉건 제도가 쇠퇴하고 중앙 집권적 국가들이 등장하면서 B가 나타났다. B는 상품의 유통 과정에서 이윤을 추구하는 것으로, 신항로 개척과 유럽 절대 왕정의 중상주의 정책을 통해 더욱 발전하였다.
> • 19세기 후반부터 20세기 초반에는 대규모 독점 기업들이 등장하면서 자본의 집중 현상이 심화하였다. 그 결과 대공황과 같은 문제가 발생하였고, 이에 국가가 적극적으로 시장에 개입하여 문제를 해결하고자 하는 C가 등장하였다.

▶ 242017-0281

02 A~C를 역사적 발생 순서대로 나열한 것은?

① A–B–C   ② A–C–B   ③ B–A–C
④ B–C–A   ⑤ C–A–B

▶ 242017-0282

03 A~C에 대한 설명으로 옳은 것은?

① 자유방임주의는 A의 사상적 기초가 되었다.
② B는 시장 실패를 보완하기 위해 등장하였다.
③ C는 공기업의 민영화, 노동 시장의 유연화 등을 추구하였다.
④ A는 C와 달리 큰 정부를 추구하였다.
⑤ C는 A와 달리 시장에 의한 자원 분배를 부정하였다.

▶ 242017-0283

04 표는 경제 체제 A, B의 공통점과 차이점을 나타낸다. 이에 대한 설명으로 옳은 것은? (단, A와 B는 각각 시장경제 체제, 계획경제 체제 중 하나임.)

구분	A	B
공통점	(가)	
차이점	(나)	민간 경제 주체가 생산과 소비를 자유롭게 결정한다.

① A에서는 시장 원리에 의해 기본적인 경제 문제를 해결한다.
② B에서는 자원 배분의 효율성이 아닌 형평성을 추구한다.
③ A에서는 B와 달리 자원의 희소성이 나타난다.
④ (가)에는 '생산 수단의 사적 소유를 원칙적으로 인정한다.'가 들어갈 수 있다.
⑤ (나)에는 '정부의 명령과 계획에 의해 생산물의 종류와 양이 결정된다.'가 들어갈 수 있다.

▶ 242017-0284

05 ㉠, ㉡에 들어갈 알맞은 말을 쓰시오.

> 기업이 성장하려면 신기술 및 신상품 개발 등의 기업 혁신이 요구된다. 기업의 혁신 과정에서는 모험적이고 창의적이며 도전적인 태도가 필요한데, 이를 ㉠ (이)라고 한다. 기업은 ㉠ 을/를 통해 신제품 개발 및 신시장 개척, 새로운 생산 방식의 도입 등을 실천해야 한다. 또한 기업은 본질적으로 이윤 추구를 목적으로 하지만, 오늘날에는 일자리 및 소득 제공, 국가 경제 성장 등에 기여하는 사회적 기능과 역할이 커지면서 기업 윤리, 친환경 경영, 투명 경영, 공정 경쟁, 고용 안정 등 기업의 ㉡ 또한 강조되고 있다.

㉠: (   )   ㉡: (   )

06 다음 자료에 대한 설명으로 옳지 <u>않은</u> 것은?

> 갑은 저녁 식사 메뉴를 고민 중이다. 표는 갑이 선택을 고민 중인 음식의 가격과 편익을 나타낸다.

(단위: 원)

구분	짜장면	짬뽕	볶음밥
가격	5,000	5,000	7,000
편익	7,000	8,000	11,000

① 명시적 비용은 볶음밥이 가장 크다.
② 짜장면을 선택하는 것이 합리적 선택이다.
③ 짜장면 선택의 암묵적 비용은 4,000원이다.
④ 짜장면과 짬뽕 모두 기회비용보다 편익이 작다.
⑤ 볶음밥을 선택할 때의 암묵적 비용이 가장 작다.

07 갑, 을의 주장에 대한 옳은 분석 및 추론만을 **보기** 에서 고른 것은?

> 갑: 기업은 사익을 추구하는 생산 활동을 통해 고용을 창출하고 주주들에게 이윤을 배당하는 등 많은 사람에게 혜택을 줍니다. 기업에게 그 이상의 사회적 책임을 요구하는 것은 옳지 않습니다.
> 을: 기업은 사회로부터 영리 추구의 조건을 제공받고 있을 뿐만 아니라 이윤을 추구하는 과정에서 타인의 이익을 침해하기도 합니다. 그러므로 기업은 이윤 추구뿐만 아니라 이윤의 사회 환원을 위한 노력도 해야 합니다.

보기

ㄱ. 갑은 기업의 발전이 사회 발전에 기여한다고 본다.
ㄴ. 을은 기업의 장학 및 자선 사업을 긍정적으로 볼 것이다.
ㄷ. 을보다 갑은 기업의 사회적 책임 범위를 폭넓게 요구할 것이다.
ㄹ. 을은 갑과 달리 기업의 영리 추구 활동을 부정적으로 볼 것이다.

① ㄱ, ㄴ 　② ㄱ, ㄷ 　③ ㄴ, ㄷ
④ ㄴ, ㄹ 　⑤ ㄷ, ㄹ

08 다음 두 사례에서 공통적으로 나타나는 정부의 경제적 역할로 가장 적절한 것은?

> • 공정 거래 위원회는 □□시가 발주한 시 청사 신축 공사 과정에서 담합한 사실이 적발된 4개의 건설 업체에 대해 시정 명령과 함께 과징금을 부과하였다.
> • 정부가 음식물 쓰레기로 인한 악취, 환경 오염 등의 사회적 피해를 줄이기 위해 음식물 쓰레기 종량제를 실시한 결과 음식물 쓰레기 발생량이 이전보다 큰 폭으로 감소하였다.

① 경제 성장을 위해 각종 정책을 실시한다.
② 효율적인 자원 배분을 위해 시장 원리를 존중한다.
③ 공공재를 직접 생산하여 공공재 부족 문제를 해결한다.
④ 시장 실패를 개선하여 자원 배분의 효율성을 향상시킨다.
⑤ 소득 재분배 정책을 통해 저소득층의 생활 여건을 개선한다.

09 ㉠에 들어갈 알맞은 용어를 쓰시오.

> 시장이 효율적으로 운영될 때 소비자는 원하는 상품을 합리적인 가격에 거래할 수 있다. 하지만 현실에서는 소비자와 판매자가 가진 정보의 양과 질이 달라 효율적인 거래가 이루어지지 않을 수 있다. 이를 　㉠　(이)라고 한다.

(　　　　　　　　　)

10 A~C에 해당하는 자산 관리의 원칙으로 옳은 것은?

> 자산 관리의 기본 원칙에는 A~C가 있다. 우선 A는 자산의 가치가 줄어들지 않고 보호되는 정도를 말한다. B는 금융 자산의 가격 상승이나 이자 수익 등을 기대할 수 있는 정도를 말한다. 마지막으로 C는 보유 자산을 현금으로 쉽게 바꿀 수 있는 정도를 말한다.

	A	B	C
①	수익성	유동성	안전성
②	안전성	유동성	수익성
③	안전성	수익성	유동성
④	유동성	수익성	안전성
⑤	유동성	안전성	수익성

통합사회 2

▶ 242017-0290

11 금융 자산의 유형 A~C의 일반적인 특징에 대한 설명으로 옳은 것은? (단, A~C는 각각 요구불 예금, 주식, 채권 중 하나임.)

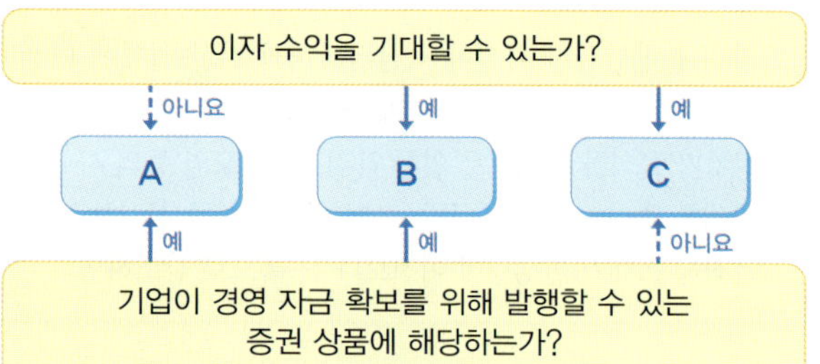

① C에 비해 B는 유동성이 높다.
② A에 비해 C는 원금을 잃을 위험성이 높다.
③ B와 달리 A의 소유자는 배당 수익을 기대할 수 있다.
④ A와 달리 C는 만기가 있으며, 중도에 시세 차익을 기대할 수 있다.
⑤ B와 달리 C는 정부, 지방 자치 단체나 공공 기관이 발행할 수 있다.

▶ 242017-0291

12 그림은 갑의 생애 주기에 따른 소득 곡선과 소비 곡선을 나타낸다. 이에 대한 옳은 설명만을 보기 에서 고른 것은?

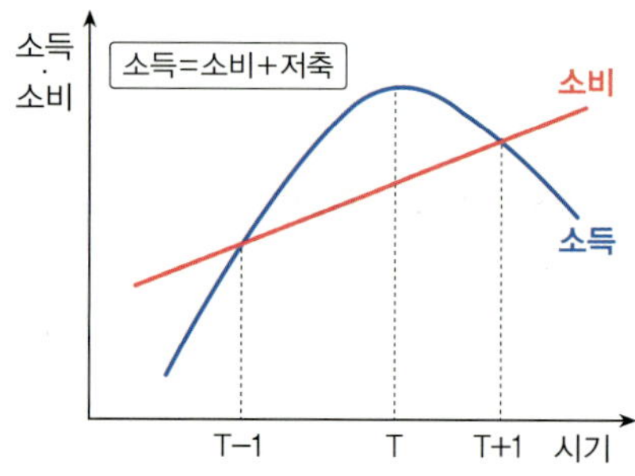

보기
ㄱ. T 시기 이후에는 소득 대비 소비의 비중이 감소한다.
ㄴ. 갑의 소득은 소득 발생 이후 T 시기까지 증가하다가 감소한다.
ㄷ. T−1 시기와 T 시기 사이에는 소비 증가율보다 소득 증가율이 낮다.
ㄹ. T 시기와 T+1 시기 사이에는 누적 저축액이 증가한다.

① ㄱ, ㄴ ② ㄱ, ㄷ ③ ㄴ, ㄷ ④ ㄴ, ㄹ ⑤ ㄷ, ㄹ

▶ 242017-0292

13 그림은 국제 무역과 관련한 갑과 을의 대화이다. 이에 대한 분석 및 추론으로 옳은 것은? (단, 갑과 을은 각각 절대 우위론자 또는 비교 우위론자 중 하나임.)

① 갑의 입장에 따르면 무역은 언제나 가능하다.
② 을의 입장에 따르면 상대국에 비해 기회비용이 작은 상품을 수입하는 것이 유리하다.
③ 을의 입장에 따라 무역을 할 경우 당사국 모두 더 많은 상품을 소비할 수 있다.
④ 갑은 비교 우위론, 을은 절대 우위론에 기초하고 있다.
⑤ 갑은 을과 달리 자유 무역이 당사국 모두에 이익이 된다고 본다.

▶ 242017-0293

14 다음 자료에 대한 옳은 설명만을 보기 에서 고른 것은?

표는 갑국과 을국이 X재와 Y재를 각각 1단위씩 생산하는 데 소요되는 노동 시간을 나타낸다. 이에 대한 분석으로 옳은 것은? 단, X재와 Y재의 생산에는 노동만 필요하다.

(단위: 시간)

구분	X재	Y재
갑국	5	10
을국	2	8

보기
ㄱ. 갑국은 X재와 Y재의 생산에 모두 절대 우위가 있다.
ㄴ. 을국이 X재 1단위를 생산하기 위한 기회비용은 Y재 1/4단위이다.
ㄷ. 갑국이 을국보다 Y재 1단위 생산의 기회비용이 크다.
ㄹ. 갑국은 Y재의 생산에, 을국은 X재의 생산에 비교 우위가 있다.

① ㄱ, ㄴ ② ㄱ, ㄷ ③ ㄴ, ㄷ ④ ㄴ, ㄹ ⑤ ㄷ, ㄹ

미리보는 서술형·논술형

Step 1 서술형 연습하기 ▶ 242017-0294

밑줄 친 '이것'에 해당하는 용어를 쓰고, '이것'이 발생하기 이전에 애덤 스미스에 의해 확산되었던 경제사상에서 강조한 시장의 특징 및 시장에 대한 정부의 역할에 대해 서술하시오.

> 1929년 미국에서 이것이 발생하자 루스벨트 대통령은 이에 대한 해결책으로 뉴딜 정책을 추진하였다. 그는 소비가 살아나지 않으면 기업이 투자할 수 없고, 고용도 늘어나지 않는다고 판단하였다. 그래서 케인스의 주장에 따라 정부가 직접 일자리를 창출하고 소비를 증진해야 한다고 보고, 테네시 계곡에 댐과 발전소를 건설하는 대규모 공공사업을 시작하여 실업자들에게 일자리를 제공하였다. 뉴딜 정책은 '보이지 않는 손'에 의해 작동되던 시장에 정부가 개입하여 경제 전반을 관리 및 조절하겠다는 인식의 전환을 상징한 것이기도 하였다.

답 완성하기 밑줄 친 '이것'은 (　　　)이다. (　　　)이/가 발생하기 이전에 애덤 스미스에 의해 확산되었던 경제사상인 (　　　)은/는 시장에서 경제 주체의 자유로운 경제활동 및 시장에 대한 정부 역할의 (　　　)을/를 강조하였다.

Step 2 서술형 훈련하기 ▶ 242017-0295

A~C에 해당하는 금융 자산을 각각 쓰고, A와 B의 공통점, B와 C의 공통점을 각각 서술하시오.

> 그림은 A~C의 수익성과 안전성을 비교한 것이다. 단, A~C는 각각 예금, 주식, 채권 중 하나이며, 막대그래프의 길이가 길수록 그 정도가 큰 것을 의미한다.

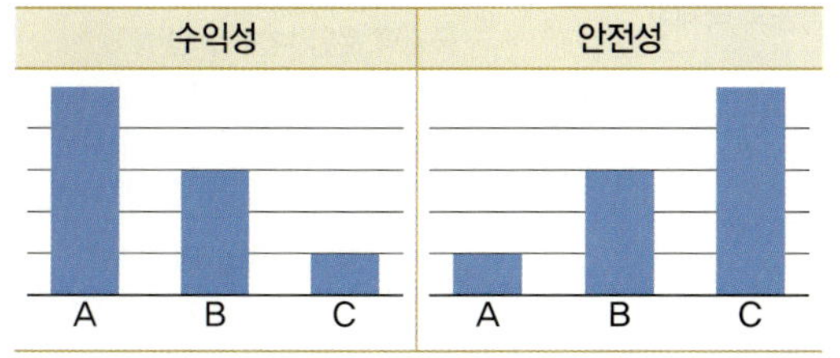

Step 3 논술형 도전하기 ▶ 242017-0296

다음 글을 읽고 가계 입장에서 ㉠이 무엇인지 기회비용과 편익 개념을 사용하여 서술하고, ㉡을 해결하기 위한 정부의 역할에 대해 500자 이내로 논술하시오.

> 가계나 기업과 같은 민간 경제 주체들이 개별적으로 각자의 입장에서 ㉠합리적인 선택을 하더라도 사회 전체적으로는 비합리적인 결과를 가져올 수 있다. 이 경우 시장이 자원을 효율적으로 배분하지 못하는 상태인 시장 실패가 나타나기도 한다. 시장 실패의 사례로는 ㉡독과점 문제, 외부 효과, 공공재 부족, 정보 비대칭성이 있다.

핵심 개념 │ 지속가능발전을 위한 정부의 바람직한 역할
(1) 기회비용과 합리적 선택 (2) 시장 실패

통합사회 2

01 세계화의 다양한 양상과 문제 해결 방안

1 세계화의 다양한 양상

(1) 세계화와 지역화

① 세계화

의미	정치, 경제, 문화 등 다양한 분야에서 국경을 뛰어넘는 교류와 연결이 활발해지고 전 지구적 차원에서의 상호 의존성이 증가하는 현상
영향	• 국경의 의미가 약화되고 국가 간 교역, 자본의 이동 등이 확대 • 인권, 자유, 평등과 같은 보편적 가치가 전 세계로 확산 • 다른 지역과 문화 교류의 기회가 늘어나고 음악, 영화, 스포츠 등의 영역에서 전 세계 사람들이 함께 즐기는 세계 문화 형성

② 지역화

의미	개별 지역이 세계 각 지역과 경제·사회·문화적으로 긴밀하게 연결되면서 그 지역의 정체성에 세계적 가치가 있음을 인정받는 현상
영향	지역의 독특한 요소들이 세계적 가치를 지니게 됨. → 장소 마케팅과 지리적 표시제가 주요 전략

자세히 살펴보기 — **장소 마케팅은 지리적 표시제와 어떻게 다를까?**

▲ 삿포로 눈축제(장소 마케팅)

▲ 프랑스의 샴페인(지리적 표시제)

장소 마케팅은 지역 주민, 공공 기관 등이 기업과 관광객에게 특정 장소를 매력적인 상품이 되도록 하기 위해 독특한 이미지를 만들고, 이를 통해 부가 가치를 창출하는 전략으로 지역 축제가 대표적 예이다. 지리적 표시제는 특정 지역의 기후, 지형, 토양 등 지리적 특성을 반영한 상품에 대해 그 지역에서 생산·제조·가공된 상품임을 표시할 수 있도록 인정하는 제도이다.

(2) 세계 도시와 다국적 기업

① 세계 도시

의미	세계화 시대에 국경을 넘어 세계적인 중심지 역할을 수행하는 도시로, 전 세계 경제 활동을 조절·통제하며 생산자 서비스업이 발달해 있음.
성장 배경	• 교통 및 정보 통신의 발달에 따른 경제 활동의 세계화 • 국가 간 자유 무역 확대 및 다국적 기업의 활발한 활동과 자본 및 금융의 국제화

② 다국적 기업의 공간적 분업 〔자료1〕 〔자료2〕

본사	• 경영 기획 및 관리 기능 • 자본과 우수한 인력을 확보하기 쉬운 본국의 핵심 지역인 수도나 대도시에 입지
연구소	• 핵심 기술 및 디자인 개발 • 대학 및 연구 시설이 밀집한 지역이나 쾌적한 연구 환경을 갖춘 지역에 입지
생산 공장	• 제품 생산 기능, 주로 인건비가 낮은 개발 도상국에 입지 • 무역 장벽을 피하고 판매 시장 확보를 위해 선진국에 입지하기도 함.

〔자료1〕 **다국적 기업의 성장 과정**

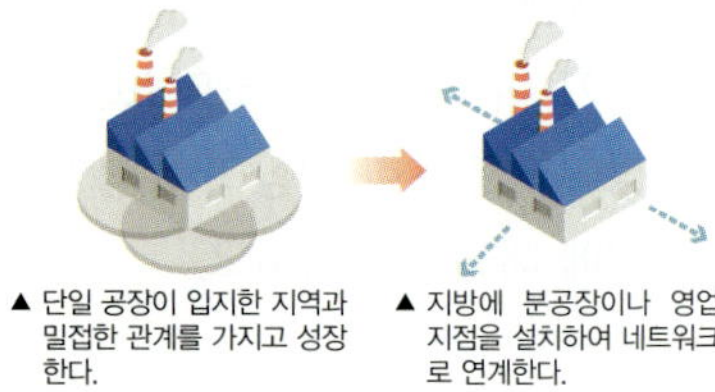

〔자료2〕 **미국에 생산 공장을 설립한 ○○사**

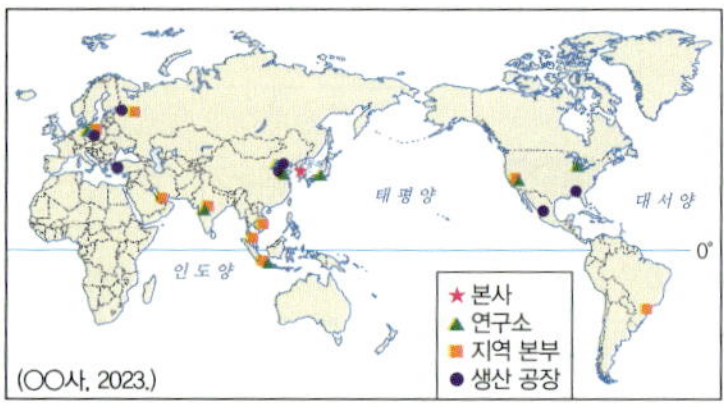

우리나라에 본사를 둔 다국적 기업 ○○사는 해외에 연구소와 다수의 생산 공장 등을 설립하여 세계적 규모의 경영 체제를 구축하고 있다. 미국 앨라배마주에 이어 조지아주에 전기차 생산 공장을 건설하고 있으며, 주 정부로부터 세금 감면 등 각종 혜택을 받고 있다.

용어 알기

생산자 서비스업
주로 기업의 생산 활동을 지원하는 서비스를 말하며, 금융·보험·회계 서비스·연구 개발 등이 해당한다.

공간적 분업(나눌 分 업 業)
기업 조직의 다양한 기능들은 서로 다른 조건이 요구되므로 각 기능에 따라 지역별로 나뉘어 입지하는 것을 의미한다.

무역 장벽(가로막을 障 벽 壁)
국가 간의 경쟁에서 자국 상품을 보호하고 교역 조건을 유리하게 하기 위하여 정부가 인위적으로 취하는 법적·제도적 조치로 관세가 대표적이다.

③ 다국적 기업이 지역에 미치는 영향

구분	긍정적 영향	부정적 영향
본국	해외에서 얻은 수익으로 본국에 투자 유발	생산 공장 등의 해외 이전으로 실업률 증가
투자 유치국	• 고용 창출로 인한 경제 활성화 • 선진국의 기업으로부터 기술 및 경영 기법의 습득 기회	다국적 기업에 대한 경제 의존도 심화

② 세계화의 문제점과 해결 방안

(1) 국가 간의 빈부 격차 심화

현황	• 전 세계적으로 부는 증가하였지만, 부가 일부 국가에 집중 → 선진국과 개발 도상국의 소득 및 자산 격차 심화 [자료 3] • 한 국가 내에서도 산업과 기업의 경쟁력에 따라 부의 차등 분배가 이루어지면서 빈부 격차가 발생
원인	• 세계화에 따른 자유 무역의 확대 → 경쟁에 유리한 선진국의 다국적 기업에 부가 집중 • 수출 구조의 차이 → 선진국은 상대적으로 기술 집약적이고 부가 가치가 높은 제품을, 개발 도상국은 원료, 농산물 등 부가 가치가 낮은 제품을 주로 수출
해결 방안	• 개발 도상국이 경제적으로 자립할 수 있도록 국제기구를 통한 지원, 선진국의 투자와 기술 이전 필요 • 불평등한 무역 구조 개선 → 공정 무역, 공정 여행 등의 윤리적 소비 [자료 4]

(2) 문화의 획일화와 소멸

의미	전 세계적으로 의복이나 음식 등의 문화가 비슷해지는 현상
원인	• 교통·통신의 발달로 국가 간 교류가 증가 → 다양한 문화 경험 • 국가 간 무역 증가, 다국적 기업 상품의 영향력 확대 등으로 선진국 문화가 보편화됨. • 세계화로 인해 영어, 중국어, 에스파냐어 등과 같은 언어는 영향력이 증가하였지만, 소수 민족의 고유 언어는 사라질 위기에 처함.
해결 방안	• 자기 문화의 정체성을 유지하면서 외래 문화를 비판적으로 수용 • 각 지역의 다양한 문화를 보호하기 위한 유네스코(UNESCO)의 문화 다양성 선언 채택

 문화 획일화와 문화 소멸의 사례를 알아보자.

문화 획일화
전 세계 사람들이 햄버거와 콜라를 먹는 모습을 볼 수 있다.

문화 소멸
현재 전 세계 언어 중 1/3 정도가 소멸 위기에 처해 있다.

(3) 보편 윤리와 특수 윤리 간의 갈등

문제점	세계화로 인해 국가 간, 지역 간 인구 이동과 문화 교류가 증가하면서 보편 윤리와 특수 윤리 간의 충돌이 나타나기도 함.
해결 방안	• 보편 윤리에 대한 존중과 특수 윤리에 대한 맥락적 고려가 필요 • 특수 윤리를 인정하되 인간 존엄성, 평등, 자유 등 인류의 보편적 가치를 기준으로 각 사회의 특수 윤리를 성찰해야 함. • 세계인이 전 지구적으로 연결되어 있음을 인식하고 행동하는 세계시민의 자세를 가짐.

자료 3 빈부 격차의 심화

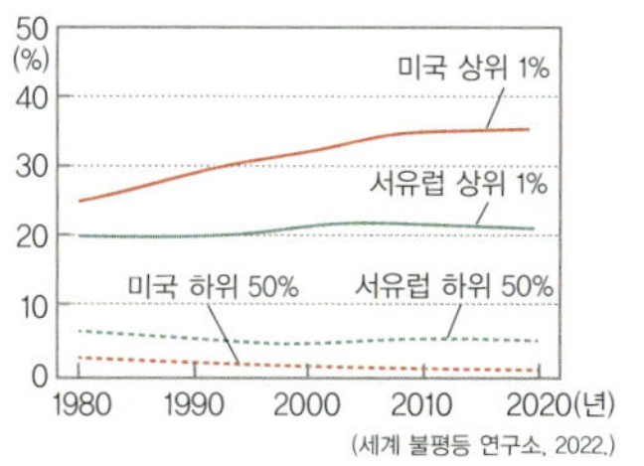

미국과 서유럽의 자산 상위 1%의 전 세계 자산 점유율은 2020년 각각 약 35%, 21% 정도로 1980년 이후 증가 추세이다. 반면 자산 하위 50%의 점유율은 10% 미만에서 큰 변화가 없다. 따라서 자산에 따른 빈부 격차가 커지고 있음을 알 수 있다.

자료 4 윤리적 소비

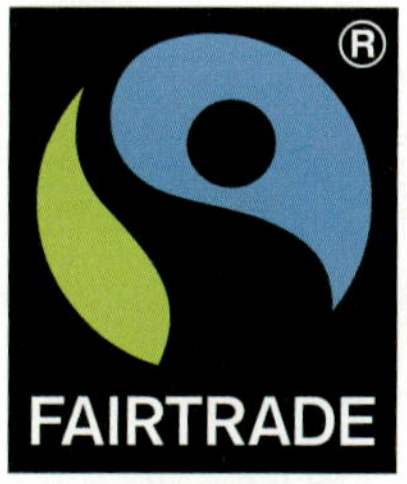

▲ 공정 무역 인증 표시

윤리적 소비는 환경과 지역 사회에 도움이 되는 소비로 공정 무역과 공정 여행이 있다. 공정 무역은 개발 도상국의 생산자에게 합당한 대가가 돌아가도록 하는 대표적인 윤리적 소비 운동이다. 공정 여행은 환경에 해를 끼치지 않고, 지역 주민들에게 정당한 관광 수익이 돌아가도록 하자는 운동이다.

용어 알기

보편(널리 普 두루 遍) 윤리
인간 본성의 보편성에 근거하여 시대와 장소를 초월하여 타당하다고 인정되는 윤리를 말한다.

특수(특별한 特 죽일 殊) 윤리
특정한 집단 내에서 중요하다고 여겨지는 가치를 말한다.

정답 58쪽

01 빈칸에 들어갈 알맞은 말을 쓰시오.

(1) [＿＿＿＿＿]은/는 개별 지역이 세계 각 지역과 경제·사회·문화적으로 긴밀하게 연결되면서 그 지역의 정체성에 세계적 가치가 있음을 인정받는 현상이다.

(2) 기업 조직의 다양한 기능들은 서로 다른 조건이 요구되므로 각 기능에 따라 지역별로 나뉘어 입지하는데 이것을 [＿＿＿＿＿](이)라 한다.

(3) [＿＿＿＿＿]은/는 상품이나 서비스의 생산 및 유통 과정에 필요한 서비스업으로 주로 금융, 보험, 회계 서비스 등이 해당된다.

(4) 지구촌의 문제에 책임 의식을 갖고 문제를 해결하기 위해 적극적으로 행동하려는 [＿＿＿＿＿] 의식을 가져야 한다.

02 다음 내용이 옳으면 ○표, 틀리면 ×표를 하시오.

(1) 교통과 통신의 발달로 국가 간, 지역 간 사람과 물자의 이동이 활발해졌다. （　）

(2) 세계 도시에는 다국적 기업의 본사 및 대형 금융 기관 등이 밀집해 있다. （　）

(3) 세계화의 영향으로 국경의 의미는 더욱 강화되고 있다. （　）

(4) 세계화로 인권, 평등, 자유 등과 같은 보편적 가치는 전 세계로 확산되었다. （　）

(5) 어느 지역이나 언제나 각 지역의 특수 윤리보다는 보편 윤리가 우선해야 한다. （　）

03 다음 설명에 해당하는 개념을 [보기]에서 고르시오.

> **[보기]**
>
> ㄱ. 세계화 　　　　ㄴ. 다국적 기업
> ㄷ. 세계 도시 　　　ㄹ. 특수 윤리

(1) 특정 사회에서만 공유하는 규범과 가치 （　）

(2) 국가 간 교류가 활발해지고 전 세계가 긴밀하게 교류하면서 상호 의존성이 증가하는 현상 （　）

(3) 국가의 경계를 넘어 세계적인 중심지 역할을 수행하는 도시 （　）

(4) 세계 각지에 자회사와 지사 등을 두며, 생산과 판매 활동 등이 세계적으로 이루어지는 기업 （　）

▶ 242017-0297

01 다음 자료는 어떤 단어를 검색한 결과이다. (가)에 들어갈 검색어로 옳은 것은?

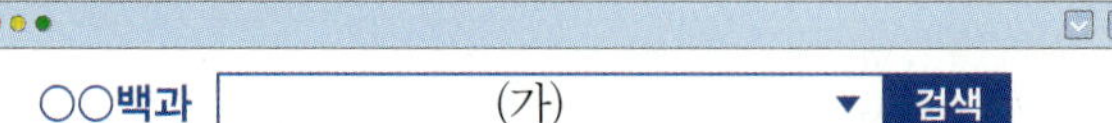

　　교통·통신 기술의 발달로 정치, 경제, 문화 등 다양한 분야에서 국경을 뛰어넘는 연결이 활발해지고 전 지구적 차원에서 상호 의존성이 증가하는 현상을 말한다. 이를 통해 사람, 물자, 정보 등이 한 장소에 멈추지 않고, 도시와 국가를 넘어 세계적 차원에서 이동하는 경향이 증가하고 있다. 또한 정부, 기업, 시민 사회, 개인 등 다양한 주체들이 초국가적인 차원에서 긴밀하게 연결된다.

① 세계화　　　② 도시화　　　③ 지역화
④ 산업화　　　⑤ 국제 분업

▶ 242017-0298

02 (가), (나)에 대한 설명으로 옳은 것만을 [보기]에서 고른 것은?

> (가) 특정 장소 또는 도시의 일정 공간을 상품으로 인식하고 사람들이 선호하는 이미지를 개발하여 해당하는 장소와 공간의 가치를 상승시키는 홍보 전략이다. 이를 활용해 세계 각 지역에서는 지역 축제를 개최하기도 한다.
>
> (나) 어떤 상품의 품질이나 명성이 지역의 지리적 특성에서 비롯되는 경우 그 지역의 생산품임을 증명하고 표시하는 제도를 의미한다. 우리나라의 제주 한라봉, 이탈리아의 고르곤졸라 치즈 등이 있다.

> **[보기]**
>
> ㄱ. (가)로 인해 문화 획일화 현상이 강화된다.
> ㄴ. (나)의 사례로는 우리나라의 보성 녹차를 들 수 있다.
> ㄷ. (나)로 인해 공간적 분업이 강화된다.
> ㄹ. (가), (나)는 지역 경쟁력 강화를 위한 지역화 전략이다.

① ㄱ, ㄴ　　　② ㄱ, ㄷ　　　③ ㄴ, ㄷ
④ ㄴ, ㄹ　　　⑤ ㄷ, ㄹ

[03~04] 지도는 어느 다국적 기업의 기능별 입지 분포를 나타낸 것이다. 이를 보고 물음에 답하시오.

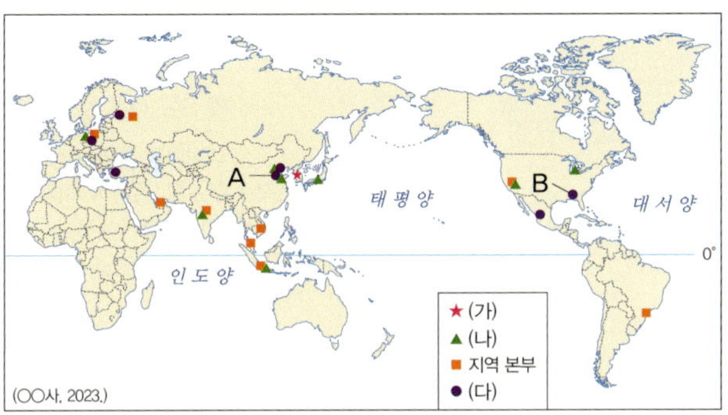

▲ ○○사의 공간적 분업

▶ 242017-0299

03 (가)~(다)에 들어갈 기업의 기능으로 옳은 것은?

	(가)	(나)	(다)
①	본사	생산 공장	연구소
②	본사	연구소	생산 공장
③	연구소	본사	생산 공장
④	연구소	생산 공장	본사
⑤	생산 공장	본사	연구소

▶ 242017-0300

04 (가)~(다)에 대한 설명으로 옳은 것은?

① (가)는 주로 쾌적한 연구 환경을 갖춘 곳에 입지한다.
② (나)는 주로 임금이 낮은 곳에 입지한다.
③ (나)는 (가)보다 경영 기획 및 관리 기능이 강하다.
④ (다)는 (나)보다 대학 및 연구 시설과 인접하여 입지하는 경향이 강하다.
⑤ (다) 중에서 B는 A보다 무역 장벽 극복의 목적이 크다.

▶ 242017-0301

05 ㉠, ㉡에 들어갈 알맞은 말을 쓰시오.

세계화에 따라 경제, 정치, 문화 등 다양한 분야에서 세계의 중심지 역할을 수행하는 (㉠)이/가 등장했다. (㉠)은/는 국제적인 교통·통신의 중심지로서 금융·법률·광고 등 전문화된 (㉡)이/가 발달해 있으며, 다국적 기업의 본사, 금융 기관, 국제기구 등이 집중해 있다.

㉠: (   )   ㉡: (   )

▶ 242017-0302

06 다음 글의 ㉠~㉤에 대한 설명으로 옳지 <u>않은</u> 것은?

세계화가 가속화되면서 다국적 기업의 영향력이 강해졌으며, ㉠ 세계 도시가 등장하였다. 그러나 이로 인해 다양한 문제가 나타나기도 한다. 첫째, ㉡ 빈부 격차의 심화이다. 세계화에 따른 (㉢)의 확대로 선진국과 개발 도상국 간 빈부 격차가 커지고 있다. 둘째, ㉣ 문화 획일화와 소멸이다. 셋째, ㉤ 보편 윤리와 특수 윤리 간 갈등이다.

① ㉠은 동남아시아보다 유럽에 많다.
② ㉡을 해결하기 위해 공적 개발 원조나 기술 이전 등의 지원을 강화할 수 있다.
③ ㉢에는 '자유 무역'이 들어갈 수 있다.
④ ㉣로 인해 각 지역의 고유문화의 정체성이 강화된다.
⑤ ㉤은 다문화 사회로의 변화 과정에서 나타날 수 있다.

▶ 242017-0303

07 다음 자료의 밑줄 친 '○○ 무역'에 대한 설명으로 옳은 것만을 **보기** 에서 고른 것은?

▲ ○○ 무역 인증 표시

교사: 그림은 ○○ 무역 인증 표시입니다. ○○ 무역에 대해 발표해 보세요.
갑: 생산자와 판매자 모두 행복해질 수 있는 거래 방식입니다.
을: 생산자에게 합당한 대가가 돌아가도록 하기 위해 노력합니다.

보기

ㄱ. 선진국과 개발 도상국의 소득 격차를 심화시킨다.
ㄴ. 현지 문화를 체험하는 의미 있는 경험을 제공한다.
ㄷ. 윤리적인 가치 판단에 따라 소비를 선택하는 행위이다.
ㄹ. 생산자들이 스스로 자립할 수 있도록 돕는 무역 방식이다.

① ㄱ, ㄴ   ② ㄱ, ㄷ   ③ ㄴ, ㄷ
④ ㄴ, ㄹ   ⑤ ㄷ, ㄹ

02 평화의 의미와 국제 사회의 역할

1 평화의 의미와 중요성

(1) 평화의 의미

소극적 평화	• 직접적이고 물리적인 폭력이 없는 상태 • 소극적 평화를 실현하려면 전쟁, 테러, 범죄 등을 제거하는 것이 중요함. • 한계: 빈곤, 인권 침해 등에 의한 고통을 설명하기 어려움.
적극적 평화	• 직접적·물리적 폭력뿐만 아니라 빈곤, 기아, 각종 억압과 차별 및 불평등 등과 같은 간접적인 폭력까지 모두 제거된 상태 • 적극적 평화가 실현될 때 진정한 의미의 평화를 누릴 수 있음.

자세히 살펴보기 **갈퉁은 평화를 어떻게 정의했을까요?**

• 폭력은 기본적 필요의 충족을 방해하는 것과 관련이 있다. 즉 가능한 어떤 수준 이하로 그 필요에 대한 만족의 실제 수준을 저하시키는 것이다. 폭력에 대한 위협들도 폭력이다.
• 평화를 창조하는 것은 폭력을 줄이는 것, 폭력을 피하는 것과 관련이 있다. 폭력은 해치거나 다치게 하는 것을 뜻한다. 이러한 폭력에는 직접적 폭력과 간접적 폭력이 있으며, 이러한 폭력의 이면에 문화적 폭력이 있다. 폭력은 주로 문화적 폭력으로부터 구조적 폭력을 경유하여 직접적 폭력으로 번진다.

갈퉁은 전쟁·분쟁 등이 없는 상태를 평화라고 규정한 기존의 평화론을 비판하고, 착취·차별 등의 간접적 폭력까지 사라진 상태를 진정한 평화라고 주장하였다. 그는 폭력을 인간의 기본적 필요 충족을 침해하는 행위로 규정하면서, 평화의 개념을 인간 존엄성을 실현할 수 있는 상태인 적극적 평화로 확대하였다.

(2) 국제 사회에서 평화의 실현이 중요한 이유

① 인류의 안전과 생존 보장: 전쟁의 위협에서 벗어나 인류가 안전하게 살아갈 수 있는 환경을 조성해 줌.
② 인류의 삶의 질을 높이는 바탕: 빈곤과 기아, 각종 차별과 불평등 때문에 발생하는 문제들을 해결함으로써 모두가 인간다운 삶을 살아갈 수 있게 함.

2 평화 실현을 위한 국제 사회 행위 주체의 역할

(1) 국가

의미	일정한 영토와 국민을 바탕으로 주권을 행사하는 행위 주체
특징	• 국제 사회의 가장 기본적인 행위 주체 • 국민의 수나 영토의 크기와 관계없이 독립적인 주권을 행사함. • 자국의 이익과 자국민 보호를 위한 외교 활동을 최우선으로 함. • 여러 국제기구에 참여하여 공식적인 활동을 함. • 외교적 협상을 통해 갈등을 해결하기 위해 노력함으로써 평화 실현에 이바지함.

＊ 폭력의 구분

직접적이고 의도적인 폭력	물리적 폭력	직접 신체에 행해지는 폭력 예 전쟁, 테러 등
간접적 폭력	구조적 폭력	부정의한 사회 제도나 구조를 통하여 이루어지는 폭력 예 제도적 억압, 착취 등
	문화적 폭력	문화적 영역이 직접적 폭력이나 구조적 폭력을 정당화하는 데 이용되는 형태의 폭력 예 대중 매체나 교육의 내부에 존재하는 폭력 등

＊ 갈퉁(J. Galtung, 1930~2024)

노르웨이의 사회학자이자 평화학자. 노르웨이 국제평화 연구소 창설자이며, 평화의 개념을 소극적 평화와 적극적 평화로 구분하였다. 대표 저서로 『평화적 수단에 의한 평화』가 있다.

＊ 국제 사회에서 갈등이 발생하는 이유

국제 사회에서는 영토 내 자원을 확보하기 위해 갈등이 발생하기도 하고, 각 종교나 민족 간 갈등이 일어나기도 한다. 이러한 갈등이 발생하는 이유는 자국의 이익을 우선적으로 추구하는 경향과 민족, 인종, 종교 등의 차이를 부정하는 태도 때문이다.

용어 알기

평화
평온하고 화목한 상태 혹은 전쟁이나 분쟁 등이 없이 평온한 상태를 의미한다.

폭력
남을 거칠고 사납게 제압할 때 사용하는 수단이나 힘 또는 무기로 억누르는 힘을 의미한다.

(2) 정부 간 국제기구

의미	각국의 정부를 회원으로 하는 국제 사회의 행위 주체
특징	• 개별 국가의 노력만으로 해결할 수 없는 국제 사회의 문제가 증가하면서 그 역할의 중요성이 부각됨. • 국가 간 이해관계를 조정하고 국제 규범을 정립하는 역할을 함. • 분쟁 당사국 간에 원만한 해결을 모색할 수 있도록 중재자의 역할을 담당함으로써 평화 실현에 이바지함.
예	국제 연합(UN), 경제 협력 개발 기구(OECD), 세계 보건 기구(WHO), 국제 통화 기금(IMF) 등 `자료 1`

(3) 국제 비정부 기구

의미	개인이나 민간단체를 회원으로 하는 국제 사회의 행위 주체
특징	• 국제 사회의 보편적 가치인 환경 보호, 인권 보장 등을 위해 노력함. • 국제적인 연대 활동을 통해 지구촌 공통의 문제를 제기하고 공동의 노력을 끌어내는 역할을 함. • 전쟁이나 테러에 따른 인권 침해를 방지하고 인도주의적 구호 활동을 함으로써 평화 실현에 이바지함.
예	국경 없는 의사회, 그린피스(Greenpeace), 국제 사면 위원회(AI) 등 `자료 2`

자세히 살펴보기 — 정부 간 국제기구와 국제 비정부 기구에는 어떤 것들이 있을까?

1. 정부 간 국제기구

국제 연합(UN)	• 1945년에 창설된 국제기구로 전쟁을 방지하고 평화로운 세계를 유지하기 위하여 설립됨. • 분야별로 전문 기관을 두고 경제적·사회적·문화적 차원에서의 국제 협력을 증진하기 위해 노력함.
경제 협력 개발 기구(OECD)	1961년에 창설된 정부 간 정책 연구 협력 기구로 시장경제와 다원적 민주주의, 인권 존중을 기본 가치로 회원국들의 경제 성장과 인류의 복지 증진을 도모함.
세계 보건 기구 (WHO)	1948년에 정식으로 발족된 국제 연합의 전문 기구로 공중 보건 분야의 국제적인 협력을 위하여 설립됨.
국제 통화 기금 (IMF)	• 1945년에 설립된 국제 금융 기구로 세계 무역 안정을 목적으로 설립됨. • 주로 환율과 국제 수지를 감시함으로써 국제 금융 체계를 감독함.

2. 국제 비정부 기구

국경 없는 의사회	1971년에 설립된 국제 민간 의료 구호 단체로 전쟁, 기아, 질병, 자연재해 등으로 고통받는 세계 각지 주민들을 구호하기 위해 설립됨.
그린피스 (Greenpeace)	1971년에 설립된 국제적인 환경 보호 단체로 지구 환경 보존과 평화 증진을 목적으로 활동함.
국제 사면 위원회 (AI)	1961년에 설립된 인권 옹호를 위한 국제 단체로, 이데올로기·정치·종교상의 신념이나 견해 때문에 체포·투옥된 정치범의 석방, 공정한 재판과 옥중 처우 개선, 고문과 사형 폐지 등을 목적으로 함.

(4) 영향력 있는 개인: 전직 국가 원수나 노벨상 수상자, 국제 연합 사무총장, 종교 지도자, 유명 운동선수 등도 국제 사회의 행위 주체가 될 수 있음.

`자료 1` **국제 연합(UN) 헌장**

> 국제 평화와 안전을 유지하기 위하여 평화를 위협하는 요소를 예방하고 제거한다. 또 침략 행위 등을 효과적이고 집중적으로 막고, 국제 분쟁이나 사태를 평화적 수단과 국제법의 원칙에 따라 조정하고 해결한다.
>
> – 국제 연합 헌장 제1조 제1항 –

국제 연합(UN) 헌장 제1조 제1항에는 전쟁을 반대하고 평화를 이루려는 국제 연합의 목적이 명확하게 드러나 있다.

`자료 2` **그린피스의 핵심 가치**

해결책 제시	건강하고 평화로운 미래를 위해 환경 문제의 해결책을 찾아내고 조사해 널리 알린다.
재정적 독립성	정부나 기업의 재정 지원을 받지 않는다.
글로벌 영향력	지구촌 곳곳에서 환경을 지키기 위해 그린피스가 가진 자원을 극대화한다.
비폭력 직접 행동	평화로운 행동이 세상을 바꾼다고 믿는다.

용어 알기

중재자(버금 仲 마를 裁 사람 者)
분쟁 당사자 사이에서 분쟁을 조정하고 해결하는 일을 하는 사람을 의미한다.

연대(이어지다 連 띠 帶)
여럿이 함께 무슨 일을 하거나 함께 책임을 지는 것을 의미한다.

정답 60쪽

01 빈칸에 들어갈 알맞은 말을 쓰시오.

(1) ☐☐☐☐☐(이)란 직접적이고 물리적인 폭력이 없는 상태를 의미한다.

(2) ☐☐☐☐☐(이)란 직접적·물리적 폭력뿐만 아니라 빈곤, 기아, 각종 억압과 차별 및 불평등 등과 같은 간접적인 폭력까지 모두 제거된 상태를 의미한다.

(3) 국제 사회의 가장 기본적인 행위 주체는 ☐☐☐☐이다.

(4) 전직 국가 원수나 노벨상 수상자, 국제 연합 사무총장 등과 같은 영향력 있는 ☐☐☐도 국제 사회의 행위 주체가 될 수 있다.

02 다음 내용이 옳으면 ○표, 틀리면 ×표를 하시오.

(1) 갈퉁에 따르면 소극적 평화만으로도 진정한 평화를 실현할 수 있다. ( )

(2) 국제 사회에서 평화 실현이 중요한 까닭은 인류의 안전과 생존을 보장할 수 있기 때문이다. ( )

(3) 평화 실현은 인류의 삶의 질을 높이는 바탕이 된다. ( )

(4) 개별 국가의 노력만으로 해결할 수 없는 국제 사회의 문제가 증가하고 있다. ( )

(5) 정부 간 국제기구는 중재자의 역할을 담당하기보다는 힘의 논리를 앞세워야 한다. ( )

(6) 국제 비정부 기구는 인도주의적 구호 활동을 통해 평화 실현에 이바지할 수 있다. ( )

03 국제 사회의 행위 주체와 그 역할을 바르게 연결하시오.

(1) 국가　　　　•　　　• ㉠ 국가의 행위를 규율하는 국제 규범 정립

(2) 정부 간 국제기구　•　　　• ㉡ 개인이나 민간단체를 회원으로 하여 국제적인 연대 활동 실시

(3) 국제 비정부 기구　•　　　• ㉢ 자국의 이익과 자국민 보호를 위한 외교 활동 실시

▶ 242017-0304

01 ㉠, ㉡에 들어갈 말로 가장 적절한 것은?

> （ ㉠ ）는 직접적이고 물리적인 폭력이 없는 상태를 의미한다. 이를 실현하려면 전쟁, 테러, 범죄 등을 제거해야 한다. 그러나 직접적이고 물리적인 폭력이 제거되었다고 해서 （ ㉡ ）가 실현되었다고 볼 수는 없다. 직접적이고 물리적인 폭력이 없더라도 빈곤이나 차별 등으로 고통을 겪을 수 있기 때문이다.

	㉠	㉡
①	소극적 평화	진정한 평화
②	소극적 평화	일시적 평화
③	적극적 평화	소극적 평화
④	적극적 평화	영원한 평화
⑤	적극적 평화	일시적 평화

▶ 242017-0305

02 그림의 강연자가 지지할 주장으로 옳지 않은 것은?

① 문화적 폭력은 구조적 폭력을 정당화할 수 있다.

② 직접적 폭력과 구조적 폭력은 서로 유기적인 관계에 있다.

③ 직접적 폭력을 제거하는 것만으로도 진정한 평화가 실현된다.

④ 각종 억압이나 착취가 사라져야 진정한 평화를 실현할 수 있다.

⑤ 테러나 범죄와 같은 물리적 폭력이 없는 상태가 소극적 평화이다.

▶ 242017-0306

03 다음 글에서 추론할 수 있는 평화를 실현해야 하는 이유로 적절한 것만을 보기 에서 있는 대로 고른 것은?

> 시리아의 촉망받는 수영 선수 유스라는 올림픽 참가를 꿈꾸며 열심히 연습했지만 분쟁으로 꿈이 좌절되었다. 유스라는 언니 사라를 포함해 20명 남짓의 사람들과 시리아 탈출을 위해 작은 보트에 올랐으나, 바다 한가운데에서 엔진이 멈추고 모두의 목숨이 위험한 상황에 놓이게 되었다.

보기

ㄱ. 자아실현의 기회를 얻을 수 있기 때문이다.
ㄴ. 인류의 안전과 생존을 보장할 수 있기 때문이다.
ㄷ. 국제 사회의 갈등을 증폭시킬 수 있기 때문이다.
ㄹ. 인간다운 삶의 기반을 마련할 수 있기 때문이다.

① ㄱ, ㄷ ② ㄴ, ㄹ ③ ㄷ, ㄹ
④ ㄱ, ㄴ, ㄷ ⑤ ㄱ, ㄴ, ㄹ

▶ 242017-0307

04 ㉠~㉣에 대한 옳은 설명만을 보기 에서 있는 대로 고른 것은?

구분 기준	정부 간 국제기구	국제 비정부 기구
예	㉠	㉡
특징	㉢	㉣

보기

ㄱ. ㉠에는 국제 연합, 세계 보건 기구, 국제 사면 위원회 등이 속한다.
ㄴ. ㉡에는 국경 없는 의사회, 그린피스, 굿네이버스 등이 속한다.
ㄷ. ㉢에는 국가 간 이해관계를 조정할 수 있다는 내용이 들어갈 수 있다.
ㄹ. ㉣에는 민간단체는 가입할 수 있으나 개인은 가입할 수 없다는 내용이 들어갈 수 있다.

① ㄱ, ㄴ ② ㄱ, ㄹ ③ ㄴ, ㄷ
④ ㄱ, ㄷ, ㄹ ⑤ ㄴ, ㄷ, ㄹ

▶ 242017-0308

05 ㉠에 대한 설명으로 옳지 <u>않은</u> 것은?

> 국제 사회는 다양한 이해관계를 맺고 있어 다양한 국제 사회의 행위 주체가 상호 유기적으로 교류하며 평화 실현을 위해 노력하고 있다. 특히 일정한 영토와 국민을 바탕으로 주권을 행사하는 (㉠)이/가 국제 사회의 중요한 행위 주체로 활동하고 있다.

① 국제기구의 가입 주체가 될 수 있다.
② 자국민 보호를 위한 외교 활동을 한다.
③ 국제 사회의 가장 기본적인 행위 주체이다.
④ 영토의 크기에 관계없이 독립적인 주권을 행사한다.
⑤ 자국의 이익과 양보 및 타협의 방법은 양립 불가능하다.

▶ 242017-0309

06 ㉠, ㉡에 들어갈 알맞은 말을 쓰시오.

> 폭력은 일반적으로 물리적 폭력, (㉠) 폭력, (㉡) 폭력으로 구분된다. 물리적 폭력에는 전쟁, 테러 등이 있다. (㉠) 폭력은 빈곤, 정치적 독재, 경제적 착취 등 사회 구조 자체가 가하는 폭력이다. (㉡) 폭력은 종교, 사상, 언어, 예술, 과학 등의 문화적 영역이 직접적 폭력이나 구조적 폭력을 정당화하는 데 이용되는 형태의 폭력이다.

㉠: (   ) ㉡: (   )

▶ 242017-0310

07 다음 내용을 통해 추론할 수 있는 것으로 가장 적절한 것은?

> 규모 7.8의 강진이 발생한 튀르키예와 시리아의 피해 소식이 알려지자 애도와 지원 물결이 이어지고 있다. 과거 튀르키예에서 활동했던 국내 유명 운동선수는 튀르키예의 피해 회복을 위한 도움과 관심을 직접 호소하고 나섰다. 자신의 사회 관계망 서비스(SNS)에 튀르키예 지진 피해 관련 글을 올렸고, 기부금을 보내는 방법을 자세히 소개하였다.

① 개인은 국제 사회의 행위 주체가 될 수 없다.
② 개인보다 국제 비정부 기구의 영향력이 더 크다.
③ 개인도 인류의 보편적 가치의 실현에 기여할 수 있다.
④ 자연재해로 인한 피해 복구는 개별 국가의 노력만으로도 충분하다.
⑤ 평화 실현을 위해서는 정부 간 국제기구의 개입이 반드시 필요하다.

03 남북 분단 및 동아시아 역사 갈등과 세계 평화를 위한 노력

1 남북 분단의 배경과 통일의 필요성

(1) 남북 분단의 배경

① 국제적 배경: 미소 간 냉전 대결의 심화

② 국내적 배경

- 민족 내부의 응집력 부족: 광복 후 신탁 통치에 관한 찬반 논쟁과 민족 내부의 이념 갈등 발생
- 6 · 25 전쟁의 발발: 남북 분단을 고착화하는 결과 초래

(2) 통일의 필요성: 한반도의 평화 정착 및 세계 평화에 기여, 민족의 경제적 발전과 번영, 민족의 동질성 회복

(3) 남북 평화 통일을 향한 노력

① 평화적 교류와 협력의 지속적 추진

- 사례: 남북 정상 회담, 이산가족 상봉, 스포츠 대회 단일팀 구성 등
- 기대 효과: 서로 간의 이해를 높여 군사적 긴장 상태를 완화하고 상호 신뢰를 회복하는 데 도움을 줌.

② 남북 통일에 우호적인 국제 환경 조성 노력

- 통일을 위해서는 주변국의 지지와 협력이 필요함.
- 통일이 국제 사회의 평화를 가져올 수 있다는 점을 근거로 주변국을 설득해야 함.

자세히 살펴보기   **아시안 하이웨이(Asian Highway)란 무엇일까요?**

아시아의 32개국을 연결하는 약 14만 km의 도로망으로, 유엔 아시아 태평양 경제 사회 이사회(UN ESCAP)가 추진 중인 고속도로이다. 한반도가 통일되어 아시아 대륙을 동서로 연결하면 아시아 국가 간 물적 · 인적 교류를 확대하고 정치적 · 경제적 · 사회적 협력을 증진할 수 있다.

(유엔 아시아 태평양 경제 사회 위원회(UN ESCAP), 2023.)

---

2 동아시아의 역사 갈등

(1) 중국과의 역사 갈등 [자료1]

① 동북공정(東北工程)

- 중국 동북 3성, 즉 랴오닝성, 지린성, 헤이룽장성의 역사 · 지리 · 민족에 관한 문제를 2002년 2월부터 5년간 집중적으로 연구한 사업임.
- 중국 정부는 만리장성의 동쪽 끝을 옛 고구려와 발해의 영역인 헤이룽장성까지 확장하여 발해와 고구려를 중국의 지방 정권으로 왜곡함.
- 중국 정부가 자국 내 소수 민족을 통합하여 이들의 분리 독립을 막고 국경 지역을 안정화하기 위해 추진함.

✽ 남북 분단의 과정

- 광복(1945. 8. 15.): 미국과 소련이 북위 38도선을 경계로 한반도 분할 점령
- 5 · 10 총선거(1948. 5. 10.): 선거 감시가 가능한 남한 지역에서만 총선거 실시
- 대한민국 정부 수립(1948. 8. 15.): 제헌 헌법을 토대로 광복 3주년 기념일에 대한민국 정부 수립
- 6 · 25 전쟁(1950. 6. 25.): 북한 공산군이 북위 38도선 남북 군사 분계선 전역을 불법 남침

✽ 독일 통일을 위한 서독의 노력

서독은 1969년 동방 정책(과거 중앙 유럽에 위치한 사회주의 국가들과의 화해 정책으로 빌리 브란트 서독 수상이 추진)을 통해 동독과의 교류 · 협력을 적극적으로 추진하였다. 또한 서독은 적극적인 외교적 노력을 통해 제2차 세계 대전 종전 이후 독일을 분할 점령하였던 미국, 소련, 영국, 프랑스를 설득하여 독일 통일에 관한 동의를 이끌어 냈다.

[자료1] 중국의 역사 왜곡 속에 늘어나는 만리장성

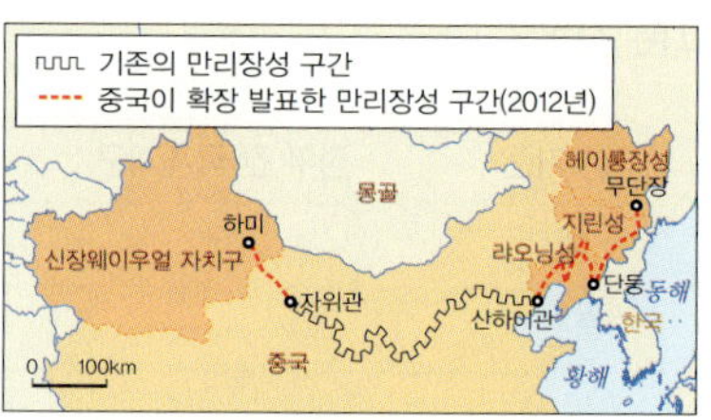

용어 알기

냉전(찰 冷 싸울 戰)
무력을 직접 사용하지 않고, 경제 · 외교 · 정보 등을 수단으로 하는 국가 간의 대립 상태를 의미한다.

고착화(굳을 固 붙을 着 될 化)
상태나 현상이 굳어져 변하지 않는 것을 의미한다.

② 문화 원조 논란

- 중화 문명의 우수성을 널리 알리고 여러 분야에서 중국적 표준을 만듦.
- 이 과정에서 우리나라를 포함한 인근 국가와 문화 원조 논란이 벌어지곤 함.

자세히 살펴보기 | **한복 문화 원조 논란에 대해 살펴볼까요?**

2022 베이징 동계 올림픽 개회식에서 한복을 입은 여성이 조선족 대표로 출연한 것에 대해 '중국의 문화 침탈'이라는 논란이 거세게 일었다. 한국 문화의 원류가 중국이라는 문화 제국주의적 태도가 또다시 드러난 것이다.

(2) 일본과의 역사 갈등

① 역사 교과서 왜곡

- 우리나라에 대한 식민 지배와 침략 전쟁을 정당화하며 역사를 왜곡함.
- 일본군 '위안부'나 '강제 동원'이라는 표현을 사용하지 않은 교과서를 발행함.

② 그 외: 독도 영유권 문제, 야스쿠니 신사 참배 문제 등으로 갈등을 겪고 있음.

자세히 살펴보기 | **옛 문헌 속에 독도는 어떻게 기술되어 있나요?**

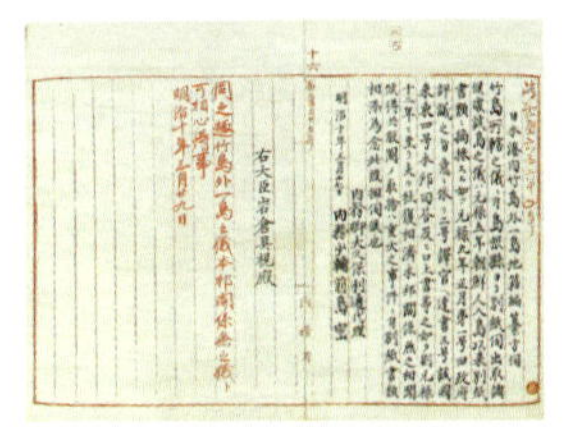

1876년(고종 13년) 메이지 정부는 모든 현에 자기 현의 지도와 지적도를 조사 · 보고하라고 명령하였다. 이에 따라 최고 행정 기관인 태정관은 내무성이 올린 질의서를 검토한 후 1877년 3월 29일 "울릉도 외 1도(독도)에 관한 건에 대해 본방(일본)과 관계없음을 명심할 것"이라는 지령을 내렸다.

▲ 태정관 지시문(1877)

❸ 세계 평화 실현을 위한 노력

(1) 동아시아 역사 갈등 해결을 위한 노력

공동 역사 연구 진행	• 역사 인식의 차이 극복에 도움을 줌. • 사례: 2005년, 2012년 출간한 동아시아 공동 역사 교재
인적 교류의 확대	• 한 · 중 · 일 3국 대학 및 학계의 상시적 학술 교류 추진 • 동아시아 청소년들이 교류할 수 있는 프로그램 마련
우리 역사 연구 성과 알리기	우리 고대사나 현대사의 최근 연구 성과를 국제 학계에 적극적으로 알려야 함. → 역사 화해 및 인류 공영을 지향하는 우리의 역사 담론을 제시함.

(2) 높아진 국제적 위상에 맞는 다양한 역할 수행

① 분쟁 지역에 평화 유지군을 파견하거나 대량 살상 무기와 테러 확산 방지를 위해 노력할 필요가 있음.

② 우리나라의 개발 경험을 개발 도상국과 공유할 수 있음.

③ 빈곤, 기아, 재난 등 고통을 겪고 있는 국가를 지원할 필요가 있음.

✳ 일본 역사 교과서 왜곡

1982년 일본 역사 교과서에서 한국 관련 내용을 왜곡 기술하였다. 예를 들어 한국 '침략'을 '진출'로, 독립운동 탄압을 '치안 유지 도모' 등으로 왜곡하였다. 당시 한국 정부는 일본 정부에 교과서 왜곡 시정을 요구하였다. 최근에 일본 정부는 1945년 이전에 한반도에서 일본으로 온 사람 중에는 자신의 의지로 온 사람도 있기 때문에 일본군 '위안부'나 '강제 동원'이라는 표현이 부적절하다고 주장하며, 이 용어를 사용하지 않은 교과서를 발행하였다.

✳ 독도 영유권 문제와 야스쿠니 신사 참배 문제

일본은 1905년 시마네현 고시로 독도가 일본 영토로 편입되었다는 왜곡된 주장을 펼치고 있다. 또한 야스쿠니 신사 참배 문제로 우리나라와 역사 갈등을 겪고 있는데, 야스쿠니 신사는 천황을 위해 싸우다 전사한 군인을 신격화하여 제사를 지내는 곳이다. 일본 우익은 고위 정치인이 야스쿠니 신사를 참배하는 것을 신앙의 자유라고 주장하고 있다. 그러나 침략 전쟁의 피해를 본 입장에서 야스쿠니 신사 참배 행위는 그러한 전쟁을 미화하는 것이다.

✳ 우리나라의 국제적 위상

지정학적 측면	유라시아 대륙과 태평양을 연결하는 지리적 요충지에 위치
정치적 측면	국제 연합 안전 보장 이사회의 비상임 이사국을 역임함.
경제적 측면	고도의 경제 성장을 이룩하여 경제 협력 개발 기구(OECD)에 가입함.
문화적 측면	경주 석굴암, 경주 불국사 등이 유네스코 세계 유산으로 등재됨.

용어 알기

원조

어떤 일을 처음으로 시작한 사람 혹은 어떤 사물이나 물건의 최초 시작으로 인정되는 사물이나 물건을 의미한다.

정답 61쪽

01 빈칸에 들어갈 알맞은 말을 쓰시오.

(1) 남북 분단의 [   ] 배경으로는 미소 간 냉전 대결의 심화를 들 수 있다.

(2) 남북 분단의 [   ] 배경으로는 민족 내부의 응집력 부족을 들 수 있다.

(3) 중국은 [   ]을/를 통해 우리나라의 역사인 고조선, 부여, 고구려, 발해의 역사가 고대 중국의 지방사라고 주장하면서 역사를 왜곡하였다.

(4) 일본은 1905년 시마네현 고시로 [   ]이/가 일본 영토로 편입되었다는 왜곡된 주장을 펼치고 있다.

(5) 일본의 천황을 위해 싸우다 전사한 군인을 신격화하여 제사를 지내는 곳을 [   ] 신사라고 한다.

02 다음 내용이 옳으면 ○표, 틀리면 ×표를 하시오.

(1) 6·25 전쟁의 발발은 남북 분단을 고착화하는 결과를 초래하였다. (   )

(2) 중국은 동북공정에서 보였던 입장을 현재에는 전면 폐기하였다. (   )

(3) 일본 정부는 교과서에 일본군 '위안부'나 '강제 동원'이라는 표현을 적극적으로 사용하고 있다. (   )

(4) 일본의 왜곡된 역사 인식은 세계 평화의 실현을 가로막는 요인이 될 수 있다. (   )

(5) 스포츠 대회 단일팀 구성은 군사적 긴장 상태 완화에 도움이 되지 않는다. (   )

(6) 공동 역사 연구 진행은 동아시아 역사 갈등 해결에 도움을 줄 수 있다. (   )

03 빈칸에 들어갈 말을 　보기　에서 고르시오.

보기

ㄱ. 광복　　　ㄴ. 총선거　　　ㄷ. 제헌 헌법

(1) (   ) 이후 미국과 소련은 북위 38도선을 경계로 한반도를 분할 점령하였다.

(2) 1948년 5월 10일에는 선거 감시가 가능한 남한 지역에서만 (   )을/를 실시하였다.

(3) 1948년 8월 15일에 (   )을/를 토대로 대한민국 정부를 수립하였다.

▶ 242017-0311

01 다음 내용을 통해 알 수 있는 남북 분단의 국제적 배경으로 가장 적절한 것은?

> 제2차 세계 대전이 끝나고 세계는 미국을 중심으로 한 자유주의 진영과 구소련을 중심으로 한 공산주의 진영의 대결 구도로 나뉘어 이념적 갈등 상태에 놓였다. 유라시아 대륙과 태평양을 연결하는 지정학적 요충지인 우리나라는 이러한 영향으로 광복과 동시에 남쪽은 미국, 북쪽은 구소련의 영향력 아래 들어갔다.

① 6·25 전쟁의 발발
② 민족 내부의 응집력 부족
③ 미소 간 냉전 대결의 심화
④ 광복 이후 통일 정부 수립 실패
⑤ 일본의 역사 왜곡으로 인한 갈등

▶ 242017-0312

02 다음 내용을 통해 추론할 수 있는 내용으로 가장 적절한 것은?

(유엔 아시아 태평양 경제 사회 위원회(UN ESCAP), 2023.)

아시안 하이웨이(Asian highway)란 아시아의 32개국을 연결하는 약 14만 km의 도로망으로, 유엔 아시아 태평양 경제 사회 위원회(UN ESCAP)가 추진 중인 고속도로이다. 한반도가 통일되어 아시아 대륙을 동서로 연결하면 아시아 국가 간 물적·인적 교류를 확대하고 정치적·경제적·사회적 협력을 증진할 수 있다.

① 한반도 통일은 국제 사회의 번영에 기여할 수 있다.
② 한반도 통일은 민족의 동질성을 회복하기 위해 필요하다.
③ 한반도 통일은 남북한의 주도적인 노력만으로 이루어질 수 있다.
④ 한반도 통일은 인도주의적 요청에 부응하기 위해 이루어져야 한다.
⑤ 한반도 통일은 동아시아 간의 긴장 상태 해소에 도움이 되지 않는다.

▶ 242017-0313

03 밑줄 친 ㉠에 해당하는 내용만을 보기 에서 고른 것은?

동아시아 각국은 정치적·경제적으로 긴밀한 관계를 맺고 있지만, 최근 자국의 실리를 추구하는 민족주의가 강화되면서 역사 인식을 둘러싼 갈등이 발생하고 있다. 특히 ㉠중국은 역사를 왜곡하여 우리나라와 갈등을 겪고 있는데, 이러한 역사 갈등은 세계 평화를 위협하는 요인이 될 수 있다.

보기

ㄱ. 발해의 역사를 중국의 지방사라고 주장하였다.
ㄴ. 기존의 만리장성 구간을 축소하여 발표하였다.
ㄷ. 고구려를 중국의 지방 정권이라고 주장하였다.
ㄹ. 태평양 전쟁을 아시아를 해방시키기 위한 전쟁이라고 주장하였다.

① ㄱ, ㄴ   ② ㄱ, ㄷ   ③ ㄴ, ㄷ
④ ㄴ, ㄹ   ⑤ ㄷ, ㄹ

▶ 242017-0314

04 ㉠에 들어갈 내용으로 옳지 <u>않은</u> 것은?

① 역사 교과서에서 한국 침략을 진출로 표현하였습니다.
② 제2차 세계 대전 중 한국인에 대한 강제 동원이 있음을 인정하였습니다.
③ 시마네현의 고시로 독도가 일본의 영토로 편입되었다고 주장하였습니다.
④ 한국의 독립운동을 탄압한 것을 치안 유지를 도모한 것이라고 주장하였습니다.
⑤ 일본군 '위안부'라는 표현이 부적절하다고 주장하면서 해당 용어를 교과서에서 사용하지 않았습니다.

▶ 242017-0315

05 남북 분단의 과정을 순서대로 바르게 나열한 것은?

ㄱ. 선거 감시가 가능한 남한 지역에서만 총선거를 실시함.
ㄴ. 미국과 소련이 북위 38도선을 경계로 한반도를 분할 점령함.
ㄷ. 제헌 헌법을 토대로 광복 3주년 기념일에 대한민국 정부가 수립됨.

① ㄱ — ㄴ — ㄷ   ② ㄱ — ㄷ — ㄴ
③ ㄴ — ㄱ — ㄷ   ④ ㄴ — ㄷ — ㄱ
⑤ ㄷ — ㄱ — ㄴ

▶ 242017-0316

06 ㉠, ㉡에 들어갈 용어를 쓰시오.

㉠	랴오닝성, 지린성, 헤이룽장성의 역사·지리·민족에 관한 문제를 2002년 2월부터 5년간 집중적으로 연구한 사업
㉡	1969년 빌리 브란트 서독 수상이 취임한 이후 추진한 정책으로, 과거 중앙 유럽에 위치한 사회주의 국가들과의 화해 정책

㉠: (   )   ㉡: (   )

▶ 242017-0317

07 밑줄 친 ㉠에 해당하는 내용만을 보기 에서 있는 대로 고른 것은?

동아시아 지역의 한국, 중국, 일본 3국 간에는 과거사 정리와 역사 왜곡 등이 관련국 간의 갈등 요소로 작용하여 세계 평화의 위협 요소가 되고 있다. 따라서 우리는 동아시아의 역사 갈등을 해결하고 평화를 정착하기 위해 ㉠다양한 노력을 기울여야 한다.

보기

ㄱ. 자민족 중심주의적 역사관을 지녀야 한다.
ㄴ. 동아시아 청소년들이 교류할 수 있는 프로그램을 마련해야 한다.
ㄷ. 역사 인식의 차이를 극복하기 위해 공동 역사 연구를 진행해야 한다.
ㄹ. 한·중·일 3국의 유학생을 매개로 각국에 관한 혐오 정서를 줄여야 한다.

① ㄱ, ㄷ   ② ㄱ, ㄹ   ③ ㄴ, ㄹ
④ ㄱ, ㄴ, ㄷ   ⑤ ㄴ, ㄷ, ㄹ

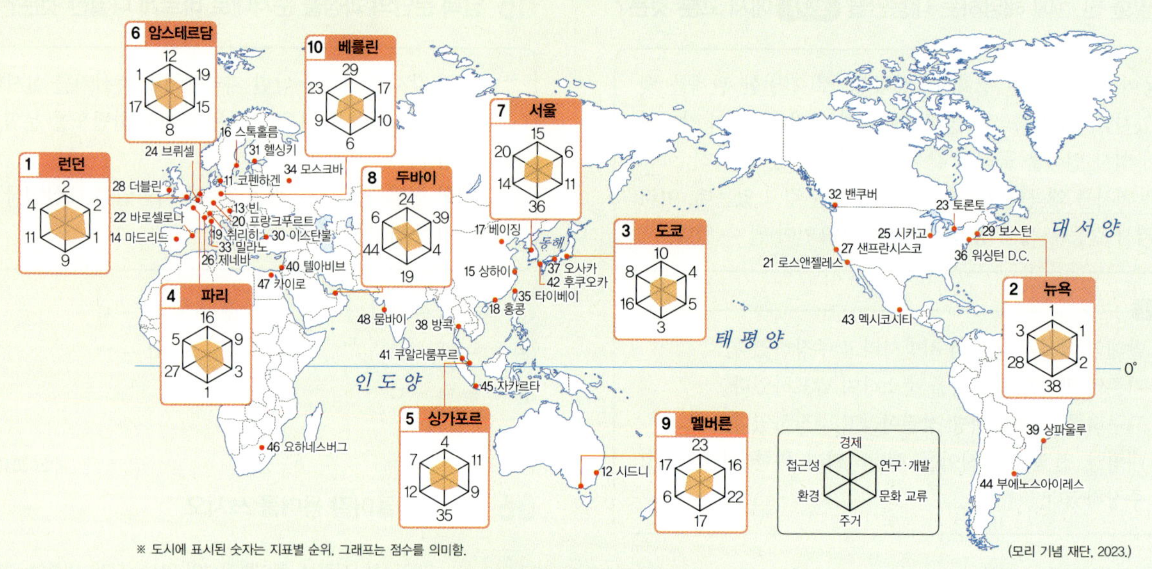

▲ 글로벌 파워 도시 지수(GPCI)

　20세기 중반 이후 급속하게 진행된 세계화는 경제, 문화, 정치 등 모든 분야에 걸쳐 많은 영향을 주었습니다. 특히, 세계 무역 기구(WTO)의 출범 이후 자유 무역의 확대로 국제 무역량이 증가하였습니다. 또한 국가 간, 지역 간 교류가 활발해지면서 국경의 의미는 점차 약해졌으며, 국제 협력과 분업의 확대, 다국적 기업의 성장, 정보 통신의 발달은 전 세계적으로 중심지 역할을 하는 세계 도시의 형성을 가져왔습니다. 이들 세계 도시에는 다국적 기업의 본사, 국제 금융 업무 기능, 생산자 서비스 기능 등이 집중되어 있으며, 이를 기반으로 세계 경제 활동의 중요한 사항을 결정합니다. 또한 세계 도시는 세계 정보의 흐름을 주도하는 동시에 문화 활동과 국제 정치 활동 등에서 중심적인 역할을 수행하고 있습니다. 세계 도시들은 기능적으로 상호 유기적 관계를 맺고 있어 어느 한 세계 도시에서 일어나는 변화는 연쇄적으로 다른 세계 도시뿐만 아니라 전 세계에 영향을 주기도 합니다.

　세계의 경제와 문화, 정치의 흐름을 주도하는 대표적인 세계 도시에는 뉴욕, 파리, 런던, 도쿄 등이 있습니다. 이 같은 세계 도시는 세계 경제와 문화에 미치는 영향이 큰 편입니다. 예를 들어 뉴욕 증권 거래소의 주가 변동은 다른 국가에 영향을 미치고, 프랑스의 파리에서 열리는 패션쇼는 세계 패션 산업을 주도하기도 합니다.

Q&A

1 세계 도시의 성장 배경은 무엇인가?

　세계 무역 기구(WTO)의 출범에 따른 자유 무역의 확대와 국가 및 지역 간 교류의 증가, 다국적 기업의 성장과 정보 통신 기술의 발달 및 국경의 의미 약화 등을 들 수 있다.

2 지도에 나타난 세계 도시 런던과 파리의 특징은 무엇인가?

　런던은 세계 도시 순위 1위이며, 파리는 4위이다. 세부 지표를 살펴보면, 런던은 문화 교류, 연구 개발, 경제 부분에서 경쟁력이 높은 반면, 파리는 주거와 문화 교류, 접근성 부분에서 경쟁력이 높다.

일본은 울릉도로 건너갈 때 정박장이나 어채지로 독도를 이용하여 늦어도 17세기 중엽에는 독도의 영유권을 확립했다고 주장합니다. 즉 에도(江戶) 막부 시대 초기(1618년), 돗토리번의 요나고 주민인 오야(大谷), 무라카와(村川) 양가는 막부로부터 도해(渡海)면허를 받아 울릉도에서 독점적으로 어업을 하며 전복을 막부에 헌상하였고, 독도는 울릉도로 도항하기 위한 항행의 목표나 도중의 정박장으로, 또 강치나 전복포획의 좋은 어장으로서 자연스럽게 이용되었다고 주장합니다. 그러나 도해면허는 내국 섬으로 도항하는 데는 필요가 없는 문서이므로 이는 오히려 일본이 울릉도 · 독도를 일본의 영토로 인식하지 않고 있었다는 사실을 입증하는 것입니다. 또한 17세기 중엽의 일본 고문서인 『은주시청합기(隱州視聽合記)』(1667년)는 "일본의 서북쪽 한계를 오키섬으로 한다."라고 기록하여 일본들 스스로 독도를 자국의 영토에서 제외하고 있습니다.

1877년 일본 국가 최고 기관인 태정관은 17세기 말 한일 간 교섭 결과를 토대로 "… 품의한 취지의 죽도(竹島, 울릉도)외 일도(一島, 독도)의 건에 대해 일본은 관계가 없다는 것을 명심할 것"이라고 하면서 독도가 일본의 영토가 아님을 공식적으로 인정하였습니다.

한편 일본 외무성도 『조선국교제시말내탐서(朝鮮國交際始末內探書)』(1870년)에서 '죽도(울릉도)와 송도(독도)가 조선 부속으로 되어 있는 시말'이라는 보고서를 작성하였으므로 송도(독도)가 한국 땅임을 자인하였습니다.

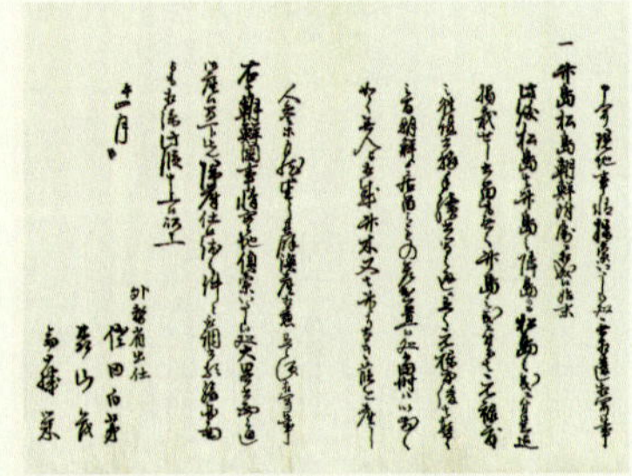

▲ 『조선국교제시말내탐서』(1870)

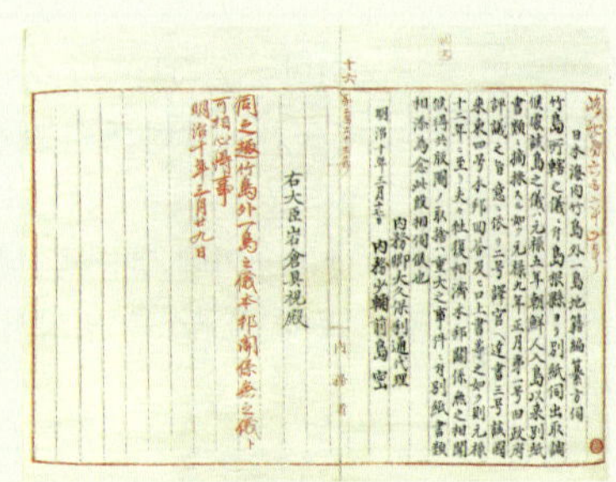

▲ 태정관 지시문(1877년)

일본의 외무성 문서로 울릉도와 독도를 조선의 영토로 밝히고 있다.

일본 메이지(明治) 정부의 국가 최고 기관인 태정관은 17세기 말 일본 막부가 내린 울릉도 도해금지 조치 등을 근거로 '울릉도와 독도가 일본과 관계없다는 것을 명심하라.'라고 내무성에 지시하였다.

Q&A

1 독도에 대한 일본의 주장은 무엇인가?

일본은 17세기 중엽에 독도의 영유권을 확립하였다.

2 독도가 우리나라 땅인 이유는 무엇인가?

에도 막부가 발급한 도해면허는 내국 섬으로 도항하는 데는 필요가 없는 문서이므로 도해면허를 받았다는 것은 일본이 울릉도 · 독도를 일본의 영토로 인식하지 않고 있었다는 사실을 입증하는 것이다. 또한 『은주시청합기(隱州視聽合記)』(1667년), '태정관 지시문'(1877년), 『조선국교제시말내탐서』(1870년) 등과 같은 일본의 고문서에 독도가 우리나라 땅임이 드러나 있다.

[01~02] 지도는 미국의 △△사에 관한 것이다. 이를 보고 물음에 답하시오.

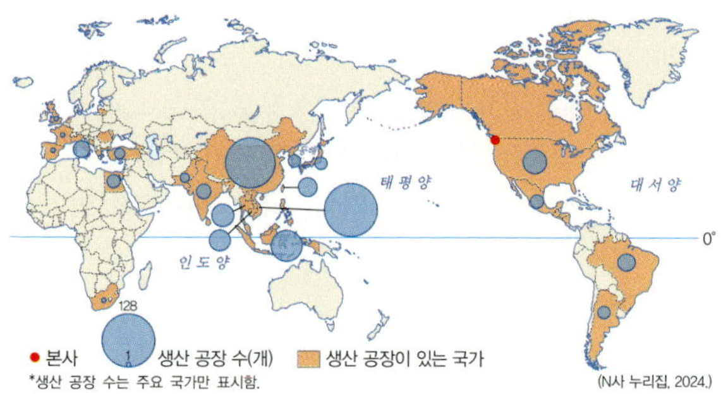

▶ 242017-0318

01 ㉠, ㉡에 들어갈 알맞은 말을 쓰시오.

> 스포츠 관련 의류 및 용품 기업인 △△사는 본사와 연구소는 미국에 있으며, 약 40여 개 국가에 수백 개의 생산 공장이 있다. △△사와 같은 (㉠)은/는 제품 생산 과정에서 비용을 줄이기 위해 임금이 낮은 국가에 생산 공장을 설립하거나 우수한 인력이 많은 곳에 연구소를 입지시키는 등 (㉡)이/가 나타난다.

㉠: ( ) ㉡: ( )

▶ 242017-0319

02 △△사의 특징에 대한 설명으로 옳은 것만을 **보기**에서 고른 것은?

> **보기**
>
> ㄱ. 생산 공장의 수는 아시아가 유럽보다 많다.
> ㄴ. 생산 공장의 수는 미국이 중국보다 많다.
> ㄷ. 아시아에 생산 공장이 많은 이유는 인건비가 상대적으로 저렴하기 때문이다.
> ㄹ. 러시아, 오스트레일리아 등 생산 공장이 없는 국가에서는 △△사의 제품이 판매되지 않는다.

① ㄱ, ㄴ ② ㄱ, ㄷ ③ ㄴ, ㄷ
④ ㄴ, ㄹ ⑤ ㄷ, ㄹ

▶ 242017-0320

03 (가), (나)에 해당하는 세계 도시를 지도의 A~C에서 고른 것은?

> (가) 19세기 말에 만들어진 철제 탑이 유명하며, 많은 관광객이 방문하는 도시로 세계 패션 산업의 중심인 세계 도시이다.
> (나) 국제 연합(UN)의 본부가 위치해 있으며, 세계 금융의 중심지인 월 스트리트가 있는 세계 도시이다.

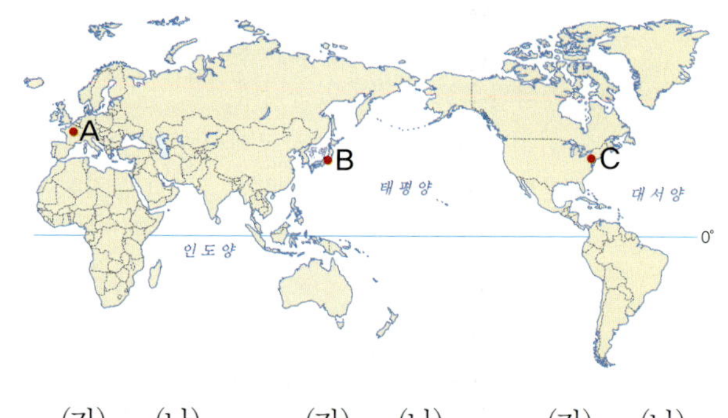

	(가)	(나)		(가)	(나)		(가)	(나)
①	A	B	②	A	C	③	B	A
④	B	C	⑤	C	B			

▶ 242017-0321

04 다음 자료를 통해 알 수 있는 세계화의 문제점으로 가장 적절한 것은?

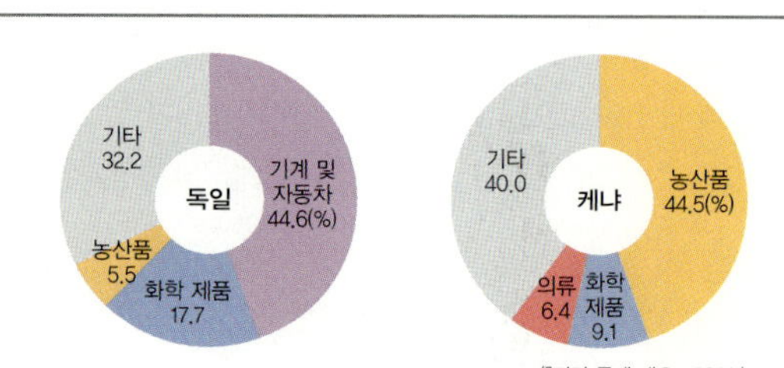

▲ 독일과 케냐의 수출 상품 구조

> 독일은 기계 및 자동차와 같이 부가 가치가 높은 제품의 수출 비중이 높은 반면, 케냐는 농산품 등 부가 가치가 낮은 제품을 주로 수출한다.

① 문화 소멸
② 문화 획일화
③ 국가 간 빈부 격차 심화
④ 국내의 계층 간 빈부 격차 심화
⑤ 보편 윤리와 특수 윤리 간 갈등

▶ 242017-0322

05 ㉠, ㉡에 대한 설명으로 가장 적절한 것은?

- 핵 확산 금지 조약(NPT)의 주요 목표는 핵보유국이 선의를 가지고 궁극적으로 ㉠ 모든 핵무기를 제거하는 것이고, 비핵보유국이 핵무기를 제조하거나 획득하지 않는 것이다.
- 국경 없는 의사회는 자연재해, 전염병 등으로 모두가 피하는 곳에서 마지막까지 구호 활동을 펼친다. 국경 없는 의사회는 ㉡ 아프리카에서 에이즈가 퍼질 때 가장 먼저 발 벗고 뛰어들었다.

① ㉠의 실현만으로 적극적 평화를 보장한다.
② ㉠은 인류의 안전과 생존의 보장과는 무관하다.
③ ㉡은 적극적 평화를 실현하기 위한 노력에 속한다.
④ ㉡과 같은 노력과 인류의 삶의 질을 높이는 것은 무관하다.
⑤ ㉠, ㉡과 같은 노력은 모두 국가만이 할 수 있는 일이다.

▶ 242017-0323

06 다음을 주장한 사상가의 입장에만 모두 'V'를 표시한 학생은?

적극적 평화는 직접적 · 물리적 폭력이 없는 소극적 평화와 달리 구조적 폭력과 문화적 폭력까지 제거된 상태를 말한다. 구조적 폭력은 사회 구조적 차원에서 발생하는 것으로 인간의 잠재 능력을 충분히 실현할 수 없게 한다. 문화적 폭력은 언어, 예술, 종교, 도덕 등 인간 존재의 상징적 차원에서 발생한다. 특히 문화적 폭력은 모든 유형의 폭력에 정당성과 합법성을 부여함으로써 폭력을 은폐한다.

입장＼학생	갑	을	병	정	무
국가 간 전쟁이 없는 상태는 적극적 평화를 보장한다.	V	V		V	
문화적 폭력이 존재하면 진정한 평화가 실현될 수 없다.	V		V		V
인간다운 삶의 실현을 위해 적극적 평화를 실현해야 한다.			V	V	V
문화적 폭력은 물리적 폭력을 정당화하는 역할을 할 수 있다.		V		V	V

① 갑   ② 을   ③ 병   ④ 정   ⑤ 무

▶ 242017-0324

07 다음 국제 사회의 행위 주체의 공통적인 특징만을 보기 에서 있는 대로 고른 것은?

- 월드비전
- 그린피스
- 굿네이버스
- 국경 없는 의사회

보기

ㄱ. 각국의 정부를 회원으로 한다.
ㄴ. 국제 협력을 증진하기 위해 노력한다.
ㄷ. 특정 개인이나 국가의 이익을 배제하려고 한다.

① ㄱ   ② ㄷ   ③ ㄱ, ㄴ
④ ㄴ, ㄷ   ⑤ ㄱ, ㄴ, ㄷ

▶ 242017-0325

08 ㉠, ㉡에 대한 설명으로 적절하지 않은 것은?

- ㉠ 국제 사면 위원회(국제 앰네스티)는 튀르키예 정부가 쿠데타 진압 이후 고위 장교들을 포함해 수백 명을 임의로 붙잡아 고문하고 있다고 밝혔다.
- ㉡ 세계 보건 기구는 지난 50년간 백신 접종으로 최소 1억 5천 400만 명의 생명을 구할 수 있었다고 밝혔다.

① ㉠은 국제 문제 해결을 위한 국제적 연대를 중시한다.
② ㉡은 의료 관련 국제 규범을 정립하는 역할을 한다.
③ ㉠은 ㉡과 달리 민간단체나 개인이 가입 주체가 될 수 있다.
④ ㉡은 ㉠과 달리 인도주의적 구호 활동을 통해 평화를 실현하고자 한다.
⑤ ㉠과 ㉡은 인류의 보편적 가치를 실현하기 위해 노력한다.

▶ 242017-0326

09 ㉠, ㉡에 들어갈 알맞은 말을 쓰시오.

〈남북 분단의 배경〉

국제적 배경	국내적 배경
미소 간 (㉠) 대결의 심화 등	광복 후 (㉡)에 관한 찬반 논쟁 발생 등

㉠: (   )   ㉡: (   )

▶ 242017-0327

10 다음과 같은 국제 갈등의 해결 방안으로 가장 적절한 것은?

국경이 인접해 있는 이스라엘과 요르단은 이스라엘 건국 이후 줄곧 극단적으로 대립해 왔다. 1948년 이스라엘이 독립을 선포하자 요르단은 제1차 중동 전쟁에 참여하여 이스라엘과 전투를 전개하였다. 특히 양국은 1967년의 중동 전쟁 이후 첨예한 적대 관계를 유지해 왔다.

① 자국의 이익을 앞세워 해결해야 한다.
② 강대국이 가진 힘의 논리로 해결해야 한다.
③ 개별 국가의 독자적인 노력을 통해 해결해야 한다.
④ 보편 윤리보다는 특수 윤리에 따라 해결해야 한다.
⑤ 양보와 타협을 통한 외교적 협상으로 해결해야 한다.

▶ 242017-0328

11 ㉠에 대한 설명으로 옳지 <u>않은</u> 것은?

일본 우익은 고위 정치인이 (㉠)을/를 참배하는 것을 신앙의 자유라고 주장하고 있다. 그러나 침략 전쟁의 피해를 본 입장에서는 (㉠) 참배 행위는 그러한 전쟁을 미화하는 것이라고 본다.

① 일본의 침략 전쟁을 수행한 A급 전범이 합사되어 있다.
② 동아시아의 다른 나라들과의 갈등 요소가 되는 곳이다.
③ 일본의 침략 전쟁에 정당성을 부여하는 역할을 하고 있다.
④ 천황을 위해 싸우다 전사한 군인을 신격화하고 있는 곳이다.
⑤ 일본의 군국주의에 대한 반대를 상징적으로 보여 주는 곳이다.

▶ 242017-0329

12 ㉠, ㉡에 들어갈 적절한 말을 쓰시오.

중국은 동북공정을 통해 우리나라의 역사인 고조선, 부여, 고구려, 발해의 역사가 고대 중국의 지방사(史)라고 주장하면서 역사를 왜곡하였다. 중국이 동북공정을 추진한 까닭은 현재의 중국 영토 내에 있는 소수 민족의 (㉠)을/를 막고 (㉡) 지역을 안정화하기 위해서이다.

㉠: (   )　㉡: (   )

▶ 242017-0330

13 다음과 같은 노력이 공통적으로 남북 통일에 주는 시사점으로 적절한 것만을 보기 에서 고른 것은?

▲ 이산가족 상봉

▲ 스포츠 남북 단일팀 구성

보기

ㄱ. 군사적 긴장 상태를 강화한다.
ㄴ. 주변국과의 갈등을 발생시킨다.
ㄷ. 서로 간의 이해를 높일 수 있다.
ㄹ. 상호 신뢰를 회복하는 데 도움을 줄 수 있다.

① ㄱ, ㄴ　　② ㄱ, ㄷ　　③ ㄴ, ㄷ
④ ㄴ, ㄹ　　⑤ ㄷ, ㄹ

▶ 242017-0331

14 교사의 질문에 옳은 대답을 한 학생만을 있는 대로 고른 것은?

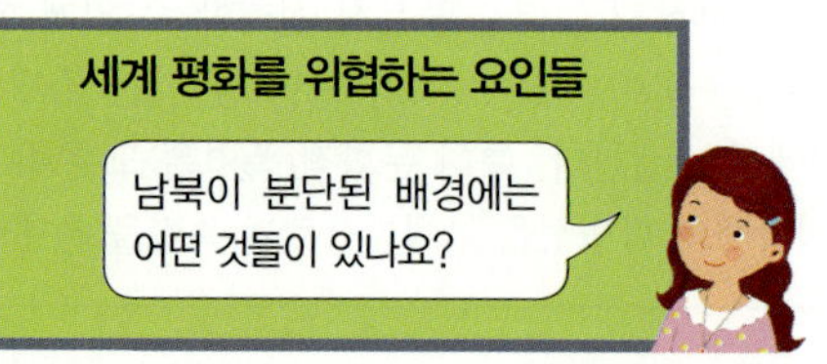

갑

을

병

정

① 갑, 정　　② 을, 병　　③ 을, 정
④ 갑, 을, 병　　⑤ 갑, 병, 정

미리보는 서술형·논술형

통합사회 2

Step 1 서술형 연습하기 ▶ 242017-0332

세계화와 함께 나타나고 있는 지역화의 정의와 전략에 대해 서술하시오.

답 완성하기 (   )은/는 지역적 특성이 세계적인 차원에서 독자적인 가치를 지니는 것을 의미한다. 다른 지역과 차별화하기 위한 전략으로는 지역에서 특산품을 생산하여 (   )(으)로 지정하거나, 특정 장소를 상품으로 개발하는 (   ) 등이 있다.

Step 2 서술형 훈련하기 ▶ 242017-0333

다음 사례에 나타난 국제 사회의 행위 주체의 유형을 두 가지 찾고, 각 주체가 세계 평화 실현을 위해 할 수 있는 구체적인 역할을 한 가지씩 서술하시오.

> 국제 연합(UN) 안전 보장 이사회는 아프리카 소말리의 수도 모가디슈 중심가에서 발생한 차량 폭탄 테러를 규탄하였다. 안전 보장 이사회 회원국은 성명을 통해 "모든 형태의 테러리즘은 국제 평화와 안보에 가장 심각한 위협 중 하나"라며, 이번 테러 공격을 가한 조직과 조력자에게 국제법상 책임을 물어야 한다고 강조하였다. 미국도 소말리아 내 이슬람 극단주의 무장 단체 대원을 겨냥한 제재를 발동하였다.

• 국제 사회의 행위 주체 유형

①: ______________ ②: ______________

• 각 국제 사회의 행위 주체가 세계 평화 실현을 위해 할 수 있는 일

①: ______________________________

②: ______________________________

Step 3 논술형 도전하기 ▶ 242017-0334

다음의 독일 통일 사례가 남북 통일을 위한 노력에 어떤 시사점을 주는지 300자 이내로 논술하시오.

> 동독과 서독은 분단 초기부터 비교적 자유롭게 교류하고 장벽이 세워진 후에도 해마다 7천 명에서 3만여 명이 동독에서 서독으로 합법적으로 이주하였다. 서독은 1969년 동방 정책을 통해 동독과의 교류·협력을 적극적으로 추진하였다. 서독은 적극적인 외교적 노력을 통해 제2차 세계 대전 종전 이후 독일을 분할 점령하였던 미국, 소련, 영국, 프랑스를 설득하여 독일 통일에 관한 동의를 이끌어 내었다.

핵심 개념 | 남북 통일을 위한 노력
(1) 교류와 협력 (2) 국제 환경

01 세계의 인구 변화와 인구 문제

1 세계의 인구 변화

(1) 인구 성장과 분포 [자료 1]

인구 성장	산업화 이전에는 정체하거나 매우 느린 속도로 증가, 산업화 이후에는 급격히 증가
인구 분포	• 세계 인구의 90% 이상이 북반구에 거주 • 자연적 요인: 기후, 지형 등 → 북반구 온대 기후의 하천 및 해안 지역에 인구 밀집, 건조·한대 기후 지역과 산지 지형은 인구 희박 • 사회적·경제적 요인: 산업, 교통, 문화 등 → 농업이 발달하거나 공업이 발달한 곳, 일자리가 많은 선진국 등에 인구가 집중

자세히 살펴보기 · 세계의 인구는 어디에 많이 분포할까?

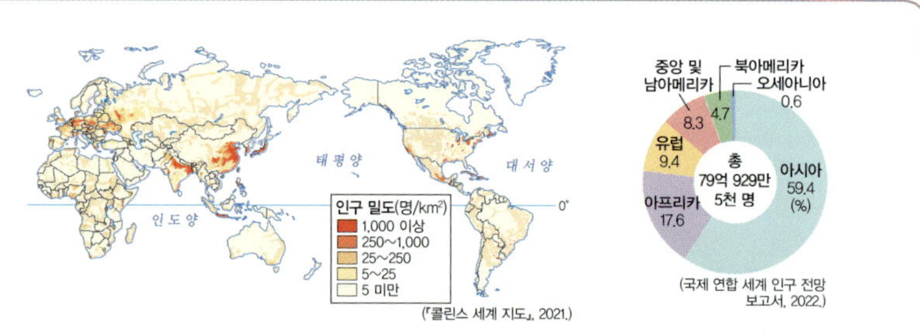

▲ 세계의 인구 분포

▲ 대륙별 인구 비율

세계의 인구 분포는 동아시아, 동남아시아, 남부 아시아, 서유럽 등이 인구가 많고 인구 밀도도 높다. 그 이유는 이 지역의 자연환경이 농업에 유리하고 일찍부터 공업이 발달하였기 때문이다. 또한, 대륙별 인구 비율을 보면 아시아의 인구 비율이 가장 높고, 뒤를 이어 아프리카, 유럽의 비율이 높다.

(2) 세계의 인구 구조 [자료 2]

① 선진국의 인구 구조: 자녀에 대한 가치관의 변화와 초혼 연령 상승 등의 이유로 출생률이 낮음. 유소년층의 인구 비율이 낮으며, 노년층의 인구 비율이 높음. → 중위 연령과 노령화 지수가 높음.

② 개발 도상국의 인구 구조: 선진국에 비해 출생율이 높음. 유소년층의 인구 비율이 높으며, 노년층의 인구 비율은 낮음. → 유소년 부양비가 높음.

(3) 세계의 인구 이동

① 인구 이동의 발생 요인: 교통과 통신의 발달에 따른 세계화의 영향, 정치·경제·문화·환경적 요인 등

배출 요인	빈곤, 낮은 임금, 실업, 인종·종교·정치적 억압, 자연재해 등
흡인 요인	풍부한 일자리, 높은 임금, 교육·문화·복지 시설, 쾌적한 환경 등

② 인구 이동의 유형: 자발적 이동과 비자발적 이동, 국내 이동과 국제 이동

경제적 이동	높은 임금과 일자리를 찾아 이동 → 개발 도상국에서 선진국으로 이동
정치적 이동	전쟁이나 내전에 의한 이동 → 난민의 이동
환경적 이동	사막화, 해수면 상승 등 기후 변화에 따른 환경 재앙을 피해 이동

자료1 인구 변천 모형

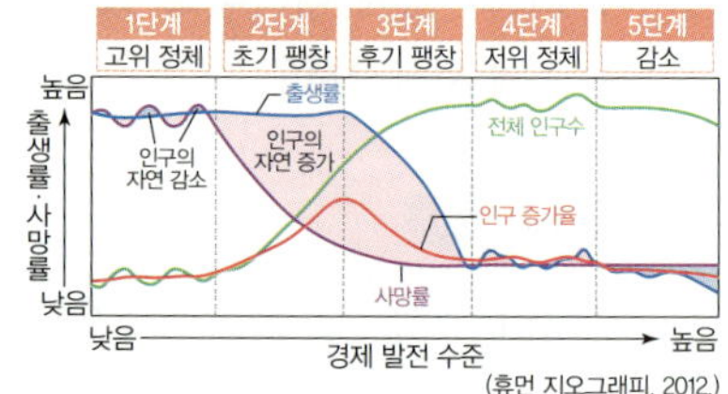

인구 변천 모형은 출생률과 사망률의 변화를 바탕으로 인구 성장 단계를 나타낸 것으로, 경제 발전 수준에 따른 인구의 변화 양상을 파악하는 데 주로 이용된다. 1단계는 출생률과 사망률이 모두 높고, 2단계는 출생률이 높은 상태에서 사망률이 낮아지는 시기이다. 3단계는 사망률이 낮은 상태에서 출생률이 낮아지는 시기이며, 4단계는 출생률과 사망률이 모두 낮고, 5단계에서는 인구의 자연 감소가 나타난다.

자료2 선진국과 개발 도상국의 인구 구조

프랑스의 인구 피라미드를 보면 평균 수명이 길고 출생률이 낮아 노년층의 인구 비율이 높고 유소년층의 비율은 낮다. 반면, 개발 도상국인 가나는 높은 출생률과 낮은 기대 수명으로 노년층의 인구 비율이 낮고, 유소년층의 인구 비율이 높다.

용어 알기

중위(가운데 中 자리 位) 연령
전체 인구를 연령순으로 일렬로 세웠을 때 한가운데 있는 사람의 나이를 말한다.

노령화 지수
15세 미만 유소년층 인구에 대한 65세 이상 노년층 인구의 비율을 말한다.

난민(어려울 難 백성 民)
인종, 종교 또는 정치적·사상적 차이로 인한 박해를 피해 외국이나 다른 지방으로 탈출하는 사람을 말한다.

② 세계의 인구 문제와 해결 방안

(1) 선진국의 인구 문제 자료3

저출생	• 원인: 결혼과 출산, 자녀에 대한 가치관의 변화 및 여성의 사회 활동 증가 • 영향: 경제 활동 인구의 감소에 따른 노동력 감소 → 소비 위축 및 경제 성장률 하락
고령화	• 원인: 의학 기술의 발달과 생활 수준 향상에 따른 평균 수명 연장 • 영향: 노년 부양비 증가, 노년층에 대한 사회 복지 비용 증가 → 세대 간 갈등 문제 발생

(2) 개발 도상국의 인구 문제

인구 과잉 문제	• 사망률은 빠르게 감소하지만, 출생률이 여전히 높아서 인구가 급증함. • 식량 및 자원의 부족, 빈곤과 실업 등 → 부양 한계를 넘어선 인구 과잉 발생
대도시 인구 과밀 문제	급속한 이촌향도 현상 → 도시 인구가 급속하게 증가하면서 일자리와 주택 부족 등의 도시 문제 발생

자세히 살펴보기 **우리나라의 인구 문제는 무엇일까?**

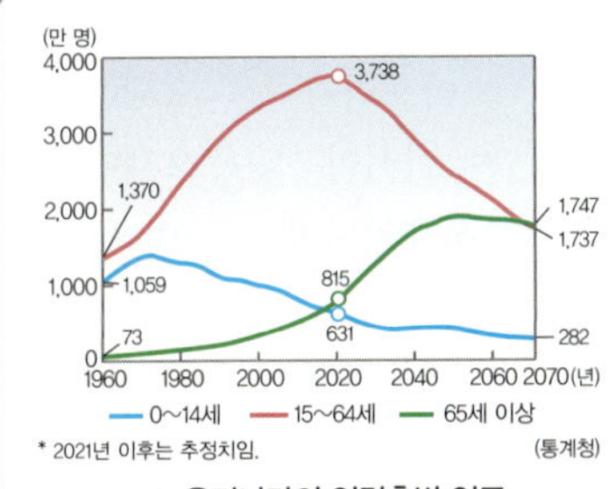

▲ 우리나라의 연령층별 인구

우리나라는 노년층 인구 비율이 높아지고 합계 출산율이 감소하면서 생산 인구 감소 등으로 경제 성장률이 하락할 우려가 있다. 또 사회 복지 비용이 증가하고, 세대 간 갈등 문제도 발생할 가능성이 높다. 이에 따라 노인 복지 시설 확충, 연금 제도 개선, 노인 일자리 확대 등 고령화 문제를 해결하기 위한 노력이 필요하다.

(3) 인구 이동에 따른 영향 자료4

인구 유입 국가	경제 발전 수준이 높은 유럽, 북아메리카, 오세아니아 → 노동력 확보, 이주민과 기존 주민 간의 문화적 차이에 따른 갈등 발생
인구 유출 국가	경제 발전 수준이 낮은 아프리카, 아시아, 라틴 아메리카 → 해외로 이주한 노동자들의 송금액 증가, 청장년층의 유출로 사회적 분위기 침체

(4) 인구 문제의 해결 방안

① 정책적 방안

선진국	저출생	출산 및 육아 비용 지원, 양육 및 보육 시설 확충, 출산·육아 휴직 등 다양한 출산 장려 정책 실시
	고령화	연금 제도 및 사회 보장 제도 강화, 정년 연장 및 일자리 확대, 노인 복지 시설 확충 등
개발 도상국	인구 과잉	경제 발전 및 출산 억제 정책 등
	대도시 인구 과밀	촌락 지역의 생활 환경 개선, 중소 도시 육성 등

② 가치관의 변화
- 가족의 소중함, 정서적 지지자로서 자녀의 가치 등 가족 친화적 가치관 확대
- 양성평등의 문화 확립, 세대 간 정의 실현

자료3 **노년층 인구의 연평균 증가율 (2011~2020년)**

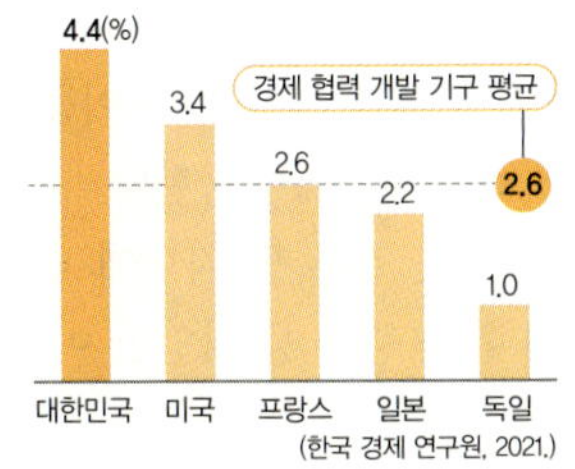

우리나라도 선진국에서 발생하는 저출생·고령화 문제가 나타나고 있다. 그러나 다른 선진국과 비교하여 노년층 인구의 증가율이 높아 고령화 속도가 매우 빠른 편이다.

✽ 합계 출산율

여성 1명이 가임 기간(15~49세) 동안 낳을 것으로 예상되는 평균 출생아 수이다.

자료4 **인구 순 유입 및 순 유출 국가**

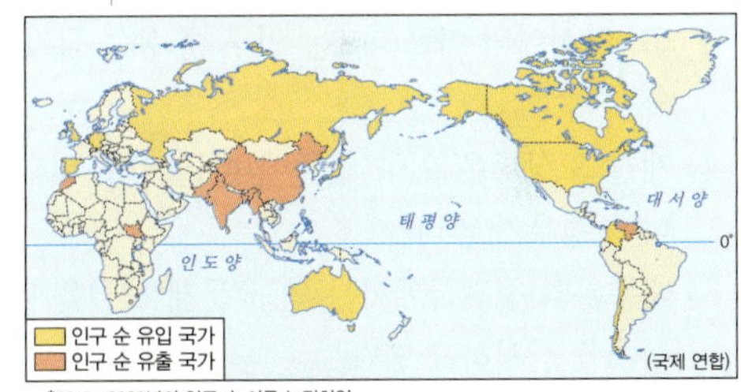

*2015~2020년의 인구 순 이동 누적치임.
**인구 순 유입 및 순 유출 상위 10개국만 제시함.
***인구 순 이동은 유입 인구에서 유출 인구를 뺀 값임.

높은 소득이나 더 나은 생활 환경을 위해 선진국으로의 인구 이동이 많아 미국, 영국, 오스트레일리아 등의 국가는 인구 순 유입국이다. 반면, 중국, 인도, 파키스탄 등의 개발 도상국은 인구 순 유출국이다.

용어 알기

이촌향도(떠날 離 마을 村 향할 向 도읍 都)
산업화와 도시화가 진행됨에 따라 촌락의 인구가 일자리를 얻기 위해 도시로 이동하는 현상을 말한다.

양성(두 兩 성품 性)평등
성별에 따른 차별을 받지 않고 자신의 능력에 따라 동등한 기회와 권리를 누리는 것을 말한다.

01 빈칸에 들어갈 알맞은 말을 쓰시오.

정답 65쪽

(1) 낮은 임금 수준, 빈곤, 실업 등은 인구 [　　　　] 요인에 해당한다.

(2) 전쟁이나 분쟁에 의한 인구 이동은 비자발적인 이동으로 [　　　　] 이동에 해당한다.

(3) 선진국에서는 결혼 및 자녀에 대한 가치관의 변화, 여성의 사회 활동 증가 등 다양한 이유로 [　　　　] 문제가 나타나고 있다.

(4) 65세 이상 인구의 비율이 높아지는 현상을 [　　　　] (이)라고 한다.

02 다음 내용이 옳으면 ○표, 틀리면 ×표를 하시오.

(1) 세계 인구의 90% 이상은 북반구에 거주하고 있다.(　　)

(2) 세계 인구는 산업화 이전보다 산업화 이후 급격히 감소하였다. (　　)

(3) 대체로 앵글로아메리카와 유럽은 인구 순 유입 국가가 많고, 아시아와 아프리카는 인구 순 유출 국가가 많다. (　　)

(4) 개발 도상국은 인구 급증에 따른 인구 과잉 문제가 나타나는 경우가 많다. (　　)

(5) 대부분의 선진국에서는 인구 문제 해결을 위해 출산 억제 정책을 실시하고 있다. (　　)

03 다음 설명에 해당하는 개념을 보기 에서 고르시오.

> 보기
>
> ㄱ. 난민　　　　　　ㄴ. 중위 연령
> ㄷ. 노령화 지수　　　ㄹ. 인구 피라미드

(1) 유소년층 인구 100명에 대한 노년층 인구의 비율 (　　)

(2) 전체 인구를 연령순으로 일렬로 세웠을 때 한가운데 있는 사람의 나이 (　　)

(3) 전쟁, 테러, 박해, 기근, 자연재해 등을 피해 외국이나 다른 지역으로 이동한 사람 (　　)

(4) 인구의 성별, 연령별 구성을 피라미드 모양으로 나타낸 그래프 (　　)

[01~02] 그래프는 대륙별 인구 변화를 나타낸 것이다. 이를 보고 물음에 답하시오.

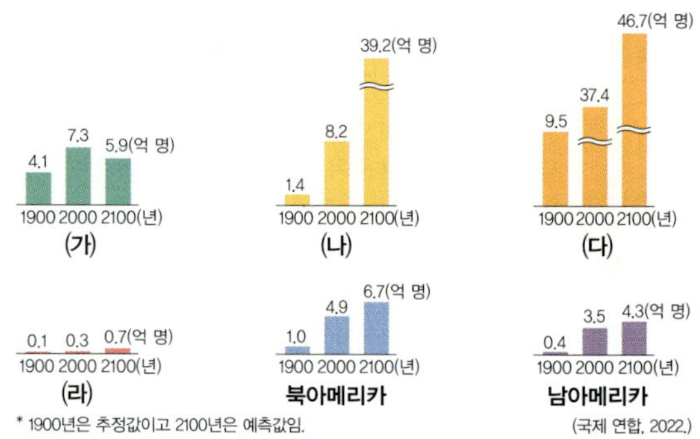

▶ 242017-0335

01 (가)~(라) 대륙을 바르게 연결한 것은?

	(가)	(나)	(다)	(라)
①	유럽	아시아	아프리카	오세아니아
②	유럽	아프리카	아시아	오세아니아
③	아시아	유럽	오세아니아	아프리카
④	아프리카	유럽	아시아	오세아니아
⑤	아프리카	아시아	오세아니아	유럽

▶ 242017-0336

02 (가)~(라) 대륙에 대한 설명으로 옳은 것만을 보기 에서 고른 것은?

> 보기
>
> ㄱ. (가)는 (다)보다 경제 발달 수준이 낮다.
> ㄴ. (가)는 북반구, (라)는 남반구에 있다.
> ㄷ. (라)는 (나)보다 인구가 많고 면적이 넓다.
> ㄹ. (가)~(라) 중 유소년층 인구 비율은 (나)가 가장 높다.

① ㄱ, ㄴ　　　② ㄱ, ㄷ　　　③ ㄴ, ㄷ
④ ㄴ, ㄹ　　　⑤ ㄷ, ㄹ

▶ 242017-0337

03 ㉠~㉢에 들어갈 알맞은 말을 쓰시오.

> (㉠)은/는 여성 1명이 가임 기간(15~49세) 동안 낳을 것으로 예상되는 평균 출생아 수를 말한다. 경제 발전 수준이 높은 (㉡)에서는 (㉠)이/가 낮으며, 경제 발전 수준이 낮은 (㉢)에서는 높은 편이다.

㉠: (　　　　)　　㉡: (　　　　)　　㉢: (　　　　)

▶ 242017-0338

04 그래프는 인구 변천 단계를 나타낸 것이다. 이에 대한 설명으로 옳은 것은?

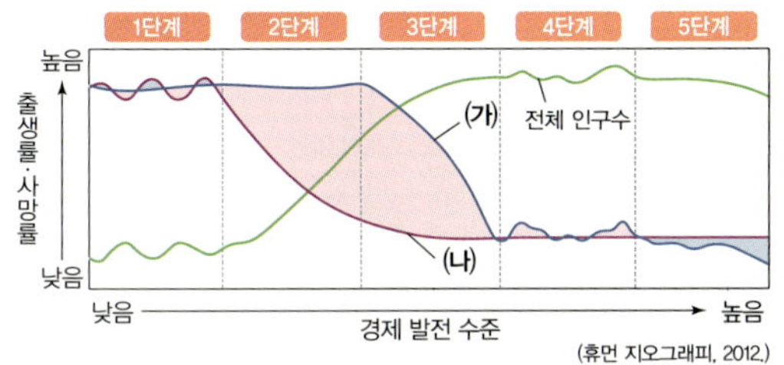

① (가)는 사망률, (나)는 출생률이다.
② 현재 대부분의 개발 도상국은 4단계에 해당한다.
③ 1단계에서 5단계로 갈수록 인구의 자연 증가율은 꾸준히 증가하고 있다.
④ 2단계에서 (나)가 감소한 이유는 여성의 사회 진출 증가 때문이다.
⑤ 3단계에서 (가)의 감소 원인은 결혼과 출산에 대한 가치관의 변화 때문이다.

▶ 242017-0339

05 지도는 세계의 인구 분포를 나타낸 것이다. A~E 지역에 대한 설명으로 옳은 것은?

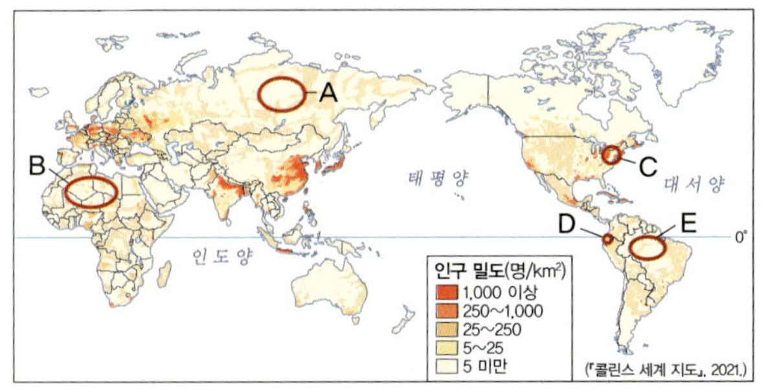

① A는 겨울이 길고 추워 농경에 불리하다.
② B는 연중 덥고 습해 인구가 적다.
③ C는 해발 고도가 높아 연중 봄과 같은 기후가 나타나 인구가 많다.
④ D는 온대 기후가 나타나 산업과 세계 도시가 발달해 있다.
⑤ E는 강수량이 매우 적어 농경에 불리해 인구가 적다.

▶ 242017-0340

06 그래프는 두 국가의 인구 피라미드를 나타낸 것이다. (가), (나) 국가에 대한 설명으로 옳은 것만을 [보기]에서 고른 것은? (단, (가), (나)는 각각 가나와 프랑스 중 하나임.)

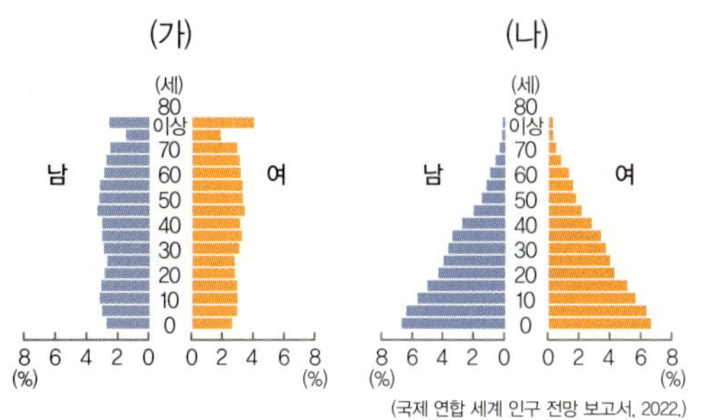

[보기]

ㄱ. (가)는 저출생, 고령화 문제가 발생하고 있다.
ㄴ. (나)는 유럽에 위치한다.
ㄷ. (가)는 (나)보다 노령화 지수가 높다.
ㄹ. (나)는 (가)보다 출생률이 낮다.

① ㄱ, ㄴ　　　② ㄱ, ㄷ　　　③ ㄴ, ㄷ
④ ㄴ, ㄹ　　　⑤ ㄷ, ㄹ

▶ 242017-0341

07 지도는 어떤 인구 지표를 표현한 것이다. 이 지표로 옳은 것은?

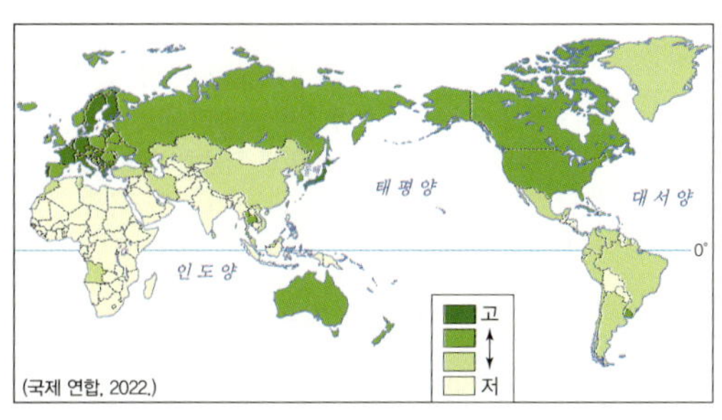

① 총인구　　　　　② 합계 출산율
③ 인구 증가율　　　④ 유소년 부양비
⑤ 노년층 인구 비율

02 에너지 자원과 지속가능한 발전

1 자원의 의미와 특성

(1) 자원의 의미: 인간이 자연에서 얻을 수 있는 것 중 인간에게 유용하고 기술적 · 경제적으로 이용 가치가 있는 것 [자료1]

(2) 자원의 특성: 유한성, 가변성, 편재성

자세히 살펴보기 세계 에너지 자원 소비량은 어떻게 변화하고 있을까?

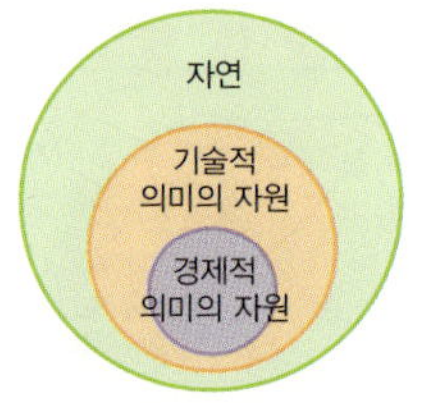

세계의 에너지 소비량은 지속적으로 증가하고 있다. 신 · 재생 에너지 개발이 이루어지고 있지만, 아직까지 화석 에너지에 대한 의존도가 높은 수준이다. 2022년 기준 소비량은 석유 > 석탄 > 천연가스 > 신 · 재생 에너지 및 기타 > 수력 > 원자력 순으로 많다.

---

(3) 주요 에너지 자원의 특징

① 석탄

매장 및 분포	주로 고생대 지층 주변에 매장 → 미국의 애팔래치아산맥, 오스트레일리아 동부 그레이트디바이딩산맥, 중국, 인도 등
주요 생산 · 소비국	• 주요 생산국: 중국, 인도, 인도네시아, 미국, 오스트레일리아 등 • 주요 소비국: 중국, 인도, 미국, 일본, 인도네시아 등
특징	• 석유에 비해 여러 지역에 비교적 고르게 매장되어 있음. • 산업 혁명 시기 증기 기관의 연료로 사용되면서 소비량 급증함. • 연소 시 이산화 탄소 배출량과 대기 오염 물질 배출량이 많음.

② 석유 [자료2]

매장 및 분포	주로 신생대 지층에 매장 → 세계 매장량의 절반 정도가 페르시아만 주변에 분포하고 있어 편재성이 매우 큼.
주요 생산 · 소비국	• 주요 생산국: 미국, 사우디아라비아, 러시아, 캐나다, 이라크 등 • 주요 소비국: 미국, 중국, 인도, 사우디아라비아, 러시아 등
특징	• 세계에서 소비량과 국제 이동량이 가장 많은 자원 • 주로 수송용 및 석유 화학 공업의 원료로 이용 • 19세기 내연 기관의 발명과 자동차의 보급으로 수요 급증

③ 천연가스

매장 및 분포	석유와 함께 매장되어 있는 경우가 많음.
주요 생산 · 소비국	• 주요 생산국: 미국, 러시아, 이란, 중국, 캐나다, 카타르 등 • 주요 소비국: 미국, 러시아, 중국, 이란, 사우디아라비아 등
특징	• 냉동 액화 기술의 발달로 운반과 사용이 편리해지면서 소비량이 증가함. • 가정용으로 많이 사용, 석탄, 석유에 비해 대기 오염 물질의 배출량이 적음. • 국가 간 이동에는 액화 가스 수송선이나 파이프라인이 이용됨.

자료1 자원의 의미

자연에 존재하는 자원이 유용하게 이용되기 위해서는 기술적 · 경제적으로 이용이 가능해야 한다.

자료2 석유의 생산과 이동

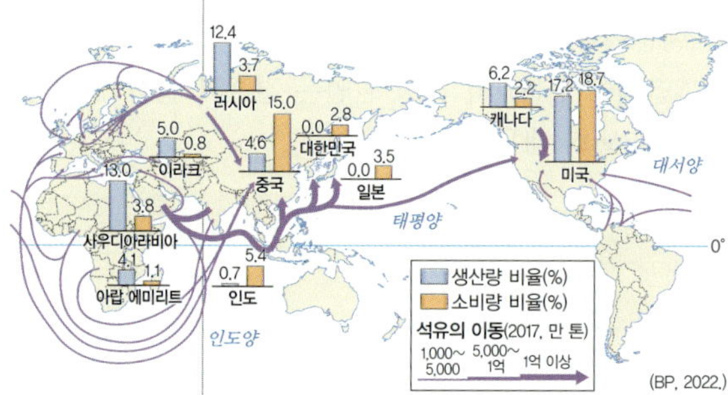

석유는 세계 매장량의 절반 정도가 서남아시아의 페르시아만 주변에 분포할 정도로 지역적 편재성이 크며, 국제 이동량도 많다. 미국, 러시아, 사우디아라비아, 캐나다 등에서 생산량이 많고, 경제 규모가 큰 미국, 중국이나 인구가 많은 인도 등에서 소비량이 많다.

용어 알기

유한성(있을 有 한계 限 성품 性)
대부분의 자원은 매장량이 한정되어 있어 언젠가는 고갈되는 것을 말한다.

가변성(옳을 可 변할 變 성품 性)
자원의 가치가 고정되어 있지 않고 과학 기술의 발달과 사회적 · 문화적 배경 등에 따라 변화하는 성질을 말한다.

편재성(치우칠 偏 있을 在 성품 性)
자원이 고르게 분포하지 않고 특정 지역에 집중하여 분포하는 것을 말한다.

(4) 화석 에너지 자원의 생산과 소비에 따른 문제 `자료 3`

자원 고갈	현재와 같이 자원 소비가 증가하면 자원 부족 문제 발생
환경 문제	화석 에너지 자원의 소비량 증가로 이산화 탄소 배출량 증가 → 지구 온난화 같은 기후 변화 초래
자원 확보 갈등	자원 민족주의 심화, 자원 개발을 둘러싼 국가 간 분쟁 발생

② 기후 변화 대응과 지속가능한 발전

(1) 기후 변화의 원인과 피해

원인	• 자연적 원인: 태양 활동의 변화, 태양과 지구의 위치 변화, 대규모 화산 활동 등 • 인위적 원인: 화석 에너지 사용 증가에 따른 온실가스 증가, 도시화와 토지 개발에 따른 토지 이용도 변화 등
피해	• 태풍, 폭우, 가뭄, 폭설 같은 기상 이변 빈번 • 빙하와 만년설이 녹아 해수면이 상승 → 해안 저지대의 침수 피해가 증가

(2) 기후 변화 해결을 위한 노력

① 국가 간 협약: 교토 의정서 → 온실가스 배출 거래권 제도, 파리 협정 → 선진국과 개발 도상국 모두 온실가스 감축 의무에 동참하도록 규정

② 비정부 기구의 노력: 그린피스(Greenpeace), 세계 자연 기금(WWF) 등

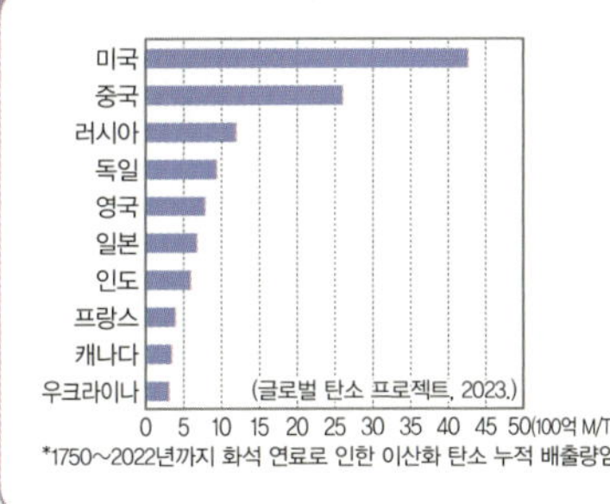

자세히 살펴보기 어떤 국가가 이산화 탄소를 많이 배출했을까?

2022년 한 해 동안 전 세계에서 이산화 탄소를 가장 많이 배출한 국가는 급격한 산업화와 함께 인구가 많은 중국이다. 하지만 산업화 이후 현재까지 화석 연료로 인해 발생한 이산화 탄소의 누적 배출량은 미국이 가장 많으며, 중국, 러시아, 독일, 영국, 일본 순으로 많다. 따라서 기후 변화에 대한 책임의 무게는 나라마다 다르며 세심한 판단이 필요하다.

(3) 지속가능한 발전: 미래 세대가 그들의 필요를 충족시킬 가능성을 손상시키지 않는 범위에서 현재 세대의 성장을 추구하는 발전

사회적 지속성	세대 간 형평성 강조, 인권, 평등, 건강, 문화적 다양성, 갈등 해소 등 고려
환경적 지속성	• 인간과 자연의 조화와 균형 유지 • 자연 자원, 생물종 다양성, 재해 예방, 기후 변화 대비 등 고려
경제적 지속성	• 환경적 가치를 고려한 경제 발전 필요 • 환경 사회 기업 지배 구조(ESG) 경영, RE100(재생 에너지 100% 사용)

(4) 지속가능한 발전을 위한 노력 `자료 4`

국제적·국가적 차원의 노력	국제 환경 협약 체결, 공적 개발 원조, 지속가능한 발전을 위한 법률과 정책 마련 등
개인적 차원의 노력	자원 절약, 물건 재활용, 윤리적 소비 실천, 건강한 시민 의식 함양, 탄소 발자국을 줄이기 위한 노력 등

자료 3 우리나라 에너지 자원의 수입국 현황

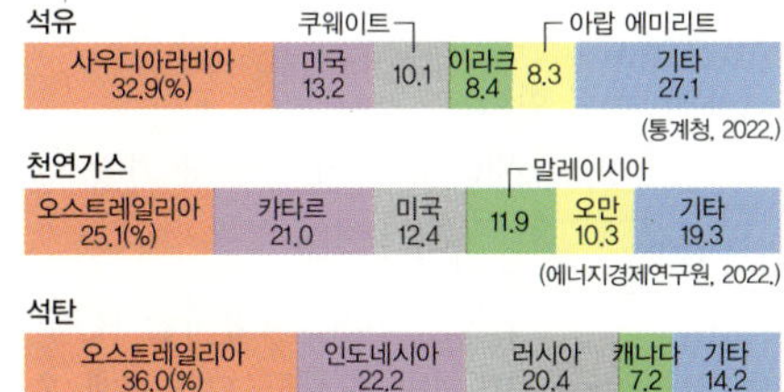

우리나라는 에너지의 대부분을 수입하고 있는 실정이다. 2020년 기준 우리나라의 에너지 수입 의존도는 약 95%이다. 또 석유, 석탄, 천연가스 등의 주요 에너지 자원을 수입하는 국가들이 특정 국가에 집중되어 있어 안정적인 에너지 자원 수급을 위한 노력이 필요하다.

✽ **자원 민족주의**

특정 자원을 보유한 국가들이 자원을 무기화하여 자국의 이익을 극대화하려는 움직임을 말한다.

자료 4 다양한 국제 환경 협약

람사르 협약	습지 보호
몬트리올 의정서	염화 플루오린화 탄소의 생산 및 사용 규제
바젤 협약	유해 폐기물의 국가 간 이동·처리 통제
기후 변화 협약	온실가스의 배출량 규제
생물 다양성 협약	생물종 보호
사막화 방지 협약	사막화 방지

용어 알기

환경 사회 기업 지배 구조(ESG, 환경 Environment, 사회 Social, 지배 구조 Governance) 경영

기업의 성과를 평가하는 기준이다. 환경 측면에서는 지속가능성에 대한 기업의 의지와 환경에 미치는 영향에 초점을 맞춘다.

RE(Renewable Energy)100

기업이 사용하는 전력량의 100%를 2050년까지 풍력, 태양 에너지 등의 재생 에너지로 대체하겠다는 국제 캠페인이다.

01 빈칸에 들어갈 알맞은 말을 쓰시오.

정답 66쪽

(1) 자원이 특정 지역에 치우쳐 분포하는 것을 [   ] (이)라고 한다.

(2) 주요 화석 에너지 자원 중에서 가장 먼저 상용화된 자원은 [   ] 이다.

(3) [   ] 은/는 교토 의정서를 대체하는 신 기후 체제로, 선진국과 개발 도상국 모두에게 온실가스 감축 의무에 참여하도록 규정하였다.

(4) 다양한 국제 환경 협약 중 [   ] 은/는 습지를 보호하기 위한 국제 협약이다.

02 다음 내용이 옳으면 ○표, 틀리면 ×표를 하시오.

(1) 자원은 인간에게 이용 가치가 있으면서 기술적·경제적으로 이용 가능한 것을 말한다. (   )

(2) 자원의 가치는 고정되어 있지 않고 과학 기술의 발달과 사회적·문화적 배경 등에 따라 변화한다. (   )

(3) 천연가스는 석탄보다 연소 시 대기 오염 물질 배출량이 많다. (   )

(4) 석유와 천연가스는 신생대보다는 고생대 지층에 많이 분포하고 있다. (   )

(5) 오늘날 석탄은 석유보다 세계 에너지 소비 구조에서 차지하는 비중이 높다. (   )

03 다음 설명에 해당하는 개념을 〔보기〕에서 고르시오.

〔보기〕

ㄱ. RE100	ㄴ. 기후 변화
ㄷ. 지속가능한 발전	ㄹ. 자원 민족주의

(1) 자원을 보유한 국가가 자국의 경제적·정치적 이익을 위해 자원을 전략적 무기로 이용하는 것 (   )

(2) 일정한 지역에서 나타나는 기후의 평균적인 상태가 장기간에 걸쳐 변화하는 것 (   )

(3) 미래 세대가 그들의 필요를 충족시킬 가능성을 손상시키지 않는 범위에서 현재 세대의 성장을 추구하는 발전 (   )

(4) 기업이 사용하는 전력량의 100%를 풍력, 태양 에너지 등의 재생 에너지로 대체하겠다는 목표를 세운 국제 캠페인 (   )

[01~02] 다음 자료는 학생이 수업 시간에 작성한 노트 중 일부이다. 이를 보고 물음에 답하시오.

□ 자원의 정의와 특징

1. 자원의 정의: 인간에게 유용하고 기술적·경제적으로 이용 가능한 것
2. 자원의 특징

(가)	우리가 사용하는 대부분의 자원은 매장량이 한정되어 언젠가는 고갈됨.
(나)	자원의 가치는 고정되어 있지 않고 과학 기술의 발달과 사회적·문화적 배경 등에 따라 변화함.
(다)	자원은 지구상에 고르게 분포하지 않고 특정 지역에 집중하여 분포함.

▶ 242017-0342

01 (가)~(다)에 들어갈 자원의 개념으로 옳은 것은?

	(가)	(나)	(다)
①	가변성	유한성	편재성
②	유한성	가변성	편재성
③	유한성	편재성	가변성
④	편재성	가변성	유한성
⑤	편재성	유한성	가변성

▶ 242017-0343

02 (가)~(다)에 대한 옳은 설명만을 〔보기〕에서 있는 대로 고른 것은?

〔보기〕

ㄱ. 석탄은 (가)의 특성이 나타나지 않는다.

ㄴ. 우리나라보다 서남아시아에서 1인당 돼지고기 소비량이 적은 이유는 (나)와 관련 있다.

ㄷ. (다)로 인해 자원 민족주의가 발생하였다.

ㄹ. 석유의 세계 매장량 절반 정도가 페르시아만 연안에 매장되어 있는 것은 (다)와 관련 있다.

① ㄱ, ㄴ   ② ㄱ, ㄷ   ③ ㄴ, ㄷ

④ ㄱ, ㄴ, ㄹ   ⑤ ㄴ, ㄷ, ㄹ

▶ 242017-0344

03 다음 글의 ㉠, ㉡에 들어갈 알맞은 말을 쓰시오.

인간이 기본적인 생활을 유지하고 생산 활동을 하는 데 필요한 에너지를 얻을 수 있는 자원을 에너지 자원이라고 한다. 인간 생활에 필요한 에너지 자원에는 석탄, 석유, 천연가스 등의 (㉠)와/과 수력, 풍력, 태양광, 수소 에너지 등의 (㉡)이/가 있다.

㉠: (   )   ㉡: (   )

[04~05] 그래프는 세계 에너지 소비량 변화를 나타낸 것이다. 이를 보고 물음에 답하시오.

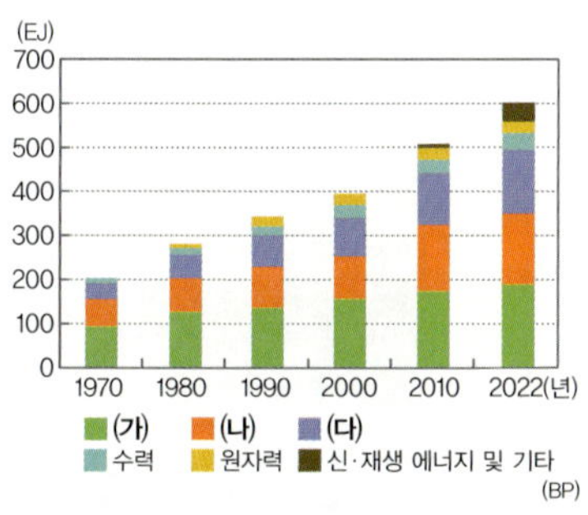

▶ 242017-0345

04 (가)~(다)에 해당하는 에너지 자원으로 옳은 것은?

	(가)	(나)	(다)
①	석탄	석유	천연가스
②	석탄	천연가스	석유
③	석유	석탄	천연가스
④	석유	천연가스	석탄
⑤	천연가스	석탄	석유

▶ 242017-0346

05 (가)~(다) 에너지 자원에 대한 설명으로 옳은 것은?

① (가)는 주로 고생대 지층에 매장되어 있다.
② 우리나라로 수입되는 (나)는 대부분 서남아시아에서 수입된다.
③ (다)는 내연 기관의 발명으로 수요가 급증하였다.
④ (나)는 (다)보다 가정용으로 이용되는 비중이 높다.
⑤ (다)는 (가)보다 연소 시 대기 오염 물질 배출량이 적다.

▶ 242017-0347

06 그래프는 국가별 이산화 탄소 누적 배출량 순위를 나타낸 것이다. 이에 대한 옳은 설명만을 보기 에서 고른 것은? (단, (가), (나)는 각각 미국과 중국 중 하나임.)

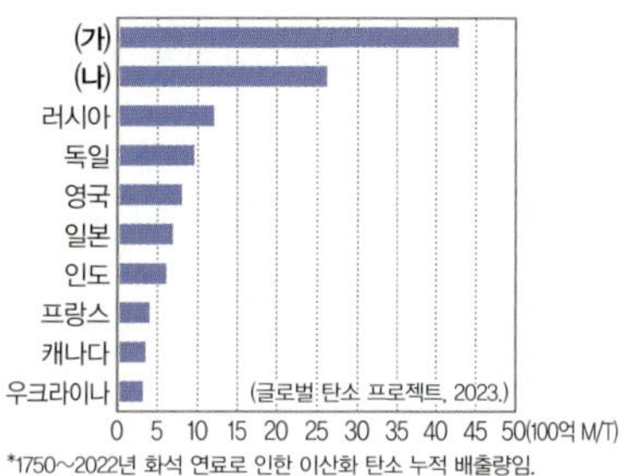

보기

ㄱ. 이산화 탄소 배출을 줄이기 위해 람사르 협약이 체결되었다.
ㄴ. 인도는 프랑스보다 1인당 이산화 탄소 누적 배출량이 적을 것이다.
ㄷ. 현재 세계의 이산화 탄소 누적 배출량은 개발 도상국이 선진국보다 많을 것이다.
ㄹ. (가)는 미국, (나)는 중국이다.

① ㄱ, ㄴ   ② ㄱ, ㄷ   ③ ㄴ, ㄷ
④ ㄴ, ㄹ   ⑤ ㄷ, ㄹ

▶ 242017-0348

07 다음 자료의 (가)에 들어갈 내용으로 옳은 것은?

위 그림의 17개 목표는 2015년 제70차 국제 연합(UN) 총회에서 ______(가)______ 을/를 실현하기 위해 채택되었다.

① 환경 보호   ② 인구 증가
③ 빠른 경제 성장   ④ 빈부 격차 완화
⑤ 지속가능한 발전

03 미래 사회와 세계시민으로서의 삶

1 미래 사회의 모습

(1) 미래 사회 예측 [자료 1]

중요성	• 정부는 미래의 환경 변화에 따라 새로운 에너지 정책이나 환경 보호 대책을 만들어 시민의 안전과 환경을 지키고, 예기치 못한 위험에 대비 • 기업은 급격한 변화나 경제 위기에 대처하고, 미래의 성장 동력으로 활용 • 미래에 대한 예측과 준비를 잘해야 개인과 국가 모두 안정적인 발전을 이룩할 수 있음.
특징	• 사회가 더욱 복잡해지고 변화 속도가 빨라지면서 미래 사회 예측의 불확실성이 커짐. • 다양한 미래 예측 상황에 대해 공통점과 차이점이 있으며, 낙관적 견해와 비관적 견해가 서로 맞서고 있음.
미래학과 미래 연구	• 미래를 정확히 예측하는 것은 불가능 → 미래학을 바탕으로 다가올 변화를 어느 정도 예측하는 것은 가능 • 미래학의 예측 결과를 무조건 받아들이기보다는 변화에 유연하게 대응하면서 발전 방향을 찾아야 함.

자세히 살펴보기 **북극의 땅속 깊은 곳에 종자를 저장한 이유는 무엇일까?**

북극의 땅속 깊은 곳에는 세계의 식물 종자들을 보관하는 '스발바르 국제 종자 저장고'가 있다. 인류는 예측할 수 없는 미래의 상황에 대비하기 위해 이곳에 인류의 식량을 보존하고 있으며, 2020년 기준 약 100만 종의 씨앗이 저장되어 있다.

(2) 미래 사회의 변화 양상 [자료 2]

국가 간 갈등과 협력	• 자유 무역이 확대되어 국가 간의 무역 경쟁 심화 → 소수의 국가가 경제를 독점하면서 빈부 격차가 커짐. • 국가 간 영토 분쟁과 문화적 갈등 심화 • 갈등을 해결하려는 국가 간의 협력도 강화 → 국가 간 협정과 조약을 체결하여 갈등을 예방하고 해결하고자 노력 • 지속가능한 발전을 위해 다양한 협력 프로그램 마련
과학 기술의 발전에 따른 공간과 삶의 변화	• 시간과 공간의 제약이 줄어들면서 사람들의 활동 범위 확대 • 자율 주행 자동차나 무인기(드론)와 같은 운송 수단과 인공 지능 로봇이 발달하여 삶의 질 향상 • 생명 공학과 유전 공학이 더욱 발달하여 인간의 수명 연장 및 식량 문제 해결 • 정보 격차, 인터넷 중독, 전자 감시 등의 문제 심화 • 생명 공학의 발전으로 인간의 정체성과 도덕적 가치의 혼란 발생
생태 환경의 변화	• 자원의 소비 증가로 인한 자원 고갈 → 지구의 자정 능력을 능가함에 따라 환경 오염이 심각 • 지구 온난화에 따른 기후 변화, 열대림 파괴, 사막화 속도가 빨라지면서 인간을 포함한 모든 생명체의 생존 위협 → 전 지구적 차원의 협력 → 온실가스 감축 노력 • 친환경적 교통수단, 신·재생 에너지 → 환경 오염 개선 • 멸종 위기에 처한 생물종을 복원하고, 생태 환경 변화에 대한 자료를 수집·분석하여 생태계를 효과적으로 관리

[자료 1] **미래 예측 방법**

• 시나리오 기법: 시나리오를 작성하여 미래에 대비하는 방법으로, 3~4개의 시나리오를 작성하여 다가올 미래를 가정하여 대비함.
• 전문가 합의법(델파이 기법): 각 분야의 전문가에게 설문을 반복하여 특정한 주제에 관해 전문가 집단의 합의를 도출하는 방법

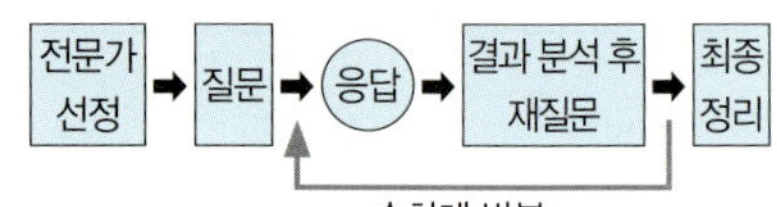

[자료 2] **미래를 편리하게 만드는 과학 기술**

미래 도시에서는 무인기(드론) 등과 같은 소형 도심 항공 교통(UAM) 수단이 상용화될 것이다. 또 스마트 콘택트렌즈를 착용하거나 자동차 앞 유리에 길 안내 정보가 표시되는 등 증강 현실(AR) 기술이 더욱 발달해 실시간으로 다양한 정보를 확인할 수 있을 것이다.

용어 알기

미래학(미래 未 올 來 학문 學)
과거와 현재의 상황을 근거로 미래 사회를 여러 각도에서 연구, 추론하고 예측하여 그 모형(모델)을 제시하는 학문을 말한다.

자정(스스로 自 깨끗할 淨) 능력
자연 생태계가 스스로 최초의 균형 상태로 원상 복구하려는 능력을 말한다.

❷ 미래 사회를 준비하는 세계시민의 자세

(1) 세계시민 [자료 3]

① 의미: 상호 의존성이 높아가는 지구촌의 구성원으로, 개별 국가에 속한 국민을 넘어 세계적 시각에서 지구의 문제를 이해하고 이를 합리적으로 해결하려고 노력하는 사람

② 세계시민으로서의 자세
- 다양한 문화와 가치를 존중하며 지구촌의 긍정적 변화를 추구하기 위해 노력함.
- 세계에 긍정적인 변화를 가져올 수 있도록 공동체 의식을 가지고 지역, 국가, 지구촌 문제 해결에 함께 노력함.

자세히 살펴보기 **미래 사회에는 어떤 일자리가 새로 생길까?**

▲ 로봇 윤리학자

로봇의 자율 시스템 설계, 개발 및 사용과 관련된 윤리적 의미와 고려 사항을 연구하며, 로봇 공학의 도덕적·사회적·법적 측면을 조사한다.

▲ 기후 변화 대응 전문가

기후 변화에 따라 우리의 일상생활이 어떻게 변화할지 분석하고, 온실가스를 줄일 수 있는 기술을 개발한다.

▲ 스마트 의류 개발자

정보 통신 기술을 결합하여 심박수, 체온 등을 통해 건강 상태를 감지하거나 위치를 확인할 수 있는 스마트 의류를 개발한다.

---

(2) 세계시민으로서의 삶의 방향 [자료 4]

① 올바른 인성과 가치관 확립
- 현대 사회의 문제: 산업화, 도시화, 정보화 등의 사회 변동을 거치며 공동체 의식 약화 → 자신의 이익을 우선적으로 추구하는 이기주의적 가치관 확산 → 이러한 문제를 해결하기 위해 공동체 구성원 간의 소통과 화합을 이룰 수 있는 역량을 갖춘 사람이 필요함.
- 개방적 태도, 관용 등을 바탕으로 올바른 인성과 가치관을 키우기 위해 노력

② 비판적 사고력 함양
- 인류의 보편적 가치에 대한 지식과 깊은 이해를 바탕으로 사회 현상을 비판적으로 분석하는 자세 필요
- 사회 현상을 종합하여 합리적인 문제 해결 과정에 적극적으로 참여

③ 개방성과 관용의 정신 함양
- 인류 공동체 일원으로서의 소속감을 바탕으로 다름을 인정하고, 다양성 존중
- 세계시민으로서의 공감과 연대 의식을 바탕으로 다른 사람들과 소통·교류하는 역량 필요
- 세계 각지의 다양한 문화와 배경을 가진 사람들을 존중하는 태도

[자료 3] **세계시민으로서의 자세**

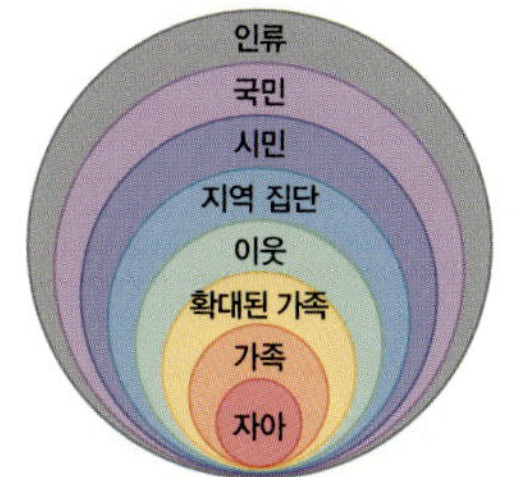

(마사 누스바움, 『애국주의와 세계 시민 주의』)

마사 누스바움에 따르면 개인은 개인의 자아에서 시작하여 가족, 지역 집단, 국민 등을 넘어 인류 전체로 확대된다. 이처럼 우리 스스로를 개인의 자아를 넘어 인류 전체로 확대된 세계시민으로서 인식하고 행동하는 자세가 필요하다.

[자료 4] **세계시민의 유형**

멀리 보는 기린형 세계시민	공감하는 카멜레온형 세계시민

글로벌 이슈와 지구 보편적 가치를 이해하는 지식·이해형 세계시민	타인과 공감하는 능력이 뛰어난 공감형 세계시민
소통하는 코끼리형 세계시민	**날쌘돌이 돌고래형 세계시민**
사람들과 적극적으로 어울리고 소통하는 소통형 세계시민	지역 사회와 국제 이슈 해결을 위해 적극적으로 활동하는 책임감 있는 행동형 세계시민

(유네스코 아시아·태평양 국제이해교육원, 2023.)

용어 알기

관용(너그러울 寬 얼굴 容)
남의 잘못 따위를 너그럽게 받아들이거나 용서하는 것으로, 견해를 달리하는 상대방과 갈등이 생길 경우 합리적인 대안을 모색하기 위해 요구되는 필수적인 자세이다.

정답 68쪽

01 빈칸에 들어갈 알맞은 말을 쓰시오.

(1) 지구의 [   ]을/를 넘는 오염 물질 배출과 자원의 소비 증가 등으로 환경 오염이 심각해질 것이다.

(2) [   ]은/는 각 분야의 전문가에게 설문을 반복하여 특정한 주제에 관해 전문가 집단의 합의를 도출하는 방법이다.

(3) 미래 도시에서는 무인기(드론), 하늘을 나는 오토바이 등과 같은 [   ]이/가 상용화될 것이다.

(4) 상호 의존성이 높아가는 지구촌의 구성원으로, 개별 국가에 속한 국민을 넘어 세계적 시각에서 지구의 문제를 이해하고 이를 합리적으로 해결하려 노력하는 사람을 [   ](이)라고 한다.

02 다음 내용이 옳으면 ○표, 틀리면 ×표를 하시오.

(1) 미래 사회는 시간 거리가 많이 축소되고 사람들의 활동 범위도 확대된다. (   )

(2) 정보 통신 기술의 발달에 따른 정보화로 인해 의사 결정 과정에서 시민의 참여가 어려워질 것이다. (   )

(3) 바람직한 미래 사회를 위해서는 개방성과 관용의 정신을 갖추고 사회 현상을 비판적 사고력으로 분석해야 한다. (   )

(4) 바람직한 미래 사회를 위해서는 인류의 보편적 가치를 전 지구적 차원에서 실현하려는 자세를 갖추어야 한다. (   )

03 다음 설명에 해당하는 직업을 보기 에서 고르시오.

보기
ㄱ. 로봇 윤리학자　　ㄴ. 스마트 의류 개발자
ㄷ. 기후 변화 대응 전문가

(1) 기후 변화에 따라 우리의 일상생활이 어떻게 변화할지 분석하고, 온실가스를 줄일 수 있는 기술을 개발한다. (   )

(2) 로봇의 자율 시스템 설계, 개발 및 사용과 관련된 윤리적 의미와 고려 사항을 연구하며, 로봇 공학의 도덕적, 사회적, 법적 측면을 조사한다. (   )

(3) 정보 통신 기술을 결합하여 심박수, 체온 등을 통해 건강 상태를 감지하거나 위치를 확인할 수 있는 의류를 개발한다. (   )

▶ 242017-0349

01 다음 자료는 대표적인 미래 예측 방법 두 가지를 정리한 것이다. (가), (나)에 대한 옳은 설명만을 보기 에서 고른 것은?

(가) 시나리오를 작성하여 미래에 대비하는 방법
(나) 각 분야 전문가에게 설문을 반복하여 특정한 주제에 관해 전문가 집단의 합의를 도출하는 방법

보기
ㄱ. (가)는 델파이 기법이라고도 불린다.
ㄴ. (가)는 3~4개 정도의 시나리오를 작성하여 다가올 미래를 예측한다.
ㄷ. (나)는 객관적인 의견 수렴을 위해 익명성이 보장되어야 한다.
ㄹ. (가), (나)와 같은 방법을 통해 미래를 정확히 예측할 수 있다.

① ㄱ, ㄴ　　② ㄱ, ㄷ　　③ ㄴ, ㄷ
④ ㄴ, ㄹ　　⑤ ㄷ, ㄹ

▶ 242017-0350

02 ㉠에 들어갈 알맞은 말을 쓰시오.

오늘날 사회는 과거 그 어느 때보다 매우 빠르게 변하고 있으며, 그 주기 또한 짧아지고 있다. 과거에는 점성술이나 종교적 예언 등을 통해 미래를 예측하였지만, 오늘날에는 통계나 인공 지능(AI) 등을 활용하여 과학적이고 체계적인 방법으로 미래를 예측하고 있다. 이에 따라 (㉠)이/가 하나의 학문 영역으로 자리 잡고 있다.

(   )

▶ 242017-0351

03 미래 사회의 모습에 대한 예측으로 적절하지 않은 것은?

① 국가 간 상호 의존성이 높아질 것이다.
② 국가 간 접근성 감소로 무역량은 감소할 것이다.
③ 석유와 같은 자원을 둘러싼 분쟁은 사라지지 않을 것이다.
④ 인공 지능, 증강 현실 등의 발달로 생활이 편리해질 것이다.
⑤ 신종 전염병, 생명 윤리, 도덕적 가치 혼란 등 새로운 문제가 발생할 것이다.

▶ 242017-0352

04 사진은 우리의 미래 생활을 변화시킬 과학 기술을 나타낸 것이다. 이를 통해 알 수 있는 미래 사회의 변화에 대한 설명으로 적절하지 <u>않은</u> 것은?

(가)

▲ 무인기(드론) 택시

(나)

▲ 지붕에 설치된 태양광 발전 패널

① (가)를 통해 일일 생활권이 확장된다.
② (가)는 지역 간 사람들의 교류를 도와줄 것이다.
③ (나)와 같은 친환경 시설이 증가할 것이다.
④ 인공 지능 기술로 인해 (나)와 같은 시설의 효율성이 더욱 높아질 것이다.
⑤ (가), (나)와 같은 신기술로 인해 인간의 정체성과 도덕적 가치의 혼란이 발생할 것이다.

▶ 242017-0353

05 다음 글의 ㉠~㉣에 대한 옳은 설명만을 **보기** 에서 있는 대로 고른 것은?

> 미래 사회에는 (㉠)이/가 확대되어 국가 간의 무역 경쟁이 치열해지고, ㉡ 소수 국가가 경제를 독점하게 될 것이다. 이러한 경제적 갈등이 정치적 갈등으로 번지면서 국가 간 영토 분쟁과 문화적 갈등이 심해질 것이다. 생태 환경은 경제 성장과 인구 증가에 따라 현재보다 악화될 것으로 예측된다. 따라서 ㉢ 지구의 자정 능력을 능가할 정도로 환경 오염이 심각해질 수 있다. 또한, ㉣ 지구 온난화에 따른 기후 변화, 열대림 파괴 등이 빨라지면서 인간을 포함한 모든 생명체가 생존을 위협받을 것으로 보인다.

보기

> ㄱ. ㉠에는 '자유 무역'이 들어갈 수 있다.
> ㄴ. ㉡으로 국가 간의 경제 격차가 심화될 것이다.
> ㄷ. ㉢의 원인은 자원의 소비 증가와 오염 물질 배출 증가에 있다.
> ㄹ. ㉣로 인한 문제를 해결하기 위해 바젤 협약이 체결되었다.

① ㄱ, ㄴ   ② ㄱ, ㄹ   ③ ㄷ, ㄹ
④ ㄱ, ㄴ, ㄷ   ⑤ ㄴ, ㄷ, ㄹ

▶ 242017-0354

06 다음 글과 같은 현상을 완화하기 위한 노력으로 적절하지 <u>않은</u> 것은?

> 전 세계가 현재와 같은 추세로 자원을 소비하고 오염 물질을 계속 배출한다면 물, 식량 등은 점점 부족해지고 고갈될 것이다. 또한 지구 온난화로 인한 기후 변화가 가속화되면 해수면 상승으로 인한 저지대 침수 피해와 기상 이변이 잦아져 인류는 생존을 위협받을 수 있다. 또 생물 다양성 감소로 지구 생태계는 균형을 잃어버릴 수 있다.

① 가능한 로컬 푸드를 소비한다.
② 태양광 발전 시설을 보급한다.
③ 탄소 발자국을 줄이기 위해 노력한다.
④ 도시 내 건물에 녹지 공간을 확대한다.
⑤ 'RE100'에 참여하는 기업에게 세금 규제를 강화한다.

▶ 242017-0355

07 다음은 수업 장면의 일부이다. 교사의 질문에 옳은 내용을 답한 학생만을 있는 대로 고른 것은?

> **교사**: 과학 기술의 발달로 우리의 삶은 빠르게 변화하고 있습니다. 미래 사회의 새로운 일자리에 대해 설명해 볼까요?
> **갑**: 로봇의 자율 시스템 설계, 개발 및 사용과 관련된 윤리적 의미와 고려 사항을 연구하며, 로봇 공학의 도덕적·사회적·법적 측면을 조사하는 로봇 윤리학자가 있습니다.
> **을**: 정보 통신 기술을 결합하여 심박수, 체온 등을 통해 건강 상태를 감지하거나 위치를 확인할 수 있는 스마트 의류 개발자가 있습니다.
> **병**: 기후 변화에 따라 우리의 일상생활이 어떻게 변화할지 분석하고, 온실가스를 줄일 수 있는 기술을 개발하는 기후 변화 대응 전문가가 있습니다.
> **정**: 우주에서 인간 및 생명체의 생활이 가능하도록 우주의 특성에 맞는 다양한 형태의 건축물을 설계하는 우주 여행 가이드가 있습니다.

① 갑, 을   ② 갑, 병   ③ 을, 병
④ 갑, 을, 병   ⑤ 을, 병, 정

난민 문제의 특징은 무엇일까?

지역(대륙)별 난민은 2021년 기준 아프리카 > 유럽 > 아시아·오세아니아 > 아메리카 > 서남아시아 및 북부 아프리카 순으로 많습니다. 미얀마의 로힝야족 문제처럼 특정 국가에서 대규모 사건이 발생했을 경우 지역별 난민 수가 급격히 증가하기도 합니다.

난민의 발생 원인은 내전과 경제 문제, 종교적 차이 등이 있습니다. 시리아, 아프가니스탄의 경우는 내전, 최근 러시아와의 전쟁으로 어려움을 겪고 있는 우크라이나, 베네수엘라 볼리바르는 극심한 경제난, 미얀마는 종교가 다른 로힝야족에 대한 탄압이 주된 원인입니다. 난민들은 대체로 경제적 능력과 이동 능력이 부족하기 때문에 난민 발생국에서 인접한 나라로 유입되는 경향이 나타납니다. 우크라이나는 인접한 유럽 국가인 독일, 시리아는 튀르키예, 베네수엘라 볼리바르는 콜롬비아, 아프가니스탄은 인접한 파키스탄으로 이동하는 것이 대표적인 사례입니다.

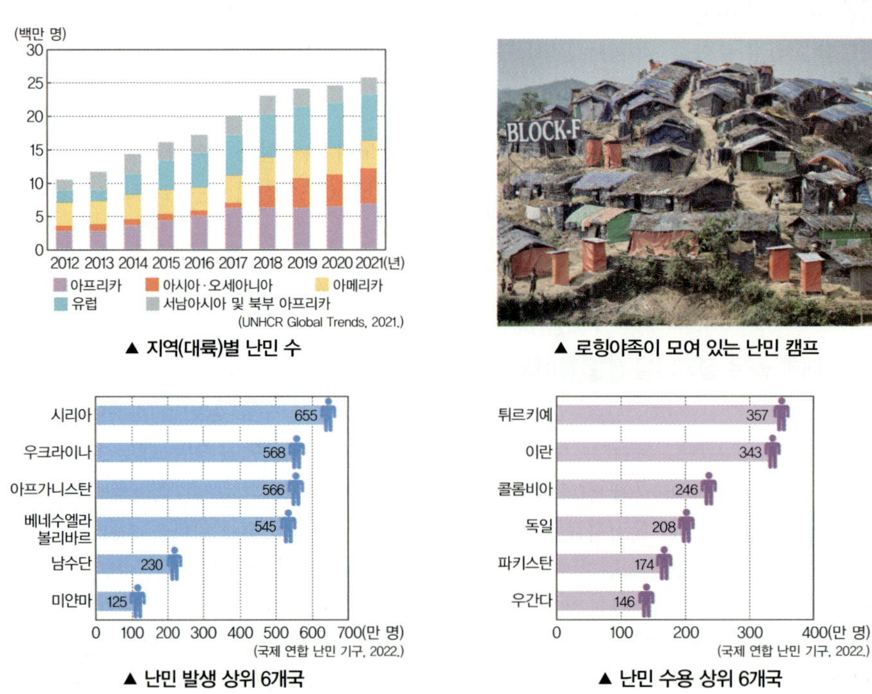

▲ 지역(대륙)별 난민 수

▲ 로힝야족이 모여 있는 난민 캠프

▲ 난민 발생 상위 6개국

▲ 난민 수용 상위 6개국

Q&A

1 난민은 왜 발생하며 난민이 발생하는 지역은 어디인가?

2012년 이후 난민의 수는 꾸준히 증가하고 있으며, 세계 각 지역에서 발생하는 내전과 테러 또는 극심한 경제난 등 다양한 이유로 난민이 발생하고 있다. 또한 아프리카, 유럽, 아시아·오세아니아 등 특정 지역이 아닌 대부분의 지역에서 난민이 발생하고 있다.

2 난민 발생 국가와 수용 국가의 위치를 통해 알 수 있는 난민 이동의 지리적 특징은 무엇인가?

난민들은 대체로 이동 능력이 부족하기 때문에 난민 발생국에서 인접한 나라로 유입되는 경향이 있다.

석탄과 석유의 분포와 이동의 특징은 무엇일까?

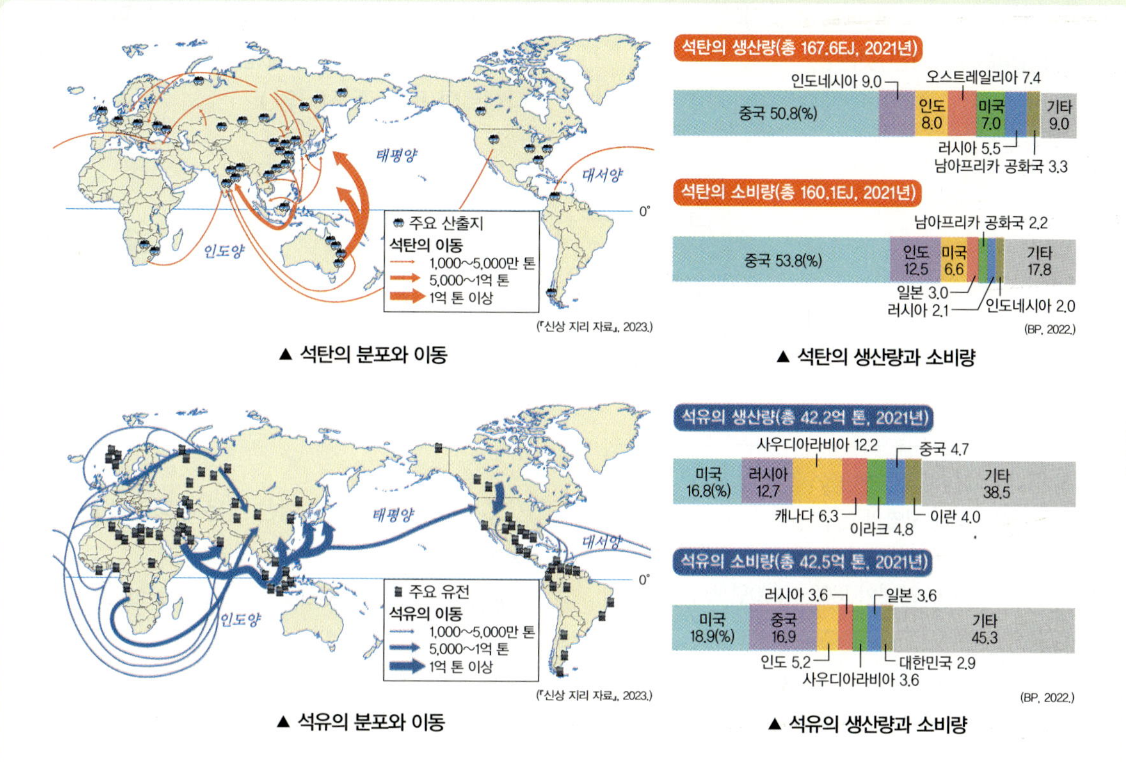

▲ 석탄의 분포와 이동　　　　▲ 석탄의 생산량과 소비량

▲ 석유의 분포와 이동　　　　▲ 석유의 생산량과 소비량

　석탄은 미국 동부의 애팔래치아산맥, 오스트레일리아 동부의 그레이트디바이딩산맥, 중국의 푸순 등 주로 고생대 지층 주변에 매장되어 있습니다. 석유에 비해 편재성이 작은 편이며, 생산량과 비교해 국제 이동량도 상대적으로 적은 편입니다. 주요 생산국은 중국이며, 중국은 석탄의 생산과 소비의 각각 절반 정도를 차지할 만큼 비중이 큽니다.

　석유는 19세기 내연 기관의 발명과 자동차 보급의 확산으로 소비량이 급증하였고, 수송용으로 이용되는 비율이 높습니다. 또 세계 에너지 소비 구조에서 차지하는 비율도 가장 높습니다. 주로 신생대 지층에 매장되어 있으며, 세계 매장량의 절반 정도가 페르시아만 연안 지역에 분포하고 있습니다. 생산량은 미국, 러시아, 사우디아라비아 등이 많습니다. 석유는 지역적 편재성이 커 국제 이동량이 많으며 서남아시아 국가의 수출량 비율이 높은 편입니다.

Q&A

1 석탄의 국제 이동의 특징은 무엇인가?

　지도를 통해 석탄의 주요 수출국은 오스트레일리아, 인도네시아, 러시아이며, 주요 수입국은 중국, 인도, 일본 등임을 알 수 있다.

2 석유의 국제 이동의 특징은 무엇인가?

　지도를 통해 석유의 주요 수출국은 서남아시아의 사우디아라비아와 러시아, 캐나다임을 알 수 있다. 특히 러시아에서는 유럽으로의 이동이, 서남아시아에서는 한국과 일본으로의 이동이 많음을 알 수 있다.

대단원 종합 문제

▶ 242017-0356

01 그래프는 세계 인구 변화를 나타낸 것이다. 이에 대한 옳은 설명만을 보기 에서 고른 것은?

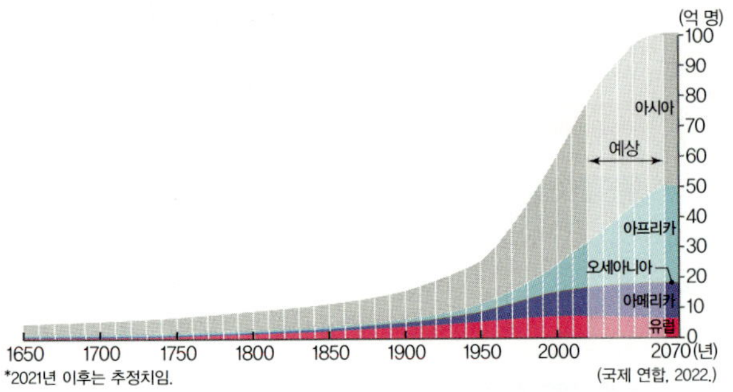

보기

ㄱ. 미래에는 선진국의 인구 비중이 증가할 것이다.
ㄴ. 1950년 이후 세계 모든 지역의 인구는 증가했다.
ㄷ. 2020년 세계 인구는 1950년보다 두 배 이상 많다.
ㄹ. 인구 증가율은 1900~2000년이 1800~1900년보다 높다.

① ㄱ, ㄴ ② ㄱ, ㄷ ③ ㄴ, ㄷ
④ ㄴ, ㄹ ⑤ ㄷ, ㄹ

▶ 242017-0357

02 그래프는 대륙별 인구 변화를 나타낸 것이다. A~C에 대한 설명으로 옳은 것은?

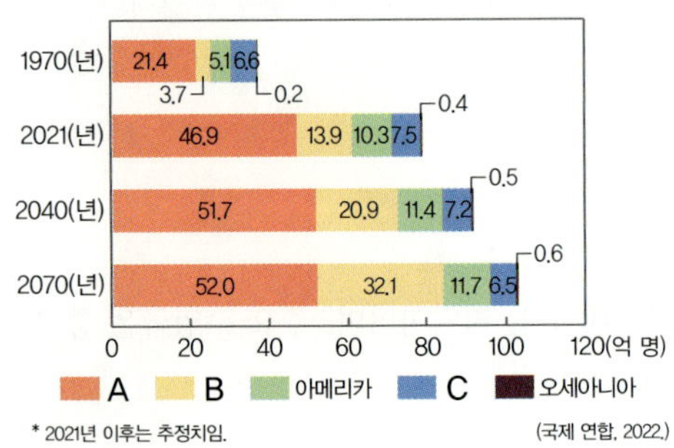

① A는 B보다 1970~2021년의 인구 증가율이 높다.
② A는 C보다 산업화 시기가 이르다.
③ B는 C보다 경제 발달 수준이 낮다.
④ C는 B보다 대륙의 면적이 넓다.
⑤ A~C 중에서 유소년층 인구 비율은 C가 가장 높다.

[03~04] 그래프는 두 국가의 인구 피라미드를 나타낸 것이다. 이를 보고 물음에 답하시오. (단, (가), (나)는 각각 니제르와 독일 중 하나임.)

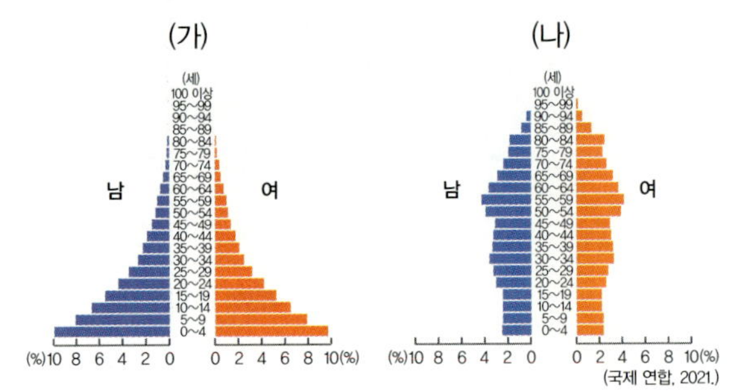

▶ 242017-0358

03 (가), (나) 국가에 대한 옳은 설명만을 보기 에서 고른 것은?

보기

ㄱ. (나)는 유럽에 위치한다.
ㄴ. (가)는 (나)보다 중위 연령이 높다.
ㄷ. (나)는 (가)보다 노령화 지수가 높다.
ㄹ. (나)는 (가)보다 유소년 부양비가 높다.

① ㄱ, ㄴ ② ㄱ, ㄷ ③ ㄴ, ㄷ
④ ㄴ, ㄹ ⑤ ㄷ, ㄹ

▶ 242017-0359

04 (가) 국가와 비교한 (나) 국가의 상대적 특성을 그림의 A~E에서 고른 것은?

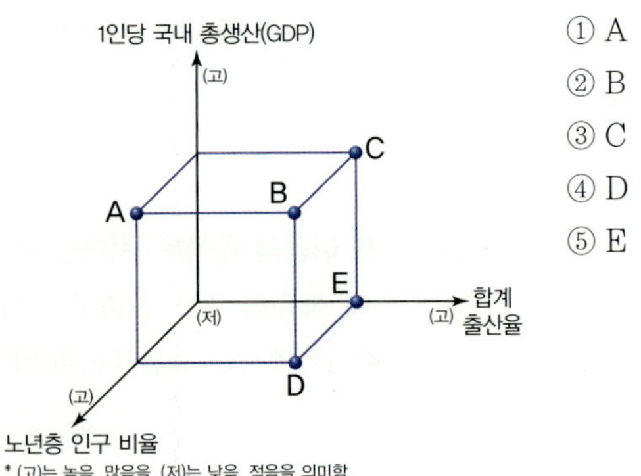

① A
② B
③ C
④ D
⑤ E

▶ 242017-0360

05 다음 글의 ㉠, ㉡에 들어갈 알맞은 말을 쓰시오.

> 오늘날 세계는 전 지구적 범위에서 다양한 유형의 인구 이동이 이루어지고 있다. 인구 이동 요인에는 빈곤, 실업, 낮은 임금, 질 나쁜 주거 환경, 교육·문화 시설 부족 등과 같은 (㉠)와/과 많은 일자리, 높은 임금, 좋은 주거 환경, 다양한 문화 시설 등과 같은 (㉡)이/가 있다.

㉠ : (　　　　　　　　)　　㉡ : (　　　　　　　　)

[06~07] 그래프는 대륙별 인구 순 이동을 나타낸 것이다. 이를 보고 물음에 답하시오.

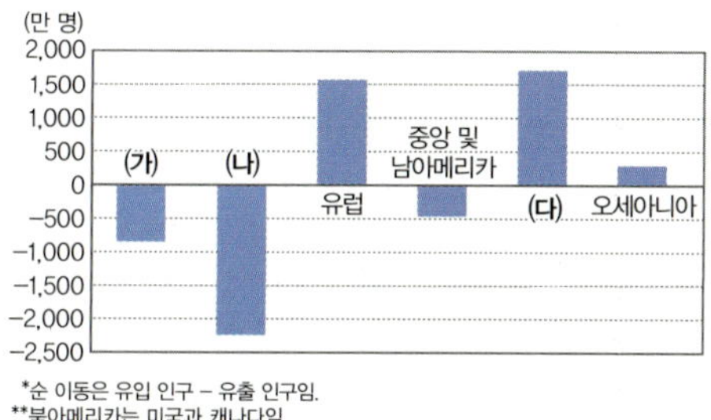

*순 이동은 유입 인구 − 유출 인구임.
**북아메리카는 미국과 캐나다임.
***2010~2021년 기준임.
(국제 연합 세계 인구 전망 보고서, 2022.)

▶ 242017-0361

06 (가)~(다)에 해당하는 대륙으로 옳은 것은?

	(가)	(나)	(다)
①	아시아	아프리카	북아메리카
②	아시아	북아메리카	아프리카
③	아프리카	아시아	북아메리카
④	아프리카	북아메리카	아시아
⑤	북아메리카	아시아	아프리카

▶ 242017-0362

07 (가)~(다) 대륙에 대한 설명으로 옳은 것은?

① (가)는 2010~2021년 유출 인구보다 유입 인구가 많다.

② (가)는 (다)보다 경제 발달 수준이 높다.

③ (나)는 남반구, (다)는 북반구에 있다.

④ 2022년 총인구는 (다)>(가)>(나) 순으로 많다.

⑤ (가)~(다) 중 노년층 인구 비율은 (다)가 가장 높다.

▶ 242017-0363

08 지도는 어떤 인구 지표를 표현한 것이다. 이 지표로 옳은 것은?

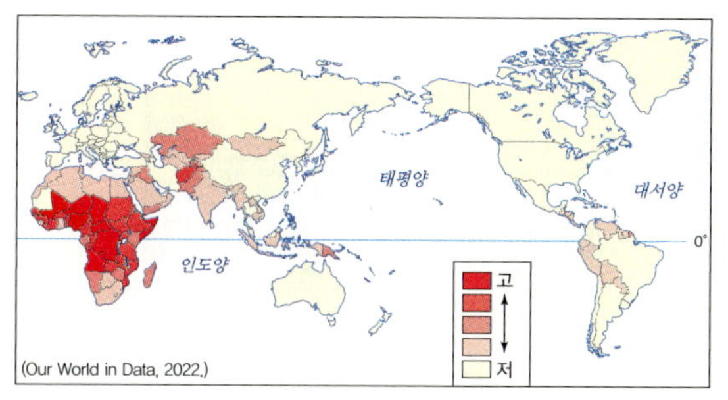

① 총인구

② 합계 출산율

③ 중위 연령

④ 노년 부양비

⑤ 노령화 지수

▶ 242017-0364

09 그래프는 우리나라의 출생아 수와 합계 출산율의 변화를 나타낸 것이다. 이와 같은 추세가 지속될 경우에 대비한 대책으로 적절하지 **않은** 것은?

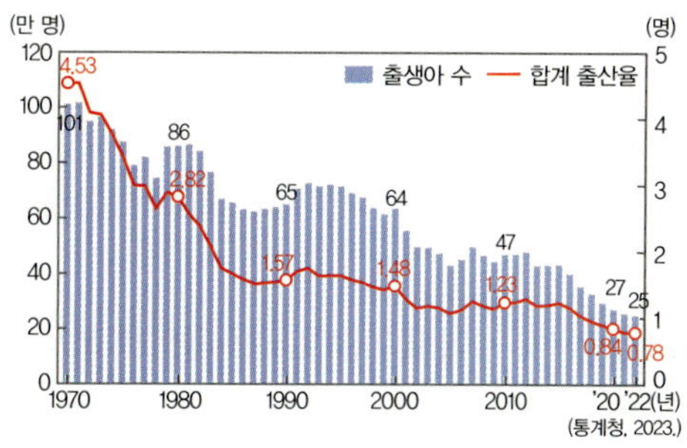

① 육아 휴직 보장

② 실버 산업 육성

③ 유연 근무제 확대

④ 청년 일자리 확보

⑤ 출산 장려 지원금 확대

통합사회 2

대단원 종합 문제

[10~11] 그래프는 세계 에너지 자원 소비량 변화를 나타낸 것이다. 이를 보고 물음에 답하시오.

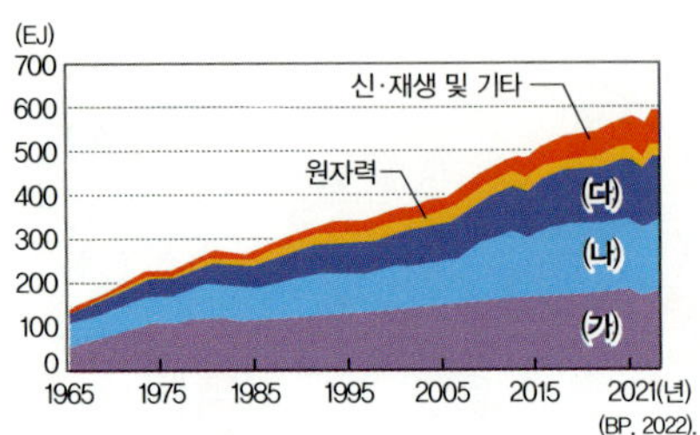

▶ 242017-0365

10 (가)~(다)의 국가별 생산량 그래프를 A~C에서 고른 것은?

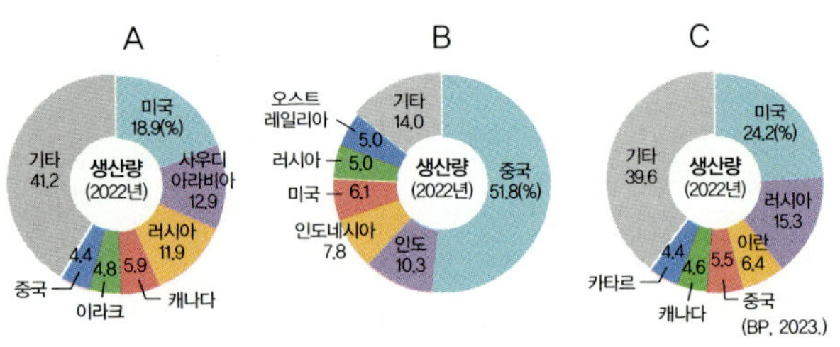

	(가)	(나)	(다)		(가)	(나)	(다)
①	A	B	C	②	A	C	B
③	B	A	C	④	B	C	A
⑤	C	B	A				

▶ 242017-0366

11 (가)~(다) 에너지에 대한 설명으로 옳은 것은?

① (가)는 주로 고생대 지층에 매장되어 있다.
② (나)는 냉동 액화 기술의 개발로 수요가 급증하였다.
③ (가)는 (나)보다 수송용으로 이용되는 비중이 높다.
④ (나)는 (가)보다 국제 이동량이 많다.
⑤ (다)는 (나)보다 상용화된 시기가 이르다.

▶ 242017-0367

12 다음 글의 ㉠, ㉡에 들어갈 알맞은 용어를 쓰시오.

> (㉠)은/는 자원을 보유한 국가가 자국의 경제적·정치적 이익을 위해 자원을 전략적 무기로 이용하는 것으로, 석유 생산량과 가격을 조절하는 국제기구인 (㉡)이/가 대표적 사례이다.

㉠: (   )   ㉡: (   )

▶ 242017-0368

13 다음 글의 ㉠~㉢에 대한 옳은 설명만을 **보기**에서 있는 대로 고른 것은?

> (㉠)(이)란 장기간에 걸친 기후의 변동을 뜻한다. 원인에는 ㉡ 자연적 원인과 인위적 원인이 있다. 특히, 인위적 원인으로는 화석 에너지 사용 증가에 따른 ㉢ 온실가스 증가 등이 있다. (㉠)이/가 생태계에 미치는 영향으로는 지구 온난화로 인한 (㉣) 등을 들 수 있다.

보기

ㄱ. ㉠에는 '기후 변화'가 들어갈 수 있다.
ㄴ. ㉡에는 도시화와 토지 개발에 따른 토지 이용도 변화가 있다.
ㄷ. ㉢에는 이산화 탄소와 메테인(메탄) 등이 있다.
ㄹ. ㉣에는 '해수면 상승에 따른 해안 저지대의 침수 피해'가 들어갈 수 있다.

① ㄱ, ㄴ   ② ㄴ, ㄷ   ③ ㄱ, ㄴ, ㄷ
④ ㄱ, ㄷ, ㄹ   ⑤ ㄴ, ㄷ, ㄹ

▶ 242017-0369

14 다음은 수업 장면 중 일부이다. 교사의 질문에 옳은 내용을 답한 학생만을 고른 것은?

> **교사** : 미래 사회에 대비하기 위해 세계시민으로서 어떤 노력이 필요할까요?
> **갑** : 지속가능한 발전에 관심을 가지고 이와 관련된 일에 참여해야 합니다.
> **을** : 직업 선택 시 자신의 적성과 흥미만을 고려해야 합니다.
> **병** : 나와 다른 문화적 배경을 가진 사람들을 존중하고 소통할 줄 알아야 합니다.
> **정** : 보편적 가치보다는 자신이 사는 지역의 특수한 가치를 더 중요하게 여겨야 합니다.

① 갑, 을   ② 갑, 병   ③ 을, 병
④ 을, 정   ⑤ 병, 정

Step 1 서술형 연습하기 ▶ 242017-0370

그래프는 세계 에너지 자원 소비량의 변화를 나타낸 것이다. 이를 통해 파악할 수 있는 에너지 소비 구조의 특징을 서술하시오.

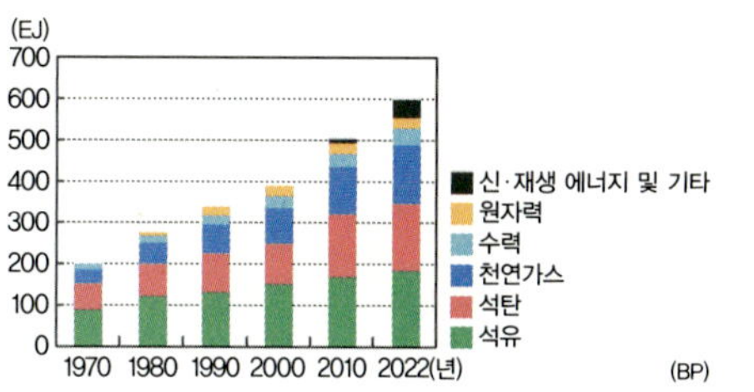

답 완성하기   세계 에너지 소비량은 지속적으로 (   )하고 있다. 오늘날 세계 에너지 소비량은 석탄, (   ), (   ) 등 화석 에너지의 비중이 매우 높은 편이다.

Step 2 서술형 훈련하기 ▶ 242017-0371

그래프는 두 국가의 인구 피라미드를 나타낸 것이다. (가)와 비교한 (나)의 상대적 특징을 **보기** 의 요소를 이용하여 서술하시오. (단, (가), (나)는 각각 개발 도상국, 선진국 중 하나임.)

보기
- 출생률
- 기대 수명
- 유소년층 인구 비율
- 노년층 인구 비율

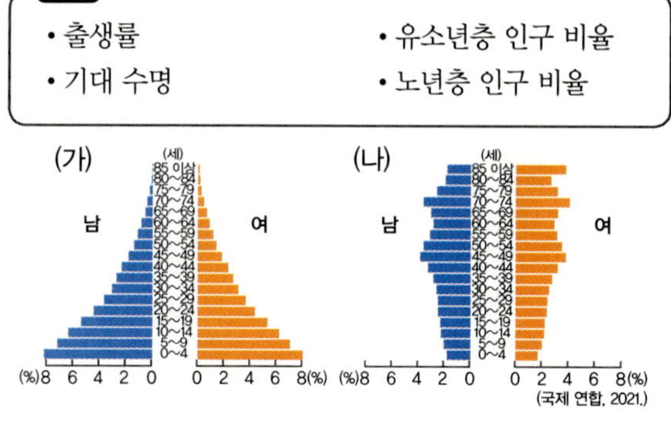

Step 3 논술형 도전하기 ▶ 242017-0372

다음 자료를 바탕으로 난민 수용에 대한 자신의 입장을 정한 후 그 이유를 300자 이내로 논술하시오.

◎ 우리나라의 난민 인식 조사 결과 ◎

2020년 국제 연합 난민 기구(UNHCR) 조사에 따르면 우리나라 국민의 난민 수용에 대한 찬성 의견은 33%인 반면, 반대 의견은 53%인 것으로 나타났다.

〈난민 수용 찬성 이유〉	〈난민 수용 반대 이후〉
1. 난민이 들어와도 정부가 잘 대처할 것 같아서. 2. 한국에 들어오는 난민 수가 많지 않기 때문에. :	1. 난민 수용으로 감당해야 할 경제적 부담이 클 것 같아서. 2. 한국에 들어오는 난민 중 가짜 난민들이 많은 것 같아서. :

(「대한민국 난민 의식 변화 조사」, 2020.)

핵심 개념 | 난민 수용에 찬성 또는 반대하는 이유
(1) 인권 (2) 난민 협약 (3) 경제 (4) 범죄

MEMO

내신기본	유형기본	기출	심화	
올림포스	올림포스 유형편	올림포스 전국연합학력평가 기출문제집	올림포스 고난도	올림포스 고급영어독해
국		국		
영		영		영
수	수	수	수	

2022 개정 교육과정 적용

고등학교
입 문 서
NO. 1

고등
예비
과정

통합사회

| 정답과 해설

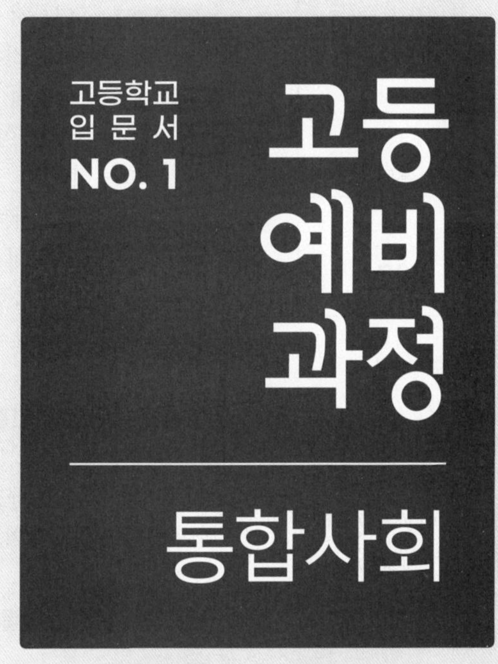

정답과 해설

정답과 해설

I. 통합적 관점

개념 체크
본문 10쪽

01 (1) 시간적 (2) 공간적 (3) 통합적
02 (1) × (2) ○ (3) ○ (4) ×
03 (1) ㄴ (2) ㄹ (3) ㄱ (4) ㄷ

기본 문제
본문 10~11쪽

01 ② 　**02** ⑤ 　**03** ① 　**04** ⑤
05 ㉠: 시간적 관점 ㉡: 윤리적 관점 　**06** ③ 　**07** ③

01 고령화 현상을 보는 시간적 관점 이해

정답 찾기 (가)는 우리나라의 노년층 인구 비율 추이를 나타낸 것이므로 A 관점은 시간적 관점에 해당한다.
ㄱ. 시간적 관점은 과거, 현재, 미래의 상호 연관성을 바탕으로 시간적 변화 과정을 고려해 해결책을 찾고자 한다.
ㄷ. 시간적 관점은 시간적 변화 과정을 살펴봄으로써 현재의 문제 해결의 필요성을 인식한다.

오답 피하기 ㄴ. 도덕적 행위가 무엇인지를 주로 탐구하는 관점은 윤리적 관점이다.
ㄹ. 현상이 나타나는 위치와 장소 등 공간 정보에 초점을 두는 관점은 공간적 관점이다.

02 고령화 현상을 보는 윤리적 관점 이해

정답 찾기 (나)는 노부모 부양에 관한 책임 의식이 누구에게 있는 것이 바람직한가를 나타낸다. 오늘날 노부모 부양 책임은 가족뿐만 아니라 사회, 정부 등 모두가 함께 지는 것이 바람직하다는 입장이다. 따라서 B 관점은 윤리적 관점에 해당한다.
⑤ 윤리적 관점에서는 주로 '현재의 사회현상이 도덕적 가치와 도덕규범을 기준으로 판단했을 때 바람직한가?'와 같은 질문을 던지면서 해답을 찾아가고자 한다.

오답 피하기 ① '우리가 살아가는 공동체의 역사는 무엇인가?'는 시간적 관점의 핵심 질문이다.

② '법, 제도, 정책 등이 인간의 삶에 끼치는 영향은 무엇인가?'는 사회적 관점의 핵심 질문이다.
③ '사회 구조는 인간의 사고와 행동에 어떤 영향을 끼치는가?'는 사회적 관점의 핵심 질문이다.
④ '자연환경과 인문환경에 따라 각 지역의 생활 모습은 어떻게 다르게 나타나는가?'는 공간적 관점의 핵심 질문이다.

03 사회현상을 보는 시간적 관점 이해

정답 찾기 ① 역사적 배경과 시대적 맥락에 초점을 두고 사회현상을 살펴보는 것은 시간적 관점이다.

오답 피하기 ② 공간적 관점은 현상이 나타나는 위치와 장소, 현상의 분포 양상과 이동, 지역 간 네트워크 등 공간적 맥락을 살펴보는 것이다.
③ 사회적 관점은 사회현상에 대한 사회 제도 · 정책 · 구조의 영향력을 분석하고 예측하는 것이다.
④ 윤리적 관점은 특정 현상과 관련된 문제를 규범적 차원에서 살펴보고, 바람직한 사회를 실현하기 위한 방안을 살펴보는 것이다.
⑤ 통합적 관점은 인간과 세상을 역사적 배경과 시대적 맥락, 위치와 장소 및 네트워크 등의 공간적 맥락, 사회 구조와 제도의 영향력, 규범적 방향성과 도덕적 가치 등을 고려하여 종합적으로 살펴보는 것이다.

04 음주 운전 문제를 바라보는 다양한 관점 이해

정답 찾기 ㄷ. 음주 운전을 처벌하는 법령은 사회 제도에 해당하므로 주어진 질문은 사회적 관점의 핵심 질문에 해당한다.
ㄹ. 음주 운전을 공동체의 평화를 해치는 문제 행위로 인식하고 있는가의 여부는 도덕적 가치와 관련되므로 주어진 질문은 윤리적 관점의 핵심 질문이다.

오답 피하기 ㄱ. 음주 운전으로 인한 교통사고가 가장 많이 발생하는 지역을 파악하는 것은 공간적 관점의 영역이다.
ㄴ. 음주 운전이 사회 문제로 대두된 시기는 시대적 배경에 해당하므로 주어진 질문은 시간적 관점에서 적절하다.

05 시간적 관점과 윤리적 관점 이해

정답 찾기 시간적 관점은 역사적 배경과 시대적 맥락에 초점을 두고 사회현상을 살펴본다. 따라서 시간적 관점은 시간의 흐름에 따라 자료를 다각도로 수집하여 과거와 현재의 관계를 파악하고 미래의 방향을 예측하려는 특징을 지닌다.

윤리적 관점은 도덕적 가치와 도덕규범을 바탕으로 사회현상을 해석하고 문제점을 찾아 바람직한 삶의 모습을 살펴본다. 따라서 윤리적 관점은 다양한 사회현상을 도덕적 가치와 도덕규범에 따라 평가하고 사회가 나아갈 바람직한 방향을 제시하려는 특징을 지닌다.

06 통합적 관점의 필요성 이해

정답 찾기 ③ 코끼리 우화를 통해 사회현상을 통합적으로 바라볼 때, 사회현상에 담겨 있는 복잡하고 다면적인 의미를 제대로 이해할 수 있다는 교훈을 얻을 수 있다.

오답 피하기 ① 인간, 사회, 환경을 탐구하려면 시간적 · 공간적 · 사회적 · 윤리적 관점 등 여러 측면에서의 관점을 통합적으로 살펴보는 자세가 필요하다.
② 인권, 정의, 책임과 같은 도덕적 가치로 사회현상을 파악해야 한다는 것은 윤리적 관점에 해당한다.
④ 과거라는 거울에 비추어 현재를 이해해야 미래를 정확하게 예측할 수 있다는 것은 시간적 관점에 해당한다.
⑤ 개인이나 집단의 행위에 영향을 끼치는 각종 제도에 초점을 맞추어야 한다는 것은 사회적 관점에 해당한다.

07 미국 총기 소지 현상을 바라보는 사회적 관점 이해

정답 찾기 사회 구조와 사회 제도를 중심으로 사회현상을 탐구하고 대안을 살펴보는 A 관점은 사회적 관점이다.
③ 헌법은 사회 제도에 해당한다. 총기 소지 문제를 해결하기 위해 헌법이라는 사회 제도를 수정할 필요가 있는지 검토하는 것은 사회적 관점에 해당한다.

오답 피하기 ① 총기 사고가 가장 빈발한 지역을 조사하는 것은 공간적 관점에 해당한다.
② 총기 소지의 역사적 배경에 대해 조사하는 것은 시간적 관점에 해당한다.
④ 중국, 러시아, 미국 등 공간적 배경을 토대로 지역 간에 총기 규제의 차이를 알아보는 것은 공간적 관점에 해당한다.
⑤ 생명 존중을 위해 총기 소지를 허용하는 것이 도덕적으로 정당화될 수 있는지 생각해 보는 것은 윤리적 관점에 해당한다.

대단원 종합 문제
본문 13~14쪽

01 ② **02** ② **03** ④ **04** ④ **05** ①
06 A: 시간적 관점 B: 사회적 관점 **07** ③ **08** ①
09 ④

01 인공지능을 바라보는 윤리적 관점 이해

정답 찾기 갑은 인공지능의 확산이 인류의 도덕적 가치나 규범과 관련해 어떤 문제를 일으킬 수 있는지를 알고 싶다고 했으므로 윤리적 관점에서 인공지능을 바라보고 있다.
② 윤리적 관점은 도덕적 가치와 규범을 고려하여 사회현상을 평가하고 사회 문제의 해결 방안을 모색한다. 즉 인간이 바람직한 삶을 살기 위해 어떤 행위가 도덕적 행위인지를 탐색하고, 우리 사회가 어떤 도덕적 가치와 규범을 지향해야 하는지를 고려하는 관점이다. 따라서 윤리적 관점에서 인공지능을 바라본다면 인공지능으로 인해 발생할 수 있는 윤리 문제에 관심을 가질 것이다.

오답 피하기 ① '인공지능이라는 용어가 처음 등장한 시기는 언제인가?'는 시간적 관점에서 던질 수 있는 질문이다.
③ '인공지능에 따라 각 지역의 생활 모습은 어떻게 다르게 나타날까?'는 공간적 관점에서 던질 수 있는 질문이다.
④ '인공지능으로 인해 변화될 수 있는 사회 제도에는 어떤 것이 있을까?'는 사회적 관점에서 던질 수 있는 질문이다.
⑤ '인공지능에 대한 관심이 커지게 된 역사적 사건에는 어떤 것들이 있을까?'는 시간적 관점에서 던질 수 있는 질문이다.

02 인공지능을 바라보는 사회적 관점 이해

정답 찾기 인공지능이 일자리에 미치는 영향, 인공지능의 오작동으로 인해 생긴 피해에 대한 법적 책임 주체 등을 찾는 것은 사회적 관점에서 제기할 수 있는 질문이다.
② 사회적 관점에서는 사회 구조 및 제도의 측면에서 분석하고 대안을 살펴본다.

오답 피하기 ① 어떤 현상이나 사건의 시대적 배경을 살펴보는 것은 시간적 관점이다.
③ 과거를 돌아봄으로써 현재 나타나고 있는 현상이나 문제를 이해하는 것은 시간적 관점이다.
④ 현상이 나타나는 위치와 장소, 현상의 분포 양상과 이동 등을 살펴보는 것은 공간적 관점이다.
⑤ 도덕적 가치와 도덕규범을 바탕으로 사회현상을 해석하

고 문제점을 찾아 바람직한 삶의 모습을 살펴보는 것은 윤리적 관점이다.

03 지구 온난화를 바라보는 공간적 관점 이해

정답 찾기 자료는 지구 온난화로 인해 지역별로 어떤 영향을 받고 있는지를 나타낸다. 어떤 현상에 대한 지역별 영향을 파악하는 것은 공간적 관점에 해당한다.
④ 공간적 관점은 위치와 장소, 분포 양상 및 네트워크 등 다양한 현상의 공간적 맥락을 살펴 보는 관점이다.
오답 피하기 ① 인간, 사회, 환경을 개별 학문의 경계를 넘어 종합적으로 이해하는 것은 통합적 관점이다.
② 일상생활에서 도덕적 행위를 판단하는 기준이 무엇인지를 탐구하는 것은 윤리적 관점이다.
③ 사회현상의 배경을 사회 구조 및 제도의 측면에서 분석하고 대안을 살펴보는 것은 사회적 관점이다.
⑤ 어떤 현상이나 사건의 현재 모습이 있기까지의 시대적 배경과 맥락을 살펴보는 것은 시간적 관점이다.

04 아동 노동을 바라보는 공간적 관점 이해

정답 찾기 밑줄 친 부분에서는 아동 노동 문제가 가장 심각한 지역과 그 원인을 제시하였으므로 공간적 관점에서 아동 노동을 바라보고 있다.
④ 공간적 관점에서는 사회현상이 발생한 지역의 자연환경 및 인문환경의 특징을 통해 문제의 원인과 해결책을 찾으려고 한다. 따라서 아동 노동이 심한 지역의 자연 및 인문환경적 특징을 알아보는 것은 공간적 관점에서 추구하는 방식에 해당한다.
오답 피하기 ① 아동 노동의 역사를 시대별로 살펴보는 것은 시간적 관점에 해당한다.
② 아동 노동 문제와 관련된 국제 협정을 조사하는 것은 사회적 관점에 해당한다.
③ 아동의 인권을 보호하는 법이나 제도를 찾아보는 것은 사회적 관점에 해당한다.
⑤ 아동 노동이 바람직하지 못한 가치에서 비롯되었는지를 조사하는 것은 윤리적 관점에 해당한다.

05 통합적 관점 이해

정답 찾기 ① 모든 사회현상에는 다양한 요인이 복합적으로 작용하고 있다. 우리가 현상을 바라볼 때 자신의 지식에만 의존하거나 제한된 관점에서 인식한다면 인간, 사회, 환경의 상호 작용 속에 담긴 복잡하고 다면적인 의미를 제대로 파악하기 어렵다. 따라서 인간, 사회, 환경을 탐구하려면 시간적·공간적·사회적·윤리적 관점 등 여러 측면에서 통합적으로 살펴보는 자세가 필요하다.
오답 피하기 ② 제시문에서 경제적 효율성을 바탕으로 문제를 해결해야 한다는 주장은 찾아볼 수 없다.
③ 제시문에서 해당 분야 전문가에게 문제의 해결을 맡겨야 한다는 주장은 찾아볼 수 없다.
④ 복잡한 사회현상을 정확히 이해하기 위해서는 시간적 관점뿐만 아니라 공간적 관점, 사회적 관점, 윤리적 관점 등을 종합하여 통합적으로 탐구해야 한다.
⑤ 제시문에서 사익을 버리고 공익을 중심에 놓고 문제를 해결해야 한다는 주장은 찾아볼 수 없다.

06 시간적 관점과 사회적 관점의 핵심 질문 이해

정답 찾기 시간적 관점은 과거, 현재, 미래의 상호 연관성을 바탕으로 현상이 나타난 당시의 시대적 배경과 맥락을 살펴보는 것이다. 시간적 관점에서는 "시간 속에서 인간과 사회는 어떻게 변화해 왔는가?, 우리가 사는 세계는 앞으로 어떻게 변할 것인가?, 현재의 문제를 해결하는 데 참고할 만한 과거의 사례에는 무엇이 있는가?" 등이 핵심 질문이다. 사회적 관점은 사회현상에 대한 사회 제도·정책·구조의 영향력을 분석하고 예측하는 것이다. 사회적 관점에서는 "일상생활에서 법·제도가 우리에게 어떻게 영향을 미치는가?, 사회 구조는 인간의 사고와 행동에 어떤 영향을 미치는가?, 정책 결정 과정에서 정부와 시민의 역할은 무엇인가?" 등이 핵심 질문이다.

07 공정 여행을 바라보는 사회적 관점 이해

정답 찾기 갑은 공정 여행을 장려하기 위한 국가 및 지방 자치 단체의 지원 정책을 조사하였다. 정책은 사회 제도에 해당하므로 갑은 사회적 관점에서 공정 여행을 바라보고 있다.
③ 사회적 관점은 사회의 구조와 법·제도가 사회현상에 미치는 영향을 파악하고 정책 대안을 마련하는 데 도움을 준다.
오답 피하기 ① 사회현상을 도덕적 가치에 따라 평가하는 관점은 윤리적 관점이다.
② 위치와 장소, 지역 간 네트워크 등을 중시하는 관점은 공간적 관점이다.
④ 사회현상을 시대적 배경과 맥락에서 이해하는 관점은 시간적 관점이다.

⑤ 인문환경과 자연환경이 인간의 생활에 미치는 영향을 강조하는 관점은 공간적 관점이다.

08 기후위기를 바라보는 다양한 관점 이해

정답 찾기 ㄱ. 산업 혁명 이후 지구의 지표 온도 변화를 조사하는 것은 시간적 관점의 탐구 활동에 해당한다.
ㄴ. 국가별 이산화 탄소 배출량과 기후위기의 지역별 양상을 조사하는 것은 공간적 관점의 탐구 활동에 해당한다.

오답 피하기 ㄷ. 기후정의는 기후위기를 해결하려는 사람들의 보편적인 가치관을 말하며, 이러한 기후정의를 실천할 필요성에 대해 사람들의 인식을 조사하는 것은 윤리적 관점의 탐구 활동에 해당한다.
ㄹ. 온실가스 감축과 관련한 국제 사회의 협정은 사회 제도에 해당하므로 이러한 협정의 이행 실태를 조사하는 것은 사회적 관점의 탐구 활동에 해당한다.

09 층간 소음 문제를 바라보는 윤리적 관점 이해

정답 찾기 ④ 윤리적 관점은 특정 현상과 관련된 문제를 규범적 차원에서 살펴보고, 바람직한 사회를 실현하기 위한 방안을 살펴보는 것이다. '층간 소음으로 인한 이웃 간 갈등은 어떤 마음가짐으로 풀어야 하나요?'는 바람직한 공동체 문화를 실현하기 위한 마음가짐을 묻는 것이므로 윤리적 관점에서 제기할 수 있는 질문이다.

오답 피하기 ① '층간 소음 문제가 언제부터 심각해졌나요?'는 시간적 관점에서 제기할 수 있는 질문이다.
② '층간 소음 문제가 가장 심각한 주거 지역은 어디인가요?'는 공간적 관점에서 제기할 수 있는 질문이다.
③ '층간 소음 문제가 발생했을 때 어떤 법적 절차를 거쳐야 하나요?'는 사회적 관점에서 제기할 수 있는 질문이다.
⑤ '층간 소음 문제를 모범적으로 해결한 다른 나라의 사례로는 어떤 것이 있나요?'는 공간적 관점에서 제기할 수 있는 질문이다.

미리보는 **서술형·논술형**　　　　본문 15쪽

Step 1 | 서술형 연습하기

답 완성하기 위 자료에서 우리는 인구 성장률이 지속적으로 (감소)하여 우리나라의 (총인구)가 줄어들 것을 예측하고, (저출생) 현상의 해결책을 모색할 필요성을 인식할 수 있다.

| **필수 키워드** | 인구 성장률, 총인구, 저출생 현상

평가 기준

상	시간적 관점에서 현상을 파악하고 미래를 정확히 예측한 경우
중	시간적 관점에서 현상을 파악하였으나 미래 예측이 미흡한 경우
하	시간적 관점에서 현상 파악과 미래 예측이 모두 미흡한 경우

Step 2 | 서술형 훈련하기

예시 답안 주민들을 위한 보상 정책이나 제도 또는 법적 절차 등은 사회 제도에 해당하므로 밑줄 친 부분은 사회적 관점에서 쓰레기 매립장 문제를 바라보고 있다. 사회적 관점은 사회의 구조와 법·제도가 사회현상에 미치는 영향을 파악하고 정책 대안을 마련하는 데 도움을 준다.

| **필수 키워드** | 사회적 관점, 정책 대안 마련 등

평가 기준

상	사회적 관점에서 현상을 파악하고 정책 대안 마련에 도움을 준다는 점을 정확히 설명한 경우
중	사회적 관점에서 현상을 파악하였으나 정책 대안 마련 등은 미흡하게 설명한 경우
하	사회적 관점에서 현상 파악과 정책 대안 마련 등을 모두 미흡하게 설명한 경우

Step 3 | 논술형 도전하기

예시 답안 (가) 인공지능이 취득한 개인 정보와 사생활 정보에 대한 유출이나 인공지능 서비스 이용에 대한 빈익빈 부익부 현상, 인공지능으로 얻은 지식의 저작권 문제 등을 들 수 있다.
(나) 인공지능으로 인해 발생하는 윤리 문제를 다루고 있으므로 인공지능을 윤리적 관점에서 바라보고 있다. 인공지능으로 인해 발생하는 문제를 해결하기 위해서는 윤리 교육이 필요하다. 특히 개인 정보가 유출되지 않도록 개인 정보를 관리하는 방법, 개인 정보 수집에서 지켜야 할 원칙 등에 대한 교육이 필요하다.

| **논리적 전개 예시** | 인공지능이 개인 정보 유출 등의 문제를 야기한다. → 이러한 윤리적 문제를 해결하기 위해 윤리 교육을 시켜야 한다. → 윤리 교육의 방안을 논리적인 근거를 들어 설명한다.

평가 기준

평가 충실도	정해진 분량 기준을 충족시킴. (단, 제시된 질문과 전혀 상관없는 내용으로 답변했을 시에는 분량 기준을 충족시키지 못한 것으로 간주함.)
고차적 인지 능력	인공지능의 발달에 따른 문제점과 해결책을 조건에 맞게 논리적으로 설명함.
글의 타당성	인공지능 현상에 대한 분석과 해결책의 근거가 사실에 부합함.
글의 논리성	전체적인 글의 구성과 짜임새가 매끄러우며, 문제점과 해결책의 연결이 자연스러움.

II. 인간, 사회, 환경과 행복

01 행복의 기준과 의미

개념 체크
본문 18쪽

01 (1) 궁극적 목적 (2) 행복 (3) 만족감 (4) 가치
02 (1) × (2) × (3) ○ (4) ○ (5) ○
03 (1) ㄱ (2) ㄹ (3) ㄴ (4) ㄷ

기본 문제
본문 18~19쪽

01 ④　　**02** ⑤　　**03** ②　　**04** ②　　**05** ③
06 ③　　**07** ㉠: 수단　㉡: 최고선　**08** ③

01 행복의 의미에 관한 이해

정답 찾기 ④ 사람들이 궁극적으로 추구하는 것은 삶의 목적으로서의 행복이다.

오답 피하기 ① 행복의 기준은 다양할 수 있지만 대부분의 사람들이 원하고 바라는 것이다.
② 사람들이 중요하게 생각해 온 행복의 기준은 시대나 지역에 따라 달라질 수 있다.
③ 행복은 다른 것을 위한 수단이 아니라 삶의 궁극적인 목적이다.
⑤ 행복은 일반적으로 삶에서 충분한 만족감이나 즐거움을 느끼는 상태를 의미한다.

02 아리스토텔레스의 행복에 대한 입장 이해

정답 찾기 ⑤ 고대 그리스의 철학자인 아리스토텔레스는 행복한 삶을 실현하기 위해 이성을 탁월하게 발휘하고 좋은 습관을 형성해야 한다고 보았다.

오답 피하기 ① 아리스토텔레스는 부와 명예는 삶의 목적이 아니며, 행복한 삶을 실현하기 위한 수단이라고 보았다.
② 아리스토텔레스는 종교적 생활을 통해서만 진정한 행복에 도달한다고 보지 않았다.
③ 아리스토텔레스는 개인의 이익만을 추구하는 것을 행복 실현의 방법이라고 보지 않았다.
④ 아리스토텔레스는 진정한 행복은 이성을 탁월하게 발휘함으로써 얻어질 수 있다고 보았다.

03 지역적 여건에 따른 행복의 기준 이해

정답 찾기 (가)는 고대 중국의 지역적 여건에 따른 행복의 기준, (나)는 고대 그리스의 지역적 여건에 따른 행복의 기준이다.
② 같은 시기라도 지역적 여건에 따라 행복의 기준이 달라질 수 있다.

오답 피하기 ①, ③, ④, ⑤ (가), (나)에서 유추할 수 있는 행복의 기준에 영향을 미치는 요인으로 적절하지 않은 내용이다.

04 시대적 상황에 따른 행복의 기준 이해

정답 찾기 ② ㉠에는 같은 지역이라도 시대적 상황이 달라지면 행복의 기준도 달라질 수 있다는 내용이 들어가야 한다.

오답 피하기 ① 제시문에 나타난 행복의 기준은 자연환경과 직접 관련이 없다.
③ 같은 지역에 사는 사람들이라도 행복의 기준은 달라질 수 있다.
④ 제시문에서는 행복의 기준이 시대적 상황에 따라 달라진다고 본다.
⑤ 제시문에서는 행복의 기준으로 물질적 풍요와 권력의 획득을 제시하고 있지 않다.

05 에피쿠로스의 행복에 대한 입장 이해

정답 찾기 제시문을 주장한 사상가는 헬레니즘 시대의 사상가인 에피쿠로스이다.
ㄴ, ㄷ. 에피쿠로스는 고통의 부재와 심리적 평온을 행복으로 보고 이를 위해 소박하게 살 것을 강조하였다.

오답 피하기 ㄱ. 에피쿠로스는 신으로부터 구원을 얻는 것이 행복이라고 보지 않았다.
ㄹ. 에피쿠로스는 모든 욕구를 버리는 것이 아니라 욕구에 대한 절제를 통해 행복을 실현할 수 있다고 보았다.

06 공자와 노자의 행복에 대한 입장 비교

정답 찾기 갑은 공자, 을은 노자이다.
③ 공자는 내면의 즐거움과 만족하는 삶의 자세를 행복의 요소라고 보았다. 노자는 현재 가진 것에 만족할 줄 아는 미덕을 가져야 한다고 보았으며, 만족할 줄 아는 자는 평화롭고 정신적으로 풍요로운 인생을 살 수 있다고 보았다.

오답 피하기 ① 공자와 노자는 모두 사람이 행복을 추구할 수 있다고 보았다.
② 공자와 노자는 모두 행복한 삶을 실현하는 데 정신적 가

치가 중요하다고 보았다.

④ 공자와 노자는 모두 경제적 풍요로움이 행복의 궁극적 목적이라고 보지 않았다.

⑤ 공자와 노자는 모두 감각적 욕구의 충족이 행복을 보장한다고 보지 않았다.

07 아리스토텔레스의 행복에 대한 입장 이해

정답 찾기 아리스토텔레스는 행복이 다른 것을 위한 수단이 아니라 궁극적인 목적이며, 사람들이 인생 전체를 통해 달성하고자 하는 가장 좋은 것, 즉 최고선이라고 주장하였다.

08 행복의 의미에 관한 이해

정답 찾기 제시문은 좋은 삶이란 자기를 성장시키고 타인의 삶에 긍정적으로 이바지하는 것이라고 보며, 이러한 삶이 행복을 증가시킨다고 보고 있다.

ㄴ, ㄷ. 제시문의 내용을 통해 행복이 자기 삶의 만족도와 관련이 있고, 행복한 삶을 위해서 바람직한 가치를 추구해야 한다는 점을 유추할 수 있다.

오답 피하기 ㄱ. 제시문에서는 다른 사람의 삶에 기여하는 것만이 아니라 자기를 성장시키는 것에도 이바지해야 행복이 증가한다고 본다.

ㄹ. 제시문에서는 즐거움을 경험하고 고통을 피하는 것만 추구한다면 역설적으로 즐거움과 만족의 정도는 점차 떨어진다고 본다.

---

02 행복한 삶을 실현하기 위한 조건

개념 체크
본문 22쪽

01 (1) 인문환경 (2) 재화 (3) 주권자 (4) 도덕적 실천
02 (1) ○ (2) × (3) ○ (4) ○ (5) ×
03 (1) ㄷ (2) ㄴ (3) ㄱ (4) ㄹ

기본 문제
본문 22~23쪽

01 ⑤   **02** ④   **03** ①   **04** ①   **05** ②
06 ③   **07** 사회적 자본   **08** ③

01 행복 실현을 위한 조건에 관한 이해

정답 찾기 ⑤ 행복한 삶을 실현하기 위한 조건으로 민주주의의 발전이 필요하다. 민주주의 발전을 실현하기 위해서는 민주적 제도를 잘 갖추는 것도 중요하지만 시민이 책임 의식을 가지고 정치에 참여하는 민주적 문화를 형성해야 한다.

오답 피하기 ① 행복한 삶을 위해서는 질 높은 정주 환경을 조성하도록 노력해야 한다.

② 경제적 안정은 개인의 행복한 삶과 안정적인 사회 유지를 위한 중요한 조건이다.

③ 행복한 삶을 실현하기 위해서는 좋은 삶에 대한 성찰을 바탕으로 도덕적 실천을 해야 한다.

④ 시민이 자발적으로 참여하는 민주 사회에서는 각자가 원하는 삶의 방식을 자유롭게 추구하며 행복도를 높일 수 있다.

02 행복 실현을 위한 조건에 관한 이해

정답 찾기 제시문은 민주주의 국가에서는 자연재해나 재난이 발생해도 기근으로 연결되지 않는다는 내용이다.

④ 행복 실현을 위해 민주주의 국가가 필요하며, 민주주의 발전은 시민들의 정치적 권리 행사와 관련이 있다고 본다.

오답 피하기 ① 민주주의 국가에서는 정부의 기근 방지를 위한 노력이 이루어진다는 점에서 정치적 제도와 정부의 기근 방지 노력이 관련이 있다는 점을 알 수 있다.

② 제시문을 통해 민주주의의 발전이 행복한 삶을 실현하는 조건임을 알 수 있다.

③ 제시문을 통해 자연재해가 항상 기근으로 연결되는 것은 아님을 알 수 있다.

⑤ 제시문을 통해 정부에 대한 다양한 비판이 민주주의 국가를 형성하는 데 역할을 한다는 점을 알 수 있다.

03 행복 실현을 위한 조건에 관한 이해

정답 찾기 ① 제시문을 통해 낙후된 주거 환경에서는 인간다운 삶을 살기 어렵다는 점을 알 수 있다. 따라서 질 높은 정주 환경을 조성할 때 인간답고 행복한 삶을 살 수 있다는 점을 알 수 있다.

오답 피하기 ②, ③, ④, ⑤ 제시문을 통해 유추할 수 있는 행복의 조건인 질 높은 정주 환경의 조성과 관련이 없는 내용이다.

04 행복 실현을 위한 조건에 관한 이해

정답 찾기 ① 제시문에서 행복의 조건으로 강조하고 있는 것은 경제적 여유이다. 경제적 여유를 위해서는 일정 수준 이상의 소득을 꾸준히 얻을 수 있어야 한다.

오답 피하기 ②, ③, ④, ⑤ 행복의 조건과 관련은 있지만, 제시문에서 강조하는 행복의 조건인 경제적 여유와 관련이 없다.

05 행복에 대한 맹자의 입장 이해

정답 찾기 (가)는 맹자의 주장이다.
② 맹자는 일반 백성들이 도덕적인 마음을 유지하기 위해서는 고정적인 생업, 즉 경제적 안정의 유지가 필요하다는 점을 강조하였다.

오답 피하기 ① 맹자는 행복의 조건으로 정치적 권리 행사의 보장이 필요하다고 보지 않았다.
③ 맹자는 기본적 욕구의 충족도 행복한 삶을 실현하기 위해 필요하다고 보았다.
④ 맹자는 행복한 삶을 실현하기 위해 물질적인 것을 버려야 한다고 보지 않았다.
⑤ 맹자는 행복한 삶을 위해 쾌락에 대한 절제가 필요하다고 보았다.

06 행복 실현을 위한 조건에 관한 이해

정답 찾기 ③ 제시문은 행복한 삶을 실현하기 위한 조건으로 도덕적 실천이 필요하다는 점을 강조하고 있다. 제시문에서는 도덕적 실천은 개인의 행복감 증진에 기여한다고 본다.

오답 피하기 ① 제시문에서 의식주의 충족이 행복 실현의 유일한 기준이라고 보지 않는다.

② 제시문에서 이해타산적 행동이 아니라 도덕적 실천이 행복한 삶을 위해 중요하다고 본다.
④ 제시문에서 도덕적 실천은 자신에게 행복감을 가져다준다고 본다.
⑤ 제시문에서 도덕적 실천은 행복감과 같은 정신적 쾌락을 가져다준다고 본다.

07 행복 실현을 위한 조건에 관한 이해

정답 찾기 도덕적 실천은 신뢰와 같은 사회적 자본을 증진하여 개인을 포함한 공동체 전체의 행복도를 높일 수 있다고 본다. 이러한 사회적 자본은 인간관계와 같은 사회적 연결망 속에서 발생하여 사람들의 상호 작용에 영향을 끼친다.

08 행복 실현을 위한 조건에 관한 이해

정답 찾기 ㄱ, ㄷ. 민주주의 지수가 높은 국가는 대체로 행복 지수가 높기 때문에 행복 실현을 위한 조건으로 민주주의의 발전이 중요하다. 이러한 민주주의의 발전은 시민의 견해가 정치 과정에 반영될 수 있기 때문에 시민의 권익을 보장하고 증진하는 데 기여한다고 본다.

오답 피하기 ㄴ. 행복한 삶을 살기 위해 민주주의가 발전되어야 하며, 민주주의가 발전하기 위해서는 시민의 적극적인 정치 참여가 이루어져야 한다. 따라서 소수의 전문가 집단의 견해만을 따르는 것은 민주주의 발전에 도움이 되지 않는다.

대단원 종합 문제
본문 25~26쪽

01 ①	02 ④	03 쾌락의 역설	04 ②
05 ③	06 ②	07 ㉠: 자연환경 ㉡: 인문환경	
08 ④	09 ②	10 ②	

01 행복의 의미에 관한 이해

정답 찾기 ㉠은 행복이다.
ㄱ, ㄴ. 행복은 인간 삶의 궁극적인 목적이라고 볼 수 있다. 또한 같은 지역이라고 해도 시대적 상황에 따라 행복의 기준이 달라질 수 있다.

오답 피하기 ㄷ. 행복은 대학 입학이나 취업의 성공만으로 실현되는 것은 아니다.

ㄹ. 행복은 객관적 기준뿐만 아니라 주관적 만족감으로도
평가된다.

02 시대적 상황에 따른 행복의 기준 이해

정답 찾기 (가)는 신이 모든 것의 중심이었던 중세 시대,
(나)는 인간의 권리를 강조하였던 근대 시대의 행복에 관한
내용이다.
④ (가), (나)를 통해 행복의 기준은 시대적 상황에 따라 달
라질 수 있다는 점을 알 수 있다.
오답 피하기 ① (가), (나)는 행복의 기준을 심리적 만족도로
제시하고 있지 않다.
② (가), (나)는 행복의 기준으로 자연환경을 제시하고 있지
않다.
③ (가), (나)는 행복의 유일한 기준으로 경제적 조건을 제시
하고 있지 않다.
⑤ (가), (나)의 내용을 통해 같은 지역에서도 시대적 상황에
따라 행복의 기준이 달라질 수 있다는 점을 알 수 있다.

03 행복의 진정한 의미에 관한 이해

정답 찾기 감각적인 만족감이나 즐거움만이 행복의 전부는
아니다. 왜냐하면 현실에서는 오히려 쾌락을 탐닉하는 삶을
살다보면 쾌락의 역설을 초래할 수 있기 때문이다. 행복은
감각적인 만족감이나 즐거움뿐만 아니라 바람직한 가치의
실현이 더해질 때 진정한 의미가 있다.

04 에피쿠로스의 행복에 관한 입장 이해

정답 찾기 제시문은 헬레니즘 시대의 사상가인 에피쿠로스
이다.
② 에피쿠로스는 행복한 삶이란 과도한 쾌락을 절제함으로
써 얻어지는 것이며, 몸의 고통이나 마음의 혼란으로부터
자유로울 때 얻어진다고 보았다.
오답 피하기 첫 번째 입장. 에피쿠로스는 육체적 쾌락보다는
정신적 쾌락을 통해 행복을 얻을 수 있다고 보았다.
세 번째 입장. 에피쿠로스는 순간적 쾌락이 아니라 지속적
쾌락을 통해 행복을 얻을 수 있다고 보았다.

05 행복의 의미에 관한 이해

정답 찾기 그림의 강연자는 진정한 행복은 타인에 대한 순
수한 배려를 통해 얻을 수 있다고 본다.
ㄴ, ㄷ. 강연자는 돈과 권력은 일시적인 행복을 줄 뿐이며,
타인을 배려하는 것이 행복과 밀접한 관련이 있다고 본다.

오답 피하기 ㄱ. 강연자는 돈과 권력은 진정한 행복에 도달
하게 하는 것은 아니라고 본다.
ㄹ. 강연자는 진정한 행복이 자신만의 이익을 추구할 때가
아니라 상대방에 대한 순수한 배려를 통해 얻어진다고 본다.

06 행복 실현을 위한 조건에 관한 이해

정답 찾기 ② 제시문은 행복한 삶을 실현하기 위한 조건으
로 살기 좋은 정주 환경을 제시하고 있다.
오답 피하기 ①, ③, ④, ⑤ 행복 실현을 위한 조건과 관련은
있지만, 제시문에서 강조하고 있는 살기 좋은 정주 환경의
내용과 관련이 없다.

07 행복 실현을 위한 조건에 관한 이해

정답 찾기 행복한 삶을 위해서는 쾌적한 자연환경과 안
정적인 인문환경을 갖춘 질 높은 정주 환경이 조성되어야
한다.

08 행복 실현을 위한 조건에 관한 이해

정답 찾기 제시문은 소득의 변화가 단기적으로 행복에 영
향을 주지만, 장기적으로는 소득의 변화가 행복감의 변화로
이어지지 않는다는 것을 제시하고 있다.
④ 제시문을 통해 부유한 나라의 국민이 느끼는 행복이 항
상 증가하는 것이 아니라는 점을 알 수 있다.
오답 피하기 ① 제시문을 통해 소득이 단기적으로 삶의 만족
도에 영향을 줄 수 있다는 점을 알 수 있다.
② 제시문을 통해 소득이 장기적으로 행복에 대한 증가로
이어지는 것이 아니라는 점을 알 수 있다.
③ 제시문을 통해 소득의 증가와 행복의 증가는 단기적으로
관련이 있음을 알 수 있다.
⑤ 제시문을 통해 행복에 영향을 주는 요소들은 소득 이외
에 남들과의 비교, 건강, 가정생활 등 다양한 요소들이 있음
을 알 수 있다.

09 행복 실현을 위한 조건에 관한 이해

정답 찾기 ㄱ, ㄷ. 제시문을 통해 행복 실현을 위한 조건으
로 도덕적 실천이 중요하다는 점을 유추할 수 있다. 제시문
을 통해 인간은 타인을 위해 살아갈 때 심리적 만족감을 느
낌으로 행복해진다는 점을 알 수 있다. 또한 도덕적 실천을
하는 사람들이 오래 산다는 것을 통해 도덕적 실천이 건강
한 삶과 관련이 있다는 점을 알 수 있다.

오답 피하기 ㄴ. 제시문을 통해 타인과 더불어 사는 삶이 행복한 삶과 관련이 있다는 점을 알 수 있다.

ㄹ. 제시문을 통해 자신만의 쾌락을 추구하는 것이 행복의 유일한 기준은 아니라는 점을 알 수 있다.

10 행복 실현을 위한 조건에 관한 이해

정답 찾기 제시문은 고대 그리스의 사상가인 소크라테스의 주장이다.

ㄱ, ㄷ. 소크라테스는 참된 앎을 지닌 사람은 덕 있는 사람이 되고, 덕이 있는 사람은 행복한 삶을 살게 된다고 보았다. 소크라테스는 도덕적인 사람이 되기 위해서는 지속적인 성찰이 필요하며, 절제를 추구하고 실천해야 한다고 보았다.

오답 피하기 ㄴ. 소크라테스는 행복이 물질적 욕구의 충족만으로 얻어지는 것이 아니며, 행복하기를 바라는 사람은 절제를 실천해야 한다고 보았다.

ㄹ. 소크라테스는 무절제한 사람은 도덕적인 사람이 아니며, 도덕적인 사람이 본보기가 될 수 있다고 보았다.

미리보는 서술형·논술형

본문 27쪽

Step 1 | 서술형 연습하기

답 완성하기 같은 지역이라도 시대적 상황이 달라지면 행복의 기준이 달라질 수 있다. 지속된 전쟁으로 혼란스러웠던 헬레니즘 시대에는 마음의 (평온함)이, 신이 모든 것의 중심이었던 중세 시대에는 신의 (구원)이, 인간의 권리를 강조하였던 근대 시대에는 (자유)와 (평등)의 보장이 행복의 중요한 기준이었다.

| 필수 키워드 | 평온함, 구원, 자유, 평등

평가 기준

상	네 가지 표현을 모두 정확하게 쓴 경우
중	네 가지 표현 중 두세 가지를 정확하게 쓴 경우
하	네 가지 표현 중 한 가지만을 정확하게 쓴 경우

Step 2 | 서술형 훈련하기

예시 답안 민주주의 지수가 높은 나라들이 대체로 행복 지수에서도 높은 순위를 차지하고 있다. 시민의 정치적 의사가 잘 반영되는 민주 국가일수록 시민의 인권이 존중되고, 시민 각자가 원하는 삶의 방식을 자유롭게 추구하여 행복한 삶을 살 수 있기 때문이다.

| 필수 키워드 | 민주주의 지수, 행복 지수, 정치적 의사, 인권 등

평가 기준

상	민주주의 지수, 행복 지수, 정치적 의사, 인권 등의 개념을 명확히 쓰고, 민주주의 지수와 행복 지수의 상관관계를 정확히 서술한 경우
중	민주주의 지수, 행복 지수, 정치적 의사, 인권 등의 개념을 명확히 쓰고, 민주주의 지수와 행복 지수의 상관관계를 서술하였으나 내용이 다소 미흡한 경우
하	민주주의 지수와 행복 지수의 상관관계를 서술하지 못하거나 정치적 의사, 인권 등의 개념을 서술하지 못한 경우

Step 3 | 논술형 도전하기

예시 답안 일정 수준 이상의 소득을 갖게 되면 자신과 가족이 어느 정도 여유 있는 경제생활을 할 수 있게 된다. 따라서 일정 수준 이상의 소득은 행복을 실현하기 위해 필요하다. 하지만 경제적으로 일정 수준이 충족되면 그 이후로는 경제적 요소가 행복에 영향을 주는 정도가 줄어들게 된다. 그 이유는 일정 수준 이상의 소득이 충족되면 경제적 요소 이외에 다른 요소들이 행복에 영향을 주는 정도가 커지기 때문이다.

| 논리적 전개 예시 | 일정 수준 이상의 소득이 행복을 실현하기 위해 필요하다는 점을 제시한다. → 경제적으로 일정 수준이 충족되면 경제적 요소가 행복에 영향을 주는 정도가 줄어든다는 점을 제시한다. → 줄어드는 이유에 대해 제시한다.

평가 기준

평가 충실도	정해진 분량 기준을 충족시킴. (단, 제시된 질문과 전혀 상관없는 내용으로 답변했을 시에는 분량 기준을 충족시키지 못한 것으로 간주함.)
고차적 인지 능력	경제적으로 일정 수준이 충족되면 경제적 요소가 행복에 영향을 주는 정도가 줄어든다는 점을 제시함.
글의 타당성	제시문에 대한 분석과 그에 대한 근거가 타당하게 연결되어 있음.
글의 논리성	전체적인 글의 구성과 짜임새가 매끄러우며, 논리적 전개가 자연스러움.

III. 자연환경과 인간

01 자연환경과 인간 생활

개념 체크
본문 30쪽

01 (1) 자연재해 (2) 지진 해일 (3) 고상 가옥
02 (1) ◯ (2) ✕ (3) ◯ (4) ◯
03 (1) ㄷ (2) ㄹ (3) ㄱ (4) ㄴ

기본 문제
본문 30~31쪽

01 ⑤ **02** ② **03** 연 강수량 **04** ④
05 ① **06** ① **07** ③ **08** ②

01 세계의 기후 분포와 특징 이해

정답 찾기 (가)는 열대 기후, (나)는 건조 기후, (다)는 온대 기후, (라)는 냉대 기후, (마)는 한대 기후 지역이다.
⑤ 연 강수량이 적은 건조 기후 지역은 기후가 온화한 온대 기후 지역보다 인간 거주에 불리하다.

오답 피하기 ① 열대 기후 지역은 기온이 높고 강수량이 많다. 벼는 기온이 높고 강수량이 풍부한 지역이 재배에 유리하다. 아시아에서 기온이 높고 강수량이 많은 열대 기후 지역에서는 벼 재배가 활발하게 이루어진다.
② 건조 기후 지역에서 상대적으로 연 강수량이 많아 초원이 형성되는 지역(스텝 기후 지역)에서는 유목이 발달하였다.
③ 온대 기후 지역 중에서 여름에 건조한 기후가 나타나는 지역에서는 수목 농업이 이루어진다.
④ 열대 기후 지역은 건조 기후 지역보다 전통 가옥의 구조가 개방적이다.

02 냉대 기후 지역과 한대 기후 지역의 주민 생활 이해

정답 찾기 (라)는 냉대 기후 지역, (마)는 한대 기후 지역이다.
ㄱ. 냉대 기후 지역은 겨울이 춥고 긴 지역으로 추운 겨울에 두꺼운 옷을 입는다.
ㄹ. 한대 기후 지역 중에서 짧은 여름에 이끼류가 자라는 기후 지역(툰드라 기후)에서는 순록이나 개가 끄는 썰매를 이용하여 이동하는 모습을 볼 수 있다.

오답 피하기 ㄴ. 오아시스는 사막에서 반영구적으로 물이 있는 곳이다. 따라서 오아시스에서 밀과 대추야자를 재배하는 곳은 건조 기후에 속하는 지역이다.
ㄷ. 한대 기후 지역의 전통 가옥으로는 눈과 얼음을 이용하여 만든 임시 거처인 이글루, 순록 유목민의 이동식 가옥 등이 있다. 지역 내 침엽수림을 이용한 통나무집은 주로 냉대 기후 지역에서 볼 수 있다.

03 열대(열대 우림, 열대 몬순) 기후 지역과 건조(사막) 기후 지역의 전통 가옥 지붕 경사 차이 파악

정답 찾기 연 강수량이 많은 열대(열대 우림, 열대 몬순) 기후 지역은 연 강수량이 적은 건조(사막) 기후 지역에 비해 빗물이 쉽게 흘러내릴 수 있도록 지붕의 경사를 급하게 하였다.

04 세계 4대 문명 발상지 특성 이해

정답 찾기 ㄴ. 세계 4대 문명의 발상지는 큰 강 유역에 위치하며 농작물 재배에 유리한 비옥한 토지가 있다는 점과 ㄹ. 하천 범람으로 인한 피해를 입을 수 있는 곳에 위치하여 하천 범람을 막기 위해 사람들 간의 협력이 필요했다는 공통점이 있다.

오답 피하기 ㄱ. 세계 4대 문명 발상지는 높은 산지가 아니라 하천 주변의 평야 지역이었고, ㄷ. 연중 기온이 높고 강수량이 많아 열대림이 자라는 지역이 아니라 대체로 연 강수량이 적은 건조 기후 지역이었다.

05 이동식 가옥(게르) 및 고상 가옥 분포 지역 특성 이해

정답 찾기 (가)는 몽골 초원에 있는 이동식 가옥(게르), (나)는 기온이 높고 강수량이 많은 열대 기후 지역의 전통 가옥을 나타낸 것이다. 이동식 가옥(게르)이 전통 가옥인 건조 기후 지역(몽골)에 비해 연중 기온이 높고 연 강수량이 많은 기후(열대 우림 기후, 열대 몬순 기후) 지역은 ㄱ. 연 강수량이 많고, ㄴ. 나무와 풀이 잘 자란다.

오답 피하기 ㄷ. 양의 유목은 열대 기후 지역보다 초원이 분포하는 건조 기후 지역에서 발달하였다.
ㄹ. 고상 가옥이 분포하는 열대 기후 지역은 게르가 분포하는 건조 기후 지역에 비해 위도가 낮은 곳에 위치한다.

06 세계 여러 국가의 자연환경 특성 파악

정답 찾기 답지에 제시된 국가 중에서 판의 경계에 위치하여 지열이 풍부한 국가로는 에콰도르, 아이슬란드가 대표적

이다. 적도 주변에 위치하는 국가에는 에콰도르, 나이지리아가 해당하는데, 나이지리아는 해발 고도가 낮아 열대 고산 기후가 나타나지 않는다. 따라서 제시된 특징이 모두 나타나는 국가는 에콰도르이다. 에콰도르는 남아메리카의 고산 지대인 안데스 산지에 위치하는 국가로, 에콰도르라는 국가 이름은 적도에 해당하는 영어 단어 'equator'와 관계가 깊다.

오답 피하기 ② 나이지리아는 아프리카의 기니만 연안에 위치한다.

③ 방글라데시는 남부 아시아 갠지스강의 하류에 위치하여 국토의 해발 고도가 낮다.

④ 아이슬란드는 대서양에 위치하는데, 빙하와 화산으로 유명하다.

⑤ 아르헨티나는 남아메리카의 남동부에 위치한다.

07 자연환경을 바탕으로 발달한 농업 사례 이해

정답 찾기 ③ (가)는 혼합 농업, (나)는 수목 농업, (다)는 오아시스 농업이다. 혼합 농업은 온대 기후 중에서 연중 비가 고르게 내리고 여름에 서늘한 지역에서 발달하였다. 수목 농업은 온대 기후 중에서 여름에 건조한 지역에서 발달하였다. 이 지역은 여름에 기온이 높고 강수량이 적어 뿌리가 얕은 식물을 재배하기 어렵다. 그래서 상대적으로 뿌리가 깊게 뻗는 나무를 주로 재배하는 수목 농업이 발달했는데, 많이 재배되는 수종으로 포도, 올리브, 오렌지 등을 들 수 있다. 오아시스는 사막에서 반영구적으로 물이 고여 있어 담수를 확보할 수 있는 곳을 말한다. 사막은 강수량이 매우 적기 때문에 농업은 담수를 구할 수 있는 오아시스 주변에서 주로 이루어진다.

08 지진의 특성과 발생 시 행동 요령 이해

정답 찾기 ② 그림은 지진 발생 시 행동 요령을 나타낸 것이다. 따라서 (가)는 지진이다.

오답 피하기 ① 가뭄은 오랜 기간 비가 내리지 않아 물 부족을 겪는 현상이다. 다목적 댐이나 저수지 건설을 통해 유량 조절 능력을 키우는 것이 가뭄에 대한 대비책이다.

③ 폭설은 짧은 시간에 많은 눈이 내리는 현상이다. 폭설 발생 시 행동 요령으로는 자가용 이용을 자제하고 걸을 때 조심해야 하는 것 등이 있다.

④ 태풍은 폭풍우를 동반하는 열대 저기압으로 태풍이 오기 전에 강풍 및 호우에 대비하여 시설을 점검해야 하고 태풍의 영향을 받을 때는 바닷가나 산사태가 날 수 있는 곳에 접근하면 안 된다.

⑤ 홍수는 하천이 범람하여 그 주변 지역에 피해를 주는 현상으로, 발생 시 고지대로 대피해야 한다.

02 인간과 자연의 관계

개념 체크
본문 34쪽

01 (1) 인간 (2) 생태계 (3) 공동체 (4) 지속가능한
02 (1) ○ (2) × (3) ○ (4) ○ (5) ×
03 (1) ㄱ (2) ㄷ (3) ㄹ (4) ㄴ

기본 문제
본문 34~35쪽

01 ②	**02** ③	**03** ⑤	**04** ⑤	**05** ②
06 ①	**07** 환경 파시즘	**08** ②		

01 인간 중심주의의 입장 이해

정답 찾기 ② 인간 중심주의는 인간과 자연의 관계에서 인간을 가장 가치 있는 존재로 여기고 인간의 이익이나 행복을 우선적으로 고려하는 관점이다.

오답 피하기 ① 인간 중심주의는 인간만이 그 자체로 가치를 지닌 존재라고 본다.

③ 인간 중심주의는 인간이 다른 생명체들보다 우월하다고 본다.

④ 인간 중심주의는 인간만이 도덕적 지위와 권리를 가진다고 본다.

⑤ 인간 중심주의는 인간과 자연을 둘로 나누어서 바라보는 이분법적 세계관을 취하고 있다.

02 생태 중심주의의 입장 이해

정답 찾기 제시문은 생태 중심주의자의 입장이다. 생태 중심주의는 인간과 자연의 관계에서 인간의 이익보다는 인간을 포함한 생태계 전체의 균형과 안정을 먼저 고려하는 관점이다.

③ 생태 중심주의는 자연은 인간의 이익과 무관하게 그 자체로 가치를 지닌다고 본다.

오답 피하기 ① 생태 중심주의는 인간뿐만 아니라 무생물을 포함한 생태계 전체가 도덕적 지위를 지닌다고 본다.

② 생태 중심주의는 생태계를 구성하는 존재들이 모두 도덕적 고려의 대상이라고 본다.

④ 생태 중심주의는 생태계 내의 모든 존재들이 내재적 가치를 지닐 수 있다고 본다.

03 아리스토텔레스의 자연관 이해

정답 찾기 제시문은 인간 중심주의 사상가인 아리스토텔레스의 주장이다.

⑤ 아리스토텔레스는 인간만이 내재적 가치를 지니며 다른 존재들보다 우월한 지위를 지니는 존재라고 보았다.

오답 피하기 ① 아리스토텔레스는 인간과 자연이 동등한 지위를 지녔다고 보지 않았다.

② 아리스토텔레스는 인간이 다른 생명체의 이익을 위해 존재한다고 보지 않았다.

③ 아리스토텔레스는 자연에 존재하는 모든 것들이 목적을 가지고 있다고 보았다.

④ 아리스토텔레스는 인간이 자연에 의해 지배되어야 할 존재라고 보지 않았다.

04 아퀴나스와 베이컨의 자연관 비교

정답 찾기 갑은 중세 사상가인 아퀴나스, 을은 근대 사상가인 베이컨이다. 아퀴나스와 베이컨은 모두 인간 중심주의 사상가이다.

⑤ 아퀴나스와 베이컨은 모두 인간이 아닌 존재들은 인간의 이익이나 목적을 위해 수단으로 취급될 수 있다고 보았다.

오답 피하기 ① 인간과 자연을 하나로 보는 전일론적 세계관은 생태 중심주의 입장이다.

② 아퀴나스와 베이컨은 인간만이 도덕적 지위를 지닌다고 보았다.

③ 아퀴나스와 베이컨은 인간을 기계와 같은 존재로 보지 않았다.

④ 아퀴나스와 베이컨은 인간만을 도덕적으로 고려해야 한다고 보았다.

05 불교의 자연관 이해

정답 찾기 제시문은 불교의 입장이다.

② 불교에서는 만물이 서로 연결되어 상호 의존한다는 연기(緣起)를 깨닫고, 모든 생명을 소중히 여기며 자비를 베풀어야 한다고 본다.

오답 피하기 첫 번째 입장. 불교에서는 인간과 자연이 독립적인 관계라고 보지 않는다.

네 번째 입장. 불교에서는 인간이 자연을 극복과 통제의 대상으로 보아야 한다고 주장하지 않는다.

위 페이지 상단: ⑤ 생태 중심주의는 인간이 자연에 대한 소유권을 가진다고 보지 않는다.

06 인간 중심주의의 입장 이해

정답 찾기 제시문은 인간 중심주의의 입장이다.
① 인간 중심주의는 인간은 인간 자신에 대해서만 도덕적 의무를 지니고 있다고 본다.

오답 피하기 ② 인간 중심주의는 인간이 자연을 이용할 권리를 지닌다고 본다.
③ 인간 중심주의는 인간이 인간의 이익을 위해 자연을 효율적으로 이용해야 한다고 본다.
④ 인간 중심주의는 인간이 자연을 잘 이용하기 위해 자연에 대한 탐구를 해야 한다고 본다.
⑤ 인간 중심주의는 자연에 대한 행위의 옳고 그름의 여부가 인간의 필요와 이익에 얼마나 유용한가에 달려 있다고 본다.

07 환경 파시즘에 관한 입장 이해

정답 찾기 환경 파시즘은 생태계 전체의 선(善)을 위해 개체의 선을 희생할 수 있다고 보는 생태 중심주의의 한 입장을 비판적으로 가리키는 용어이다.

08 레오폴드의 자연관 이해

정답 찾기 제시문은 생태 중심주의 사상가인 레오폴드의 주장이다.
ㄴ. 레오폴드는 인간은 생명 공동체의 지배자가 아니라 생명 공동체의 한 구성원에 불과하다고 보았다.

오답 피하기 ㄱ. 레오폴드는 인간의 생존이 생태계의 안정보다 중요하다고 보지 않았다.
ㄷ. 레오폴드는 인간과 자연의 관계를 전일론적으로 바라보았다.

---

03 환경 문제 해결을 위한 다양한 노력

개념 체크
본문 38쪽

01 (1) 상승 (2) 온실가스 (3) 자외선 (4) 사막화 (5) 생태 시민
02 (1) ○ (2) ○ (3) × (4) ○ (5) ×
03 (1) ㄱ (2) ㄴ (3) ㄹ (4) ㄷ

기본 문제
본문 38~39쪽

01 ③　　**02** (가): 기업 (나): 정부　**03** 열대림 파괴
04 ④　　**05** ①　　**06** ②　　**07** ⑤　　**08** ③

01 기후 변화의 원인과 영향 이해

정답 찾기 섬나라 국토 일부가 물에 잠기는 현상, 북극곰이 표류하는 작은 빙산 위에서 잠을 자는 것은 모두 지구 온난화로 인한 위기를 표현한 내용이다.
③ 근래 세계 여러 국가는 기후 변화에 대응하는 과정에서 화석 에너지 소비량을 줄이기 위한 다양한 노력을 기울이고 있으며, 그중 하나가 신·재생 에너지 개발 및 생산이다. 지구적 규모에서 신·재생 에너지 생산량이 증가하였지만 화석 에너지 소비량도 여전히 증가하여 지구 온난화 문제가 완화된 것이 아니다.

오답 피하기 ① 지구 온난화 문제 해결을 위해 국제 사회는 파리 협정을 체결하였다. 파리 협정은 2015년 국제 연합 기후 변화 회의에서 채택되었으며 지구 온난화를 방지하기 위해 선진국과 개발 도상국 모두 온실가스를 줄이자는 내용이 담겨 있다.
② 지구 온난화는 산업 혁명 이후 화석 에너지 소비량이 증가하고 삼림 벌채를 통한 경작지 개간, 가축 사육 증가 등으로 대기 중의 온실가스 함량이 증가하면서 나타난 현상이다.
④ 지구 온난화의 기후 변화는 지구촌에서 이상 기후 발생 빈도를 증가시킨다.
⑤ 지구 온난화의 대표적인 원인 물질인 이산화 탄소는 2024년 기준 화석 에너지 소비량이 가장 많은 중국의 배출량이 가장 많고 그 뒤를 미국이 잇고 있다.

02 정부와 기업의 환경 문제 해결 노력 이해

정답 찾기 (가) 환경 오염 방지 시설 정비, 환경친화적 상

품 개발은 환경 문제 해결을 위한 기업의 노력이고, (나) 환경 영향 평가 제도 시행, 친환경 사업자에 대한 보조금 지급은 환경 문제 해결을 위한 정부의 노력이다.

03 열대림 파괴 문제의 원인과 영향 이해

정답 찾기 무분별한 벌목과 개간, 목축, 이동식 화전 농업으로 인해 발생하는 환경 문제는 열대림 파괴이다. 열대림이 파괴되면 동식물 서식지가 감소하게 되고 이는 생물종 다양성 감소로 이어진다.

04 환경 문제의 특징 이해

정답 찾기 ㄱ. 환경 문제는 한번 발생하면 피해 복구에 오랜 시간이 걸린다.
ㄴ. 환경 문제는 한번 발생하면 해결이 어렵고 피해 복구에 시간이 오래 걸리기 때문에 미래 세대의 생존까지 위협할 수 있다.
ㄹ. 환경 문제는 발생 원인이 다양하고, 오염 물질 배출량이 누적되어 피해가 발생하기까지의 기간이 대체로 길며, 오염 물질의 국제 이동 등으로 인하여 책임 소재를 명확하게 구분하기도 어렵다.
오답 피하기 ㄷ. 환경 문제를 발생시킨 오염원은 발생한 지역에 계속 머무르는 것이 아니다. 수질 오염의 경우는 하천을 따라 이동하고, 대기 오염 물질의 경우는 바람을 따라 이동한다. 따라서 오염원이 발생한 지역의 범위를 벗어나 인접한 지역까지 영향을 준다.

05 생태 시민의 자세 이해

정답 찾기 생태 시민은 전 지구적 기후 위기 상황에 대하여 민감성을 가지고 책임감 있게 생태 환경의 문제 해결을 위해 노력하는 시민을 말한다.
① 정부와 기업의 책임만을 강조하는 것은 생태 시민으로서의 올바른 자세가 아니다. 생태 시민은 정부와 기업의 책임을 강조하면서 정부와 기업의 변화를 촉구하되 자신도 문제 해결을 위해 노력한다.
오답 피하기 생태 시민은 ② 생태 활동을 실천하고 습관으로 만들며, ③ 기후 변화, 환경 문제의 원인을 이해하고, ④ 기후 위기와 환경 문제에 민감성을 갖는다. 또한 ⑤ 생태 활동의 실천 경험을 공유하고 확산한다. 이외에도 생태 시민의 자세로서는 사회적으로 연대하여 기업의 변화를 촉구하는 것을 들 수 있다.

06 환경 문제 해결을 위해 정부가 할 수 있는 노력 이해

정답 찾기 환경 문제는 정부, 기업, 시민 단체, 개인이 모두 함께 해결하기 위해 노력할 때 해결 가능성이 높아진다.
② 환경 보전을 위한 법을 제정하는 것은 정부만이 할 수 있는 일이다. 이외에도 정부는 환경 문제 해결을 위해 국제 환경 협약 가입, 환경 영향 평가 제도 실시, 탄소 배출권 거래 제도 시행 등의 노력을 할 수 있다.
오답 피하기 ① RE100에 참여하는 것은 기업이 할 수 있는 일이다.
③ 녹색 소비를 실천하고 에너지를 절약하는 것은 개인이 할 수 있는 일이다.
④ 생태 환경을 훼손하는 기업의 활동을 감시하는 것은 대체로 정부와 시민 단체가 하는 경우가 많다.
⑤ 생태 시민임을 깨닫고 환경친화적 가치관을 세우는 것은 개인이 할 수 있는 일이다.

07 환경 문제 해결을 위해 노력하는 시민 단체 특성 이해

정답 찾기 그린피스와 세계 자연 기금은 모두 환경 문제 해결을 위해 노력하는 비정부 기구(시민 단체)이다.
ㄷ. 두 시민 단체 모두 기업이 추진하는 사업을 환경 보전의 측면에서 감시하고, ㄹ. 지구적 차원의 환경 보호 활동을 펼친다.
오답 피하기 ㄱ. 탄소 배출권을 거래하는 주체는 기업이고, 탄소 배출권 거래 제도를 시행하는 주체는 정부이다.
ㄴ. 친환경 섬유로 옷을 만들어 판매하여 이윤을 추구하는 주체는 기업이다.

08 온실가스 배출량 증가의 영향 이해

정답 찾기 온실가스 배출량이 증가하면 지구의 평균 기온이 높아지게 되고, 이로 인하여 빙하가 녹아 빙하의 분포 범위가 좁아지게 되며 바다로 유입되는 물의 양이 늘어나 해수면이 높아지게 된다. 이러한 두 변화를 모두 충족시키는 화살표 방향은 ③ ㄷ이다.

대단원 종합 문제

본문 42~44쪽

01 ㉠: D, 파나마 운하 ㉡: B, 수에즈 운하   **02** ②
03 ⑤   **04** ④   **05** ③   **06** ④
07 생태 관광   **08** ①   **09** ②   **10** ⑤
11 ②   **12** ③   **13** ①   **14** ③   **15** ④

01 자연환경(지형) 변화가 인간에 미친 영향

정답 찾기 (가)는 아메리카 대륙의 파나마 지협에 건설되어 태평양과 대서양을 연결하는 운하이므로 파나마 운하(D)이다. (나)는 이집트 내의 수에즈 지협에 건설되어 홍해와 지중해를 연결하는 운하이므로 수에즈 운하(B)이다.

오답 피하기 A는 지중해와 대서양이 연결되는 곳에 위치한 지브롤터 해협이고, C는 남중국해와 인도양을 연결하는 길목에 위치한 믈라카 해협이다. 두 곳 모두 운하가 건설된 곳이 아니다.

02 건조 기후 지역의 식생활 특성 이해

정답 찾기 ○○ 작물의 생산량이 많은 국가는 사막 기후가 넓게 분포하는 국가이고 사진 속 작물은 대추야자이다. 따라서 ○○ 작물(대추야자)이 많이 재배되는 지역은 ② 사막의 오아시스 주변 지역이다.

오답 피하기 ① 겨울이 춥고 긴 지역에서는 대추야자가 자라지 못한다.
③ 높고 험한 산지의 경사진 지역, ④ 계절별 강수량이 고른 습윤 기후 지역, ⑤ 여름에 건조하고 겨울에 강수량이 많은 지역은 대추야자가 주로 재배되는 지역과 기후 환경의 차이가 크다.

03 연중 기온이 높고 연 강수량이 많은 지역의 특성 이해

정답 찾기 지도에 표시된 지역은 열대 기후 중에서 연중 기온이 높고 연 강수량이 많은 기후 지역(열대 우림 기후), 연중 기온이 높고 건기가 있지만 짧은 지역(열대 몬순 기후)을 함께 나타낸 것이다. 이런 기후 지역은 ㄷ. 음식이 상하는 것을 막기 위해 음식 조리 시에 소금과 향신료를 많이 넣고, ㄹ. 일 년 내내 통풍이 잘되는 가벼운 옷을 주로 입는다.

오답 피하기 ㄱ. 열량이 높은 육류 위주의 음식을 먹는 문화는 고위도의 추운 지역에서 발달하였다.

ㄴ. 일본의 초밥(스시)처럼 예외가 있지만 불에 익히지 않은 날 음식을 먹는 문화는 땔감을 구하기 어렵고 기온이 낮아 음식이 쉬이 상하지 않는 극 주변의 추운 지역에서 발달하였다.

04 기후와 전통 가옥과의 관계 이해

정답 찾기 지도에서 A는 냉대 기후(냉대 습윤), B는 건조 기후(사막), C는 열대(열대 우림) 기후 지역을 나타낸 것이다. (가)는 지붕이 평평하므로 강수량이 적은 지역, 벽이 두껍고 창문이 작으므로 내부와 외부 간의 열 전달의 차단 필요성이 큰 지역의 전통 가옥이다. 이러한 전통 가옥은 사막 기후(B) 지역에서 볼 수 있다. (나)는 지붕의 경사가 급하므로 강수량이 많은 지역, 창이 크고 바닥이 지면과 떨어져 있으므로 지면의 열기 차단 및 통풍이 필요한 지역의 전통 가옥이다. 이러한 전통 가옥은 열대 우림 기후(C) 지역에서 볼 수 있다.

오답 피하기 냉대 기후(A) 지역에서는 곧게 자라는 침엽수림을 이용한 통나무 가옥이 발달했다.

05 인간 중심주의의 입장 이해

정답 찾기 ㉠에 들어갈 말은 '인간 중심주의'이다.
ㄴ, ㄷ. 인간 중심주의는 자연을 인간의 이익을 위한 도구로 보며, 자연은 인간의 경제적 풍요에 도움을 준다고 본다.

오답 피하기 ㄱ. 인간 중심주의는 인간의 이익을 위해 자연을 개발해야 한다고 본다.
ㄹ. 인간 중심주의는 인간을 자연보다 우월한 지위를 가진 존재라고 본다.

06 인간 중심주의와 생태 중심주의의 입장 비교

정답 찾기 (가)는 인간 중심주의, (나)는 생태 중심주의이다.
④ 생태 중심주의는 인간과 자연이 서로에게 영향을 주며 존재하는 관계라고 본다.

오답 피하기 ① 인간 중심주의는 인간이 자연보다 우월하다고 본다.
② 인간 중심주의는 인간은 자연에 대한 도덕적 의무를 가지지 않는다고 본다.
③ 생태 중심주의는 자연도 본래적 가치를 지니는 존재라고 본다.
⑤ 생태 중심주의는 자연이 수단적 가치만을 지닌 존재라고 보지 않는다.

07 생태 관광의 의미 이해

정답 찾기 인간과 자연이 공생할 수 있는 지속가능한 개발과 보존을 위한 노력 중에 대표적인 예로 생태 관광이 있다. 생태 관광은 관광 사업과 관광객의 지속가능한 관광 활동 등을 포괄하는 관광이다.

08 유교의 자연관 이해

정답 찾기 제시문은 유교의 입장이다.
① 유교는 만물이 본래적 가치를 지닌다고 보며, 인간과 자연이 조화를 이루며 인간과 다른 존재들을 사랑으로 대우해야 한다고 본다.

오답 피하기 세 번째 입장. 유교는 인간이 자연의 이치를 살피고 이에 따라야 한다는 입장이다.
네 번째 입장. 유교는 자연이 그 자체로 가치를 지닌다고 본다.

09 레오폴드의 자연관 이해

정답 찾기 그림의 강연자는 생태 중심주의 사상가인 레오폴드이다.
ㄱ, ㄷ. 레오폴드는 대지 윤리를 주장하며, 대지도 도덕적 고려의 대상이라고 보았다. 또한 레오폴드는 인류는 생태계 자체를 존중해야 한다고 보았다.

오답 피하기 ㄴ. 레오폴드는 인류를 대지의 정복자가 아닌 하나의 구성원으로 보았다.
ㄹ. 레오폴드는 대지 공동체의 범주에 모든 생명체뿐만 아니라 토양, 물과 같은 무생물도 포함시켜야 한다고 보았다.

10 환경 문제 해결을 위한 국제 사회 노력 이해

정답 찾기 ㄷ. 람사르 협약(다)은 물새 서식지로서 국제적으로 중요한 습지를 보호하기 위한 국제 협약이고, ㄹ. 몬트리올 의정서(라)는 오존층 파괴 물질의 생산 및 사용을 규제하기 위한 협약이다.

오답 피하기 ㄱ. 파리 협정(가)은 교토 의정서를 대체할 새로운 기후 변화 협정으로 2015년 파리에서 열린 21차 유엔 기후 변화 협약 당사국 총회 본회의에서 195개의 당사국이 참여해 채택된 협약이다. 파리 협정은 종료 시점이 없는 협약으로 지구의 평균 온도가 산업화 이전에 비해 2℃ 이상 상승하지 않도록 하고 최종적으로 모든 국가들이 이산화 탄소 순 배출량 0을 목표로 하여 자체적으로 온실가스 배출 목표를 정하고 실천하자는 협약이다.

ㄴ. 바젤 협약(나)은 유해 폐기물의 국가 간 이동 및 처리를 통제하는 협약이다.

11 산성비 문제 이해

정답 찾기 제시된 글에 호수 산성화의 내용이 있으므로 대기 오염 물질의 장거리 이동에 관한 협약 체결에 영향을 준 ② 산성비이다. 대기 오염 물질의 장거리 이동에 관한 협약은 1975년 스웨덴 등 북유럽 국가의 대표들이 국경을 넘는 대기 오염 문제를 공식 제기하여 1979년 스위스 제네바에서 채택된 협약이다.

오답 피하기 ① 사막화와 관련된 협약은 사막화 방지 협약, ③ 지구 온난화와 관련된 협약은 파리 협정, ④ 오존층 파괴와 관련된 협약은 몬트리올 의정서, ⑤ 열대림 파괴 문제는 생물종 다양성 협약과 관계가 있다.

12 지구 온난화 문제를 해결하기 위한 국제 협약 이해

정답 찾기 ③ 기후 변화 협약, 교토 의정서, 파리 협정은 모두 지구 온난화와 관련된 협약이다.

오답 피하기 제시된 국제 협약의 사례는 ① 산성비, ② 쓰레기 섬, ④ 오존층 파괴, ⑤ 미세 플라스틱 문제와 관련된 국제 협약이 아니다.

13 환경 문제 해결을 위한 기업과 정부의 노력 이해

정답 찾기 ① (가)는 제품의 생산, 유통, 폐기 과정에서 환경 오염을 축소하기 위해 노력하므로 주체는 기업이다. (나)는 환경 문제를 해결하기 위해 국제 사회의 노력에 참여하고 친환경 산업을 육성하는 정책을 시행하므로 주체는 정부이다.

14 환경 문제 해결을 위해 개인이 할 수 있는 방안 파악

정답 찾기 ③ 환경 문제 해결을 위해 개인이 할 수 있는 방안으로 선풍기보다 에어컨을 이용하는 것(ⓒ)은 해당하지 않는다. 에어컨을 사용하면 전력 소비량이 많기 때문이다.

오답 피하기 ㄱ 사용하지 않는 물건 판매, ㄴ 텔레비전의 화면 밝기 낮추기, ㄹ 가까운 곳에 갈 때는 걷거나 자전거를 이용하기, ㅁ 사용하지 않는 전자 제품의 콘센트를 뽑아 놓는 것은 모두 환경 보호에 도움이 된다.

15 환경 문제 해결을 위한 노력 이해

정답 찾기 ㄱ. 육류 소비량이 줄면 가축을 사육하기 위해 삼림에 피해를 주는 것을 줄일 수 있으므로 '고기 없는 월요일' 캠페인은 열대림 파괴 문제 해결에 도움이 될 수 있다. ㄷ. '고기 없는 월요일' 캠페인(가)은 열대림 파괴 문제 해결에 도움이 되고, 탄소 배출권 거래제(나)는 온실가스 배출량 감축을 위한 것이므로 (가), (나) 모두 온실가스 배출량 감축에 도움이 된다.

오답 피하기 ㄴ. (나)의 탄소 배출권 거래제 시행은 정부의 노력에 해당한다.

미리보는 서술형·논술형

본문 45쪽

Step 1 | 서술형 연습하기

답 완성하기 (사막화)의 심화를 방지하고 (생태계)를 회복시키며, 지역 주민들에게 나무를 심고 관리하는 (일자리)를 제공할 수 있다. 또한 모래바람으로부터 초지와 경지를 보호할 수 있어 안정적으로 가축을 사육하고 (식량 작물)을 재배할 수 있다.

| 필수 키워드 | 사막화, 생태계 회복

평가 기준

상	빈칸에 들어갈 내용 4개를 모두 정확하게 쓴 경우
중	빈칸에 들어갈 내용 2개 이상 4개 미만을 정확하게 쓴 경우
하	빈칸에 들어갈 내용을 1개 이하 정확하게 쓴 경우

Step 2 | 서술형 훈련하기

예시 답안 슈마허의 글을 생태 중심주의의 입장에서 평가해 보면, 이 글은 인간이 진정으로 인간답게 살아가기 위해서는 인간은 절제 있는 삶과 적정 기술을 통해 자연계의 한 부분으로서 자연과 함께 공존하는 삶을 살아가야 한다는 인식을 강조하고 있다는 점을 알 수 있다.

| 필수 키워드 | 생태 중심주의, 인간, 자연, 공존 등

평가 기준

상	생태 중심주의, 인간, 자연, 공존 등의 표현을 명확히 쓰고, 그 의미들을 정확히 서술한 경우
중	생태 중심주의, 인간, 자연, 공존 등의 표현을 썼지만, 그 의미들에 대한 서술이 다소 미흡한 경우
하	생태 중심주의, 인간, 자연, 공존 등의 표현만을 쓴 경우

Step 3 | 논술형 도전하기

예시 답안 ㅇ 시간적 관점: 우리나라의 갯벌 면적은 시기에 따라 어떻게 변하였을까?

우리나라의 갯벌은 농경지나 공업 용지 조성 등을 위한 목적으로 간척이 활발하게 이루어지면서 그 면적이 감소하였다. 특히 경제 성장을 우선시하던 기간에 감소 면적이 넓다.

ㅇ 공간적 관점: 우리나라의 갯벌은 어디에 분포하고 있을까?

갯벌은 경사가 완만하고 조차가 큰 해안에 발달하는 퇴적 지형이다. 서해안과 남해안은 해안선이 복잡하고 큰 강이 운반해 오는 물질이 많아 갯벌이 발달하기에 좋은 조건을 갖추고 있어 서해안과 남해안 곳곳에 갯벌이 분포한다.

ㅇ 사회적 관점: 갯벌의 경제적 가치는 어떠할까?

갯벌은 낙지, 바지락 등 각종 수산물을 생산하고, 오염 물질을 정화하며, 지진 해일이나 폭풍 해일의 피해를 줄여 준다. 갯벌이 우리에게 주는 이익은 수조 원 이상일 정도로 경제적 가치가 크다.

ㅇ 윤리적 관점: 갯벌에 대한 사람들의 가치관은 어떻게 다를까?

서산 간척 사업, 새만금 간척 사업 등이 이루어지면서 부작용이 발생하였다. 간척은 인간 중심주의 자연관에 기초한 것으로 볼 수 있다. 근래에 생태 중심주의 자연관이 확산하면서 갯벌을 보전하려는 사람들이 늘어났다.

| 논리적 전개 예시 | 갯벌을 이해하기 위해 필요한 질문을 네 가지 관점에서 찾는다. → 각 관점의 측면에서 갯벌에 대해 서술한다.

평가 기준

평가 충실도	정해진 분량을 충족시킴. (단, 제시된 질문과 전혀 상관이 없는 내용으로 답변했을 시에는 해당 부분을 제외한 부분만을 분량에 포함시킴.)
고차적 인지 능력	갯벌을 이해하기 위한 네 가지 질문의 내용이 통합적 관점의 각각의 특징에 부합하여야 함.
글의 논리성	각 질문에 대한 답이 유기적으로 연결되어야 함.

Ⅳ. 문화와 다양성

01 세계의 다양한 문화권

개념 체크
본문 48쪽

01 (1) 열대, 고상 가옥 (2) 돼지고기, 힌두교 (3) 문화 경관
(4) 애버리지니, 마오리족

02 (1) ◯ (2) ◯ (3) ✕ (4) ◯ (5) ✕

03 (1) ㄹ (2) ㄴ (3) ㄱ (4) ㄷ

기본 문제
본문 48~49쪽

01 ① **02** ⑤ **03** 자연 **04** ① **05** ④
06 ③ **07** ④

01 문화와 점이 지대의 이해

정답 찾기 ① ㉠은 문화로, 인간이 환경과 상호 작용을 하면서 형성한 의식주, 풍습, 종교, 언어 등의 생활 양식 전반을 의미한다. ㉡은 점이 지대로, 서로 다른 지리적 특성을 가진 두 지역의 사이에서 인접한 두 지역의 특성이 모두 나타나는 지대를 뜻한다.

오답 피하기 문화 경관은 인간이 자연환경에 적응하는 과정에서 땅 위에 만들어 놓은 모든 생활 모습을 의미한다.

02 종교와 관련된 문화권의 특징 이해

정답 찾기 문화권은 종교, 언어 등과 같은 다양한 인문환경의 영향을 받아 형성된다. 할랄의 사전적 의미는 '허용된 것'이란 뜻으로, 이슬람교도가 먹고 쓸 수 있는 제품을 총칭한다.

⑤ 힌두교는 갠지스강을 신성하게 여겨 힌두교도들은 갠지스강에서 목욕을 하는 등의 의식을 치른다.

03 자연환경이 문화에 미치는 영향 이해

정답 찾기 건조 기후 지역에서는 물과 풀을 찾아 이동하는 유목 생활을 하며, 강한 햇빛을 막기 위해 온몸을 감싸는 옷을 입는다. 이처럼 자연환경은 문화에 큰 영향을 끼친다.

04 냉대 기후와 건조 기후 지역의 전통 가옥 이해

정답 찾기 (가)는 냉대 기후 지역의 통나무집이고, (나)는

건조 기후 중 사막 지역의 흙집이다.

ㄱ. 냉대 기후 지역은 침엽수림이 발달해 있다.

ㄴ. 사막 지역은 낮과 밤의 기온 차이가 크게 나타난다.

오답 피하기 ㄷ. 애버리지니는 오스트레일리아, 마오리족은 뉴질랜드의 원주민이다.

ㄹ. 수목 농업은 고온 건조한 여름철 기후에 잘 견디는 올리브, 오렌지, 포도, 코르크참나무 등을 재배하는 농업 방식을 말한다.

05 문화권에 따른 주식 문화의 차이 이해

정답 찾기 각 지역은 기후, 지역, 식생 등 자연환경에 따라 서로 다른 주식 문화를 형성하는데, 이는 문화권을 구분하는 기준이 되기도 한다. 유럽이나 건조 기후 지역에서는 밀 농사가 발달해 주식으로 빵이나 파스타 등 밀로 만든 음식을 먹으며, 남아메리카의 고산 지역은 감자나 옥수수를 이용한 음식 문화가 발달하였다. (가)는 옥수수로 만든 멕시코의 토르티야이며, (나)는 밀로 만든 이탈리아의 파스타이다. 지도의 A는 이탈리아, C는 멕시코이다. 따라서 정답은 ④이다.

오답 피하기 지도의 B는 인도이다.

06 유럽, 북극, 아메리카 문화권 이해

정답 찾기 지도는 세계의 문화권을 나타낸 것으로 A는 북극 문화권, B는 유럽 문화권, C는 건조 문화권, D는 동양 문화권, E는 아메리카 문화권이다. (가)는 유럽 문화권으로 유럽은 근대 산업과 산업 혁명이 시작된 곳이며 자본주의 사상이 발달한 곳이다. 유럽 문화권은 세부적으로 북서 유럽 문화권, 남부 유럽 문화권, 동부 유럽 문화권으로 구분할 수 있다. (나)는 북극 문화권, (다)는 아메리카 문화권이다. 따라서 정답은 ③이다.

07 문화권의 특징 이해

정답 찾기 ④ D는 동양 문화권으로 이 지역은 계절풍의 영향으로 벼농사가 발달하였다.

오답 피하기 ① 혼합 농업과 낙농업은 유럽 문화권 중에서도 북서 유럽 문화권의 특징이다.

② 석유 개발로 인한 전통 생활 양식의 변화는 건조 문화권과 관련이 있다.

③ 식민 지배에 따라 에스파냐어와 포르투갈어를 사용하는 지역은 라틴 아메리카 문화권이다.

⑤ 식민 지배에 따른 종족과 국경의 불일치에 따른 갈등이 가장 심각하게 나타나는 지역은 아프리카 문화권이다.

02 문화 변동과 전통문화

개념 체크
본문 52쪽

01 (1) 자극 전파 (2) 문화 변동 (3) 전통문화
02 (1) ○ (2) ○ (3) × (4) ×
03 (1) ㄷ (2) ㄱ (3) ㄴ

기본 문제
본문 52~53쪽

01 ① **02** ③ **03** ⑤ **04** ③ **05** ④
06 ㉠: 문화 융합 ㉡: 문화 동화 **07** ⑤

01 문화 변동의 요인 이해

정답 찾기 ① 커피의 성분에서 암을 억제하는 요소가 이미 존재했었는데, 이것을 의학자들이 밝혀 냈으므로 발견에 해당한다. 북한 이탈 주민에 의해 북한식 말투가 전파된 것이므로 직접 전파에 해당한다.

오답 피하기 ② 자극 전파는 과거 중국 한자의 영향을 받아 만들어진 이두처럼 다른 사회에서 전파된 문화 요소에 자극을 받아 새로운 발명이 일어나는 것이다.
③ 발명은 존재하지 않았던 새로운 문화 요소를 만들어 내는 것이다.
④ 간접 전파는 인쇄물이나 인터넷 등 매개체를 통해 간접적으로 이루어지는 전파이다.

02 문화 변동의 요인 이해

정답 찾기 ㄴ. 이웃 나라의 문자가 C국에 소개되었고, 그 문자에서 아이디어를 얻어 C국이 고유 문자를 개발했으므로 자극 전파의 사례이다.
ㄷ. 공기 중에 존재하는 효모를 발효시켜 화덕에 굽는 제빵 기술을 최초로 개발한 것은 발명에 해당하므로 내재적 요인에 의한 변동이다.

오답 피하기 ㄱ. 군인들에 의해 모자가 전파된 것이므로 직접 전파에 의한 문화 변동이다.
ㄹ. (가)에서 B국 군인들이 모자를 강제로 전파시켰다는 내용은 없으므로 강제적 요인에 의한 변동이라고 단정할 수 없다. (나), (다)에서도 자발적 요인에 의한 문화 변동인지, 강제적 요인에 의한 문화 변동인지는 알 수 없다.

03 문화 변동의 양상 이해

정답 찾기 ⑤ 중국 연변 지역에 사는 조선족은 한국인으로서의 고유문화를 지키면서도 중국어와 중국 음식을 즐기기도 하므로 문화 병존의 사례이다. 아메리카의 나바호 인디언이 에스파냐의 문화 요소를 받아들이고 이를 그들 고유의 문화에 접목하여 기존에 없었던 새로운 문화 요소를 개발한 것은 문화 융합의 사례이다.

04 문화 병존의 이해

정답 찾기 ③ 말레이시아에서는 다양한 종교가 공존하고 있는데 이는 문화 병존의 사례이다. 문화 병존은 서로 다른 문화 요소가 함께 존재하는 현상이다.

오답 피하기 ① 말레이시아의 다양한 종교가 강제적인 문화 접변에 해당하는지는 제시된 자료만으로 알 수 없다.
② 말레이시아에서 다양한 종교가 공존하는 것은 외래의 다양한 종교가 들어왔기 때문에 가능하므로 문화 변동 요인 중 외재적 요인에 해당한다.
④ 서로 다른 문화가 합쳐져서 새로운 문화가 나타난 결과는 문화 융합이다.
⑤ 한 문화가 다른 문화에 흡수되어 고유의 성격을 잃어버린 결과는 문화 동화이다.

05 전통문화의 기능 이해

정답 찾기 ④ 제시된 글에서 전통문화가 문화 산업의 상업적인 육성에 기여한다는 내용은 찾아볼 수 없다.

오답 피하기 ① 전통문화는 구성원의 공동체 의식을 강화하여 구성원의 결속을 다지게 함으로써 사회를 통합하는 데 기여한다.
② 전통문화는 공동체 구성원 간의 화합과 단결을 기원함으로써 구성원 간에 유대를 강화한다.
③ 전통문화에는 조상의 정신과 가치가 담겨 있어 사회 구성원들의 자긍심을 고취시킨다.
⑤ 한글, 김치, 고려청자, 사물놀이 등 우리의 전통문화에는 독특한 자연 및 사회적 환경 속에서 오랜 역사를 거쳐 전해지는 내용이 많기 때문에 문화 정체성을 표현한다.

06 문화 변동의 양상 이해

정답 찾기 문화 병존은 기존의 문화 요소와 전파된 다른 사회의 문화 요소가 함께 공존하는 현상이다. 문화 융합은 기존의 문화 요소와 전파된 다른 사회의 문화 요소가 상호 작용을 한 결과, 이전의 두 문화와는 다른 새로운 문화가 나타나는 현상이다. 문화 동화는 다른 사회의 문화 요소가 전파되었을 때 기존의 문화 요소가 다른 사회의 문화 체계에 흡수되어 소멸하는 현상이다. 문화 병존과 문화 융합은 고유문화의 정체성이 유지되지만, 문화 동화는 고유문화의 정체성이 상실된다.

07 전통문화의 재창조 방안 이해

정답 찾기 ⑤ 퓨전 국악 뮤지컬 「판타스틱」은 3개국 언어 동시 출력과 다양한 영상 구현이 가능한 사물 인터넷 기술을 공연에 적용함으로써 우리의 전통문화를 재창조하여 세계적으로 발전시키는 노력을 하고 있다.

오답 피하기 ① 전통문화가 반드시 보편화된 세계 문화와 일치되어야 할 필요는 없다. 이렇게 되면 전통문화의 정체성이 상실될 수 있다.
② 전통문화의 우수성에 대해 자부심을 가지더라도 다른 문화를 흡수하려는 자세는 바람직하지 않다.
③ 외래문화의 발전 정도에 따라 전통문화의 수준이 결정된다는 내용은 제시된 글에서는 찾을 수 없다.
④ 문화의 다양화를 위해 고유의 전통문화를 있는 그대로 보존할 것이 아니라 세계인의 수준에 맞게 재창조해야 한다.

03 문화 상대주의와 보편 윤리

개념 체크
본문 56쪽

01 (1) 문화 (2) 우열 (3) 문화 상대주의 (4) 보편 윤리
02 (1) ○ (2) × (3) ○ (4) × (5) ○
03 (1) ㄱ (2) ㄷ (3) ㄴ (4) ㄹ

기본 문제
본문 56~57쪽

01 ③ **02** ② **03** ① **04** ③ **05** ③
06 ④ **07** 극단적 문화 상대주의 **08** ④

01 문화 상대주의의 의미 이해

정답 찾기 문화 상대주의는 문화 간 우열을 가리려는 태도를 경계하고 각 문화를 그 사회의 특수한 환경과 역사적 상황, 사회적 맥락에서 이해하려는 태도이다.
③ 문화 상대주의는 서로 다른 문화를 평가의 대상이 아니라 이해의 대상으로 본다.
오답 피하기 ① 문화 상대주의는 서로 다른 문화 간의 우열을 가리지 않는다.
② 개발 도상국보다 선진국의 문화만이 옳다고 보는 것은 문화 사대주의에 해당한다.
④ 문화 상대주의는 서로 다른 문화가 항상 갈등을 유발한다고 보는 것은 아니다.
⑤ 문화 상대주의는 서로 다른 문화의 고유한 가치를 인정한다.

02 문화적 차이가 나타나는 이유에 관한 이해

정답 찾기 ㄱ, ㄷ. (가), (나)의 내용을 통해 문화적 차이는 각 사회가 서로 다른 자연환경에 적응하며 나름의 생활 방식인 문화를 형성하는 과정에서 나타난다는 것을 알 수 있다.
오답 피하기 ㄴ. (가), (나)의 내용을 통해 두 지역이 동일한 역사적 특성을 가지고 있는지는 알 수 없다.
ㄹ. (가), (나)의 내용을 통해 두 지역의 문화가 시대적 상황에 영향을 받는다는 점을 알 수 없다.

03 자문화 중심주의의 의미 이해

정답 찾기 ① 제시문은 자문화 중심주의에 대한 내용이다. 자문화 중심주의는 자기 문화보다 다른 문화를 낮게 평가한다.
오답 피하기 ② 자문화 중심주의는 문화 간의 위계가 있다고 본다.
③ 자문화 중심주의는 각 문화를 그 사회의 맥락 속에서 이해하지 않고 자기 문화의 관점에서 평가한다.
④ 자문화 중심주의는 자기 문화의 정체성과 주체성을 강조한다.
⑤ 자문화 중심주의는 문화 다양성의 관점으로 다른 문화를 바라보지 않는다.

04 문화 이해 태도에 관한 입장 이해

정답 찾기 제시문은 힌두교와 이슬람교의 문화적 차이에서 나타나는 갈등의 사례이다.
③ 이러한 갈등을 해소하기 위해서는 서로 간의 종교 및 문화적 차이를 인정하고 존중하는 태도를 지녀야 한다.
오답 피하기 ① 문화 갈등을 해소하기 위해서는 자문화와 타 문화에 대해 보편 윤리의 입장에서 비판적 성찰이 필요하다.
② 다른 사회의 문화에 대해 선입견을 가지게 되면 갈등을 해소하기 어렵다.
④ 자문화 중심주의는 문화 간의 갈등을 더욱 커지게 만드는 문화 이해 태도이다.
⑤ 각 문화가 자기 사회의 종교적 관점만 고수하면 갈등을 해소하기 어렵다.

05 문화 이해 태도에 관한 입장 이해

정답 찾기 ③ 제시문은 문화 상대주의에 관한 내용이다. 문화 상대주의는 다른 민족과 문화에 대해 개방적인 자세를 지녀야 한다고 본다. 또한 문화 상대주의는 다른 문화를 이해할 때 그 문화의 맥락을 고려해야 한다고 본다.
오답 피하기 첫 번째 입장. 문화 상대주의는 자기 문화의 정체성을 버려야 한다고 보지 않는다.
두 번째 입장. 문화 상대주의는 다른 사회의 문화를 그 문화의 맥락에서 이해하고 그 문화를 수용할 수도 있다고 본다.

06 보편 윤리의 관점으로 타 문화 이해

정답 찾기 제시문은 명예 살인의 사례이다.
④ 명예 살인은 인권과 같은 보편 윤리에 위배되기 때문에 인정할 수 없다.
오답 피하기 ①, ②, ③, ⑤ 명예 살인을 인정하기 어려운 이유로 적절하지 않다.

07 극단적 문화 상대주의의 의미 이해

정답 찾기 극단적 문화 상대주의는 문화의 특수성을 근거로 인류의 보편적인 가치를 훼손하는 문화도 존중해야 한다는 입장이다.

08 문화 이해 태도에 관한 입장 이해

정답 찾기 제시문은 아마존 자파테크족의 문화에 대한 유럽 선교사들의 잘못된 문화 이해 태도에 관한 내용이다.
ㄴ, ㄷ. 제시문을 통해 자파테크족의 문화는 자연환경에 따라 나타난 것이며, 이러한 자연환경에 따른 문화적 풍습을 존중해야 한다는 점을 알 수 있다.
오답 피하기 ㄱ. 제시문을 통해 자파테크족의 문화를 자문화 중심주의가 아니라 문화 상대주의적 관점으로 바라보아야 한다는 점을 알 수 있다.

04 다문화 사회와 문화적 다양성 존중

개념 체크
본문 60쪽

01 (1) 세계화 (2) 다문화 사회 (3) 이주민 (4) 편견
02 (1) ○ (2) ○ (3) × (4) ○ (5) ×
03 (1) ㄴ (2) ㄹ (3) ㄷ (4) ㄱ

기본 문제
본문 60~61쪽

01 ① **02** ③ **03** ⑤ **04** ③ **05** ⑤
06 ⑤ **07** 다문화 **08** ③

01 다문화 사회에 관한 이해

정답 찾기 다문화 사회는 다양한 인종, 종교, 언어 등 서로 다른 문화적 배경을 가진 사람들이 함께 살아가는 사회이다.
① 다문화 사회는 문화의 다양성 증진에 이바지한다.
오답 피하기 ②, ③, ④, ⑤ 다문화 사회의 긍정적인 측면에 해당하지 않는다.

02 다문화 사회에 관한 이해

정답 찾기 제시된 그래프는 외국인 근로자가 증가하고 있는 모습을 보여 주고 있다.
③ 외국인 근로자가 증가하게 되면 서로 다른 문화 간의 갈등이 발생할 수 있다.
오답 피하기 ① 외국인 근로자들이 증가함에 따라 그들에 대한 다문화 정책이 필요할 것이다.
② 외국인 근로자들의 증가는 노동력의 유입으로 이어져 경제 발전에 도움이 될 것이다.
④ 산업 현장의 노동력 부족 문제를 외국인 근로자들의 증가로 해결할 수 있다.
⑤ 외국인 근로자들의 증가로 다양한 문화를 경험할 수 있는 기회가 확대될 것이다.

03 다문화 사회에 관한 이해

정답 찾기 제시문은 다문화 사회에서 발생할 수 있는 갈등의 사례이다.
⑤ 이러한 갈등은 시어머니와 며느리가 서로의 문화적 차이

를 이해하지 못했기 때문에 발생한다고 볼 수 있다.

오답 피하기 ①, ②, ③, ④ 제시문에 나타난 갈등 사례의 원인으로 적절하지 않다.

04 다문화 사회에 관한 이해

정답 찾기 제시된 그래프는 국내 거주 외국인 주민 수와 비율의 변화를 보여 주고 있다. 이러한 그래프를 통해 우리 사회가 다문화 사회가 되어 가고 있다는 점을 알 수 있다. ③ 다문화 사회가 되면 문화의 획일화가 가속화되는 것이 아니라 문화의 다양성이 증가될 것이다.

오답 피하기 ①, ②, ④, ⑤ 다문화 사회가 되면 나타날 수 있는 내용에 해당된다.

05 다문화 사회에 관한 이해

정답 찾기 ⑤ 제시문은 다른 사회의 문화에 대한 지식과 이해의 부족으로 인해 사회적 갈등이 발생할 수 있다는 점을 보여 주고 있다. 이러한 갈등을 해결하기 위해서는 문화 다양성을 존중하는 다문화 교육이 필요하며, 문화 간의 공존을 위해 다른 문화를 이해하는 자세를 가져야 한다. 또한 문화적 다양성이 존중될 수 있도록 법과 제도적 지원을 확대해야 한다.

오답 피하기 두 번째 입장. 이주민의 문화를 주류 문화의 관점으로 바라보게 되면 서로 다른 문화 간의 갈등이 더욱더 커질 수 있다.

06 다문화 사회에 관한 이해

정답 찾기 ⑤ 제시된 그래프는 외국인 노동자 및 이민자에 대한 우리나라 사람들과 다른 나라 사람들의 인식 차이를 보여 주고 있다. 이를 통해 서구 선진국에 비해 우리나라가 외국인 노동자에 대해 가지는 차별 의식이 상대적으로 높음을 알 수 있다.

오답 피하기 ①, ②, ③, ④ 제시된 그래프를 통해 유추할 수 없거나 관련이 없는 내용이다.

07 다문화 사회에 관한 이해

정답 찾기 다문화 사회는 다양한 인종, 종교, 언어 등 서로 다른 문화적 배경을 가진 사람들이 함께 살아가는 사회이다. 우리 사회는 국제결혼 이주민과 이주 배경 청소년, 외국인 근로자, 유학생, 북한 이탈 주민의 증가 등으로 다문화 사회로 이행되고 있다.

08 다문화 정책에 관한 이해

정답 찾기 제시문은 다문화 학생들이 많이 다니는 학교에서 실시하고 있는 다문화 정책의 사례이다.
ㄱ, ㄷ. 이러한 다문화 정책이 실시되는 이유는 학생들의 다문화 수용성을 높이고 다문화에 대한 편견과 선입견을 줄이기 위해서이다.

오답 피하기 ㄴ. 제시된 다문화 정책은 이민자들의 취업률을 높이기 위해서가 아니라 학생들의 다문화에 대한 인식을 전환하기 위해서이다.

대단원 종합 문제
본문 64~66쪽

01 ④　　**02** ③　　**03** ②　　**04** ③　　**05** ①
06 A: 간접 전파　B: 직접 전파　C: 자극 전파　　**07** ②
08 ④　　**09** ②　　**10** ①　　**11** 다문화 가족 지원법
12 ①　　**13** ②

01 종교 경관의 특징 이해

정답 찾기 제시된 지도는 세계의 종교 분포를 나타낸 것이다. A는 크리스트교, B는 이슬람교, C는 불교, D는 힌두교이다. 종교는 오랫동안 사람들의 삶에 많은 영향을 끼쳤다. 종교 의식을 치르며, 교회, 성당, 사찰, 모스크 등과 같은 다양한 종교 건축물이 존재해 독특한 문화 경관을 형성하기도 한다. (가)는 이슬람교의 모스크, (나)는 불교의 사찰, (다)는 힌두교에서 성스럽게 여기는 갠지스강이다. 따라서 정답은 ④번이다.

02 크리스트교, 이슬람교, 불교, 힌두교의 특징 이해

정답 찾기 종교에 따라 먹는 음식이 달라지기도 하고 특정 동물을 신성시하기도 한다. 종교는 사람들의 이념이나 사상뿐만 아니라 관습이나 문화 경관에도 중요한 영향을 미치기 때문에 문화권을 형성하는 데 큰 역할을 한다. ③ C는 동아시아 지역에 주로 분포하는 것으로 보아 불교이다. 불교의 대표적 종교 경관은 불상과 탑이다.

오답 피하기 ① 쇠고기를 먹지 않는 것은 힌두교이다.
② B는 서남아시아와 북부 아프리카에 주로 분포하는 이슬람교이다. 이슬람교 신자 수가 가장 많은 국가는 동남아시

아의 인도네시아이다.
④ 힌두교의 발상지는 인도이다.
⑤ 세계 신자 수는 크리스트교가 이슬람교보다 많다.

03 세계의 언어 문화권 이해

정답 찾기 문화권은 종교, 언어, 인종, 민족 등 다양한 문화 요소를 기준으로 구분할 수 있다. 언어를 기준으로는 영어 문화권, 에스파냐어 문화권, 아랍어 문화권 등으로 구분할 수 있다. 문화권과 각 국가의 특징을 통해 A는 영어, B는 포르투갈어, C는 에스파냐어, D는 아랍어, E는 힌디어임을 알 수 있다. 라틴 아메리카 문화권에 속하는 대부분의 국가들은 에스파냐어를 사용하며, 포르투갈어는 브라질이 공용어로 사용하고 있다.
② 단일 언어로 사용자 수가 가장 많은 언어는 중국어이다.

04 오세아니아 문화권의 특징 이해

정답 찾기 ③ 오세아니아 문화권은 오스트레일리아, 뉴질랜드, 남태평양의 여러 섬이 해당한다. 영국의 식민 지배로 유럽 문화가 전파되었다. 식민 지배 시절 오스트레일리아의 애버리지니와 뉴질랜드의 마오리족 등 원주민 문화가 쇠퇴하였다. 오스트레일리아와 뉴질랜드는 세계적으로 목축업과 관광업이 발달하였다
오답 피하기 ① 식생활에서 전통적으로 젓가락을 사용하는 곳은 동양 문화권 중에서 동아시아 문화권이다.
② 에스파냐어를 사용하고 가톨릭의 비율이 높은 문화권은 라틴 아메리카 문화권이다.
④ 여름철 고온 다습한 계절풍의 영향으로 벼농사가 발달한 곳은 동양 문화권이다.
⑤ 연중 춥고 척박한 환경으로 순록 유목이 이루어지는 곳은 북극 문화권이다.

05 문화 변동의 양상 이해

정답 찾기 A는 문화 동화, B는 문화 융합, C는 문화 병존이다.
ㄱ. 다른 나라에서 새로 들어온 결혼 방식이 기존의 결혼 방식을 대체한 것은 문화 동화의 사례이다.
ㄴ. 문화 융합은 서로 다른 문화 요소가 결합하여 새로운 문화가 형성된 경우이다.
오답 피하기 ㄷ. 문화 동화, 문화 융합, 문화 병존은 모두 외재적 요인에 의한 문화 변동에 해당한다.

ㄹ. 새로운 문화 요소에 의해 문화 정체성의 약화를 초래하는 것은 문화 동화이다.

06 문화 전파의 종류 이해

정답 찾기 문화 전파의 종류에는 직접 전파와 간접 전파, 그리고 자극 전파가 있다. 직접 전파는 두 문화 간의 직접적인 접촉에 의한 전파를 의미하며, 간접 전파는 인쇄물, 텔레비전, 인터넷 등과 같은 매개체를 통해 간접적으로 이루어지는 전파를 의미한다. 자극 전파는 서로 다른 문화 체계 간에 문화 요소와 관련된 추상적인 개념이나 아이디어가 전파되어 새로운 문화 요소를 만들어 내는 현상을 말한다.

07 문화 변동의 양상 이해

정답 찾기 ㄱ. 갑국의 결혼 문화와 을국의 결혼 문화가 접촉해서 갑국에는 갑국 고유의 결혼 문화와 을국의 결혼 문화가 함께 나타나고 있다. 따라서 갑국은 결혼 문화에서 문화 병존이 나타났다.
ㄷ. 갑국의 장례 문화와 을국의 장례 문화가 접촉하여 갑국에서는 새로운 장례 문화가 나타났지만, 을국에서는 을국 고유의 장례 문화는 사라지고 갑국의 장례 문화가 남았다. 즉, 장례 문화에서 갑국은 문화 융합, 을국은 문화 동화가 나타났다.
오답 피하기 ㄴ. 갑국의 결혼 문화와 을국의 결혼 문화가 접촉해서 을국에는 새로운 결혼 문화가 생겨났다. 즉, 문화 융합 현상이 나타났다. 따라서 을국의 결혼 문화에서 전통문화가 소멸된 것은 아니다.
ㄹ. 장례 문화에서 갑국은 문화 융합이 나타났으므로 갑국의 전통문화에 대한 정체성이 유지되었지만, 을국은 문화 동화가 나타났으므로 을국의 전통문화에 대한 정체성은 약화되었다.

08 전통문화의 창조적 발전 방안 이해

정답 찾기 ④ 우리나라의 전통문화인 고려청자를 활용하여 휴대 전화 케이스를 개발한 것은 전통문화를 창조적으로 발전시켜보려는 방안에 해당한다.
오답 피하기 ① 단순히 전통문화의 유형을 알아보기 위해 휴대 전화 케이스를 개발한 것은 아니다.
② 고려청자를 활용한 휴대 전화 케이스 개발은 전통문화의 원형 보존을 넘어 전통문화를 창조적으로 발전시키는 방안이다.

③ 제시된 자료에서 전통문화의 문제점 수정 방안은 찾아볼 수 없다.

⑤ 제시된 자료에서 전통문화와 외래문화의 공존 전략은 찾아볼 수 없다.

09 보편 윤리의 관점으로 타 문화 이해

정답 찾기 제시문은 과거 중국의 풍습이었던 전족에 대한 내용이다.

ㄱ, ㄷ. 전족은 보편 윤리의 관점에서 보면 여성의 인권을 침해하고 여성의 신체에 고통을 가하는 잘못된 풍습이라고 볼 수 있다.

오답 피하기 ㄴ. 보편 윤리의 관점에서 보면 전족은 여성의 자유를 침해하는 풍습이다.

ㄹ. 보편 윤리의 관점에서 보면 전족은 공동체의 결속에 부정적인 영향을 주는 풍습이다.

10 문화 상대주의의 의미 이해

정답 찾기 제시문은 문화를 이해하는 태도 중 문화 상대주의에 대한 설명이다.

① 문화 상대주의는 문화의 다양성을 존중하는 태도를 중요하게 바라본다.

오답 피하기 ② 문화 상대주의에서는 문화 간의 우열을 가릴 수 없다고 본다.

③ 문화 상대주의에서는 문화의 절대성이 아닌 문화의 상대성을 강조한다.

④ 문화 상대주의에서는 인류가 동일한 인문환경을 바탕으로 문화를 형성해야 한다고 보지 않는다.

⑤ 자기 문화의 우월성을 바탕으로 타 문화를 평가하는 것은 자문화 중심주의의 입장이다.

11 다문화 정책에 관한 이해

정답 찾기 다문화 사회의 갈등을 해결하기 위해서는 관련 법률을 정비하고, 다문화 가족 구성원이 안정적으로 가족생활을 영위할 수 있도록 법과 제도적 지원 등을 확대해야 한다.

12 다문화 사회의 이민자 정책에 관한 이해

정답 찾기 이민자 정책 중 (가)는 다문화주의, (나)는 동화주의이다.

① 다문화주의는 이민자가 자신의 문화를 유지하면서 사회

구성원으로 살아갈 수 있게 소수자 집단의 문화 고유성을 인정하고 다양한 문화의 대등한 공존을 추구하는 정책이다. 동화주의는 이민자가 출신 국가의 언어적·문화적·사회적 특성을 완전히 포기하고 주류 사회의 일원이 되도록 하는 것을 목표로 하는 정책이다.

오답 피하기 ② 다문화주의의 대표적인 이론은 샐러드 볼 이론이다.

③ 동화주의에서는 문화 다양성을 실현하는 것이 어렵다.

④ 동화주의는 비주류 문화를 인정하지 않는다.

⑤ 동화주의는 문화의 다양성 증진을 강조하지 않는다.

13 보편 윤리의 관점으로 문화 이해

정답 찾기 ㄱ, ㄷ. 그림의 강연자는 문화는 다양한 형태로 나타날 수 있음을 인정하지만, 윤리 상대주의의 관점에서 문화를 이해하면 보편 윤리를 위배하는 문화도 인정할 수 있고 자문화와 타 문화를 비판적으로 성찰할 수 없다고 주장한다.

오답 피하기 ㄴ. 강연자는 윤리 상대주의는 문화를 보편 윤리의 관점으로 바라보지 않는다고 주장한다.

ㄹ. 강연자는 노예 제도나 인종 차별 정책은 보편 윤리에 위배되는 문화라고 본다.

미리보는 서술형·논술형 본문 67쪽

Step 1 | 서술형 연습하기

답 완성하기 전통 가옥은 주변에서 쉽게 구할 수 있는 (재료)로 만드는 경우가 대부분이다. 사막 지역은 주변에서 가옥을 만들 수 있는 풀이나 (나무)를 구하기 어렵다. 따라서 주변에서 쉽게 구할 수 있는 (흙)으로 집을 짓는다.

| 필수 키워드 | 재료, 풀, 나무, 흙

평가 기준

상	전통 가옥의 재료가 주변에서 구하기 쉬운 것을 사용한다는 것과 사막 지역 전통 가옥의 특징을 사막의 자연환경과 관련지어 서술한 경우
중	단순히 사막 지역 전통 가옥의 특징만 서술한 경우
하	사막 지역 전통 가옥의 특징에 대한 설명이 다소 미흡한 경우

Step 2 | 서술형 훈련하기

예시 답안 모내기와 줄다리기는 여러 사람들이 일시에 달려들어 협동 정신을 발휘해야 목표를 이룰 수 있다. 따라서 이러한 전통

문화는 벼농사와 관련되어 풍작을 기원하고 공동체 구성원 간의
화합과 단결을 기원하였다. 이를 통해 구성원의 공동체 의식과
유대감을 강화하여 사회 유지와 통합에 이바지한다.
| **필수 키워드** | 협동 정신, 공동체 의식, 유대감 등

상	모내기와 줄다리기가 벼농사와 관련되어 발달했다는 점, 사회 유지와 통합에 이바지한다는 점을 정확히 설명한 경우
중	모내기와 줄다리기가 벼농사와 관련되어 발달했다는 점은 설명하였으나 사회 유지와 통합 등은 미흡하게 설명한 경우
하	모내기와 줄다리기가 벼농사와 관련되어 발달했다는 점, 사회 유지와 통합 등에 대한 설명이 모두 미흡한 경우

Step 3 | 논술형 도전하기

예시 답안 글쓴이는 '사티'라는 과거의 풍습을 극단적 문화 상대주의의 관점으로 평가하고 있다. 이러한 극단적 문화 상대주의적 태도는 인류의 보편적 가치, 즉 여성의 인권이나 생명의 소중함을 부정하는 관습까지도 타당한 문화로 존중해야 한다는 문제점을 발생시키고 있다.

| **논리적 전개 예시** | 글쓴이는 '사티' 문화를 극단적 문화 상대주의의 관점으로 평가하고 있음을 제시한다. → '사티'가 보편 윤리의 관점에서 어떤 문제점을 보이는지를 제시한다.

평가 충실도	정해진 분량 기준을 충족시킴. (단, 제시된 질문과 전혀 상관없는 내용으로 답변했을 시에는 분량 기준을 충족시키지 못한 것으로 간주함.)
고차적 인지 능력	'사티'라는 문화가 보편 윤리의 관점에서 어떤 문제가 있는지를 논리적으로 제시함.
글의 타당성	제시문에 대한 분석과 그에 대한 근거가 타당하게 연결되어 있음.
글의 논리성	전체적인 글의 구성과 짜임새가 매끄러우며, 논리적 전개가 자연스러움.

V. 생활 공간과 사회

01 산업화와 도시화에 따른 변화

본문 70쪽

01 (1) 산업화 (2) 도시화 (3) 높 (4) 접근성 (5) 증가, 감소
02 (1) × (2) × (3) ○ (4) ×
03 (1) ㄴ (2) ㄱ (3) ㄹ (4) ㄷ

본문 70~71쪽

01 ① **02** ① **03** ① **04** ⑤ **05** ③
06 균형 **07** ②

01 우리나라의 산업화 특성 이해

정답 찾기 우리나라의 광공업, 농림·어업, 사회 간접 자본 및 서비스업 취업자 수 비율의 경우 농림·어업은 지속해서 감소 추세, 사회 간접 자본 및 서비스업은 지속해서 증가 추세, 광공업은 증가하다가 감소 추세이다. (가)는 지속해서 감소하므로 농림·어업, (나)는 증가하다가 감소하므로 광공업, (다)는 지속해서 증가하므로 사회 간접 자본 및 서비스업이다.
① 광공업 취업자 수 비율은 그래프상에서 1990년에 가장 높음을 알 수 있다. 즉 1990년을 전후한 시기에 광공업 취업자 수 비율이 증가하다가 이후 감소한다는 것을 의미한다.
오답 피하기 ② 2022년은 1970년보다 주로 촌락에 거주하는 농림·어업 취업자 수 비율은 낮아지고 주로 도시에 거주하는 광공업과 사회 간접 자본 및 서비스업의 취업자 수 비율은 높아졌으므로 도시화율이 높다.
③ 2022년은 1970년보다 산업화 수준이 높으므로 직업의 종류가 다양하다.
④ 사회 간접 자본 및 서비스업의 취업자는 주로 도시에 거주한다.
⑤ (가)는 농림·어업, (나)는 광공업이다.

02 우리나라 도시화 특성 이해

정답 찾기 ① 1960년은 2022년보다 도시화율이 낮았고 도시의 수도 적었다.

 ② 1960년은 2022년에 비해 출생률이 높았던 시기로 가구당 구성원 수가 많았다.

③ 1980년의 도시화율이 50% 이상이다. 도시화율이 50%를 초과한다는 것은 도시 인구가 촌락 인구보다 많다는 것을 의미한다. 따라서 도시 인구가 촌락 인구보다 많아진 시기는 1980년 이전이다.

④ 1960~1980년은 2000~2022년에 비해 도시화율이 빠르게 높아졌으므로 이촌향도 현상이 활발하였다.

⑤ 2022년은 1960년보다 도시화율이 높다. 촌락은 도시에 비해 단독 주택에 거주하는 비율이 높고 상대적으로 도시는 아파트, 다가구 주택 등 공동 주택에 거주하는 인구 비율이 높다.

03 토지 이용 자료 분석 및 해석

 우리나라에서 2022년은 1970년에 비해 산업화·도시화의 영향으로 임야와 논밭은 면적이 감소하고 대지와 도로는 면적이 증가하였다. 따라서 (가)는 1970년, (나)는 2022년이다. 1970년에 비해 2022년은 ㄱ. 도시화율이 높고, ㄴ. 직업의 종류가 다양하다.

 ㄷ. 1차 산업 취업자 수 비율은 1970년이 2022년보다 높다.

ㄹ. 1970년에 비해 2022년은 도시화율이 높고 도시의 가구당 소득 수준도 높아 도시와 촌락 간의 경제 규모의 차이가 크다.

04 우리나라 도시화 특성 이해

 ⑤ 생활 쓰레기 발생량은 인구수와 관계가 깊다. 1960~2020년에 수도권(서울·인천·경기)은 호남권(광주·전북·전남)보다 인구 증가율이 높다. 따라서 1960년 대비 2020년의 생활 쓰레기 증가량은 수도권이 호남권보다 많다.

 ① 산업화는 도시화와 관계가 깊다. 산업화가 활발한 지역을 중심으로 도시화도 활발하게 이루어졌다. 두 지도를 비교하면 수도권, 영남권(부산·대구·울산·경북·경남) 남동해안, 서울과 부산을 잇는 경부 고속국도 주변은 도시 수와 도시 인구 규모의 증가가 뚜렷하다. 따라서 1960~2020년에 산업화는 전국적으로 고르게 진행되지 않았다.

② 1960년 대비 2020년의 지역 내 시가지 면적 증가율은 도시 인구가 많이 증가한 수도권이 영남권보다 높다.

③ 2020년에 지역 내 불투수층 면적 비율은 도시화율이 높은 서울·인천 지역이 충청 지역보다 높다.

④ 2020년에 인구 규모 100만 명 이상의 도시 수는 호남권에는 광주, 영남권에는 부산, 대구, 울산, 창원이 있으므로 호남권이 영남권보다 적다.

05 도시화 특성 이해

 ③ 인구와 산업 시설이 주변 지역으로 이동하는 현상(ㄹ)을 교외화 현상이라고 한다.

 ① 주거 기능(ㄱ)은 도시 내에서 주변 지역에 발달하였다.

② 접근성(ㄷ)이 좋은 곳은 대체로 토지 이용을 통해 얻을 수 있는 수익이 높으므로 지가가 높은 편이다.

④ 대도시권(ㅁ)의 범위는 대개 통근 가능권이고 통근 가능권은 교통이 발달하면 확대된다.

⑤ 상업 기능(ㄴ)은 주거 기능(ㄱ)보다 접근성이 높은 곳에 입지하는 경향이 있다.

06 혁신 도시 정책의 의미와 특징 이해

 정부가 혁신 도시 정책을 추진하는 주된 이유는 균형 있는 국토 발전을 실현하기 위해서이다.

07 도시화 특성 파악

 주어진 글의 밑줄 친 부분은 산업화로 이촌향도에 따른 도시화가 진행되었음을 나타낸다. 도시화가 진행되면서 ㄱ. 2차적 인간관계를 맺는 특성이 강화되었고, 직업이 분화되면서 ㄷ. 전문성이 높은 일에 종사하는 근로자가 증가하였다.

 ㄴ. 개인보다 공동체를 중시하는 문화가 약화되었다.

ㄹ. 산업화 과정에서 전체적으로는 일자리가 증가하였지만 일부 일자리는 기계로 대체되면서 사라져 새로운 일자리를 구해야 하는 사람도 나타났다.

02 교통·통신 및 과학 기술의 발달에 따른 변화

개념 체크
본문 74쪽

01 (1) 위성 위치 확인 시스템(GPS) (2) 사물 인터넷(IoT)
(3) 제4차 (4) 노동 양극화
02 (1) ○ (2) × (3) ○ (4) × (5) ○
03 (1) ㄷ (2) ㄱ (3) ㄴ (4) ㄹ

기본 문제
본문 74~75쪽

01 ③ **02** 감소 **03** ④ **04** ⑤ **05** ③
06 ② **07** ③

01 교통 발달의 영향 파악

정답 찾기 그림은 교통수단의 발달로 인해 공간 이동에 드는 시간과 비용 감소를 고려한 지구의 상대적 크기를 나타낸 것이다. (가)에서 (라)로 가면서 교통수단이 발달하고 지구의 상대적 크기는 줄어들었다.
③ (나)는 증기 기관을 이용하던 시기이므로 자연의 힘(바람)이나 동물의 힘(마차)을 이용하던 시기보다 교통수단의 이용에 따른 대기 오염 물질의 배출량이 많다.
오답 피하기 ① (라)는 속도가 빠른 제트 비행기를 이용하는 시기이지만 항공기는 운임이 고가여서 물자의 수송에는 상대적으로 운임이 저렴한 선박이 많이 이용된다.
② (가)는 (라)보다 사람과 물자의 공간 이동에 드는 시간이 많이 들고 비용이 비싸기 때문에 지역 간 사람과 물자의 이동이 활발하지 않다.
④ (나)는 (라)보다 기업 활동의 공간적 범위가 좁다.
⑤ (가)에서 (라)로 갈수록 지역 간 교류에 미치는 공간적 제약이 작아졌다.

02 교통과 통신의 발달 영향 이해

정답 찾기 교통과 통신이 발달하면 사람과 물자, 정보의 이동에 드는 시간과 비용이 감소하여 지역 간의 교류가 활발해진다.

03 생태 통로의 특징 이해

정답 찾기 그림은 도로 건설로 인하여 야생 동물의 서식지

가 단절되는 것을 방지하기 위해 만든 시설로 ㄱ. 생태 통로라고 한다.
ㄷ. 생태 통로를 건설하면 도로 건설에 따른 동물 서식지 단절로 동물이 도로를 건너 이동하다가 로드킬을 당하는 것을 줄일 수 있다.
ㄹ. 생태 통로는 교통로 건설에 따른 동물 서식지 단절 피해를 줄이기 위해 건설된다.
오답 피하기 ㄴ. 사람들의 보행을 목적으로 만든 시설이 아니다.

04 선박 평형수로 인해 발생하는 문제 해결 노력 이해

정답 찾기 선박 평형수 관리 협약은 ⑤ 유해 수중 생물의 국제 이동을 줄일 수 있는 방안이다.
오답 피하기 ① 해양 생태계의 다양성이 감소하지 않는다.
② 선박 평형수 처리 장치 설치는 선박 이용 비용을 증가시킬 수 있지만 선박을 이용한 국제 무역이 쇠퇴할 수준은 아니다.
③ 선박의 안전 운행에 위협 요소가 증가한 것과는 거리가 멀다.
④ 대륙 간을 오가는 선박의 규모와는 관련이 적다.

05 온라인 쇼핑 거래액 증가 배경 이해

정답 찾기 온라인 쇼핑 거래액이 증가하는 것은 정보 통신 기술 발달의 영향이 크며, 온라인 쇼핑 거래액의 증가로 택배 산업이 발달하게 되었다.
③ 온라인 쇼핑 거래는 오프라인 매장을 통한 물품 구매에 비해 구매에 미치는 시간적·공간적 제약을 적게 받는다.
오답 피하기 ① 온라인 쇼핑 거래액 증가의 주된 배경은 교통과 정보 통신의 발달(㉠)이다.
② 온라인 쇼핑 거래액 증가로 택배 산업이 발달(㉡)하였다. 온라인 쇼핑 거래액 증가에 따른 문제점으로는 ④ 인터넷 거래 사기 건수의 증가, ⑤ 온라인 거래 상품에 쓰인 포장 쓰레기 배출량 증가 등이 있다.

06 정보 통신 기술에 따른 문제점 이해

정답 찾기 ㄱ. 표에 제시된 수치 비교를 통해 모든 계층에서 디지털 정보 역량 수준이 디지털 정보 활용 수준보다 높지 않음을 알 수 있다.
ㄷ. 고령층은 제시된 계층 중에서 디지털 정보 접근·역량·활용 수준 수치가 모두 가장 낮다.

오답 피하기 ㄴ. 디지털 정보 접근 수준의 계층 간의 차이는 최대 99.7이고 최저 95.7로 그 차이가 4이다. 그런데 디지털 정보 활용 수준의 계층 간 차이는 최대 97.3, 최저 74.6으로 그 차이가 22.7에 이른다.

ㄹ. 결혼 이민자 계층은 디지털 정보 접근·역량·활용 수준에서 전체적으로는 높은 편이지만 저소득층 계층보다 낮다.

07 교통 발달의 영향 이해

정답 찾기 ③ 서울양양고속국도 개통 이전에 비해 6번 국도를 이용하는 차량이 감소하게 되므로 강원특별자치도에서 6번 국도 주변의 휴게소당 매출액은 감소하게 된다.

오답 피하기 서울양양고속국도 건설로 ① 고속 도로 나들목 주변의 개발이 활발해졌으며, ② 양양을 방문하는 서울 주민의 수가 증가하였고, ④ 도로 건설로 야생 동물의 서식지가 단절된 사례가 나타났으며, ⑤ 서울과 강원특별자치도 동해안 간의 접근성이 향상되었다.

03 우리 지역의 공간 변화

개념 체크
본문 78쪽

01 (1) ○ (2) ○ (3) ○ (4) ○
02 (1) 실내 (2) 실내 (3) 유출 (4) 여자, 남자
03 (1) ㄱ (2) ㄷ (3) ㄹ (4) ㅁ (5) ㄴ

기본 문제
본문 78~79쪽

01 ⑤　　**02** ②　　**03** 보고서 작성 단계　　**04** ⑤
05 ③　　**06** ②　　**07** ⑤

01 지역 조사 순서 이해

정답 찾기 (가)는 지역 정보 분석 및 정리 단계, (나)는 야외 조사 단계, (다)는 실내 조사 단계이다. 따라서 (가)~(다) 조사 단계의 지역 조사 순서는 ⑤ (다) → (나) → (가)의 순서이다.

02 지역 조사 특성 이해

정답 찾기 ㄱ. 조사 주제 및 지역 선정(㉠)에서 조사 주제와 지역은 조사 목적에 부합하게 선정해야 한다.

ㄹ. 우리나라 시·군별 유소년층 인구 비율 지도는 통계 지도(㉣)의 사례에 해당한다.

오답 피하기 ㄴ. 실내 조사(㉡)는 지도, 문헌, 통계 자료 등을 통해 지역 정보를 수집하는 방법이다.

ㄷ. 야외 조사(㉢)는 관찰, 측정, 면담, 설문 등을 통해 지역 정보를 수집하는 방법이다.

03 지역 조사 단계 이해

정답 찾기 조사 목적, 방법, 분석 자료, 결론 등을 체계적으로 서술하고 그래프, 사진 등을 해당 주제와 연관되는 내용에 배치하는 것은 보고서 작성 단계에서 이루어진다.

04 지역 조사 과정 이해

정답 찾기 ⑤ (가)는 문서를 통해 정보를 수집하는 것이므로 실내 조사(C), (나)는 방문 및 설문 조사를 실시하는 단계이므로 야외 조사(B)에 해당한다.

오답 피하기 A. 수집한 지역 정보를 정리하여 분석하는 것은 정보 분석 및 정리 단계이다.

05 지역 조사 과정 이해

정답 찾기 자료는 조사 주제에 맞는 지역 선정에 문제가 있다. 조사 주제는 인구 유출이 발생하는 촌락의 모습을 조사하는 것인데, 조사 지역은 대도시(대구) 근교에 위치한 경산으로 인구가 증가하는 지역을 선정한 것이다. 따라서 ③ 조사 지역으로 선정된 곳이 조사 주제에 적합하지 않다는 문제점이 있다.

오답 피하기 ① 조사 주제에 맞는 방법을 선정하지 않은 것, ② 조사 지역으로 선정된 지역 범위가 너무 넓은 것, ④ 수집한 정보를 한눈에 볼 수 있도록 지도로 표현하지 않은 것, ⑤ 실내 조사에서 조사 경로, 설문지 만들기 등이 이루어지지 않은 것은 제시된 문제의 원인으로 적절하지 않다.

06 지역의 변화 자료 분석

정답 찾기 과거와 최근 지형도를 분석하여 달라진 점을 찾는다.
② 과거에 비해 최근에는 아파트가 증가했으므로 아파트에 거주하는 인구가 많다.

오답 피하기 ① 경지 일부가 시가지로 개발되었으므로 과거에 비해 경지 면적이 좁다.
③ 경지 면적이 감소하고 시가지 면적이 늘었으므로 도시화가 이루어졌다. 따라서 1차 산업 종사자 수 비율이 낮다.
④ 지역 내 학교의 수가 증가하였으므로 학생들의 평균 통학 거리가 가깝다.
⑤ 시가지가 확대되었으므로 주민들의 직업의 종류가 다양하다.

07 농업 특성에 대해 수집한 정보를 사례로 한 지역 정보 분석

정답 찾기 ㄴ. 농가 수는 절반 정도로 줄었는데, 논 면적은 이보다 더 높은 비율로 줄었으므로 농가당 논 면적이 좁다.
ㄷ. 농가 인구는 줄었는데 밭 면적은 오히려 증가했으므로 농가 인구당 밭 면적이 넓다.
ㄹ. 1990년은 지역 내 경지에서 논 면적이 밭 면적보다 두 배 이상 넓었는데, 2023년은 지역 내 경지에서 밭 면적이 논 면적보다 넓다.

오답 피하기 ㄱ. 농가 수는 반 정도로 줄었는데, 농가 인구는

이보다 더 큰 비율로 감소하였으므로 농가당 농가 인구는 적다.
제시된 자료를 토대로 1990년과 2023년을 비교하면 아래 표와 같다.

항목	1990년	2023년	변화
농가당 경지 면적(ha)	1.3	1.5	증가
농가 인구당 밭 면적(ha)	0.1	0.4	증가
지역 내 경지에서 밭 면적이 차지하는 비율(%)	29.1	51.9	증가
농가당 농가 인구(명)	3.8	2.0	감소

대단원 종합 문제

본문 82~84쪽

01 ④ 02 ① 03 ④ 04 ② 05 ①
06 ② 07 ④ 08 ④ 09 ③ 10 ①
11 ④ 12 ⑤ 13 ① 14 ②

01 우리나라 도시화의 특징 분석

정답 찾기 ㄴ. 1960년 이후 증가한 인구 대부분은 도시에서 증가했고 총인구가 증가하는 경향임에도 촌락 인구는 감소하는 경향이 나타났으므로 그래프에 나타난 시기에 우리나라의 도시화율은 높아졌다.
ㄹ. 2000년대 이후 도시 인구 증가는 대부분 1985년 이후 신설된 도시에서 나타났으므로 2000년대 이후 우리나라의 도시화율 상승을 주도한 도시는 1985년 이후 신설된 도시이다.

오답 피하기 ㄱ. 도시화율은 총인구에서 도시 인구가 차지하는 비율이고 그래프는 시기별 우리나라의 촌락과 도시 인구를 나타낸 것이다. 1960년에 촌락 인구가 도시 인구보다 많으므로 우리나라의 도시화율은 50% 미만이었다.
ㄷ. 촌락 인구 변화는 막대 길이를 통해 비교할 수 있다. 1950년 이후 우리나라의 촌락 인구는 대체로 감소하였다.

02 우리나라 산업화 · 도시화로 인해 나타난 변화 파악

정답 찾기 ① 1950년에 비해 2020년은 산업화 · 도시화로 인해 직업의 다양성이 높아졌고, 서비스업이 발달하면서 3차 산업 취업자 수 비율이 높아졌으며, 도시화로 좁은 지역

에 많은 인구를 수용하기 위해 공동 주택(아파트, 다가구 주택 등)이 늘어났다.

03 우리나라 2차 산업 취업자 수 비율 변화 경향 파악

정답 찾기 우리나라 산업별 취업자 수 비율에서 농림·어업은 지속해서 감소하였고 서비스업은 지속해서 증가했으며, 제조업은 증가하다가 감소하는 현상(탈공업화 현상)이 나타났다. 그래프는 취업자 수 비율이 증가하다가 감소하였으므로 제조업 취업자 수 비율에 해당한다.
④ 제조업(가)은 도시 중심으로 발달하였고, 제조업이 발달하면서 일자리를 찾아 촌락에서 도시로 이동하는 현상, 즉 이촌향도 현상이 활발하게 나타났다.

오답 피하기 ① 제조업(가)은 한 장소에 많은 사람이 모여 일을 한다. 이들은 일자리와 가까운 곳에 거주하는 것이 유리하여 촌락보다 도시에 많이 거주한다.
② 제조업(가)은 대개 넓은 부지가 필요하다. 더구나 도심은 지가가 높아 상업 및 업무 기능에 비해 도심에서 지대 지불 능력이 작아 입지하기 어렵다. 도심에는 대개 상업 및 업무 기능이 입지한다.
③ 제조업(가)이 발달하면서 분업이 활발해졌고 전문적인 기술이 요구되는 직업이 늘어나면서 직업의 종류가 다양해졌다.
⑤ 우리나라에서 제조업(가) 취업자 수 비율이 높아지는 시기에 도시화율도 높아졌다. 대개 탈공업화 현상이 나타나기 전까지는 산업화가 진행될수록, 즉 제조업 취업자 수 비율이 늘어날수록 도시화율이 높아지는 경향이 나타난다.

04 산업화와 도시화의 특성 이해

정답 찾기 ② 농업 중심의 사회에서 공업과 서비스업 중심의 사회로 변화하는 현상, 즉 산업화는 개발 도상국보다 선진국에서 먼저 시작되었다. 산업화가 본격적으로 시작된 것은 산업 혁명인데, 영국에서 시작된 산업 혁명은 선진국인 독일, 프랑스, 미국 등으로 먼저 확산하였다.

오답 피하기 ① 농업 중심의 사회에서 공업과 서비스업 중심의 사회로 변화(㉠)하는 현상을 산업화라고 한다.
③ 산업화 현상이 나타나는 국가에서는 도시에 일자리가 증가하면서 이촌향도 현상이 나타나게 된다.
④ 도시에 인구가 집중(㉡)하여 도시 인구 비율이 높아지는 현상은 도시화에 해당한다.
⑤ 산업화(㉠)와 도시화(㉡)는 함께 진행된다.

05 혁신 도시의 특성 이해

정답 찾기 혁신 도시는 정부가 추진한 지방 균형 발전 사업으로 공공 기관 지방 이전과 산·학·연·관이 서로 협력하여 지역의 성장 거점 지역에 조성되는 미래형 도시이다. 혁신 도시는 수도권과 비수도권의 격차를 줄이는 것이 주요 목적 중 하나이므로 ㄱ. 모두 비수도권에 위치하며, ㄴ. 균형 발전 실현에 도움이 될 것을 기대하는 정책이다.

오답 피하기 ㄷ. 혁신 도시는 도시 재생 사업이 이루어지는 전통적인 지방 중심 도시와는 다르다.
ㄹ. 혁신 도시는 민간 기업이 아니라 공공 기관을 지방으로 이전한다.

06 과학 기술의 발달에 따른 문제점 파악

정답 찾기 자료는 우리나라의 로봇 밀도가 높음을 나타낸다. 제조업 노동자 10명당 로봇이 1대꼴로 배치되었다는 것은 많은 일자리가 노동자에서 로봇으로 대체되었다는 것을 의미하며, 이는 로봇으로 인하여 실직하는 노동자의 발생으로 ② 노동 시장의 양극화가 심각해질 수 있다는 것을 의미한다.

오답 피하기 자료는 ① 지역 간 정보 격차가 확대되는 것, ⑤ 가상 공간에서의 익명성을 이용한 사이버 범죄가 증가할 수 있는 것과는 관련이 적은 내용이다.
③ 노동력이 로봇으로 대체되는 현상이 노동력 부족으로 인해 인건비가 상승하는 현상으로 연결되기 어렵다.
④ 노동 시장에서 외국인 노동자가 차지하는 비율이 높아지는 현상은 로봇 밀도가 높은 현상과 관련된 것이 아니라 인건비 상승, 어렵고 힘든 일에 대한 기피 등의 영향이다.

07 교통·통신 발달의 영향 이해

정답 찾기 ㄴ. 제4차 산업 혁명(㉡)은 정보 통신 기술이 산업 현장에 적용되면서 일어나는 혁신을 의미한다.
ㄹ. 산업 구조에 큰 변화(㉣)가 나타난 사례로 산업 구조에서 서비스업의 중요성이 커진 것을 들 수 있다.

오답 피하기 ㄱ. 사람, 물자, 정보의 이동이 더 쉽고 빨라지는 것(㉠)은 제한된 시간에 더 먼 거리를 이동할 수 있게 되는 것을 의미하며 이는 통근자의 통근 가능 거리를 증가시킨다.
ㄷ. 로봇 공학(㉢)으로 인하여 단순하거나 반복되는 업무의 노동력이 로봇으로 대체될 가능성이 더 커졌다.

08 정보 통신 기술의 발달 영향 파악

정답 찾기 제시된 내용은 모두 ④ 정보 통신 기술의 발달 영향에 해당한다.

오답 피하기 제시된 내용은 ① 교통수단의 발달, ② 로봇 공학의 발달, ③ 생활 공간의 범위 확대, ⑤ 위치 정보 시스템(GPS)의 발달과는 거리가 멀다.

09 교통수단의 발달 영향 이해

정답 찾기 자료는 국제 여행객 수가 증가하고 있음을 보여 준다. 그래프와 같은 현상은 ③ 교통수단의 발달로 장거리 이동이 편리해진 영향이 크다.

오답 피하기 ① 사물 인터넷은 생활 속 사물들을 인터넷으로 연결하고 정보를 공유하는 환경을 의미한다.
② 지리 정보 시스템은 다양한 방법으로 수집된 지리 정보를 수치화하여 컴퓨터에 입력·저장하고 이를 사용자의 요구에 따라 분석하는 시스템이다.
④ 가상 공간에서 쌍방향 의사소통이 가능해진 것, ⑤ 지식과 정보가 부가 가치 창출에 큰 영향을 미치는 것은 국제 여행객 수 증가와 거리가 멀다.

10 교통 발달이 지역 변화에 미치는 영향 이해

정답 찾기 자료는 서울과 춘천을 오가는 ITX 청춘의 개통으로 춘천 지역의 대학가 상권이 피해를 입은 내용이다. 이러한 현상을 설명할 수 있는 가장 적절한 요인은 ① 빨대 효과이다. 빨대 효과란 새로운 교통수단의 개통으로 대도시가 주변 중소 도시의 인구나 상권을 흡수하는 현상이다.

오답 피하기 ② 춘천의 지역성이 약화된 것, ③ 서울과 춘천의 정보 격차가 큰 것, ⑤ 서울이 춘천보다 제조업 일자리 수가 많은 것과 상권의 피해 발생은 관련이 적다.
④ 춘천은 서울보다 도시 면적 대비 녹지 면적의 비율이 높다. 또한 녹지 면적의 넓고 좁음은 상권의 피해 발생과 관련이 적다.

11 지역 조사를 통해 수집한 인구 구조 분석

정답 찾기 인구 피라미드는 한 지역의 인구(비율 또는 수)를, 세로축은 연령(연령 또는 연령층별)으로, 가로축은 성별(왼쪽 남자, 오른쪽 여자)로 표현한 그림이다. 인구 유입이 활발한 연령층이 있었다면 인구 피라미드에서 해당 연령층의 비율이 높게 나타난다. 그런데 제시된 인구 피라미드는 청장년층의 비율이 높지 않다. 따라서 ④ 1985~2022년에

청장년층을 중심으로 인구 유입이 활발하게 나타난 지역이 아니다.

오답 피하기 ① 인구 피라미드에서 15세 미만의 남자와 여자의 막대 길이의 합을 통해 비교할 수 있다. 2022년은 1985년보다 유소년층(15세 미만) 인구 비율이 낮다.
② 인구 피라미드에서 65세 이상의 남자와 여자의 막대 길이의 합을 통해 비교할 수 있다. 2022년은 1985년에 비해 노년층(65세 이상) 인구 비율이 높다.
③ 남성과 여성의 많고 적음은 해당 연령층의 비율을 통해 비교할 수 있다. 노년층(65세 이상) 인구는 모두 남성의 비율보다 여성의 비율이 높으므로 노년층 인구는 남성보다 여성이 많다.
⑤ 2022년은 1985년에 비해 인구가 감소하였고 초등학생 연령층의 인구 비율도 낮아졌으므로 초등학생 수도 감소하였다. 따라서 문구 판매업의 초등학생 소비자가 감소하였다고 할 수 있다.

12 지역 조사 내용과 조사 항목 및 조사 방법 이해

정답 찾기 ⑤ ⑩ 보고서 작성은 탐방(자료 수집)이 아니라 보고서 작성 단계에서 할 일이다.

오답 피하기 ① 과거의 토지 이용이 나타난 사진과 통계 자료 수집(㉠)의 조사 방법은 실내 조사 중 문헌 조사, 통계 자료 수집에 적절하다.
② 현재의 토지 이용 사진 촬영(㉡)의 조사 방법은 야외에서 사진을 촬영하는 것이 적절하다.
③ 산업별 종사자 수와 이주 노동자 수(㉢)는 산업 구조 변화와 이주 노동자 현황 조사 내용에 해당한다.
④ 여성과 청년 계층의 의견 수렴(㉣)은 성별, 연령층별 등의 기준에 의한 구분 중에서 특정 계층만을 대상으로 의견을 수렴한 것이므로 모든 계층을 대상으로 의견을 수렴했다고 할 수 없다.

13 지역 조사 순서 이해

정답 찾기 지역 조사 순서는 대체로 조사 주제 및 지역 선정, 실내 조사, 야외 조사, 자료 정리 및 분석, 보고서 작성 순으로 이어진다. ㄱ. 도시화에 따른 ○○시의 변화 양상을 파악하고자 하는 것은 조사 주제 선정에 해당한다.
ㄴ. ○○시에 30년 이상 거주한 노년층 인구를 대상으로 인터뷰하는 것은 야외 조사에 해당한다.
ㄷ. ○○시의 과거와 최근의 인구 피라미드, 산업 구조 그래프를 그리는 것은 자료 정리 및 분석에 해당한다.

ㄹ. 인터넷을 통해 ○○시의 각 연도의 연령층별 인구 및 산업별 종사자 수를 조사하는 것은 실내 조사에 해당한다. 따라서 제시된 조사 활동은 ① ㄱ—ㄹ—ㄴ—ㄷ 순서로 이루어지는 것이 적절하다.

14 지역 조사 항목에 맞는 조사 내용 파악

정답 찾기 지역 조사에서 조사 내용은 조사 목적이 잘 드러나게 하는 것이 좋다. ② 산업 구조 변화를 조사하려면 두 시기 이상의 산업별 종사자 수, 취업자 수 등을 조사해야 한다. ㉡ 울산광역시의 시기별 1차 · 2차 · 3차 산업 종사자 수에 대한 통계 자료 수집을 통해서 울산광역시의 산업 구조 변화를 파악할 수 있다.

오답 피하기 ① 토지 이용 변화를 조사하려면 두 시기 이상의 토지 이용 상태를 비교해야 한다. ㉠ 울산광역시를 답사하며 도심과 주변 지역의 자동차 통행량을 사진으로 촬영하는 것은 토지 이용 변화를 파악하기 위한 조사 계획으로 적절하지 않다.
③ 주민 가치관 변화를 조사하려면 주민들을 대상으로 설문 조사, 인터뷰 등을 실시해야 한다. ㉢ 울산광역시를 방문한 관광객을 대상으로 울산광역시를 방문하게 된 이유에 대해 설문 조사를 하는 것은 지역 주민을 대상으로 한 것이 아니므로 적절하지 않다.
④ 공원 이용 실태를 조사하려면 주민들의 공원 방문, 이용 등을 조사해야 한다. ㉣ 울산광역시의 시기별 녹지 면적을 조사하는 것은 토지 이용 면적 조사 내용에 해당한다.
⑤ 울산의 생태 환경 변화를 조사하려면 울산 지역을 조사해야 한다. ㉤ 한강은 울산에 있지 않으므로 적절하지 않다.

미리보는 **서술형·논술형** 본문 85쪽

Step 1 | 서술형 연습하기

답 완성하기 서울은 산업화 과정에서 (이촌향도) 의 영향을 받아 인구가 빠르게 (증가)하였다. 이 과정에서 서울은 토지 이용의 (집약도)가 높아졌다.

| **필수 키워드** | 산업화, 이촌향도, 토지 이용, 집약도

평가 기준

상	빈칸에 들어갈 내용 3개를 모두 정확하게 쓴 경우
중	빈칸에 들어갈 내용 2개를 정확하게 쓴 경우
하	빈칸에 들어갈 내용을 1개 이하 쓴 경우

Step 2 | 서술형 훈련하기

예시 답안

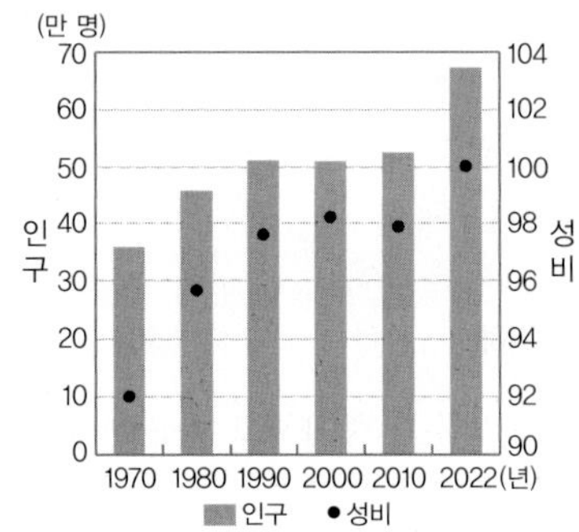

| **필수 키워드** | 조건, 통계 자료, 시각화

평가 기준

상	그래프의 좌우 세로축에 맞게 두 자료를 정확하게 표현한 경우
중	그래프의 좌우 세로축 중 하나의 자료를 정확하게 표현한 경우
하	그래프의 좌우 세로축 중 하나의 자료를 표현했지만 간격, 그래프 길이가 미흡한 경우

Step 3 | 논술형 도전하기

예시 답안 제시된 자료에 나타난 현상은 열섬 현상이다. 열섬 현상의 주요 원인은 크게 두 가지 측면에서 살펴볼 수 있다. 첫째는 대기를 가열시킬 수 있는 인공 열의 발생, 둘째는 지표 포장 상태이다. 도시는 주변 촌락에 비해 자동차, 건물 등으로부터의 인공 열 발생량이 많고, 콘크리트나 아스팔트로 포장된 면적이 넓어 쉽게 가열된다. 이러한 이유로 도시는 주변 지역에 비해 기온이 높다. 이에 대한 대책으로는 녹지 공간 확충, 바람길을 고려한 건물 배치 및 고도 제한 등이 있다.

| **논리적 전개 예시** | 자료와 같은 현상이 나타나는 원인을 열의 발생 측면, 열에 의해 가열되는 지표 조건을 고려하여 서술한다. → 각각의 상황이 열섬 현상에 어떻게 영향을 미칠지 서술한다. → 제시된 원인을 토대로 해결점을 찾아 서술한다.
참고로 열섬 현상은 건물의 고도가 높아 밤에 복사 냉각이 주변 촌락보다 덜 이루어지는 것과도 관계가 있다.

평가 기준

평가 충실도	정해진 분량을 충족시킴. (단, 제시된 질문과 전혀 상관이 없는 내용으로 답변했을 시에는 해당 부분을 제외한 부분만을 분량에 포함시킴.)
고차적 인지 능력	열섬 현상에 영향을 미치는 요인을 다차원적으로 분석하여 표현한 경우
글의 논리성	열섬 현상의 원인과 그에 대한 해결책이 논리적으로 긴밀하게 연결되어 있음.

③ 인간다운 최저한도의 생활 보장을 국가에 요구하는 권리
는 사회권이다.
⑤ 모든 국민이 부당하게 차별받지 않고 동등하게 대우받을
권리는 평등권이다.

03 헌법 소원 심판의 이해

정답 찾기 ② 갑은 국가의 공권력으로 인해 종교의 자유를
침해받았다고 생각했기 때문에 최종적으로 헌법재판소에
헌법 소원 심판을 청구할 수 있다.

오답 피하기 ① 분대장의 종교 집회 참석 권유를 범죄로 볼 수
없기 때문에 분대장을 형사 고소하는 것은 적절하지 않다.
③ 갑이 부당한 차별을 받은 것은 아니므로 차별을 이유로
국가 인권 위원회에 진정하는 것은 적절하지 않다.
④ ○○ 훈련소의 종교 행사 참석 문제가 지방 의회의 조례
로 정해져야 할 사항은 아니다.
⑤ ○○ 훈련소의 종교 권유가 행정 처분은 아니므로 국민
권익 위원회에 행정 처분의 취소를 구하는 것은 적절하지
않다.

04 권력 분립 제도의 이해

정답 찾기 ③ 국정 감사권은 입법부가 국정 전반에 대해
정기적으로 감사하는 권한이며, 법률안 거부권은 대통령이
국회의 법률안 의결에 대해 재의를 요구하는 권한이다. 위
헌 법률 심판 제청권은 법률이 헌법에 위배되는지 여부를
법원이 헌법재판소에 심사 제청하는 권한이다. 대법원장 임
명 동의권은 국회가 법원에 대해 갖는 권한이다. 사면권은
대통령의 권한으로서 법원을 견제한다. 명령·규칙이 헌법
이나 법률을 위배했는지를 법원이 심사할 수 있는데, 이것
은 법원이 행정부를 견제하는 권한이다. 따라서 A는 행정
부, B는 입법부, C는 사법부이다.

05 헌법상의 인권 보장 장치 이해

정답 찾기 ④ 권력 분립 제도, 민주적 선거 제도, 기본권
구제 제도는 국민의 인권을 실질적으로 보장하기 위한 헌법
상의 제도적 장치이다.

오답 피하기 ① 제시된 제도 중에서 민주적 선거 제도만 대
의 정치 확립과 관련된다.
② 제시된 제도가 시민 참여 증대에 어느 정도 기여하는 측
면이 있으나 궁극적인 목적은 아니다.
③ 제시된 제도가 궁극적으로 국민 통합을 실현한다는 목적

을 갖고 있다고 보기는 어렵다.
⑤ 제시된 제도가 국가 행정의 효율성을 증대시킨다는 목적
을 갖는다고 보기는 어렵다.

06 시민 참여 방법의 이해

정답 찾기 시민은 정당에 가입하여 당원으로서의 권리와
의무를 지니고 각종 정당 활동에 참여할 수 있다. 또한 자신
의 이익을 실현하는 이익 집단을 통해 정치 과정에서 자신
의 의견을 적극적으로 표출하고 영향력을 행사할 수 있다.
그리고 공익을 실현하기 위한 시민 단체에 가입하여 토론회
나 공청회 등에 참여하기도 한다.

07 시민 참여 방법의 이해

정답 찾기 ㄷ. 병은 구청 홈페이지에 의견을 제시했으므로
공간적 제약으로부터 자유로운 참여 방법을 활용하였다.
ㄹ. 갑은 시민 단체에 가입하여 활동했고, 을은 이익 집단에
서 활동했으므로 갑과 을은 모두 집단적 방법으로 참여하였
다. 병은 혼자서 구청 홈페이지에 의견을 제시했으므로 개
인적 방법으로 참여한 것이다.

오답 피하기 ㄱ. 갑은 시민 단체에 가입하여 활동했으므로
갑의 활동은 공공의 이익을 실현하기 위한 것이다.
ㄴ. 이익 집단이나 시민 단체의 활동은 정치적인 책임과는
거리가 멀다. 자신의 활동에 대해 정치적인 책임을 지는 참
여 방법은 정당을 통한 참여이다.

08 시민불복종의 정당화 요건 이해

정답 찾기 A는 시민불복종이다.
② 시민불복종은 파괴나 약탈 등 폭력적인 방법을 사용해서
는 안 된다. 평화적인 시위나 집회 등 비폭력적인 방법을 사
용해야 한다.

오답 피하기 ① 시민불복종은 위법 행위에 대한 처벌을 기꺼
이 감수함으로써 기본적으로 법을 존중한다는 사실도 분명
히 해야 한다.
③ 시민불복종은 문제 해결을 위해 시도한 여러 합법적인
방식이 실패했을 때 최후의 수단으로만 시행되어야 한다.
④ 사회 정의를 훼손한 법이나 정책에 항의한다는 행위 목
적의 정당성이 있어야 한다. 개인의 이익에 반하는 정책이
라고 해서 시민불복종을 행사해서는 안 된다.
⑤ 시민불복종은 정당성 확보를 위해 공개적으로 이루어져
야 한다.

03 인권 문제의 양상과 해결 방안

개념 체크

본문 98쪽

01 (1) 사회적 소수자 (2) 인권 감수성 (3) 국제 연합
02 (1) ○ (2) × (3) × (4) ○
03 (1) ㄴ (2) ㄱ (3) ㄷ (4) ㄹ

기본 문제

본문 98~99쪽

01 ① **02** ② **03** ③ **04** ③ **05** ②
06 ⊙: 근로 기준법 ⓛ: 근로 계약서 **07** ④ **08** ②

01 사회적 소수자 이해

정답 찾기 A는 사회적 소수자이다.
① 사회적 소수자는 주류 집단보다 권력의 열세에 있지만 반드시 수적으로 소수를 의미하는 것은 아니다.
오답 피하기 ② 사회적 소수자는 정치·경제·사회적 권력에서 열세에 있다.
③ 사회적 소수자는 신체 또는 문화적으로 구별되는 특징이 있다.
④ 사회적 소수자는 그 집단 구성원이라는 이유로 주류 집단으로부터 사회적 차별을 받는다.
⑤ 사회적 소수자는 자기가 차별받는 집단의 구성원이라는 점을 느끼고 있다.

02 사회적 소수자 차별 이해

정답 찾기 ② 세무 회계 관련 직원을 채용하기 때문에 세무 회계 관련 자격증을 갖춘 자를 요구하는 것은 업무의 효율화를 위해 합리적인 제한이다.
오답 피하기 ① 2000년 1월 1일 이후 출생자만 채용하겠다고 하는 것은 연령에 의한 불합리한 차별이다.
③ 남자의 경우 현역 군복무를 마친 자를 채용 요건으로 하는 것은 현역 군복무를 마칠 수 없는 상황인 사람을 불합리하게 차별하는 경우이다.
④ 본인 및 부모가 이주 외국인이 아닌 자를 채용 요건으로 하는 것은 외국인에 대한 불합리한 차별이다.
⑤ 여성의 경우 미혼이면서 용모 단정한 자를 채용 요건으로 하는 것은 업무와의 연관성이 없으므로 여성에 대한 불

합리한 차별이다.

03 사회적 소수자 차별 문제의 해결 방안 이해

정답 찾기 ③ 사장은 손님들이 장애인을 싫어할 것이라는 막연한 편견 때문에 청각 장애인 갑에 대해 채용을 철회했으므로 사장은 사회적 소수자에 대한 편견을 갖고 있다. 이와 같은 사회적 소수자 차별 문제를 해결하기 위해서는 우선 사회적 소수자에 대한 편견부터 제거해야 한다.
오답 피하기 ① 제시문은 장애인에 대한 차별을 시정하는 것을 강조하고 있다. 장애인과 같은 사회적 소수자의 채용을 강제해야 한다는 것을 해결 방안이라고 보기는 어렵다.
② 제시문에서 사회적 소수자의 대상 범위를 줄여야 한다는 것을 해결 방안이라고 보기는 어렵다
④ 제시문에서 사회적 소수자를 주류 사회에 동화시켜야 한다는 것을 해결 방안이라고 보기는 어렵다.
⑤ 제시문에서 사회적 소수자 스스로 능력 증진에 노력해야 한다는 것을 해결 방안이라고 보기는 어렵다.

04 청소년의 노동권 이해

정답 찾기 ㄴ. 근로 시간이 4시간일 경우 휴게 시간은 30분 이상, 근로 시간이 8시간일 경우는 1시간 이상이어야 한다. 갑의 하루 근로 시간은 4시간이 넘으므로 휴게 시간은 30분 이상 보장받게 된다.
ㄷ. 15세 이상 18세 미만 청소년 근로자의 연장 근로는 하루 1시간 이내에서 가능하다.
오답 피하기 ㄱ. 연소 근로자의 근로 계약은 부모의 동의를 얻어 연소 근로자 본인이 체결해야 한다. 연소 근로자의 부모가 계약을 체결해서는 안 된다.
ㄹ. 미성년자라도 임금은 본인에게 직접 지급해야 한다. 부모에게 대리 지급해서는 안 된다.

05 사회적 소수자 차별 이해

정답 찾기 ② 관련 자격증이 없어 입사 시험에서 불합격한 것은 사회적 소수자 차별이라고 볼 수 없다.
오답 피하기 ① 나이가 많다고 재취업을 위한 면접 기회조차 주지 않은 것은 연령에 의한 차별에 해당한다.
③ 다리가 조금 불편한 장애인이라는 이유로 면접 시험에서 탈락시킨 것은 장애인에 대한 차별이다.
④ 여자라는 이유로 입사 동기 남자 직원보다 승진이 늦어지는 것은 여성 차별에 해당한다.

⑤ 이주 외국인 근로자들이 내국인 근로자들에 비해 훨씬 낮은 임금을 받는 것은 이주 외국인 근로자들에 대한 차별이다.

06 청소년 노동권 침해 문제 이해

정답 찾기 청소년은 근로 기준법에서는 연소 근로자로 보호하고 있다. 청소년이 노동권을 침해당하는 사례로는 근로 계약서를 작성하지 않은 경우, 임금을 제때 받지 못한 경우, 최저 임금을 보장받지 못한 경우, 사용자나 고객으로부터 폭언과 부당한 대우를 받는 경우 등이 있다.

07 세계 기아 지수의 분석

정답 찾기 ④ 2023년의 경우 미국이나 호주는 세계 기아 지수를 측정하지 않은 국가이므로 중국이나 러시아보다 빈곤 정도가 높다고 단정할 수 없다.

오답 피하기 ① 세계 기아 지수는 영양 결핍 인구, 발육 부진 아동, 영유아 사망률 등을 기준으로 측정하는데 세계 각국의 빈곤 정도를 알 수 있는 지표이다.
② 지도를 보면 예멘, 중앙아프리카 공화국, 콩고 민주 공화국 등이 '위험' 수준의 굶주림을 겪고 있다. 즉, 기아 수준이 위험한 국가들은 아프리카 지역에 많다.
③ 기아 수준이 위험한 국가들은 사막에 위치해 있어 자연환경이 대체로 열악한 편이다.
⑤ 빈곤 문제는 자연환경뿐만 아니라 내전 등 여러 요인들이 복합적으로 얽혀 있으므로 해당 국가 스스로 해결하기가 어렵다. 따라서 국제적인 연대를 통해 해결 방안을 모색할 필요가 있다.

08 아동 노동의 원인 이해

정답 찾기 ② 아동 노동의 40.7%가 최빈국에 있으므로 빈곤의 심화가 아동 노동의 원인임을 알 수 있다.

오답 피하기 ① 종교적 관습이 아동 노동의 원인이라는 내용은 제시문에서 찾아볼 수 없다.
③ 국가 권력의 남용이 아동 노동의 원인이라는 내용은 제시문에서 찾아볼 수 없다.
④ 정치적 표현의 자유 억압이 아동 노동의 원인이라는 내용은 제시문에서 찾아볼 수 없다.
⑤ 다양한 인종이나 계층 간의 갈등이 아동 노동의 원인이라는 내용은 제시문에서 찾아볼 수 없다.

01 ④	**02** ①	**03** ⑤	**04** ①	**05** ⑤
06 ㉠: 헌법 소원　㉡: 헌법재판소			**07** ④	**08** ①
09 ②	**10** ①	**11** ④	**12** ②	**13** ①

01 시민 혁명의 이해

정답 찾기 밑줄 친 '이것'은 시민 혁명이다.
④ 시민 혁명 이후에도 재산, 성별, 신분 등에 따라 정치 참여가 제한되어 대다수 사람은 국가의 의사 결정 과정에서 배제되었다.

오답 피하기 ① 시민 혁명으로 영국은 의회 정치가 자리 잡는 계기가 되었다.
② 시민 혁명은 인간 존엄, 자유와 평등을 천부 인권으로 인식하였다.
③ 미국은 독립 전쟁의 형태로 시민 혁명을 경험하게 되었으며, 엄격한 권력 분립의 대통령제를 채택하였다.
⑤ 근대에 접어들어 인간이 이성의 힘으로 편견과 오류를 극복하고 사회적 모순과 부조리를 바로잡을 수 있다고 보는 계몽사상이 확산하면서 시민의 자유와 권리를 요구하는 시민 혁명이 일어났다.

02 인권 관련 문서의 분석

정답 찾기 (가)는 프랑스 인권 선언, (나)는 독일 바이마르 헌법이다.
① 프랑스 인권 선언에서는 국가 권력의 간섭에서 벗어나서 자유롭게 생활할 수 있는 권리인 자유권을, 독일 바이마르 헌법에서는 인간다운 생활을 할 권리인 사회권을 강조한다.

오답 피하기 ② 프랑스 인권 선언과 독일 바이마르 헌법은 모두 인간 존엄성을 기초로 한 인권 관련 문서이다.
③ 자유권은 국가 권력의 간섭에서 벗어날 것을 강조하였고, 사회권은 국가의 적극적인 개입을 통한 인간다운 생활을 요구하였다.
④ 프랑스 인권 선언은 시민 혁명의 결과 탄생한 인권 문서이지만 독일 바이마르 헌법은 산업 혁명의 결과 발생한 문제점을 해결하기 위해 나타난 인권 문서이다.
⑤ 프랑스 인권 선언에서 강조한 자유권은 1세대 인권이지만, 독일 바이마르 헌법에서 강조한 사회권은 2세대 인권에 해당한다.

03 인권 발달 과정 이해

정답 찾기 ⑤ 1948년 국제 연합 총회에서 발표한 세계 인권 선언은 인권 보장의 국제적 기준을 제시하였다.

오답 피하기 ① 연대권이 주요한 인권으로 강조된 것은 제2차 세계 대전 이후이다.
② 사회권을 처음으로 국민의 기본권에 포함시킨 것은 독일의 바이마르 헌법이다.
③ 차티스트 운동은 노동자의 참정권 보장이 핵심적인 요구 사항이었다.
④ 최초로 자유와 평등을 국민의 권리로 명시한 것은 프랑스 혁명의 결과 나타난 프랑스 인권 선언이었다.

04 안전권과 주거권의 이해

정답 찾기 ㄱ. 갑은 퇴근 도중 의식을 잃었으나 119 구급대에 의해 신속하게 구조되었으므로 안전권을 보장받았다. 안전권은 제도의 확충뿐만 아니라 개인의 철저한 안전 수칙 이행을 필요로 한다.
ㄴ. 을은 전세 대출 정책으로 편안한 주거 생활을 누리게 되었으므로 주거권을 보장받고 있다. 주거권은 인구의 도시 집중으로 주택의 부족, 열악한 주거 환경 등이 나타남에 따라 그 필요성이 강조되고 있다.

오답 피하기 ㄷ. 다문화 사회의 도래와 함께 문화적 정체성 유지를 강조하면서 나타난 것은 문화권이다. 안전권과 주거권은 모두 문화적 정체성과는 관련이 없는 권리이다.
ㄹ. 안전권과 주거권은 현대 사회에서 강조된 인권이다. 시민 혁명에서부터 강조된 것은 자유권과 평등권이다.

05 사회권과 자유권의 이해

정답 찾기 갑은 전산 오류로 건강 보험 혜택을 받지 못했으므로 사회 보장을 받을 권리를 침해당했다. 사회 보장을 받을 권리는 사회권에 해당하므로 (가)는 사회권이다. 을은 영장 없이 체포당했으므로 신체의 자유를 침해당했다. 신체의 자유는 자유권에 해당하므로 (나)는 자유권이다.
ㄷ. 사회권은 국민의 인간다운 생활 보장을 위해 국가의 적극적인 개입이 요구된다. 자유권은 국가 권력의 간섭으로부터 벗어나 자유로운 생활을 누릴 권리이므로 국가의 적극적인 개입이 배제된다.
ㄹ. 사회권과 자유권은 모두 국가 안전 보장, 질서 유지, 공공복리를 위해 필요한 경우에는 법률에 의해 제한이 가능하다.

오답 피하기 ㄱ. 사회권은 국민이 국가에 인간다운 생활의 보장을 요구할 수 있는 권리이다. 다른 기본권이 침해되었을 때 그 권리 구제를 위해 요구되는 권리는 청구권이다.
ㄴ. 자유권은 근대 시민 혁명에서부터 강조되었다. 현대 복지 국가에서부터 강조된 것은 사회권이다.

06 헌법 소원 심판 이해

정답 찾기 기본권을 침해받은 국민은 법원의 재판이나 헌법재판소의 헌법 소원 심판 등을 통해 침해된 권리를 구제받을 수 있다. 이 중에서 헌법 소원 심판은 국가의 공권력의 행사 또는 불행사로 인해 기본권을 침해받았을 때 국민이 최종적으로 헌법재판소에 구제 신청을 하는 것을 말한다.

07 기본권의 제한 이해

정답 찾기 ④ 갑은 질서 유지를 이유로 직업 선택의 자유를 제한받았고, 을은 공공복리를 이유로 신체의 자유를 제한받았다. 이를 통해 기본권은 필요한 경우에 제한할 수 있음을 알 수 있다.

오답 피하기 ① 기본권은 절대적 권리가 아니라 제한이 가능한 상대적 권리이다.
② 자유권은 국가 권력의 간섭으로부터 벗어나 자유롭게 생활할 권리로서 내국인뿐만 아니라 외국인에게도 보장된다.
③ 제시된 자료에서 인권을 보장하면 사회 정의가 실현된다는 내용은 찾아볼 수 없다.
⑤ 제시된 자료에서 기본권 침해 시 구제 절차를 밟아야 한다는 내용은 찾아볼 수 없다.

08 시민 참여의 중요성 이해

정답 찾기 ① 제시된 사례에서 대학생들은 좁은 통학로를 넓혀 주도록 주민들과 함께 구청을 설득하여 이를 관철시켰다. 이에 따라 학생과 주민 모두 편안하고 안전하게 통행할 수 있게 되었다. 여기서 시민 참여가 왜 중요한지를 알 수 있다.

오답 피하기 ② 제시된 사례가 자연재해로 인한 피해 사례에 해당한다고는 보기 어렵다.
③ 제시된 사례에서 준법 의식과 사회 발전의 관계를 찾아볼 수 없다.
④ 제시된 사례가 지방 자치 단체의 역할을 강조하고 있다고는 보기 어렵다.

⑤ 제시된 사례에서 지역 이기주의의 문제점을 찾아볼 수 없다.

09 롤스의 시민불복종 이해

정답 찾기 제시문은 롤스가 시민불복종에 대해 주장한 내용이다.

ㄱ. 롤스는 부당한 법에 저항할 경우 평화적인 방법을 사용해야 함을 강조하였다.

ㄷ. 롤스는 사회적 다수에 의해 공유된 정의관이 시민불복종의 기준이 되어야 한다고 주장하였다.

오답 피하기 ㄴ. 롤스는 부당한 법을 집행하는 정부가 내리는 처벌을 감수해야 한다고 주장하였다.

ㄹ. 롤스는 시민불복종은 소수의 엘리트가 아니라 다수의 대중에 의해 공개적으로 진행되어야 한다고 주장하였다.

10 사회적 소수자의 이해

정답 찾기 ① 갑은 A회사에서는 사회적 소수자였으나 B회사에서는 그렇지 않았다. 따라서 사회적 소수자가 되는 기준은 상대적이다.

오답 피하기 ② A회사는 여성이 압도적으로 많았지만 갑은 사회적 소수자였고, B회사는 남성이 압도적으로 많았지만 갑은 사회적 소수자가 아니었다. 따라서 수적으로 열세에 놓였다고 해서 사회적 소수자로 볼 수는 없다. 그 집단이 권력의 열세에 있느냐를 기준으로 판단해야 한다.

③ 제시된 사례에서 성별에 따라 업무가 구분되어야 효율성이 높아진다는 내용은 찾아볼 수 없다.

④ 사회적 소수자에 대한 차별이 사회적 관행으로 인정될 경우 인권 침해로 이어져 사회적 갈등 요인이 된다.

⑤ 사회적 소수자 차별은 그 사회의 주류 집단에 의해 이루어지는 것이므로 사회적 소수자 집단이 스스로 벗어나려고 노력한다고 해서 사회적 소수자 차별 문제가 해결된다고 보기는 어렵다.

11 장애인 차별 해소 방안 이해

정답 찾기 ④ 장애인을 고용하여 교육하는 과정에서 지출하는 비용이 장애인을 고용하지 않고 내는 부담금보다 많기 때문에 실제로 많은 기업이 차라리 법 위반에 따른 부담금을 내는 편을 택하고 있다. 따라서 기업이 장애인을 고용하는 과정에서 지출되는 비용을 줄여주는 방안을 강구해야 한다.

오답 피하기 ① 장애인 의무 고용 비율을 줄이면 대기업의 장애인 고용 기피에 따른 부담금이 줄어 장애인 고용 기피가 더욱 늘어날 수 있다.

② 제시된 글에서는 장애인들이 적성에 맞는 일자리를 찾지 못해서가 아니라 기업의 장애인 고용에 따른 부담이 커서 장애인 고용을 회피하고 있음을 강조하고 있다.

③ 장애인을 고용하지 않을 경우 내는 부담금을 경감하면 기업들은 장애인 고용을 더욱 기피할 것이다.

⑤ 제시문에서는 장애인 의무 고용에 따른 비장애인의 역차별 문제는 언급되어 있지 않다.

12 청소년 노동권의 이해

정답 찾기 ② 청소년이라도 임금은 본인이 직접 받아야 한다.

오답 피하기 ① 17세의 청소년은 하루 7시간 이내 근로가 원칙이다.

③ 4시간 근로의 경우 30분 이상, 8시간 근로의 경우 1시간 이상의 휴게 시간을 근로 시간 도중에 주어야 한다.

④ 청소년은 법정 대리인의 동의를 얻어서 본인이 직접 근로 계약을 체결해야 한다.

⑤ 청소년은 도덕이나 보건상 유해하거나 위험한 업종에서 일을 하지 못한다.

13 세계 인권 문제의 해결 방안 이해

정답 찾기 ① 한국 정부가 필리핀에 쌀을 제공한 것은 필리핀의 빈곤 문제에 대한 국가 차원의 실천 방안이다.

오답 피하기 ② 필리핀에 쌀을 제공한 것은 개인이 아니라 정부 차원에서 실시한 것이다.

③ 제시된 사례에서 국제 비정부 기구의 노력은 찾아볼 수 없다.

④ 제시된 사례에서 국제 연합이 주체가 되어 필리핀에 쌀을 제공했다는 내용은 찾아볼 수 없다.

⑤ 한국 정부가 필리핀에 쌀을 제공한 것은 빈곤은 해당 국가 차원을 넘어 전 세계가 함께 협력하여 해결해야 할 인권 문제임을 전제로 하고 있다.

미리보는 서술형·논술형

본문 105쪽

Step 1 | 서술형 연습하기

답 완성하기 윗 글에서 정부의 매입 임대 주택이 주거 약자의 주거 안전망으로 자리를 잡아가고 있다고 했으므로 (주거권)을 강조하고 있다. 오늘날 (도시)로 인구가 집중하면서 주택이 부족해지고 각종 개발 사업이나 주거비 증가 등으로 (불안정)한 주거 생활을 하는 사람이 많다. 이에 쾌적하고 안정적인 (주거) 환경에서 인간다운 주거 생활을 할 권리인 (주거권)이 강조되고 있다.

| 필수 키워드 | 주거권, 도시 인구 집중

평가 기준

상	주거권을 지적하고, 주거권이 강조된 배경을 정확히 설명한 경우
중	주거권을 지적하고, 주거권이 강조된 배경을 대략적으로 설명한 경우
하	주거권을 지적하였으나, 주거권이 강조된 배경을 미흡하게 설명한 경우

Step 2 | 서술형 훈련하기

예시 답안 시민이 공공 문제에 무관심하면 정책 결정 과정이 불공정하게 이루어질 수 있고 시민의 권리와 의사에 부합하지 않는 법과 정책이 만들어져 시민의 권익을 침해할 수 있다.

| 필수 키워드 | 시민 참여, 불공정한 정책 결정, 시민의 권익 침해 등

평가 기준

상	시민의 무관심이 불공정한 정책 결정을 가져와서 결국 시민의 권익 침해로 이어진다는 내용을 논리적으로 설명한 경우
중	시민의 무관심이 시민의 권익 침해로 이어진다는 내용을 대략적으로 설명한 경우
하	시민의 무관심이 시민의 권익 침해로 이어진다는 내용이 논리적이지 않은 경우

Step 3 | 논술형 도전하기

예시 답안 같은 성평등 여부를 측정하는 인권 지수에서 차이가 나는 이유는 각 지수에 포함되는 지표의 차이 때문이다. 우리나라의 경우 남녀 임금 격차가 큰 편이다. 남녀 임금 격차는 성 격차 지수에서 반영하기 때문에 한국의 성 격차 지수는 낮을 수밖에 없다. 반면 성 불평등 지수에 포함되는 여성의 고등 교육 이수 비율은 아주 높다. 따라서 한국의 성 불평등 지수는 상위권이다. 결국 계량적인 인권 지수를 볼 때는 어떠한 지표가 반영되었는지를 살펴보면서 그 나라의 인권 수준을 이해해야 한다.

| 논리적 전개 예시 | 성 격차 지수와 성 불평등 지수의 지표가 무엇인지 확인한다. → 이러한 지표의 차이가 인권 지수의 순위에 영향을 준다. → 인권 지수를 살펴볼 때는 그 지수에 포함되는 지표가 무엇인지를 확인해야 한다.

평가 기준

평가 충실도	정해진 분량 기준을 충족시킴. (단, 제시된 질문과 전혀 상관없는 내용으로 답변했을 시에는 분량 기준을 충족시키지 못한 것으로 간주함.)
고차적 인지 능력	인권 지수가 서로 다른 결과를 가져오는 이유를 근거를 들어 논리적으로 설명함.
글의 타당성	인권 지수에 포함되는 지표를 정확히 분석하고 인권 지수를 살펴볼 때의 유의점이 타당하게 연결되어 있음.
글의 논리성	전체적인 글의 구성과 짜임새가 매끄러우며, 문제점과 해결책의 연결이 자연스러움.

II. 사회 정의와 불평등

01 정의의 의미와 실질적 기준

개념 체크
본문 108쪽

01 (1) 정의 (2) 아리스토텔레스 (3) 분배적 (4) 교정적
02 (1) ○ (2) × (3) ○ (4) ○ (5) ○ (6) ×
03 (1) ㄴ (2) ㄷ (3) ㄱ (4) ㄴ

기본 문제
본문 108~109쪽

01 ⑤ **02** ④ **03** ④ **04** ① **05** ⑤
06 ㉠: 기회 ㉡: 결과 **07** ④

01 정의의 의미 이해

정답 찾기 ⑤ 정의란 마땅히 받을 몫을 공정하게 받는 것으로, 모든 사람에게 동일한 몫을 분배함으로써 절대적 평등을 실현하는 것은 아니다.

오답 피하기 ① 정의란 사회적 대우나 보상, 처벌 등에 있어 마땅히 받을 몫을 공정하게 받는 것을 의미한다.
② 분배적 정의란 사회적 이익이나 부담에 있어 받아야 할 만큼의 몫을 받는 것을 의미한다.
③ 교정적 정의란 개인이나 집단에 입힌 손해에 관한 처벌과 배상의 공정함을 말한다.
④ 정의가 필요한 이유는 사회생활에서 발생하는 갈등을 조정하기 위해서이다.

02 정의의 필요성 이해

정답 찾기 ㉠은 '정의'이다.
ㄴ, ㄹ. 정의가 인간의 삶에서 필요한 이유는 사회생활에서 일어나는 갈등을 조정하고, 모든 사회 구성원이 인간다운 삶을 누릴 수 있게 하기 위해서이다.

오답 피하기 ㄱ. 인간이 지닌 모든 욕구를 충족하기는 어려우며, 인간이 지닌 모든 욕구를 충족하기 위해 정의가 필요한 것은 아니다.
ㄷ. 모든 사회 구성원 간의 이해관계를 일치시키는 것은 어려우며, 모든 사회 구성원 간의 이해관계를 일치시키기 위해 정의가 필요한 것은 아니다.

03 능력에 따른 분배 이해

정답 찾기 ㉠은 '능력'이다.
④ 능력에 따른 분배는 개인의 성취동기를 높일 수 있다는 장점이 있다.

오답 피하기 ① ㉠은 업적이 아니라 능력이다.
② 능력에 따른 분배는 개인이 지닌 잠재력을 실현하여 사회 발전에 이바지할 수 있게 한다는 장점이 있기 때문에 사회 발전과 무관한 것은 아니다.
③ 능력에 따른 분배는 타고난 재능이나 환경과 같은 우연적 요소가 개입될 수 있다는 단점이 있다.
⑤ 개인이 지닌 능력은 결과로 나타나지 않는 이상 객관적으로 평가하기 쉽지 않아 능력의 우열을 명확하게 가리기 어려울 수 있다.

04 업적에 따른 분배와 필요에 따른 분배 비교

정답 찾기 ㄱ, ㄷ. 갑은 업적에 따른 분배가 정의롭다고 본다. 을은 필요에 따른 분배를 주장하며, 사회적·경제적 약자를 우선적으로 보호하는 것이 정의롭다고 본다.

오답 피하기 ㄴ. 흥행 결과에 따라 보수를 주는 것은 업적에 따른 분배이기 때문에 갑은 이러한 분배에 대하여 정의롭다고 본다.
ㄹ. 갑은 을과 달리 필요가 아니라 업적에 따라 분배해야 한다고 주장한다.

05 처벌의 목적 이해

정답 찾기 ⑤ 갑은 처벌의 목적이 범죄를 예방하여 사회적 이익을 증진하는 데 있다고 본다. 이러한 입장은 처벌을 통해 범죄자의 행동을 통제 및 교화하고, 범죄자가 처벌받는 모습을 본보기로 보여 줄 때 교정적 정의를 실현할 수 있다고 주장한다.

오답 피하기 ① 처벌은 범죄 행위에 상응하는 응분의 대가라고 주장하는 입장을 응보주의라고 한다.
② 처벌의 목적이 예방에 있다고 보는 입장에서는 시민들이 처벌에 대한 두려움을 가져 범죄를 저지르지 못하게 하는 것이 중요하다고 본다.
③ 처벌의 목적이 예방에 있다고 보는 입장에서는 처벌을 통해 사회 전체의 행복을 실현해야 한다고 본다.
④ 법에 따라 범죄 행위를 공정하게 처벌하는 것은 정의로운 사회 실현의 조건이다.

06 업적에 따른 분배와 필요에 따른 분배 비교

정답 찾기 ㉠에 들어갈 말은 '기회'이고, ㉡에 들어갈 말은 '결과'이다.

07 처벌의 목적 이해

정답 찾기 ㄴ, ㄹ. 처벌의 목적이 응보에 있다고 보는 입장에서는 인간은 자신의 행위에 책임질 수 있는 자율적인 존재이므로, 스스로의 의지로 타인에게 해를 가하거나 공익을 침해하였다면 마땅히 그에 상응하는 처벌을 받아야 한다고 본다. 이에 반대하는 입장에서는 이러한 입장이 범죄와 처벌 간의 균형을 강조하기 때문에 범죄 예방에 상대적으로 무관심할 수 있다고 본다.

오답 피하기 ㄱ. 처벌의 목적이 응보에 있다고 보는 입장에서는 범죄와 처벌 간의 균형을 강조한다.

ㄷ. 처벌의 목적이 응보에 있다고 보는 입장에서는 처벌의 예방 효과를 강조하지 않는다.

02 다양한 정의관의 특징과 적용

개념 체크
본문 112쪽

01 (1) 자유주의 (2) 공동체주의 (3) 자유 지상주의
(4) 서사적

02 (1) ✕ (2) ○ (3) ○ (4) ○ (5) ✕

03 (1) 자 (2) 공 (3) 공 (4) 자

기본 문제
본문 112~113쪽

01 ② **02** ② **03** ③ **04** ② **05** ⑤
06 ㉠: 자유주의 ㉡: 공동체주의 **07** ①

01 자유주의적 정의관 이해

정답 찾기 제시문은 자유주의적 정의관을 설명하고 있다.
② 자유주의 입장에서는 공동체의 영향보다 개인의 선택을 강조한다.

오답 피하기 ① 정의를 공동체에 관한 의무로 규정하는 입장은 공동체주의이다.
③ 자유주의 입장에서는 국가가 개인에게 공동체가 중요하게 여기는 가치를 강조해서는 안 된다고 본다.
④ 자유주의 입장에서는 국가가 개인에게 공동체의 미덕을 권장해서는 안 된다고 본다.
⑤ 개인이 공동체가 공유하는 가치와 목적을 실현해야 한다고 보는 입장은 공동체주의이다.

02 공동체주의적 정의관 이해

정답 찾기 제시문은 공동체주의적 정의관을 설명하고 있다.
ㄱ, ㄹ. 공동체주의적 정의관에서 국가는 개인에게 좋은 삶의 모습을 제시하고, 선악이나 옳고 그름과 관련된 문제에 적극적으로 개입할 수 있다고 본다.

오답 피하기 ㄴ. 국가가 개인에게 특정한 가치를 권장해서는 안 된다고 보는 입장은 자유주의이다.
ㄷ. 국가가 개인의 자유로운 선택권 보장을 최우선시해야 한다고 보는 입장은 자유주의이다.

03 자유주의적 정의관의 대표적인 사상가 이해

정답 찾기 ③ ㉠에 들어갈 사상가는 '노직', ㉡에 들어갈 사

상가는 '롤스'이다.

04 공동체주의적 정의관 이해

정답 찾기 그림의 강연자는 샌델이다.

ㄱ, ㄷ. 샌델은 공동체주의적 정의관의 입장에 있는 사상가로서, 정의란 도덕적인 판단이 개입되는 문제이며 국가는 개인이 공동체에 헌신할 수 있는 태도를 함양할 수 있는 방법을 제시해야 한다고 주장하였다.

오답 피하기 ㄴ. 국가가 개인의 삶에 대해 최대한 중립적인 입장을 견지해야 한다고 보는 입장은 자유주의이다.
ㄹ. 샌델은 정의로운 사회를 실현하기 위해 개인은 공적인 삶에서 자신의 종교적 신념을 무조건 감추어야 한다고 주장하지 않았다.

05 자유주의적 정의관과 공동체주의적 정의관 비교

정답 찾기 ㄱ, ㄷ, ㄹ. 자유주의에서는 개인이 공동체의 전통이나 가치로부터 독립적이고 자율적인 존재임을 강조하지만, 공동체주의에서는 개인이 공동체의 영향을 받으며 소속감과 정체성을 형성해 나가는 존재임을 강조한다. 자유주의에서 정의란 개인선을 보장하고 실현하는 것이지만, 공동체주의에서 정의란 공동체가 공유하는 좋은 삶의 모습을 실현하는 것이다.

오답 피하기 ㄴ. 공동체주의는 개인이 공동체의 전통과 역사와 무관하지 않다고 본다.

06 자유주의적 정의관과 공동체주의적 정의관 적용

정답 찾기 ㉠에 들어갈 말은 '자유주의'이고, ㉡에 들어갈 말은 '공동체주의'이다.

07 자유주의적 정의관의 적용

정답 찾기 ① 바이러스의 전파를 막기 위한 정부의 마스크 착용 의무화 조치에 대하여 자유주의적 정의관의 입장에서는 개인의 자율적 선택을 침해하는 조치라고 볼 것이다.

오답 피하기 ② 자유주의적 정의관에서는 마스크 착용 의무화 조치를 공동체의 안전을 위한 최선의 조치로 보지 않을 것이다.
③ 마스크 착용 의무화 조치를 공동체의 구성원으로서 마땅히 따라야 하는 것으로 보는 입장은 공동체주의적 정의관이다.

④ 자유주의적 정의관의 입장에서는 마스크 착용 의무 조치를 개인의 권리보다 사회에 대한 의무를 우선하는 조치로 볼 것이다.
⑤ 연대 의식의 함양을 중요하게 여기는 입장은 자유주의가 아니라 공동체주의적 정의관이다.

03 다양한 불평등 현상과 정의로운 사회 실현

개념 체크

본문 116쪽

01 (1) 사회적 불평등 (2) 사회 계층 (3) 양극화 (4) 사회적 약자 (5) 공간 불평등
02 (1) × (2) ○ (3) ○ (4) ○ (5) ○
03 (1) ㉠ (2) ㉢ (3) ㉡

기본 문제

본문 116~117쪽

01 ④ **02** ⑤ **03** ③ **04** ① **05** ①
06 성장 거점 개발 정책 **07** ⑤

01 사회 계층의 양극화 현상 이해

정답 찾기 ㄱ, ㄴ, ㄹ. 제시된 그래프를 보면 상위층과 하위층의 자산 격차가 점점 커지고 있다. 이를 통해 경제적 불평등이 심화되고 있음을 알 수 있고, 사회 구성원들 간에 통합이 어려워질 가능성이 있다는 점을 추론할 수 있다.
오답 피하기 ㄷ. 사회 계층의 양극화 현상이 심화되면 계층 간 위화감이 조성될 가능성이 높아진다.

02 사회적 약자에 대한 차별 이해

정답 찾기 제시문은 사회적 약자인 여성에 대한 차별인 유리 천장에 대한 설명이다.
ㄷ, ㄹ. 여성에 대한 차별이 발생하는 이유는 여성이 사회적 활동에 적합하지 않다는 선입견 및 편견, 출산과 육아 등에 따른 업무 공백을 이유로 여성 고용을 꺼리는 사회적 환경 때문이다.
오답 피하기 ㄱ. 여성에 대한 차별은 그들의 능력이나 업적과 상관없이 다양한 비합리적인 이유로 발생한다.
ㄴ. 남성과 여성에게 부여된 동등한 기회 때문에 여성에 대한 차별이 발생하는 것은 아니다.

03 공간 불평등의 이해

정답 찾기 제시된 자료를 보면 수도권의 면적은 비수도권의 면적보다 작지만 제조 업체, 공공 기관 및 각종 교육, 의료 시설 등은 수도권에 집중되어 있다. 이를 통해 특정 지역

에 거주한다는 이유로 생활 환경의 측면에서 불편함을 겪을 수 있고, 모든 국토가 균형적으로 이용되는 것은 아니라는 점을 추론할 수 있다.
③ 수도권에 제조 업체가 집중되어 있는 것으로 보아, 수도권이 비수도권보다 개발 기회를 더 많이 받았을 것이라는 점을 추론할 수 있다.
오답 피하기 ①, ②, ④, ⑤ 자료를 통해 추론할 수 있는 내용이다.

04 공간 불평등 해소 방안 이해

정답 찾기 공간 불평등을 해소하기 위해서는 지역 격차 완화 정책을 실시해야 한다. 이를 위해 수도권 과밀화를 해소하고, 자립형 지역 발전의 기반을 구축해야 한다.
① 수도권 중심의 국토 개발 정책을 통해서는 수도권 과밀화를 해소할 수 없다.
오답 피하기 ② 공공 기관을 수도권에서 지방으로 이전하면 수도권 과밀화 해소에 도움이 된다.
③ 수도권에서 지방으로 이전하는 기업에 세금 감면의 혜택을 제공하는 것은 수도권 과밀화 해소에 도움이 된다.
④ 지역의 특성을 살릴 수 있는 지역 브랜드 구축은 자립형 지역 발전의 기반 구축에 도움이 된다.
⑤ 관광 마을 조성을 통한 장소 마케팅의 적극 활용은 자립형 지역 발전의 기반 구축에 도움이 된다.

05 사회 보험의 시행 목적 이해

정답 찾기 제시된 제도는 모두 사회 보험에 해당한다.
① 사회 보험을 시행하는 목적은 질병이나 실업, 사고 등 구성원에게 발생하는 사회적 위험에 대비하기 위함이다.
오답 피하기 ② 사회 보험의 시행 목적으로 사회 전체의 효율성 증대는 거리가 멀다.
③ 사회 보험의 시행 목적으로 지역 간 경제적 격차의 완화는 거리가 멀다.
④ 사회적 약자에 대한 차별을 바로잡기 위한 제도는 사회 보험이 아니라 적극적 평등 실현 조치이다.
⑤ 사회 보험은 사회 구성원의 노동 의욕 고취보다는 사회적 위험에 대한 대비를 위해 시행되는 제도이다.

06 공간 불평등 현상의 원인 이해

정답 찾기 밑줄 친 '이것'은 공간 불평등 현상의 대표적인 원인인 성장 거점 개발 정책이다.

07 적극적 평등 실현 조치 이해

정답 찾기 밑줄 친 '이것'은 사회적 약자를 위한 적극적 평등 실현 조치이다.

ㄴ, ㄷ, ㄹ. 장애인 의무 고용 제도, 농어촌 학생에 대한 대입 기회균형 전형, 여성 할당제 등은 모두 적극적 평등 실현 조치에 해당된다.

오답 피하기 ㄱ. 남성 근로자에게 출산 및 육아 휴직을 허용하는 것은 적극적 평등 실현 조치가 아니라 양성 평등 정책의 일환이다.

대단원 종합 문제

본문 120∼122쪽

01 ⑤	**02** ②	**03** ④	**04** ④
05 ㉠: 교정적 정의 ㉡: 법		**06** ⑤	
07 ㉠: 개인선 ㉡: 공동선		**08** ③	**09** ⑤
10 ③	**11** ③	**12** ②	**13** ④ **14** ④

---

01 아리스토텔레스의 정의관 이해

정답 찾기 그림의 강연자는 아리스토텔레스이다.

⑤ 아리스토텔레스는 정의를 일반적 정의와 특수적 정의로 구분하였고, 특수적 정의는 분배적 정의와 교정적 정의로 나누었다. 그는 분배적 정의는 각자의 가치에 비례하여 분배가 이루어질 때 실현된다고 보았다.

오답 피하기 ① 아리스토텔레스는 정의를 일반적 정의와 특수적 정의로 나누었고, 각각의 기준이 다르다고 주장하였다.
② 아리스토텔레스에 의하면 공익을 지향하는 법을 지키는 것은 일반적 정의와 관련된다.
③ 아리스토텔레스에 의하면 교정적 정의는 타인에게 해를 끼쳤으면 그만큼 보상해 줄 때 실현된다.
④ 아리스토텔레스는 누구에게나 동일한 양의 물질적 재화를 분배하는 것이 아니라 각자의 가치에 비례하여 그 몫을 분배해야 한다고 주장하였다.

02 필요에 따른 분배와 업적에 따른 분배 비교

정답 찾기 갑은 필요에 따른 분배, 을은 업적에 따른 분배를 강조하고 있다.

② 갑은 을과 달리 사회적·경제적 약자를 보호하기 위해 기회의 평등을 넘어 결과의 평등을 추구해야 정의롭다고 본다.

오답 피하기 ① 갑은 목적 달성에 이바지한 성과, 즉 업적을 중시하지 않는다. 따라서 갑이 을에게 제기할 수 있는 비판으로 적절하지 않다.
③ 갑은 결과의 평등 보장을 강조한다. 따라서 갑이 을에게 제기할 수 있는 비판으로 적절하지 않다.
④ 을은 기회의 평등 보장을 중시한다. 따라서 갑이 을에게 제기할 수 있는 비판으로 적절하지 않다.
⑤ 갑과 을은 모두 다양한 재화나 가치가 차등적으로 분배될 수 있다고 본다. 따라서 갑이 을에게 제기할 수 있는 비판으로 적절하지 않다.

03 분배적 정의의 다양한 실질적 기준 이해

정답 찾기 ④ (가)의 의사 채용 공고는 능력에 따른 분배를 나타낸 것이고, (나)의 러닝 개런티는 업적에 따른 분배를 나타낸 것이다. (다)의 대학 입학 특별 전형은 필요에 따른 분배를 나타낸 것이다.

04 처벌의 목적에 대한 다양한 입장 비교

정답 찾기 (가)는 처벌의 목적이 응보이며, (나)는 처벌의 목적이 범죄 예방에 있다고 본다.

ㄱ, ㄴ, ㄷ. 처벌의 목적이 응보에 있다고 보는 입장에서는 인간이 자신의 행위에 책임을 져야 한다고 본다. 처벌의 목적이 범죄 예방에 있다고 보는 입장에서는 처벌을 사회 행복 증진을 위한 수단으로 본다.

오답 피하기 ㄹ. 처벌의 목적이 범죄 예방에 있다고 보는 입장에서는 처벌로 범죄자를 교화시키는 것이 중요하다고 본다.

05 교정적 정의의 의미 이해

정답 찾기 ㉠에는 '교정적 정의', ㉡에는 '법'이 들어가야 한다.

06 롤스와 노직의 정의관 비교

정답 찾기 갑은 롤스, 을은 노직이다.

⑤ 롤스는 평등주의적 자유주의, 노직은 자유 지상주의의 입장에 있다. 롤스와 노직은 모두 자유주의의 입장에 있는 사상가이기 때문에 국가가 시민의 기본적 자유를 보장해야 한다고 보았다.

오답 피하기 ① 롤스는 정의의 원칙에 따른 분배를 통해 발생한 사회적·경제적 불평등은 정당화될 수 있다고 보았다.
② 롤스는 각 개인의 자연적·사회적 우연성의 영향을 최소

화할 수 있도록 재화를 분배해야 한다고 보았다.
③ 노직은 개인의 소유 권리를 보호하는 것을 정의라고 보았다.
④ 노직에 의하면 정당한 취득물은 개인의 자유로운 선택에 의해 이전될 수 있다.

07 자유주의적 정의관과 공동체주의적 정의관 비교

정답 찾기 ㉠에는 '개인선', ㉡에는 '공동선'이 들어가야 한다.

08 매킨타이어의 정의관 이해

정답 찾기 제시문은 매킨타이어의 주장이다.
③ 매킨타이어는 공동체주의적 입장에서 서사적 자아를 강조하면서, 공동체의 전통과 역사를 이해하고 맥락적 사고를 바탕으로 도덕적 판단을 해야 한다고 주장하였다.

오답 피하기 첫 번째 입장. 매킨타이어는 인간이 무연고적 자아가 아니라 연고적 자아라고 보았다.
네 번째 입장. 국가가 개인의 삶에 최대한 간섭하지 않아야 한다고 보는 입장은 자유주의이다.

09 롤스의 정의관 이해

정답 찾기 제시문은 롤스의 주장이다.
ㄷ, ㄹ. 롤스는 개인의 타고난 재능이나 가족적 배경은 자연적·사회적 운이기 때문에 천부적 재능은 최소 수혜자에게 도움이 되도록 활용되어야 한다고 주장하였다. 또한 그는 예술적 재능의 형성에 환경적 조건이 개입될 수 있다고 보았다.

오답 피하기 ㄱ. 롤스는 능력에 따른 분배를 통해서만 정의가 실현된다고 보지 않았다.
ㄴ. 롤스는 노력을 기울이는 능력도 자연적 행운이 가져다 준 결과로 보았기 때문에 노력에도 우연적 요소가 개입된다고 보았다.

10 교정적 정의에 대한 칸트와 베카리아의 입장 비교

정답 찾기 갑은 칸트, 을은 베카리아이다.
③ 칸트는 처벌의 본질을 범죄 행위에 응당한 보복을 가하는 것이라고 보았기 때문에, 살인자가 마땅히 받아야 할 처벌은 사형뿐이라고 주장하였다. 베카리아는 처벌의 본질을 사회적 이익을 증진하는 것이라고 보았고, 살인자에 대한 처벌은 사형보다 종신 노역형이 범죄 예방에 더 효과적이라고 주장하였다.

오답 피하기 ① 칸트와 베카리아 모두 긍정의 대답을 할 질문이다.
② 칸트는 부정, 베카리아는 긍정의 대답을 할 질문이다.
④ 칸트와 베카리아는 모두 처벌을 통해 정의로운 사회를 만들 수 있다고 보았기 때문에 두 사상가 모두 긍정의 대답을 할 질문이다.
⑤ 칸트는 처벌의 본질을 응보라고 보았기 때문에 범죄를 저지른 사람은 반드시 처벌을 받아야 한다고 주장하였다. 따라서 칸트가 부정의 대답을 할 질문이다.

11 다양한 불평등 현상 이해

정답 찾기 ㄱ, ㄴ. (가)의 자료를 통해 부모의 소득 수준이 높을수록 자녀의 대학 진학률이 높아짐을 알 수 있다. (나)를 통해 지역마다 의료 자원의 차이가 나타나고 있음을 알 수 있다.

오답 피하기 ㄷ. 의료 시설이 더 잘 갖추어져 있는 지역의 경우 치료 가능 사망률은 낮을 것이다. 따라서 (나)를 통해 충북의 의료 시설이 서울보다 더 잘 갖추어져 있다고 보기 어렵다.

12 사회 복지 제도 이해

정답 찾기 사회 복지 제도 중 (가)는 사회 보험, (나)는 사회 서비스에 대한 설명이다.
② 사회 보험은 공공 부조보다 소득 재분배 효과가 작다. 공공 부조는 조세 부담 능력이 있는 국민이 낸 세금을 재원으로 하여 저소득 계층을 지원하기 때문에 소득 재분배 효과가 크다.

오답 피하기 ① 사회 보험의 보험료는 각 개인의 재산과 소득 등 경제적 능력에 따라 차등적으로 부담한다.
③ 노인 맞춤 돌봄 서비스나 간병 서비스는 사회 서비스에 속한다.
④ 사회 서비스는 비금전적 지원을 원칙으로 하여 자활 능력을 길러 주고 직접적인 도움을 통해 생활의 어려움을 개선할 수 있도록 한다.
⑤ 사회 보험과 사회 서비스는 모두 사회 복지 제도에 속한다. 사회 복지 제도는 사회 구성원이 기본적 욕구를 충족할 수 있도록 사회적으로 지원하는 제도를 의미한다.

13 적극적 평등 실현 조치 이해

정답 찾기 (가)는 장애인 의무 고용 제도, (나)는 여성 할당제이다.

ㄱ, ㄴ, ㄷ. (가)와 (나)는 모두 적극적 평등 실현 조치이다. 적극적 평등 실현 조치는 사회적으로 차별받았던 사회적 약자에게 다양한 측면에서 직간접적 혜택을 제공하여 불평등을 바로잡으려는 제도이다. 즉 사회적 약자의 처지를 개선하기 위한 제도이다.

[오답 피하기] ㄹ. 사회적 약자에게 최소한의 생활비를 직접적으로 지원하는 제도는 공공 부조이다.

14 지역 격차 완화 정책 이해

[정답 찾기] ④ 제시된 정책은 지역 경제 활성화를 통한 지역 격차의 완화를 위해 실시되는 정책들이다.

[오답 피하기] ① 경제 발전의 효율성을 극대화하면 지역 격차가 벌어질 가능성이 높다.
② 사회적 약자에 대한 차별 시정은 지역 격차 완화 정책과 직접 관련이 없다.
③ 제시된 정책을 통해 사회 계층의 양극화 현상을 완화하기는 어렵다.
⑤ 제시된 정책은 폐쇄적인 사회 구조를 극복하는 것과 거리가 멀다.

미리보는 서술형·논술형   본문 123쪽

Step 1 | 서술형 연습하기

[답 완성하기] ○○ 대학교와 국가 인권 위원회 간에 의견이 다른 이유는 무엇을 (공정)하다고 볼 것인지에 관한 의견 차이를 보이기 때문이다.

| 필수 키워드 | 공정

[평가 기준]

상	빈칸에 들어갈 말을 명확히 쓴 경우
하	빈칸에 들어갈 말을 쓰지 못한 경우

Step 2 | 서술형 훈련하기

[예시 답안] ㉠에 들어갈 말은 '능력'이다. ㉡의 사례로는 채용을 할 때 자격증 소지자를 우대하는 경우, 채용을 할 때 경력자를 우대하는 경우 등을 들 수 있다.

| 필수 키워드 | 능력, 자격증, 경력자 등

[평가 기준]

상	㉠에 들어갈 말을 명확히 쓰고, 능력에 따른 분배 사례를 두 가지 제시한 경우
중	㉠에 들어갈 말을 명확히 쓰고, 능력에 따른 분배 사례를 한 가지 제시한 경우
하	㉠에 들어갈 말만 명확히 쓴 경우 혹은 능력에 따른 분배 사례만 한 가지 제시한 경우

Step 3 | 논술형 도전하기

[예시 답안] 초과 이윤세에 대해 자유 지상주의적 정의관에서는 스스로 노력하여 얻은 재산에 대한 개인의 소유 권리를 부당하게 침해할 수 있으므로 정의롭지 않다고 평가할 것이다. 공동체주의적 정의관에서는 초과 이윤세를 도입하여 모든 공동체 구성원의 공동선을 증진할 수 있다면 이는 공동체에 속한 구성원의 공동선 증진 측면에서 정의롭다고 평가할 것이다.

| 논리적 전개 예시 | 자유 지상주의적 정의관에서는 초과 이윤세가 개인의 소유 권리를 침해할 수 있다는 점을 제시한다. → 공동체주의적 정의관에서는 초과 이윤세가 공동선을 증진한다면 정의로울 수 있다는 점을 제시한다.

[평가 기준]

평가 충실도	정해진 분량 기준을 충족시킴. (단, 제시된 질문과 전혀 상관없는 내용으로 답변했을 시에는 분량 기준을 충족시키지 못한 것으로 간주함.)
글의 타당성	초과 이윤세에 대해 각 정의관에서 평가한 내용이 타당하게 연결되어 있음.
글의 논리성	전체적인 글의 구성과 짜임새가 매끄러우며, 초과 이윤세에 대해 각 정의관에서 평가한 내용이 논리적임.

III. 시장경제와 지속가능발전

01 자본주의의 전개 과정과 경제 체제

개념 체크
본문 126쪽

01 (1) 자본주의　(2) 상업 자본주의, 중상주의　(3) 정부
(4) 신자유주의
02 (1) ○ (2) × (3) ○ (4) × (5) ×
03 ㉠: 보이지 않는 손　㉡: 수정 자본주의　㉢: 케인스　㉣: 뉴딜

기본 문제
본문 126~127쪽

01 ④　　**02** ①　　**03** ④　　**04** ⑤
05 ㉠: 시장경제 체제　㉡: 계획경제 체제　　**06** ①
07 ④

01 자본주의의 특징 이해

정답 찾기　④ 교사가 언급한 사례는 생필품의 가격 급등이 오히려 생필품이 그 지역에 공급되도록 하는 요인이 되었다는 점을 보여 준다. 즉, 정부가 개입하지 않아도 자연스럽게 그 지역에 생필품이 공급되었다는 것이다. 이를 통해 정부가 개입하지 않았는데도 자연스러운 시장 원리에 의해 가격이 상승하고 가격이 상승하자 제품이 공급되었다는 점을 알 수 있다. 이는 자본주의와 관련하여 시장을 통한 거래가 효율적인 자원 배분을 유발한다는 것을 시사한다.

오답 피하기　① 제시문에서는 정부가 시장에 개입하지 않았는데도 필요한 생필품이 공급된 것이다.
② 자본주의는 사유 재산 제도를 기반으로 하지만 제시된 사례와는 거리가 먼 내용이다.
③ 제시된 사례에 약육강식의 경쟁은 나타나 있지 않다.
⑤ 제시된 사례는 특정 지역의 특정 상황에서 나타난 시장 원리를 보여 주는 것이다. 이 사례가 자본주의는 어느 사회에서나 자연스럽게 발생한다는 주장의 근거가 되기는 어렵다.

02 자본주의의 특징 이해

정답 찾기　① 자본주의에서는 개인이 재산을 자유롭게 획득하고 사용할 수 있는 권리인 사유 재산권이 보장된다.
오답 피하기　② 자본주의에서 상품은 주로 시장에서 거래된다.

③ 자본주의에서 상품의 가격은 시장에서 결정된다.
④ 자본주의에서는 경제활동의 자유가 보장된다.
⑤ 자본주의에서 개별 경제 주체들은 시장에서의 경쟁을 통해 자신의 경제적 이익을 자유롭게 추구한다.

03 산업 자본주의의 이해

정답 찾기　제시문의 A는 산업 자본주의이다.
④ 산업 자본주의는 18세기 산업 혁명을 바탕으로 형성되었다.
오답 피하기　① 스태그플레이션을 계기로 등장한 것은 신자유주의이다.
② 산업 자본주의는 '보이지 않는 손'의 기능을 중시하였다.
③ 국가의 적극적 시장 개입을 강조한 것은 수정 자본주의이다.
⑤ 산업 자본주의는 산업 시설을 소유한 자본가가 주도하였다.

04 자본주의의 역사적 전개 과정 이해

정답 찾기　ㄷ. 수정 자본주의는 자유방임주의로 인한 폐해를 극복하기 위해 정부가 시장에 개입해야 한다는 사상 또는 경제 체제를 의미한다.
ㄹ. 자본주의의 사상적 변천은 '중상주의 → 산업 자본주의 → 수정 자본주의 → 신자유주의' 순으로 나타낼 수 있다.
오답 피하기　ㄱ. 중상주의는 상업을 중시하는 사상으로, 농업을 중시하는 사상인 중농주의를 가진 학자들은 중상주의를 비판하였다.
ㄴ. 신자유주의는 공기업 민영화에 긍정적이다.

05 시장경제 체제와 계획경체 제체의 특징 이해

정답 찾기　시장경제 체제에서는 시장에서 자유롭게 자원이 분배되며, 계획경제 체제에서는 정부의 계획과 통제에 의해 자원이 분배된다. 따라서 ㉠은 시장경제 체제, ㉡은 계획경제 체제이다.

06 시장경제 체제의 특징 이해

정답 찾기　제시된 표는 시장경제 체제의 특징으로 (가)는 계획경제 체제보다 강하거나 높은 것이고, (나)는 계획경제 체제보다 약하거나 낮은 것이다.
ㄱ. 자원 배분의 효율성은 시장경제 체제가 계획경제 체제보다 높다. 따라서 (가)에 들어갈 수 있다.

ㄴ. 기업의 이윤 추구 동기는 시장경제 체제가 계획경제 체제보다 높다. 따라서 (가)에 들어갈 수 있다.

오답 피하기 ㄷ. '보이지 않는 손'의 기능 정도는 시장 가격 기구의 기능 정도를 의미하는 것으로, 이는 시장경제 체제가 계획경제 체제보다 높다.

ㄹ. 모든 경제 주체의 경제적 자율성 정도는 시장경제 체제가 계획경제 체제보다 높다.

07 시장경제 체제와 계획경제 체제의 특징 이해

정답 찾기 생산 수단의 사적 소유를 인정하는 경제 체제는 시장경제 체제이다. 따라서 A는 시장경제 체제, B는 계획경제 체제이다.

④ 시장경제 체제에서는 효율적인 자원 배분을 위해 경제적 유인 체계를 강조한다. 따라서 ㉠은 '예', ㉡은 '아니요'이다.

오답 피하기 ① 정부의 결정과 통제에 의해 경제 문제를 해결하는 것은 계획경제 체제이다.

② 효율적인 자원 배분을 위해 '보이지 않는 손'을 통한 경제 문제 해결을 강조하는 것은 시장경제 체제이다.

③ 시장경제 체제에서는 계획경제 체제와 달리 민간 경제 주체들 간의 자유로운 경쟁을 중시한다.

⑤ 희소성에 따른 경제 문제는 시장경제 체제와 계획경제 체제 모두에서 발생한다. 따라서 (나)에는 해당 질문이 들어갈 수 있다.

02 합리적 선택과 경제 주체의 역할

개념 체크
본문 130쪽

01 (1) 기회비용, 편익 (2) 명시적 비용, 암묵적 비용 (3) 공급자 (4) 외부 효과 (5) 정부
02 (1) × (2) × (3) ◯
03 (1) ㄱ (2) ㄹ (3) ㄷ (4) ㄴ

기본 문제
본문 130~131쪽

01 ④　　**02** ③　　**03** ②　　**04** ②　　**05** ⑤
06 단결권, 단체 교섭권, 단체 행동권 **07** ④

01 합리적 선택의 이해

정답 찾기 ④ 제시문은 어떤 선택을 해야 할 때 반드시 무엇인가를 포기해야 한다는 점을 강조하고 있다. 어떤 선택을 위해 포기해야 하는 것의 가치가 바로 기회비용이다. 즉, 제시문은 합리적 선택을 위해 반드시 기회비용을 고려해야 함을 강조하는 것이다.

오답 피하기 ① 합리적 선택을 위해서는 매몰 비용을 고려하지 말아야 한다.

② 기회비용은 명시적 비용과 암묵적 비용으로 구성된다. 따라서 합리적 선택에서 명시적 비용도 중요하게 고려해야 한다.

③ 합리적 선택을 위해서는 편익과 비용을 모두 중요하게 고려해야 한다.

⑤ 개인의 합리적 선택이 사회적으로 항상 바람직한 결과를 초래하는 것만은 아니라는 진술 자체는 옳다. 그러나 제시문이 그러한 내용을 말하고 있지는 않다.

02 기회비용과 합리적 선택의 이해

정답 찾기 ㄴ, ㄷ. 명시적 비용은 어떤 대안을 선택함으로써 실제로 지불하는 비용을 말한다. 따라서 갑이 콘서트 관람을 선택할 경우 티켓 구입비 3만 원은 명시적 비용이며, 영화 관람을 선택할 경우 영화 티켓은 무료이므로 명시적 비용은 없다.

오답 피하기 ㄱ. 합리적 선택은 비용과 편익을 고려하여 편익이 비용보다 큰 것을 선택하는 것이다. 콘서트 관람과 영

화 관람에 따른 편익의 크기를 각각 알 수 없으므로 어느 것을 선택하는 것이 합리적인지 판단할 수 없다.
ㄹ. 암묵적 비용은 다른 대안을 선택했다면 얻을 수 있었던 가치를 말한다. 영화 관람을 선택할 경우 암묵적 비용은 '콘서트 관람으로 얻게 되는 만족감(편익)-콘서트 티켓 구입비 3만 원'이다.

03 합리적 선택의 한계-독과점 문제의 이해

정답 찾기 ㄱ. 시장이 독점화되면 결국에는 소비자들이 경쟁 시장일 때보다 더 비싼 값에 재화와 서비스를 구매해야 하는 상황이 초래될 수 있다. 이는 소비자의 이익을 감소시키는 결과를 가져올 수 있다.
ㄷ. 제시문의 주장과 같이 우수한 상품을 개발하여 소비자에게 큰 만족을 주는 기업도 있지만, 실제로는 불공정하고 불법적인 방법으로 독점 상황을 만드는 기업이 존재하기도 한다.

오답 피하기 ㄴ. 과잉 경쟁이 중복 투자를 초래하여 비효율성을 낳을 수 있다는 것은 오히려 독점이 더 효율적인 자원 배분을 유도한다는 주장의 근거가 된다.
ㄹ. 초기 투자 비용이 많이 들어가는 산업의 경우 기업들이 진출하지 않으려고 한다는 것은 제시된 주장에 대한 반박 근거로 보기 어렵다.

04 외부 효과의 이해

정답 찾기 첫 번째 사례는 부정적 외부 효과에 해당하며, 두 번째 사례는 긍정적 외부 효과에 해당한다.
② 긍정적 외부 효과와 부정적 외부 효과는 모두 특정 행위가 의도하지 않은 결과를 가져왔지만, 그에 대한 대가를 받거나 치르지 않는 외부 효과에 해당한다.

오답 피하기 ① 외부 효과는 시장 실패에 해당하며, 이는 시장에서 가격이 효율적인 자원 배분 기능을 수행한 것과 거리가 멀다.
③ 긍정적 외부 효과의 경우 무임승차 문제가 발생할 수 있다. 그러나 첫 번째 사례는 긍정적 외부 효과가 아니라 부정적 외부 효과의 사례이다.
④ 경제적 불평등도 시장 기능의 한계에 해당하지만 제시된 사례와는 거리가 멀다.
⑤ 외부 효과와 같은 시장 실패가 발생할 경우 이를 해결하기 위해 정부의 역할 강화가 필요하다.

05 합리적 선택의 한계와 정부의 역할 이해

정답 찾기 (가)에는 '합리적 선택의 한계'로 볼 수 있는 내용들이 들어가야 한다. 즉, 시장에 맡길 경우 자원이 비효율적으로 배분되는 경우가 들어가야 한다.
⑤ 공기업의 방만한 운영은 시장의 한계가 아니라 오히려 시장에 대한 정부 개입의 문제점이라고 볼 수 있다.

오답 피하기 ① 공공재 부족은 시장 원리로는 해결되지 않는 경우에 해당하므로 합리적 선택의 한계에 해당한다.
② 외부 효과의 발생은 시장에 맡길 경우 해결되지 않으므로 합리적 선택의 한계에 해당한다.
③ 독과점 시장이 형성된 경우 효율적 자원 배분이 보장되지 않으므로, 이는 합리적 선택의 한계에 해당한다.
④ 경제적 불평등 발생은 시장에 맡길 경우 해결되지 않는 현상이므로 합리적 선택의 한계에 해당한다.

06 노동 3권의 이해

정답 찾기 노동 3권에는 근로자가 근로 조건 개선을 위해 단체를 결성할 수 있는 권리인 단결권, 근로자의 단체가 사용자와 근로 조건에 대해 교섭하고 협약을 체결할 수 있는 권리인 단체 교섭권, 근로 조건의 유지 및 개선을 위해 근로자가 파업이나 태업과 같은 단체 행동을 할 수 있는 권리인 단체 행동권이 있다.

07 윤리적 소비의 이해

정답 찾기 윤리적 소비는 단지 순편익이 큰 대안을 선택하여 소비하는 것과 달리 윤리적 기준을 적용하여 소비하는 것을 말한다.
④ 갑과 병은 편익만을 고려하지 않고 윤리적 기준을 적용하여 소비를 하고 있다.

오답 피하기 을의 경우 아동 노동을 통해 생산 비용을 절감하여 반값으로 판매되는 축구공을 구입하였다. 이 경우 아동 노동 근절을 위해서라도 아동 노동을 통해 생산되는 제품을 불매하는 것이 윤리적 소비에 해당한다.

03 자산 관리와 금융 생활 설계

개념 체크
본문 134쪽

01 (1) ○ (2) × (3) ○ (4) × (5) × (6) ×
02 (1) 수익성 (2) 안전성 (3) 유동성
03 (1) ㉢ (2) ㉣ (3) ㉠ (4) ㉡
04 (1) 늘리는 (2) 줄이는 (3) 늘리는

기본 문제
본문 134~135쪽

01 ⑤　　**02** ②　　**03** ㉠: 연금 ㉡: 펀드 ㉢: 보험
04 ⑤　　**05** ⑤　　**06** ③

01 정기 적금의 특징 이해

정답 찾기 제시문에 나타난 금융 자산은 정기 적금이다. ⑤ 정기 적금은 정기 예금과 함께 예금자 보호 제도의 대상이 된다.

오답 피하기 ① 정기 예금은 은행에 일정 기간 돈을 맡기고 계약 기간 후 맡긴 돈과 그에 대한 이자를 돌려받는 상품을 말한다.
② 시세 차익을 누릴 수 있는 것은 주식과 채권이다.
③ 배당 수익을 기대할 수 있는 것은 주식이다.
④ 자산 가치의 변동이 심한 것은 주식이다.

02 금융 자산의 유형별 특성 비교

정답 찾기 ② (가)에는 채권과 정기 예금의 특징에 해당하지만 주식의 특징에는 해당하지 않는 내용을 묻는 질문이 들어가야 하고, (나)에는 주식의 특징에만 해당하는 내용을 묻는 질문, (다)에는 채권과 주식의 특징에 해당하는 내용을 묻는 질문이 들어가야 한다. 따라서 ㄱ, ㄴ은 (가)에, ㄷ은 (나)에, ㄹ은 (다)에 들어갈 수 있다.

03 다양한 금융 자산의 이해

정답 찾기 연금은 노후 생활의 안정을 위해 일정 금액을 적립해 놓고 돈을 은퇴 또는 일정 연령 이후에 이를 지속적으로 돌려받는 금융 상품이며, 펀드는 투자자들로부터 모은 자금을 전문적인 운영 기관이 주식이나 채권 등에 투자하여 그 수익을 투자자들에게 돌려주는 간접 투자 상품이다. 보험은 화재, 질병, 사고 등 미래에 발생할 수 있는 위험에 대비하기 위하여 보험료를 납부한 후 사고를 당할 경우 받는 위험 대비 상품이다.

04 금융 자산의 특징 이해

정답 찾기 갑은 주식에 100% 투자하였고, 을은 정기 예금과 채권에 각각 50%씩 투자하였으며, 병은 정기 예금에 30%, 주식과 채권에 각각 35%씩 투자하였다.
⑤ 병은 주식과 채권 및 정기 예금에 분산 투자하고 있으나, 갑은 주식에만 투자하고 있다.

오답 피하기 ① 갑의 금융 자산은 100% 주식으로 구성되어 있으며, 주식은 정기 예금, 채권에 비해 안전성이 낮다. 따라서 갑이 안전성을 중시한다고 보기 어렵다.
② 배당금이 지급될 수 있는 것은 주식이다. 을은 주식에 투자하지 않았다.
③ 정기 예금, 주식, 채권 중 수익성은 주식이 가장 높다. 갑~병 중 주식에 가장 많은 비중을 투자하고 있는 것은 갑이므로, 수익성을 가장 중시하는 사람은 갑이다.
④ 갑~병 모두 보험 상품에 투자하지 않았으므로 미래의 위험에 대비하였는지의 여부는 파악하기 어렵다.

05 생애 주기에 따른 소득과 소비 변화 이해

정답 찾기 ⑤ 은퇴 시점이 연장되면 소득이 생기므로 B와 C 시점 간의 거리는 늘어난다.

오답 피하기 ① 대부분의 사람들은 A 시점 이전에는 저축을 하기가 어렵다.
② A 시점 이전에는 누군가의 도움을 받아야 생활할 수 있다.
③ A~C 구간은 소득이 소비보다 많은 구간으로 저축이 가능하다.
④ B~C 구간에서는 C 지점까지 저축이 가능하므로 저축 총액은 점점 증가한다.

06 경기 상황에 따른 기준 금리 변동 이해

정답 찾기 ③ 경기 과열 시 중앙은행은 기준 금리를 인상하게 된다. 이는 통화량 감소와 시중 금리 상승을 가져오게 되어 가계의 소비와 기업의 투자는 감소하게 된다. 그에 따라 과열된 경기는 진정된다.

04 국제 분업과 무역

개념 체크
본문 138쪽

01 (1) ○ (2) ○ (3) ○ (4) × (5) ×
02 (1) 규모의 경제 (2) 무역 의존도 (3) 공정 무역
03 (1) ㄴ (2) ㄱ (3) ㄷ (4) ㄹ

기본 문제
본문 138~139쪽

01 ⑤　　**02** ④　　**03** ⑤　　**04** ④
05 ㉠: 비교 우위　㉡: 기회비용　　**06** ③　　**07** ①

01 국제 분업과 무역의 필요성 이해

정답 찾기 ⑤ 생산 비용이 적게 드는 상품을 특화하는 것이 유리하다.

오답 피하기 ①, ②, ③, ④ 국가마다 보유한 생산 요소의 양과 질이 다르고, 기술 수준, 지식 수준 등에 차이가 있기 때문에 같은 종류의 상품을 만들더라도 생산비가 서로 다르다. 따라서 각국은 생산 조건에 따라 다른 나라보다 더 잘 만들 수 있는 재화와 서비스를 특화하여 교환하는 것이 이익이다.

02 무역의 발생 이해

정답 찾기 갑국의 수출품인 반도체, 자동차, 전기차 배터리는 자본 집약적이면서도 기술 집약적인 상품이다. 반면 을국의 수출품인 의류와 신발은 노동 집약적인 상품이고, 목재류는 자원 집약적인 상품이다.
④ 을국이 갑국에 노동 집약적인 상품을 수출하는 것으로 보아, 상대적으로 노동력이 풍부할 것으로 추론할 수 있다.

오답 피하기 ① 교역 상품만으로는 각국의 총인구를 파악할 수 없다.
② 갑국이 을국보다 교역으로부터 얻는 이득이 크다고 단정할 수 없다.
③ 을국이 갑국보다 인건비가 저렴할 가능성이 크다.
⑤ 반도체, 자동차, 전기차 배터리 등은 부가 가치가 높은 상품이다.

03 무역의 이익 이해

정답 찾기 갑국은 토지, 을국은 우수한 인력을 많이 갖고

있는 나라로 이러한 것들이 제품 생산에 영향을 주어 양국 간 무역을 발생시키고 있다.
⑤ 무역은 생산자는 물론 소비자에게도 이득을 가져다줄 수 있다. 그러나 누구에게 더 많은 이득을 가져다주는지는 단정할 수 없다.

오답 피하기 ① 무역은 이득을 가져온다는 점에서 부가 가치를 창출하는 활동이다.
② 토지, 노동과 같은 생산 요소의 양이 생산비에 영향을 주고 있다.
③ 갑국은 곡류를 생산하는 데, 을국은 첨단 전자 제품을 생산하는 데 상대적으로 비용이 적게 든다. 따라서 생산비의 차이로 인해 양국 간 거래가 발생하고 있다.
④ 자연환경인 토지 또한 생산비의 차이를 가져오는 요인이다.

04 무역의 영향 이해

정답 찾기 ④ 자유 무역이 확대되면 경쟁력을 가진 산업에서는 고용이 창출되지만 상대적으로 경쟁력이 약한 산업에서는 오히려 고용이 감소할 수 있다.

오답 피하기 ① 자유 무역이 확대되면 무역 전에 비해 더 많은 재화를 소비할 수 있어 소비 가능 영역이 확대된다.
② 자유 무역의 확대로 인해 선진 기술이 전파되기도 한다.
③ 자유 무역이 확대되면 외국 기업과의 경쟁 과정에서 국내 기업들은 기술 개발과 제품 품질 관리에 노력하게 된다. 따라서 국내 기업의 효율성이 향상될 수 있다.
⑤ 자유 무역이 확대되면 수출 기업은 국내 시장에서 벗어나 전 세계를 상대로 거래할 수 있게 되므로 규모의 경제를 실현할 수 있다.

05 비교 우위의 이해

정답 찾기 한 나라가 다른 나라보다 모든 상품의 생산에서 절대 우위가 있을 때도 무역은 필요하다. 이는 비교 우위로 설명할 수 있는데, 비교 우위는 한 나라가 다른 나라보다 상품 생산의 기회비용이 상대적으로 작은 것을 의미한다. 기회비용이 작은 제품을 특화하고 기회비용이 큰 제품을 수입하면 무역 당사국 모두 이익을 얻을 수 있다.

06 절대 우위와 비교 우위 이해

정답 찾기 ㄴ, ㄷ. 쌀 1단위 생산의 경우 갑국은 10달러가, 을국은 5달러가 필요하기 때문은 쌀 생산에 을국이 절대 우위를 가진다. 옷 1단위 생산의 경우 갑국은 20달러를, 을국

은 15달러를 필요로 하기 때문에 옷 생산 역시 을국이 절대 우위를 가진다. 따라서 쌀과 옷 모두 을국이 절대 우위를 가진다. 반면 비교 우위 측면에서는 쌀 1단위 생산을 위하여 갑국은 옷 1/2단위를 포기해야 하지만 을국은 옷 1/3단위를 포기해야 한다. 쌀 1단위 생산의 기회비용은 을국이 더 작으므로 을국이 쌀 생산에 있어 비교 우위를 가진다.

오답 피하기 ㄱ. 을국이 쌀 생산에 절대 우위를 가진다. ㄹ. 을국은 쌀 1단위 생산을 위하여 옷 1/3단위를 포기해야 한다.

07 지속가능발전에 기여하기 위한 무역의 방안 이해

정답 찾기 ① 탄소 배출이 높은 산업 제품의 무역을 장려하게 되면 과도한 에너지 사용과 환경 오염 등으로 인해 지속가능발전을 저해할 수 있다.

오답 피하기 ②, ③, ④, ⑤ 지속가능발전에 기여하기 위한 국제 분업과 무역의 방안에 해당한다.

대단원 **종합 문제**

본문 142~144쪽

01 ①	**02** ③	**03** ①	**04** ⑤
05 ㉠: 기업가 정신 ㉡: 사회적 책임		**06** ②	**07** ①
08 ④	**09** 정보의 비대칭성	**10** ③	**11** ③
12 ④	**13** ③	**14** ④	

01 자본주의의 역사적 전개 과정 이해

정답 찾기 ㄱ, ㄴ. (가)는 수정 자본주의 체제에서 정부의 시장 개입에 따라 나타난 부작용을 설명하고 있다. 석유 파동에 의해 발생한 스태그플레이션은 이후 신자유주의가 등장하는 배경이 되었다. 신자유주의는 시장 가격의 기능을 중시하였다.

오답 피하기 ㄷ. (나)는 수정 자본주의가 등장하게 된 배경이 되었다. ㄹ. (나)는 대공황에 대한 설명이다. (나)로 인해 등장한 경제 체제인 수정 자본주의는 큰 정부를 지향하였다.

02 자본주의의 역사적 전개 과정 이해

정답 찾기 ③ A는 산업 자본주의, B는 상업 자본주의, C는 수정 자본주의이다. 따라서 역사적 발생 순서대로 나열하면 'B-A-C'이다.

03 자본주의의 역사적 전개 과정 이해

정답 찾기 ① 애덤 스미스로 대표되는 자유방임주의는 산업 자본주의의 사상적 기초가 되었다.

오답 피하기 ② 시장 실패를 보완하기 위해 등장한 것은 수정 자본주의이다. ③ 공기업의 민영화, 노동 시장의 유연화 등을 추구한 것은 신자유주의이다. ④ 산업 자본주의는 작은 정부, 수정 자본주의는 큰 정부를 추구하였다. ⑤ 수정 자본주의가 시장에 의한 자원 분배를 부정한 것은 아니다.

04 시장경제 체제와 계획경제 체제의 특징 이해

정답 찾기 B는 민간 경제 주체가 생산과 소비를 자유롭게 결정하는 경제 체제이므로 시장경제 체제이다. 따라서 A는 계획경제 체제이다. ⑤ 계획경제 체제에서는 정부의 명령과 계획에 의해 생산물의 종류와 양이 결정된다. 따라서 (나)에는 해당 진술이 들어갈 수 있다.

오답 피하기 ① 시장 원리에 의해 기본적인 경제 문제를 해결하는 경제 체제는 시장경제 체제이다. ② 시장경제 체제에서는 자원 배분의 효율성을 추구한다. ③ 자원의 희소성은 시장경제 체제와 계획경제 체제 모두에서 나타난다. ④ 생산 수단의 사적 소유를 원칙적으로 인정하는 경제 체제는 시장경제 체제이다. 따라서 (가)에는 해당 진술이 들어갈 수 없다.

05 기업의 역할 이해

정답 찾기 기업의 혁신 과정에서는 모험적이고 창의적이며 도전적인 태도가 필요한데, 이를 기업가 정신이라 한다. 또한 오늘날에는 기업 윤리, 친환경 경영, 투명 경영, 공정 경쟁, 고용 안정 등 기업의 사회적 책임 또한 강조되고 있다.

06 기회비용과 합리적 선택의 이해

정답 찾기 명시적 비용은 어떤 경제적 선택을 할 때 직접 화폐로 지출하는 비용이며, 암묵적 비용은 어떤 상품의 선택에 따라 포기하게 되는 다른 상품 선택 시 얻게 되는 이익(편익−명시적 비용)이다. 제시된 자료는 다음과 같이 나타낼 수 있다.

(단위: 원)

구분		짜장면	짬뽕	볶음밥
기회비용	명시적 비용	5,000	5,000	7,000
	암묵적 비용	4,000	4,000	3,000
편익		7,000	8,000	11,000

② 합리적 선택은 기회비용보다 편익이 큰 선택을 의미한다. 따라서 볶음밥을 선택하는 것이 합리적 선택이다.

오답 피하기 ① 명시적 비용은 볶음밥이 7,000원으로 가장 크다.

③ 짜장면 선택의 암묵적 비용은 4,000원(=11,000원−7,000원)이다.

④ 짜장면과 짬뽕 모두 기회비용보다 편익이 작다.

⑤ 볶음밥을 선택할 때의 암묵적 비용은 3,000원으로 가장 작다.

07 기업의 사회적 책임 이해

정답 찾기 ㄱ. 갑은 기업이 생산 활동을 통해 고용을 창출하고, 주주에게 이윤을 배당하는 과정에서 많은 경제 주체에게 혜택을 제공한다고 주장하고 있다. 이를 통해 기업의 발전이 사회 발전에 상당 부분 기여할 것으로 보고 있음을 추론할 수 있다.

ㄴ. 을은 기업이 이윤 추구뿐만 아니라 이윤의 사회 환원도 해야 한다고 주장한다. 이를 통해 기업의 장학 사업 및 자선 사업에 대해 긍정적인 시선을 보낼 것임을 추론할 수 있다.

오답 피하기 ㄷ. 갑은 기업의 사회적 책임의 범위를 이윤 추구 활동에 충실한 경제적 책임에 한정하는 반면, 을은 이윤 추구와 이윤의 사회 환원까지로 확장하고 있다. 이를 통해 갑보다 을이 기업의 사회적 책임 범위를 폭넓게 요구할 것임을 추론할 수 있다.

ㄹ. 갑은 기업의 사회적 책임의 핵심이 영리 추구 활동이라고 보고 있고, 을은 기업의 영리 추구 활동에 이윤의 사회 환원 활동까지 더해 사회적 책임의 범위를 넓게 보고 있다. 따라서 갑과 을 모두 기업의 영리 추구 활동에 대해 부정적으로 보고 있다고 할 수 없다.

08 정부의 경제적 역할 이해

정답 찾기 ④ 담합을 적발하고 과징금을 부과하여 불공정 경쟁을 방지하는 것과 음식물 쓰레기 종량제를 시행하여 음식물 쓰레기 발생량을 줄임으로써 부정적 외부 효과를 감소시키는 것은 시장 실패를 개선하여 자원 배분의 효율성을 향상시키는 정부의 경제적 역할에 해당한다.

오답 피하기 ①, ②, ③, ⑤ 제시문과는 거리가 먼 내용이다.

09 시장 실패의 이해

정답 찾기 시장이 효율적으로 운영될 때 소비자는 원하는 상품을 합리적인 가격에 거래할 수 있다. 하지만 현실에서는 소비자와 판매자가 가진 정보의 양과 질이 달라 효율적인 거래가 이루어지지 않을 수 있다. 이는 시장 실패 중 정보의 비대칭성에 해당한다.

10 자산 관리의 원칙 이해

정답 찾기 ③ 안전성은 자산의 가치가 줄어들지 않고 보호되는 정도를 말한다. 수익성은 금융 자산의 가격 상승이나 이자 수익을 기대할 수 있는 정도를 말한다. 마지막으로 유동성은 보유 자산을 현금으로 쉽게 바꿀 수 있는 정도를 말한다.

11 금융 자산의 특징 이해

정답 찾기 요구불 예금과 채권은 이자 수익을 기대할 수 있으며, 주식과 채권은 기업이 경영 자금 확보를 위해 발행할 수 있는 증권 상품에 해당한다. 따라서 A는 주식, B는 채권, C는 요구불 예금이다.

③ 채권과 달리 주식의 소유자는 배당 수익을 기대할 수 있다.

오답 피하기 ① 요구불 예금은 입출금이 자유로우므로 채권에 비해 유동성이 높다.

② 주식은 요구불 예금에 비해 원금을 잃을 위험성이 높다.

④ 주식은 시세 차익을 기대할 수 있으나 만기가 없다. 요구불 예금은 만기가 없으며, 시세 차익을 기대할 수 없다.

⑤ 주식이나 요구불 예금과 달리 채권은 정부, 지방 자치 단체나 공공 기관이 발행할 수 있다.

12 생애 주기 곡선의 이해

정답 찾기 ㄴ. 갑의 소득은 소득이 발생하는 시점부터 T 시기까지 증가하다가 T 시기 최고점을 찍은 뒤 감소한다.

ㄹ. 저축은 '소득−소비'이며, T 시기와 T+1 시기 사이 소득은 소비보다 크다. 따라서 T 시기와 T+1 시기 사이에는 누적 저축액이 증가한다.

오답 피하기 ㄱ. T 시기 이후에 소득은 감소하고 소비는 증가한다. 따라서 T 시기 이후에는 소득 대비 소비의 비중이 증가함을 알 수 있다.

ㄷ. T−1 시기와 T 시기 사이에 소득이 소비보다 더 크게 증가한다. 따라서 T−1 시기와 T 시기 사이에 소비 증가율보다 소득 증가율이 낮다고 볼 수 없다.

13 절대 우위와 비교 우위의 이해

정답 찾기 갑은 생산 비용을 단순 비교해서 더 저렴한 비용으로 생산할 수 있는 재화를 수출하는 것이 좋다고 말하고 있으므로 절대 우위론, 을은 상대국보다 생산 비용이 많이 드는 재화도 수출할 수 있다는 입장이므로 비교 우위론에 입각해 있다.

③ 을은 비교 우위론에 입각해 있으므로 기회비용이 작게 드는 재화를 특화해서 수출하게 되면 무역을 하기 전과 비교해 양국 모두 더 많은 이익을 얻을 수 있다고 본다.

오답 피하기 ① 갑의 입장에 따를 경우 상대국보다 더 저렴한 비용으로 재화를 생산할 수 없다면 무역을 할 수 없게 되므로 무역이 언제나 가능한 것은 아니다.

② 을은 비교 우위론에 입각한 무역을 주장하고 있으므로 상대국에 비해 기회비용이 작은 재화를 특화해서 수출하고, 기회비용이 큰 재화를 수입하는 것이 유리하다는 입장이다.

④ 갑은 생산 비용의 단순 비교를 통한 무역을 주장하고 있으므로 절대 우위론, 을은 비교 우위론에 기초하고 있다.

⑤ 갑의 절대 우위론과 을의 비교 우위론 모두 자유 무역이 당사국 모두에 이익이 된다는 입장이다.

14 절대 우위와 비교 우위의 이해

정답 찾기 제시된 표는 갑국과 을국이 X재와 Y재를 각각 1단위씩 생산하는 데 소요되는 노동 시간을 나타낸 것이므로 수치가 작을수록 더 효율적으로 생산함을 의미한다.

ㄴ. 을국은 X재 1단위를 생산하는 노동 시간으로 Y재 1/4단위를 생산할 수 있으므로 X재 1단위 생산의 기회비용은 Y재 1/4단위이다.

ㄹ. X재 1단위 생산의 기회비용은 갑국의 경우 Y재 1/2단위, 을국의 경우 Y재 1/4단위이다. Y재 1단위 생산의 기회비용은 갑국의 경우 X재 2단위, 을국의 경우 X재 4단위이

다. 비교 우위는 더 작은 기회비용으로 재화를 생산하는 국가에 있으므로 갑국은 Y재 생산에, 을국은 X재 생산에 비교 우위가 있다.

오답 피하기 ㄱ. 을국이 X재와 Y재 모두를 더 적은 노동 시간으로 생산할 수 있으므로 두 재화의 생산에 절대 우위가 있다.

ㄷ. Y재 1단위 생산의 기회비용은 갑국의 경우 X재 2단위, 을국의 경우 X재 4단위이므로 을국이 갑국보다 크다.

미리보는 **서술형·논술형**   본문 145쪽

Step 1 | 서술형 연습하기

답 완성하기 밑줄 친 '이것'은 (대공황)이다. (대공황)이 발생하기 이전에 애덤 스미스에 의해 확산되었던 경제사상인 (자유 방임주의)는 시장에서 경제 주체의 자유로운 경제활동 및 시장에 대한 정부의 역할의 (최소화)를 강조하였다.

| **필수 키워드** | 대공황, 자유방임주의, 최소화

평가 기준

상	밑줄 친 '이것'에 해당하는 용어를 정확히 쓰고, '이것'이 발생하기 이전에 애덤 스미스에 의해 확산되었던 경제사상에서 강조한 시장의 특징 및 시장에 대한 정부의 역할에 대해 정확히 서술한 경우
중	밑줄 친 '이것'에 해당하는 용어를 정확히 쓰고, '이것'이 발생하기 이전에 애덤 스미스에 의해 확산되었던 경제 사상에서 강조한 시장의 특징 및 시장에 대한 정부의 역할 중 한 가지에 대해 정확히 서술한 경우
하	밑줄 친 '이것'에 해당하는 용어만 정확히 쓴 경우

Step 2 | 서술형 훈련하기

예시 답안 A는 주식, B는 채권, C는 예금이다. 주식과 채권은 시장에서 거래가 가능하며, 이를 통해 시세 차익을 기대할 수 있다. 채권과 예금은 정해진 이자를 받을 수 있다는 점에서 이자 수익을 기대할 수 있다.

| **필수 키워드** | 주식, 채권, 예금, 시세 차익, 이자 등

평가 기준

상	A~C에 해당하는 금융 자산을 모두 정확히 쓰고, A와 B의 공통점, B와 C의 공통점을 모두 정확히 서술한 경우
중	A~C에 해당하는 금융 자산을 모두 정확히 쓰고, A와 B의 공통점, B와 C의 공통점 중 한 가지만 정확히 서술한 경우
하	A~C에 해당하는 금융 자산만 모두 정확히 쓴 경우

Step 3 | 논술형 도전하기

예시 답안 가계의 입장에서 합리적인 선택이란 편익이 기회비용보다 큰 선택을 말한다.

독과점 문제가 발생할 경우 정부는 공정한 경쟁을 해치는 행위를 규제하여 시장경제의 원활한 작동을 돕는 역할을 해야 한다.

외부 효과에 대해서 정부는 사회적으로 필요한 양만큼 생산 및 소비될 수 있도록 생산자 또는 소비자에게 필요한 정책을 실시해야 한다. 예를 들어 긍정적 외부 효과가 발생할 경우 보조금 지급, 세금 감면 혜택 등 긍정적 유인을 제공해야 하며, 부정적 외부 효과가 발생할 경우 과징금, 세금 부과 등 부정적 유인을 제공해야 한다.

공공재는 시장에 맡기면 사회적으로 필요한 양보다 적게 생산되므로 정부는 공공재를 직접 생산하여 공급해야 한다.

정보의 비대칭성으로 나타나는 문제를 해결하기 위해 정부는 다양한 제도를 실시해야 한다. 그 사례로 중고차 시장에서 판매자가 일정 기간 동안 수리를 보증하도록 하거나 소비자가 중고차를 구입할 때 해당 중고차의 품질 검사서를 열람하는 제도 등을 들 수 있다.

| 논리적 전개 예시 | 가계의 입장에서 합리적 선택이 무엇인지 서술한다. → 독과점 문제를 해결하기 위한 정부의 역할에 대해 서술한다. → 외부 효과 문제를 해결하기 위한 정부의 역할에 대해 서술한다. → 공공재 부족 문제를 해결하기 위한 정부의 역할에 대해 서술한다. → 정보의 비대칭성 문제를 해결하기 위한 정부의 역할에 대해 서술한다.

평가 기준

평가 충실도	정해진 분량 기준을 충족시킴.
교과 내용 부합성	교과 내용에 근거하여 답안을 구성함.
글의 논리성	전체적인 글의 구성과 짜임새가 매끄러우며, 단어 사용 및 어법 사용이 정확함.

IV. 세계화와 평화

01 세계화의 다양한 양상과 문제 해결 방안

개념 체크 본문 148쪽

01 (1) 지역화 (2) 공간적 분업 (3) 생산자 서비스업 (4) 세계시민
02 (1) ○ (2) ○ (3) × (4) ○ (5) ×
03 (1) ㄹ (2) ㄱ (3) ㄷ (4) ㄴ

기본 문제 본문 148~149쪽

01 ① **02** ④ **03** ② **04** ⑤
05 ㉠: 세계 도시 ㉡: 생산자 서비스업 **06** ④
07 ⑤

01 세계화의 정의 이해

정답 찾기 ① 제시된 자료는 세계화에 대한 정의이다. 세계화는 국가 간 상호 의존성이 커지고 세계가 통합되어 가는 현상을 의미한다. 이를 통해 각 지역은 세계의 다른 지역과 관계 맺는 범위를 넓히게 된다.

오답 피하기 ② 도시화는 전체 인구 중에서 도시에 거주하는 인구의 비율이 증가하고 도시적 생활 양식이 확산되는 현상을 의미한다.

③ 지역화는 개별 지역이 세계 각 지역과 경제·사회·문화적으로 긴밀하게 연결되면서 그 지역의 정체성에 세계적 가치가 있음을 인정받는 현상을 의미한다.

④ 산업화는 농업 중심의 사회에서 광공업, 서비스업 중심의 사회로 변화하는 과정을 의미한다.

⑤ 국제 분업은 국가마다 유리한 상품을 특화하여 생산하는 것을 의미한다.

02 장소 마케팅과 지리적 표시제 이해

정답 찾기 (가)는 장소 마케팅을, (나)는 지리적 표시제를 설명한 내용이다.

ㄴ. 보성 녹차는 우리나라에서 지리적 표시제로 등록된 첫 번째 상품이다.

ㄹ. 장소 마케팅과 지리적 표시제는 지역 경쟁력 강화를 위한 지역화 전략이다.

 ㄱ. 문화 획일화 현상은 세계화에 따른 문제점으로 전 세계의 문화가 비슷해져 가는 현상이다.

ㄷ. 공간적 분업은 기업 조직의 다양한 기능에 따라 서로 다른 조건이 요구되므로 각 기능에 따라 지역별로 나뉘어 입지하는 것으로 지리적 표시제와 관련 없다.

03 다국적 기업의 특징 이해

 다국적 기업은 국경을 넘어 세계적으로 생산과 판매 활동을 하는 기업이다. ② 지도에서 하나 밖에 없는 (가)는 본사이며, 멕시코, 중국, 동유럽에 있는 (다)는 생산 공장이고, 일본, 미국, 독일 등에 있는 (나)는 연구소이다.

04 다국적 기업의 공간적 분업 이해

 ⑤ 다국적 기업은 기업 조직이 복잡하고 다양하며 전 세계적으로 생산과 판매 활동을 하는 기업으로 기업의 각 기능에 따라 지역별로 나뉘어 입지한다. 특히 생산 공장은 주로 임금이 낮은 개발 도상국에 입지한다. 그러나 지도의 B처럼 임금 수준이 높은 미국에 있는 것은 무역 장벽 극복 및 판매 시장 개척을 위해서이다.

 ① 주로 쾌적한 연구 환경을 갖춘 곳에 입지하는 것은 연구소(나)이다.

② 주로 임금이 낮은 곳에 입지하는 것은 생산 공장(다)이다.

③ 경영 기획 및 관리 기능은 본사(가)가 가장 강하다.

④ 대학 및 연구 시설과 인접하여 입지하는 경향은 생산 공장(다)보다 연구소(나)가 강하다.

05 세계 도시의 특징 이해

 세계화에 따라 다양한 분야에서 세계의 중심지 역할을 수행하는 것은 세계 도시(㉠)이다. 세계 도시에는 국제 금융 업무 기능과 생산자 서비스 기능, 다국적 기업의 본사 등이 집중되어 지구촌 경제에 큰 영향력을 행사한다. 생산자 서비스업(㉡)은 상품의 생산 및 유통 과정에 필요한 서비스로 금융, 보험, 회계 서비스, 광고 등이 해당한다.

06 세계화로 인한 문제점과 해결 방안 이해

 세계화로 다국적 기업의 활동이 강화되고 세계 도시의 영향력이 강해지고 있다. 세계 도시는 동남아시아보다 선진국이 많은 유럽에 많이 분포하고 있다. 빈부 격차의 심화를 해소하기 위해 세계화의 성과가 일부 선진국이나 기업에 집중되지 않도록 해야 한다. 이를 위해 선진국들은 공적 개발 원조(ODA)나 기술 이전 등의 지원을 강화할 필요가 있다.

④ 세계화로 인해 전 지구적 차원에서 문화 교류가 활발해지면서 사람들이 살아가는 모습이 점차 유사해지고, 선진국 문화의 영향력이 커지면서 약소국의 문화는 사라질 수 있다.

07 공정 무역의 특징 이해

 세계화에 따른 국가 간 빈부 격차를 줄이기 위해 공정 무역과 공정 여행 등의 방법이 등장하고 있다. 자료의 밑줄친 ○○ 무역은 공정 무역이다.

ㄷ. 공정 무역은 개발 도상국의 생산자에게 합당한 대가가 돌아가도록 하는 대표적인 윤리적 소비 운동이다.

ㄹ. 공정 무역을 통해 생산자 스스로 자립할 수 있도록 도울 수 있다.

 ㄱ. 윤리적 소비 운동은 국가 간, 계층 간 빈부 격차를 줄일 수 있는 방안 중 한 가지이다.

ㄴ. 현지 문화를 체험하는 의미 있는 경험을 제공해 주는 것은 공정 여행이다.

02 평화의 의미와 국제 사회의 역할

개념 체크
본문 152쪽

01 (1) 소극적 평화 (2) 적극적 평화 (3) 국가 (4) 개인
02 (1) × (2) ○ (3) ○ (4) ○ (5) × (6) ○
03 (1) ㉢ (2) ㉠ (3) ㉡

기본 문제
본문 152~153쪽

01 ① **02** ③ **03** ⑤ **04** ③ **05** ⑤
06 ㉠: 구조적 ㉡: 문화적 **07** ③

01 평화의 개념 이해

정답 찾기 ① ㉠에는 '소극적 평화', ㉡에는 '진정한 평화'가 들어가야 한다.

02 갈퉁의 평화 사상 이해

정답 찾기 그림의 강연자는 갈퉁이다. 갈퉁은 전쟁·분쟁 등이 없는 상태를 평화라고 규정한 기존의 평화론을 비판하고, 착취·차별 등의 간접적 폭력까지 사라진 상태를 진정한 평화라고 주장하였다.
③ 갈퉁은 직접적 폭력을 제거한 것만으로 진정한 평화가 실현된다고 보지 않았다.

오답 피하기 ① 갈퉁에 의하면, 문화적 폭력은 직접적 폭력과 구조적 폭력을 정당화한다.
② 갈퉁에 의하면 직접적 폭력, 구조적 폭력, 문화적 폭력은 서로 유기적으로 연결되어 있다.
④ 갈퉁에 의하면 각종 억압이나 착취가 사라져야 진정한 평화를 실현할 수 있다.
⑤ 갈퉁은 테러나 범죄 등과 같은 직접적·물리적 폭력이 없는 상태를 소극적 평화라고 보았다.

03 평화 실현의 중요성 이해

정답 찾기 ㄱ, ㄴ, ㄹ. 제시문을 통해 추론할 수 있는 평화를 실현해야 하는 이유에는 자아실현의 기회 획득, 인류의 안전과 생존 보장, 인간다운 삶의 기반 마련 등이 있다.

오답 피하기 ㄷ. 국제 사회에서 평화가 실현되면 국제 사회에서 발생한 갈등을 줄일 수 있다.

04 정부 간 국제기구와 국제 비정부 기구 비교

정답 찾기 ㄴ, ㄷ. 정부 간 국제기구는 국가 간 이해관계를 조정하고 국제 규범을 정립하는 역할을 한다. 대표적인 정부 간 국제기구에는 국제 연합, 세계 보건 기구, 경제 협력 개발 기구 등이 있다. 국제 비정부 기구는 국제적인 연대 활동을 통해 지구촌 공통의 문제를 제기하고 공동의 노력을 끌어내는 역할을 한다. 대표적인 국제 비정부 기구는 국경 없는 의사회, 그린피스, 국제 사면 위원회, 굿네이버스 등이 있다.

오답 피하기 ㄱ. 국제 사면 위원회는 정부 간 국제기구가 아니라 국제 비정부 기구이다.
ㄹ. 국제 비정부 기구의 가입 주체는 민간단체뿐만 아니라 개인이 될 수도 있다.

05 국제 사회에서 국가의 역할 이해

정답 찾기 ㉠은 '국가'이다.
⑤ 국가는 자국의 이익을 위해 양보와 타협의 방법을 사용하기도 한다.

오답 피하기 ① 국가는 국제기구의 가입 주체가 될 수 있다.
② 국가는 자국의 이익과 자국민 보호를 위한 외교 활동을 최우선으로 한다.
③ 국가는 국제 사회의 가장 기본적인 행위 주체이다.
④ 국가는 국민의 수나 영토의 크기에 관계없이 독립적인 주권을 행사한다.

06 폭력의 종류 이해

정답 찾기 ㉠에 들어갈 말은 '구조적'이고, ㉡에 들어갈 말은 '문화적'이다.

07 평화 실현을 위한 행위 주체의 노력

정답 찾기 ③ 제시문은 지진 피해를 입은 튀르키예와 시리아의 시민을 돕기 위해 영향력 있는 개인이 노력하는 모습을 보여 준다. 따라서 개인도 인권, 박애와 같은 인류의 보편적 가치의 실현에 기여할 수 있다.

오답 피하기 ① 전직 국가 원수나 노벨상 수상자 등과 같은 영향력 있는 개인도 국제 사회의 행위 주체가 될 수 있다.
② 제시문의 내용을 통해 추론할 수 없는 내용이다.
④ 피해 규모가 큰 자연재해의 경우 피해 복구를 위해서는 국제 사회의 다양한 행위 주체의 노력이 필요하다.
⑤ 제시문의 내용을 통해서는 평화 실현을 위해 정부 간 국제기구의 개입이 반드시 필요한지 추론할 수 없다.

03 남북 분단 및 동아시아 역사 갈등과 세계 평화를 위한 노력

개념 체크
본문 156쪽

01 (1) 국제적 (2) 국내적 (3) 동북공정 (4) 독도 (5) 야스쿠니
02 (1) ○ (2) × (3) × (4) ○ (5) × (6) ○
03 (1) ㉠ (2) ㉡ (3) ㉢

기본 문제
본문 156~157쪽

01 ③ **02** ① **03** ② **04** ② **05** ③
06 ㉠: 동북공정 ㉡: 동방 정책 **07** ⑤

01 남북 분단의 국제적 배경 이해

정답 찾기 ③ 제시문을 통해 알 수 있는 남북 분단의 국제적 배경은 미소 간 냉전 대결의 심화이다.

오답 피하기 ① 6 · 25 전쟁의 발발은 남북 분단의 국내적 배경이며, 이것이 남북 분단을 고착화하는 결과를 초래하였다.
②, ④ 남북 분단의 국내적 배경이다.
⑤ 일본의 역사 왜곡으로 인한 갈등이 남북 분단의 국제적 배경은 아니다.

02 한반도 통일의 필요성 이해

정답 찾기 ① 제시문의 아시안 하이웨이를 통해 한반도 통일이 국제 사회의 평화와 번영을 가져올 수 있다는 점을 추론할 수 있다.

오답 피하기 ②, ④ 제시문의 내용을 통해서는 추론하기 힘든 내용이다.
③ 아시안 하이웨이와 직접 관련이 없다.
⑤ 한반도 통일은 동아시아 간의 긴장 상태 해소에 도움이 된다.

03 중국과의 역사 갈등 이해

정답 찾기 ㄱ, ㄷ. 중국은 동북공정을 통해 우리나라의 역사인 고조선, 부여, 고구려, 발해의 역사가 고대 중국의 지방사(史)라고 주장하면서 역사를 왜곡하였다.

오답 피하기 ㄴ. 중국은 동북공정 과정에서 역사적 자료를 일방적으로 해석하여 만리장성의 동쪽 끝을 옛 고구려와 발

해의 영역인 헤이룽장성까지 확장하여 발표함으로써 이 지역이 중국의 고유 영토라고 주장하였다.
ㄹ. 태평양 전쟁을 아시아를 해방시키기 위한 전쟁이라고 주장한 나라는 중국이 아니라 일본이다.

04 일본과의 역사 갈등 이해

정답 찾기 ② 일본은 역사 교과서에서 한국 관련 내용을 왜곡 기술하였다. 특히 우리나라에 대한 식민 지배와 침략 전쟁을 정당화하며 역사를 왜곡하고 있다. 최근 일본 정부는 1945년 이전에 한반도에서 일본으로 온 노동자 중에는 자신의 의지로 온 사람도 있기 때문에 '강제 동원'이라는 표현은 부적절하다고 주장한다.

오답 피하기 ① 일본은 역사 교과서에서 한국 침략을 진출로 기술하였다.
③ 일본은 1905년 시마네현 고시로 독도가 일본 영토로 편입되었다는 왜곡된 주장을 펼치고 있다.
④ 일본은 역사 교과서에서 독립운동 탄압을 치안 유지 도모로 왜곡하여 기술하였다.
⑤ 일본은 일본군 '위안부'라는 표현이 부적절하다고 주장하면서 이러한 용어를 사용하지 않은 교과서를 발행하였다.

05 남북 분단의 과정 이해

정답 찾기 남북 분단의 과정은 다음과 같다. 먼저 1945년 8월 15일에 미국과 소련이 북위 38도선을 경계로 한반도를 점령(ㄴ)하였고, 1948년 5월 10일에 선거 감시가 가능한 남한 지역에서만 총선거를 실시(ㄱ)하였다. 그리고 1948년 8월 15일에 제헌 헌법을 토대로 광복 3주년 기념일에 대한민국 정부가 수립(ㄷ)되었다.

06 동북공정과 동방 정책 개념 이해

정답 찾기 ㉠에 들어갈 말은 '동북공정'이고, ㉡에 들어갈 말은 '동방 정책'이다.

07 동아시아의 역사 갈등 해결을 위한 노력

정답 찾기 ㄴ, ㄷ, ㄹ. 동아시아의 역사 갈등을 해결하고 평화를 정착하기 위해서는 동아시아 청소년들이 교류할 수 있는 프로그램 마련, 한 · 중 · 일 3국의 유학생을 매개로 각국에 관한 혐오 정서를 줄이는 것과 같은 인적 교류의 확대, 동아시아 역사 인식의 차이를 극복하기 위해 공동 역사 연구를 진행해야 한다.

오답 피하기 ㄱ. 자민족 중심주의적 역사관은 동아시아 역사 갈등 해결에 도움이 되기보다는 역사 갈등의 원인이 될 수 있다.

대단원 종합 문제
본문 160~162쪽

01 ㉠: 다국적 기업 ㉡: 공간적 분업 **02** ② **03** ②
04 ③ **05** ③ **06** ⑤ **07** ④ **08** ④
09 ㉠: 냉전 ㉡: 신탁 통치 **10** ⑤ **11** ⑤
12 ㉠: 분리 독립 ㉡: 국경 **13** ⑤ **14** ④

01 다국적 기업의 특징 이해

정답 찾기 미국의 △△사는 세계적인 다국적 기업으로 많은 나라에 생산 공장이 있다. 다국적 기업(㉠)은 기능에 따라 유리한 입지에 본사, 연구소, 생산 공장 등을 분리하는데, 이를 공간적 분업(㉡)이라고 한다.

02 다국적 기업의 공간적 분업 이해

정답 찾기 제시된 지도를 통해 △△사의 생산 공장 분포의 특징을 파악할 수 있다.
ㄱ. 생산 공장은 지도의 파이 그래프를 통해 유럽보다는 아시아 지역에 많이 분포하고 있음을 알 수 있다.
ㄷ. 아시아에 생산 공장이 많은 이유는 다른 지역보다 상대적으로 인건비가 저렴해 생산 비용을 줄일 수 있기 때문이다.
오답 피하기 ㄴ. 중국과 미국에 모두 생산 공장이 있지만, 지도의 파이 그래프를 통해 미국보다 중국에 생산 공장의 수가 더 많음을 알 수 있다.
ㄹ. 러시아와 오스트레일리아 등 생산 공장이 없는 국가라도 전 세계적으로 퍼져 있는 판매 네트워크를 통해 다국적 기업의 제품은 전 세계에 판매된다.

03 세계 도시 파리와 뉴욕의 특징 이해

정답 찾기 ② 19세기에 만들어진 철제 탑은 에펠 탑으로 (가)는 파리이다. 파리는 세계적인 패션 산업의 중심 도시이다. 국제 연합(UN) 본부가 있으며, 세계 금융의 중심지인 월 스트리트가 있는 (나)는 미국의 뉴욕이다. 지도의 A는 파리, B는 도쿄, C는 뉴욕이다.

04 세계화로 인한 국가 간 빈부 격차 이해

정답 찾기 ③ 제시된 그래프는 선진국인 독일과 개발 도상국인 케냐의 수출 상품 구조를 나타낸 것이다. 선진국인 독일은 상대적으로 부가 가치가 높은 기계, 자동차 등 공업 제품의 수출 비중이 높은 반면, 개발 도상국인 케냐는 상대적으로 부가 가치가 낮은 농산품의 수출 비중이 높다. 이를 통해 국가 간의 빈부 격차 문제를 알 수 있다.
오답 피하기 ①, ② 문화 소멸과 획일화는 세계화로 인해 전 세계의 문화가 비슷해지거나 소수 문화가 사라지는 현상이다.
④ 자료는 국가 간에 발생하는 빈부 격차와 관련 있다.
⑤ 보편 윤리와 특수 윤리 간의 갈등이란 세계화로 인권, 평등, 자유 등의 보편 윤리가 강조되면서 지역의 특수 윤리와 충돌하는 현상이다.

05 평화 실현을 위한 노력 이해

정답 찾기 ③ 적극적 평화는 직접적·물리적 폭력뿐만 아니라 빈곤, 기아, 각종 억압과 차별 및 불평등과 같이 한 사회의 구조나 문화에 의해 발생하는 간접적인 폭력까지 모두 제거된 상태를 의미한다. 따라서 ㉡은 적극적 평화를 실현하기 위한 노력에 속한다.
오답 피하기 ① ㉠의 실현만으로 적극적 평화가 보장되는 것은 아니다.
② ㉠이 실현되면 인류의 안전과 생존의 보장에 도움이 된다.
④ ㉡과 같은 노력은 적극적 평화 실현과 관련이 있고, 적극적 평화를 실현하는 것은 인류의 삶의 질을 높이는 것과 관련이 있다.
⑤ 국제 사회에서 평화를 실현하기 위해서는 국가, 정부 간 국제기구, 국제 비정부 기구 등의 역할이 중요하다.

06 갈퉁의 평화 사상 이해

정답 찾기 제시문은 갈퉁의 주장이다. 갈퉁은 소극적 평화가 아니라 인간다운 삶의 실현을 위한 적극적 평화가 실현되어야 진정한 평화가 이루어진다고 보았다. 또한 갈퉁에 의하면 물리적 폭력, 구조적 폭력, 문화적 폭력이 모두 제거되어야 진정한 평화가 실현되며, 문화적 폭력은 물리적 폭력과 구조적 폭력을 정당화할 수 있다.
오답 피하기 첫 번째 입장. 국가 간 전쟁이 없는 상태는 적극적 평화를 보장하지 못한다. 물리적 폭력뿐만 아니라 구조적 폭력과 문화적 폭력도 제거되어야 한다.

07 국제 비정부 기구의 역할 이해

정답 찾기 ㄴ, ㄷ. 제시된 국제 사회의 행위 주체는 모두 국제 비정부 기구이다. 국제 비정부 기구는 국제적인 연대 활동을 통해 특정 개인이나 국가의 이익이 아니라 지구촌 공통의 문제를 제기하고 공동의 노력을 끌어내는 역할을 한다.

오답 피하기 ㄱ. 국제 비정부 기구는 민간단체나 개인을 가입 주체로 한다. 각국의 정부를 회원으로 하는 국제 사회의 행위 주체는 정부 간 국제기구이다.

08 국제 비정부 기구와 정부 간 국제기구의 역할 이해

정답 찾기 ㉠은 국제 비정부 기구, ㉡은 정부 간 국제기구이다.

④ 국제 비정부 기구는 인도주의적 구호 활동을 통해 평화를 실현하고자 한다.

오답 피하기 ① 국제 비정부 기구는 국제 문제 해결을 위한 국제적 연대를 중시한다.

② 정부 간 국제기구 중 세계 보건 기구는 의료 관련 국제 규범을 정립하는 역할을 한다.

③ 국제 비정부 기구는 정부 간 국제기구와 달리 민간단체나 개인이 가입 주체가 될 수 있다.

⑤ 국제 비정부 기구와 정부 간 국제기구는 모두 인권, 박애 등 인류의 보편적 가치를 실현하기 위해 노력한다.

09 남북 분단의 과정 이해

정답 찾기 ㉠에는 '냉전', ㉡에는 '신탁 통치'가 들어가야 한다.

10 국제 갈등의 해결 방안 이해

정답 찾기 ⑤ 제시문은 이스라엘과 요르단 간의 갈등 사례이다. 이러한 갈등을 해결하기 위해서는 양보와 타협을 통한 외교적 협상을 해야 한다.

오답 피하기 ① 자국의 이익을 앞세워 국제 사회의 갈등을 해결하려고 하면 오히려 갈등이 심화된다.

② 국제 사회의 갈등을 강대국이 가진 힘의 논리로 해결하려는 것은 근본적인 방법이 될 수 없다.

③ 국제 사회의 갈등은 개별 국가를 비롯한 다양한 국제 사회의 행위 주체의 노력이 필요하다.

④ 국제 사회의 갈등을 보편 윤리보다 특수 윤리에 따라 해결하려고 하면 오히려 갈등이 심화될 가능성이 높다.

11 야스쿠니 신사 참배 이해

정답 찾기 ㉠에 들어갈 말은 '야스쿠니 신사'이다.

⑤ 야스쿠니 신사는 일본의 천황을 위해 싸우다 전사한 군인을 신격화하여 제사를 지내는 곳이다. 이곳은 일본의 군국주의를 합리화하는 장소이다.

오답 피하기 ① 야스쿠니 신사에는 일본의 침략 전쟁을 수행한 A급 전범이 합사되어 있다.

② 일본의 침략 전쟁에 피해를 본 국가의 입장에서는 야스쿠니 신사 참배 행위는 전쟁을 미화하는 것에 불과하다. 따라서 이곳은 동아시아의 다른 나라들과의 갈등 요소가 되는 곳이다.

③ 야스쿠니 신사는 일본의 침략 전쟁에 정당성을 부여하는 역할을 하고 있다.

④ 야스쿠니 신사는 일본의 천황을 위해 싸우다 전사한 군인을 신격화하고 있는 곳이다.

12 동북공정의 목적 이해

정답 찾기 ㉠에 들어갈 말은 '분리 독립'이고, ㉡에 들어갈 말은 '국경'이다.

13 남북 통일을 위한 노력

정답 찾기 ㄷ, ㄹ. 제시된 이산가족 상봉, 스포츠 단일팀 구성과 같은 남북한 간의 평화적 교류와 협력은 서로 간의 이해를 높여 상호 신뢰를 회복하는 데 도움을 줄 수 있다.

오답 피하기 ㄱ. 평화적 교류와 협력은 군사적 긴장 상태를 완화하는 데 도움을 줄 수 있다.

ㄴ. 남북한 간의 평화적 교류와 협력이 주변국과의 갈등을 발생시키는 것은 아니다.

14 남북 분단의 배경 이해

정답 찾기 남북 분단의 배경은 국제적 배경과 국내적 배경으로 구분할 수 있다. 남북 분단의 국제적 배경은 미국과 소련 간 이념 갈등을 통한 냉전 대결의 심화 및 한반도가 지정학적 요충지라는 점을 들 수 있다. 남북 분단의 국내적 배경은 민족 내부의 응집력 부족을 들 수 있다.

오답 피하기 정의 입장. 우리나라가 외세의 도움 없이 광복을 맞이한 것은 아니다.

Step 1 | 서술형 연습하기

답 완성하기 (지역화)는 지역적 특성이 세계적인 차원에서 독자적인 가치를 지니는 것을 의미한다. 다른 지역과 차별화하기 위한 전략으로는 지역에서 특산품을 생산하여 (지리적 표시제)로 지정하거나, 특정 장소를 상품으로 개발하는 (장소 마케팅) 등이 있다.

| **필수 키워드** | 지역화, 지리적 표시제, 장소 마케팅

평가 기준

상	지역화 용어와 전략 모두를 정확하게 서술한 경우
중	지역화의 두 가지 전략만을 정확하게 서술한 경우
하	지역화 용어만 정확하게 서술한 경우

Step 2 | 서술형 훈련하기

예시 답안 ①은 '정부 간 국제기구', ②는 '국가'이다(순서가 바뀌는 것은 상관없음).

① 정부 간 국제 기구: 국가 간 이해관계를 조정하고 국제 규범을 정립하는 역할을 할 수 있다.

② 국가: 외교적 협상을 통해 갈등 해결에 도움을 줄 수 있다.

| **필수 키워드** | 정부 간 국제기구, 국가, 국제 규범의 정립, 중재자 역할, 외교적 협상 등

평가 기준

상	㉠, ㉡에 들어갈 말을 명확히 쓰고, 각 행위 주체가 할 수 있는 세계 평화를 위한 구체적인 노력을 모두 제시한 경우
중	㉠, ㉡에 들어갈 말만 명확히 쓰거나, 각 행위 주체가 할 수 있는 세계 평화를 위한 구체적인 노력만을 제시한 경우
하	㉠, ㉡에 들어갈 말과 각 행위 주체가 할 수 있는 세계 평화를 위한 구체적인 노력을 모두 쓰지 못한 경우

Step 3 | 논술형 도전하기

예시 답안 독일 통일 사례는 남북 통일을 위한 노력에 다음과 같은 시사점을 준다. 먼저 남북이 통일을 이루기 위해서는 남북한의 평화적 교류와 협력을 지속적으로 추진해야 한다는 점을 시사한다. 이러한 평화적 교류와 협력은 서로 간의 이해를 높여 군사적 긴장 상태를 완화하고 상호 신뢰를 회복하는 데 도움을 주기 때문이다. 또한 남북 통일에 우호적인 국제 환경을 조성하기 위한 노력도 해야 한다는 점을 시사한다. 남북 분단을 극복하기 위해서는 남북한의 주도적인 노력뿐만 아니라 주변국의 지지와 협력이 필요하기 때문이다.

| **논리적 전개 예시** | 남북 통일을 위해 평화적 교류와 협력의 추진이 필요하다는 점을 제시한다. → 남북 통일에 우호적인 국제 환경을 조성하기 위한 노력이 필요하다는 점을 제시한다.

평가 기준

평가 충실도	정해진 분량 기준을 충족시킴. (단, 제시된 질문과 전혀 상관없는 내용으로 답변했을 시에는 분량 기준을 충족시키지 못한 것으로 간주함.)
고차적 인지 능력	남북 통일을 위한 노력을 논리적으로 설명함.
글의 타당성	제시한 남북 통일의 노력과 독일 통일 사례가 타당하게 연결되어 있음.
글의 논리성	전체적인 글의 구성과 짜임새가 매끄러우며, 제시한 노력과 그 이유의 연결이 자연스러움.

Ⅴ. 미래와 지속가능한 삶

01 세계의 인구 변화와 인구 문제

개념 체크

본문 166쪽

01 (1) 배출 (2) 정치적 (3) 저출생 (4) 고령화
02 (1) ○ (2) × (3) ○ (4) ○ (5) ×
03 (1) ㄷ (2) ㄴ (3) ㄱ (4) ㄹ

기본 문제

본문 166~167쪽

01 ② **02** ④ **03** ㉠ 합계 출산율 ㉡ 선진국
㉢ 개발 도상국 **04** ⑤ **05** ① **06** ②
07 ⑤

01 대륙별 인구 변화 이해

정답 찾기 ② 제시된 그래프는 대륙별 인구 변화를 나타낸 것이다. 1900년에 (다) 다음으로 인구가 많았으며 2000년에 비해 2100년 인구가 감소할 것으로 예상되는 (가)는 유럽이다. (나)는 1900년 이후 급격하게 인구가 증가했으며, 2100년에도 인구가 증가할 것으로 예상되는 아프리카이다. (다)는 대륙에서 가장 인구 규모가 큰 아시아이다. (라)는 대륙별 인구 분포가 가장 적은 오세아니아이다.

02 대륙별 인구 특징 이해

정답 찾기 ㄴ. 세계 인구의 대부분은 북반구에 거주하고 있는데, (가)는 유럽으로 북반구, (라)는 오세아니아로 남반구에 위치해 있다.
ㄹ. (가)~(라) 중 유소년층 인구 비율이 가장 높은 곳은 출생률이 가장 높은 아프리카(나)이다.
오답 피하기 ㄱ. 유럽(가)은 아시아(다)보다 경제 발달 수준이 높다.
ㄷ. 오세아니아(라)는 아프리카(나)보다 인구가 적고 면적도 좁다.

03 합계 출산율의 특징 이해

정답 찾기 합계 출산율은 여성 1명이 가임 기간(15~49세) 동안 낳을 것으로 예상되는 평균 출생아 수를 말한다. 경제 발전 수준이 높은 유럽, 앵글로아메리카 등 선진국에서는

합계 출산율이 낮게 나타나고, 경제 발전 수준이 낮은 아프리카와 아시아의 개발 도상국에서는 합계 출산율이 높게 나타난다.

04 인구 변천 모형의 이해

정답 찾기 인구 변천 모형은 출생률과 사망률의 변화에 따라 인구 성장을 단계별로 구분하여, 국가의 경제 발전 수준에 따른 인구 성장 과정을 파악하는 데 이용된다. 그래프의 (가)는 출생률, (나)는 사망률이다. 1단계는 출생률이 높지만 기근과 질병 등으로 사망률도 높아 인구가 정체된다. 2, 3단계에서는 사망률이 감소하면서 인구가 증가하며, 4단계에서는 인구 증가가 정체된다. 이후 5단계는 출생률이 사망률보다 낮아지면서 인구의 자연적 감소가 나타난다.
⑤ 3단계에서 출생률의 감소 원인은 결혼과 자녀에 대한 가치관의 변화, 여성의 사회 활동 증가 등이 있다.
오답 피하기 ① (가)는 출생률, (나)는 사망률이다.
② 현재 대부분의 개발 도상국들은 3단계이며, 선진국은 4단계이거나 5단계이다.
③ 인구의 자연 증가율은 1단계에서 2단계로 가면서 증가하다가 출생률이 감소하는 3단계에서 감소하기 시작한다.
④ 2단계에서 사망률이 감소한 이유로는 의학 기술의 발달, 위생 수준의 개선 등을 들 수 있다.

05 인구 분포 현황 이해

정답 찾기 제시된 지도의 A는 시베리아 지역, B는 사하라 사막, C는 미국 북동부 지역, D는 적도 부근의 에콰도르, E는 아마존강 유역이다. 대체로 동아시아, 동남아시아, 남부 아시아와 서유럽, 미국 북동부 지역이 인구가 많고 인구 밀도도 높은 편이다. 그 이유는 이 지역의 자연환경이 농업에 유리하거나 일찍부터 공업이 발달하였기 때문이다.
① 시베리아 지역은 겨울이 길고 추워 농경에 불리해 인구 밀도가 매우 낮다.
오답 피하기 ② B는 사하라 사막으로 강수량이 매우 적어 농경에 불리한 지역이다.
③ C는 미국 북동부 지역으로 온대 기후가 나타나며 산업이 발달한 곳으로 뉴욕과 같은 세계 도시가 발달해 있다.
④ D는 적도 부근에 위치하지만 해발 고도가 높은 곳에 연중 봄과 같은 기후가 나타나 도시가 발달해 있다. 에콰도르의 키토가 대표적이다.
⑤ E는 아마존강 유역으로 연중 덥고 습하며 열대 우림이 분포한다.

06 선진국과 개발 도상국의 인구 특징 이해

정답 찾기 (가)는 (나)보다 유소년층 인구 비율이 낮고, 노년층 인구 비율이 높게 나타난다. 따라서 (가)는 프랑스, (나)는 가나이다.
ㄱ. 프랑스는 선진국으로 저출생, 고령화 문제가 나타나고 있다.
ㄷ. 노령화 지수는 유소년층 인구 100명에 대한 노년층 인구의 비율로 유소년층 인구의 비율이 낮고, 노년층 인구의 비율이 높은 프랑스가 가나보다 높게 나타난다.
오답 피하기 ㄴ. 가나는 아프리카에 위치한다.
ㄹ. 출생률은 유소년층 인구의 비율이 높은 가나가 프랑스보다 높다.

07 국가별 주요 인구 지표 이해

정답 찾기 ⑤ 제시된 지도의 지표는 선진국이 많은 유럽과 앵글로아메리카, 한국, 일본, 오세아니아에서 높게 나타나고, 개발 도상국이 많은 아프리카와 남부 아시아에서 상대적으로 낮게 나타나는 것으로 보아 노년층 인구 비율이다.
오답 피하기 ① 총인구는 인도와 중국이 많다.
② 합계 출산율은 선진국보다 개발 도상국에서 높게 나타난다.
③ 인구 증가율은 출생률이 높은 개발 도상국에서 높게 나타난다.
④ 유소년 부양비는 청장년층 인구에 대한 유소년층 인구의 비율로 유소년층 인구가 많은 개발 도상국에서 상대적으로 높게 나타난다.

02 에너지 자원과 지속가능한 발전

개념 체크
본문 170쪽

01 (1) 편재성 (2) 석탄 (3) 파리 협정 (4) 람사르 협약
02 (1) ○ (2) ○ (3) × (4) × (5) ×
03 (1) ㄹ (2) ㄴ (3) ㄷ (4) ㄱ

기본 문제
본문 170~171쪽

01 ② **02** ⑤ **03** ⊙: 화석 에너지 ⓒ: 신·재생 에너지 **04** ③ **05** ⑤ **06** ④ **07** ⑤

01 자원의 특성 이해

정답 찾기 ② 대부분의 자원은 매장량이 한정되어 있으므로 계속 사용하게 되면 언젠가는 고갈된다는 (가)는 유한성이다. 사회적, 문화적 배경 등에 따라 자원의 의미와 가치가 달라진다는 (나)는 가변성이다. 일부 자원은 특정 지역에 집중하여 분포한다는 (다)는 편재성이다.

02 자원의 특성과 사례 이해

정답 찾기 (가)는 유한성, (나)는 가변성, (다)는 편재성이다. ㄴ. 서남아시아 지역은 이슬람교를 믿는 신자들이 많다. 이슬람교는 돼지를 불결한 동물로 여겨 돼지고기를 먹지 않는다. 이는 가변성과 관련이 있다.
ㄷ. 자원 민족주의는 자원을 보유한 국가가 자국의 경제적·정치적 이익을 위해 자원을 전략적 무기로 이용하는 것으로 이는 자원의 특성 중 편재성과 관련이 있다.
ㄹ. 석유는 세계 매장량의 약 절반 정도가 서남아시아의 페르시아만에 매장되어 있다. 이는 편재성의 예이다.
오답 피하기 ㄱ. 석탄은 화석 에너지 자원으로 유한한 자원이다.

03 화석 에너지와 신·재생 에너지 이해

정답 찾기 인간이 자연에서 얻을 수 있는 것 중 인간에게 유용하고 기술적·경제적으로 이용 가치가 있는 것을 자원이라고 한다. 그중에서도 인간이 기본적인 생활을 유지하고 생산 활동을 하는 데 필요한 에너지를 얻을 수 있는 자원을

에너지 자원이라고 한다. 이 중에서 석탄, 석유, 천연가스를 화석 에너지라 하며, 수력, 풍력, 태양광, 태양열, 수소 에너지 등을 신·재생 에너지라고 한다.

04 세계 에너지 소비 구조의 이해

정답 찾기 ③ 1970년 이후 세계의 에너지 소비량은 꾸준히 증가하고 있으며, 세계 소비량의 절반 이상을 석유, 석탄, 천연가스와 같은 화석 에너지가 차지하고 있다. 2022년 기준 소비량은 석유 > 석탄 > 천연가스 > 신·재생 에너지 및 기타 > 수력 > 원자력 순으로 많다.

05 주요 화석 에너지 자원의 특징 이해

정답 찾기 2022년 기준 소비량 순위는 석유 > 석탄 > 천연가스 순으로 많다. 따라서 (가)는 석유, (나)는 석탄, (다)는 천연가스이다.

⑤ 천연가스는 석유보다 연소 시 대기 오염 물질 배출량이 적은 편이다.

오답 피하기 ① 석유와 천연가스는 주로 신생대 지층에 매장되어 있다.

② 우리나라는 석탄을 오스트레일리아와 인도네시아에서 주로 수입하고 있다. 서남아시아에서 많이 수입되는 에너지 자원은 석유이다.

③ 내연 기관의 발명으로 수요가 급증한 에너지 자원은 석유이다.

④ 가정용으로 이용되는 비중은 천연가스가 석탄보다 높다.

06 이산화 탄소 배출량 특징 이해

정답 찾기 제시된 그래프는 화석 연료에 의해 발생한 이산화 탄소의 누적 배출량 순위이다.

ㄴ. 이산화 탄소 누적 배출량은 인도가 프랑스보다 많지만, 인도의 인구수가 월등히 많기 때문에 1인당 이산화 탄소 누적 배출량은 프랑스가 많다.

ㄹ. (가)는 미국, (나)는 중국이다.

오답 피하기 ㄱ. 이산화 탄소 배출을 줄이기 위해 교토 의정서, 파리 협정 등의 국제 협약이 체결되었다. 람사르 협약은 습지 보호를 위한 국제 협약이다.

ㄷ. 현재 세계의 이산화 탄소 누적 배출량은 개발 도상국보다 선진국이 많다.

07 지속가능한 발전 특징 이해

정답 찾기 ⑤ 제시된 자료는 지속가능한 발전의 17개 목표를 나타낸 것이다.

오답 피하기 ①, ④ 환경 보호와 빈부 격차 완화는 지속가능한 발전의 한 요소이다.

② 지속가능한 발전은 단순히 인구 증가를 목표로 세우지 않는다.

③ 과거 빠른 경제 성장을 위한 사회적·환경적 문제를 해결하기 위한 것이 지속가능한 발전이다.

03 미래 사회와 세계시민으로서의 삶

개념 체크

본문 174쪽

01 (1) 자정 능력 (2) 전문가 합의법(델파이 기법)
(3) 도심 항공 교통(UAM) (4) 세계시민
02 (1) ○ (2) ✕ (3) ○ (4) ○
03 (1) ㄷ (2) ㄱ (3) ㄴ

기본 문제

본문 174~175쪽

01 ③ **02** 미래학 **03** ② **04** ⑤ **05** ④
06 ⑤ **07** ④

01 미래 예측 방법의 특성 이해

정답 찾기 ㄴ. (가)는 여러 개의 시나리오를 작성하여 미래를 예측하고 대비하는 방법으로 시나리오 기법이다.
ㄷ. (나)는 각 분야의 전문가에게 반복적인 설문을 통해 합의를 도출하는 전문가 합의법으로, 델파이 기법이라고도 한다.
오답 피하기 ㄱ. 전문가 합의법을 델파이 기법이라고 한다.
ㄹ. 미래를 정확하게 예측하는 것은 불가능하다.

02 미래학의 등장 이해

정답 찾기 미래를 정확하게 예측하는 것은 불가능하지만, 미래학을 바탕으로 다가올 변화를 어느 정도 예측하는 것은 가능하다. 미래학자들은 과거와 현재의 사회 변동 양상을 분석하여 미래에 다가올 변화를 예측하고, 이를 활용하여 미래 사회의 모습을 그려 낼 수 있다.

03 미래 사회의 모습 이해

정답 찾기 미래 사회에는 교통·통신 기술의 발달로 국가 간 상호 의존성이 더욱 높아질 것이다. 석유, 천연가스와 같은 자원 소비량이 더욱 늘면서 자원 확보를 위해 자원을 둘러싼 국가 간 갈등의 발생 빈도가 높아질 것으로 예상된다. 미래에는 증강 현실, 인공 지능, 로봇 기술의 발달로 인간의 생활이 더욱 편리해질 것으로 예상된다. 미래에는 생명 공학, 의학 발달 등으로 인해 불치병 치료와 같은 긍정적인 현상도 예상되지만, 생명 윤리 문제, 신종 바이러스의 등장과 같은 부정적인 현상도 예상된다.

② 미래에는 교통과 통신이 더 크게 발달할 것으로 예상되며 이는 지역 간 접근성을 높여 세계 무역량을 증가시키는 원인이 될 것이다.

04 과학 기술의 발전과 미래 사회의 변화 이해

정답 찾기 (가)는 교통 발전에 혁신을 가져다 줄 무인기(드론) 택시로, 생활권의 확대, 지역 간 교류 증가 등의 변화를 가져올 수 있다. (나)는 친환경적인 신·재생 에너지인 태양광 발전이다. 인공 지능 기술의 발전에 따라 태양광 발전으로 생산한 전력의 효율적인 사용이 가능해질 것이다.
⑤ 인간의 정체성과 도덕적 가치의 혼란은 생명 공학 기술의 발달과 관련이 있다.

05 미래 사회의 모습 이해

정답 찾기 제시된 글은 미래 사회의 모습에 대해 설명하고 있다. ㄱ, ㄴ. 미래에는 자유 무역의 확대로 인한 국가 간 경쟁 심화로 소수 국가의 경제 독점으로 빈부 격차가 심화될 것으로 예상된다.
ㄷ. 또 생태 환경 측면에서 인구 증가와 자원 소비 증가에 따라 환경 오염이 심화되고, 온실가스 배출 증가 등으로 지구 온난화에 따른 기후 변화도 심화될 것으로 예상된다.
오답 피하기 ㄹ. 지구 온난화에 따른 기후 변화에 대비하기 위한 국제 협약에는 교토 의정서, 파리 협정 등이 있다. 바젤 협약은 유해 폐기물의 국가 간 이동 처리를 통제하는 협약이다.

06 미래 사회의 지속가능한 발전을 위한 노력 이해

정답 찾기 미래 사회의 생태 환경은 경제 성장과 인구 증가에 따라 현재보다 악화될 것으로 예측된다. 자원의 소비가 증가하여 자원이 고갈되고, 지구의 자정 능력을 능가할 정도로 환경 오염이 심각해질 수 있다. 이를 완화하기 위해서는 로컬 푸드를 소비해야 한다. 로컬 푸드는 장거리 운송 과정을 거치지 않아 환경 오염이 적게 발생하는 지역 농산물을 의미한다. 탄소 발자국은 개인이나 기업, 국가 등이 상품을 생산하고 소비하는 전 과정에서 발생하는 온실가스의 총량을 말한다. 따라서 개인이나 기업 모두 탄소 발자국을 줄이기 위해 노력해야 한다.
⑤ 'RE100'이란 '재생 에너지(Renewable Energy) 100%'의 약자로, 2050년까지 기업 활동에 필요한 전력의 100%를 태양광과 풍력 등 재생 에너지를 통해 생산된 전력으로 사용

하겠다는 기업들의 자발적인 세계적 캠페인이다.

07 미래 사회의 새로운 일자리 이해

정답 찾기 인공 지능, 로봇 기술, 사물 인터넷, 빅 데이터와 같은 과학 기술의 발전으로 우리의 삶은 빠르게 변화하고 있다. 이러한 변화는 직업 시장에도 영향을 미치는데, 기존에 있었던 직업이 축소되거나 사라지기도 하고 과거에는 없었던 새로운 직업이 등장하기도 한다.

오답 피하기 정. 사람들이 우주에서 생활이 가능하도록 우주의 특성에 맞는 다양한 형태의 건축물을 설계하는 직업은 우주 건축가이다.

대단원 종합 문제
본문 178~180쪽

01 ⑤ 　**02** ③ 　**03** ② 　**04** ①
05 ㉠: 배출 요인 ㉡: 흡인 요인 　**06** ③ 　**07** ⑤
08 ② 　**09** ② 　**10** ① 　**11** ③
12 ㉠: 자원 민족주의 ㉡: 석유 수출국 기구(OPEC)
13 ④ 　**14** ②

---

01 세계의 인구 변화 이해

정답 찾기 세계의 인구는 출생이나 사망과 같은 자연적 요인과 전출이나 전입과 같은 사회적 요인에 따라 변화한다. 세계의 인구는 18세기 산업 혁명 이후 생활 환경 개선, 의료 기술 발달, 공공 위생 시설 개선 등으로 평균 수명이 늘고 사망률이 낮아지면서 급격히 증가하기 시작했다.
ㄷ. 2020년 세계 인구는 약 80억 명으로, 1950년의 약 30억 명보다 두 배 이상 많다.
ㄹ. 인구 증가율의 곡선의 기울기는 1900~2000년이 1800~1900년보다 크기 때문에 인구 증가율이 높음을 알 수 있다.

오답 피하기 ㄱ. 미래에는 아시아와 아프리카의 인구 비중이 증가해 개발 도상국의 인구 비중이 증가할 것이다.
ㄴ. 1950년 이후 세계 인구는 증가했으나, 모든 지역의 인구가 증가한 것은 아니다.

02 대륙별 인구 변화 이해

정답 찾기 개발 도상국이 많은 아시아와 아프리카는 인구가 빠르게 증가하였고, 상대적으로 경제 발전 수준이 높은 선진국이 많은 유럽은 1970년 이전에 인구 성장이 정체된 상태에 도달했다. 따라서 인구 규모가 가장 큰 A는 아시아, 1970년 이후 인구 성장이 큰 B는 아프리카, 인구 성장이 정체 상태인 C는 유럽이다.
③ 아프리카(B)는 유럽(C)보다 경제 발달 수준이 낮다.

오답 피하기 ① 1970~2021년 인구 증가율은 아시아(A)보다 아프리카(B)가 높다.
② 산업화 시기는 유럽(C)이 아시아(A)보다 이르다.
④ 대륙의 면적은 아프리카(B)가 유럽(C)보다 넓다.
⑤ 유소년층 인구 비율은 세 지역 중 아프리카(B)가 가장 높다.

03 선진국과 개발 도상국의 인구 특징 이해

정답 찾기 (가)는 (나)보다 유소년층 인구 비율이 높고, 노년층 인구 비율이 낮게 나타난다. 따라서 (가)는 니제르, (나)는 독일이다.
ㄱ. 독일은 유럽에, 니제르는 아프리카에 위치한다.
ㄷ. 노령화 지수는 유소년층 인구 100명에 대한 노년층 인구 비율로 유소년층의 비율이 낮고 노년층의 비율이 높은 (나)가 (가)보다 높다.

오답 피하기 ㄴ. 중위 연령은 전체 인구를 일렬로 세웠을 때 한가운데 있는 사람의 나이로 유소년층의 비율이 높고 노년층의 비율이 낮은 (가)가 (나)보다 낮다.
ㄹ. 유소년 부양비는 생산 가능 인구(15~64세)에 대한 유소년층 인구(0~14세)의 비율로 유소년층의 인구 비율이 낮은 (나)가 (가)보다 낮다.

04 독일과 니제르의 특성 이해

정답 찾기 ① 니제르(가)는 개발 도상국, 독일(나)은 선진국으로 볼 수 있다. 1인당 국내 총생산은 독일이 니제르보다 많고, 합계 출산율은 개발 도상국인 니제르가 독일보다 높다. 노년층 인구 비율은 선진국인 독일이 니제르보다 높다. 따라서 정답은 A이다.

05 배출 요인과 흡인 요인 이해

정답 찾기 인구는 정치, 경제, 종교, 환경 등 다양한 요인에 의해 한 지역에서 다른 지역으로 이동한다. 인구 이동 요인 중 빈곤, 실업, 낮은 임금 등과 같은 부정적인 요인은 배출 요인이다. 많은 일자리, 높은 임금, 좋은 주거 환경 등과 같은 긍정적인 요인은 흡인 요인에 해당한다.

06 대륙별 인구 순 이동 이해

정답 찾기 ③ 그래프는 대륙별 인구 순 이동을 나타낸 것이다. 인구 순 유출이 가장 많은 (나)는 아시아이고, 아시아 다음으로 인구 순 유출이 많은 (가)는 아프리카이다. 인구 순 유입이 발생하고 있는 (다)는 북아메리카이다.

07 대륙별 인구 특징 이해

정답 찾기 ⑤ (가)~(다) 중에서 노년층 인구 비율이 가장 높은 곳은 경제 발달 수준이 높은 미국과 캐나다가 있는 북아메리카인 (다)이다.

오답 피하기 ① (가)는 2010~2021년 인구 순 이동 값이 음의 값으로 유입 인구보다 유출 인구가 많다.
② 경제 발달 수준은 북아메리카가 아프리카보다 높다.
③ 거의 모든 아시아와 북아메리카는 북반구에 위치해 있다.
④ 2022년 기준 세 대륙의 총인구는 아시아 > 아프리카 > 북아메리카 순으로 많다.

08 인구 지표 이해

정답 찾기 ② 합계 출산율은 한 여성이 가임 기간(15~49세) 동안 낳을 것으로 예상되는 평균 출생아 수를 의미한다. 일찍 산업화가 시작된 북아메리카와 유럽, 동아시아 국가들은 합계 출산율이 상대적으로 낮은 편이다. 그러나 산업화가 진행 중인 아프리카와 일부 아시아 국가들은 합계 출산율이 상대적으로 높은 편이다.

오답 피하기 ① 총인구는 인도와 중국이 많다.
③ 중위 연령은 전체 인구를 일렬로 세웠을 때 한가운데 있는 사람의 나이로, 선진국이 높게 나타난다.
④ 노년 부양비는 노년층 인구 비율이 높은 선진국이 높게 나타난다.
⑤ 노령화 지수는 유소년층 인구 100명에 대한 노년층 인구 비율로, 유소년층 인구 비율이 낮고 노년층 인구 비율이 높은 선진국에서 높게 나타난다.

09 저출생 현상의 대책 이해

정답 찾기 제시된 그래프는 우리나라의 출생아 수 감소와 합계 출산율 감소를 나타내고 있다. 우리나라는 1970년 이후 꾸준히 출산율이 감소해 2022년 합계 출산율이 0.78명으로 매우 낮게 나타나고 있다. 따라서 저출생 현상 완화를 위한 다양한 출산 장려 정책이 필요하다. 저출생에 따른 문제를 해결하기 위해 출산 장려금 지원, 출산 휴가 및 육아 휴직 보장, 유연 근무제 확대 등의 각종 출산 장려 정책을 실시할 수 있다. 또한, 경제적 문제로 결혼과 출산을 늦추거나 포기하지 않도록 청년층에 대한 주택 특별 공급, 일자리 확보 등의 정책을 마련해야 한다.
② 실버 산업 육성은 고령화 현상에 대한 대책으로 저출생 문제 해결을 위한 직접적인 대책이라고 볼 수 없다.

10 세계 에너지 소비량 변화 이해

정답 찾기 에너지 자원이란 경제활동과 일상생활 등에서 필요한 에너지를 획득할 수 있는 자원을 말한다. 대표적인 에너지 자원에는 석탄, 석유, 천연가스 등의 화석 에너지와 태양, 바람, 지열 등을 활용한 신·재생 에너지 등이 있다. 산업이 발달하면서 에너지 자원의 사용량이 크게 증가하였는데, 그중 석탄, 석유, 천연가스와 같은 화석 에너지 자원은 세계 에너지 소비량의 대부분을 차지하고 있다. 2021년 세계 에너지 소비량은 석유 > 석탄 > 천연가스 순으로 많다. 따라서 (가)는 석유, (나)는 석탄, (다)는 천연가스이다.
① A는 미국, 사우디아라비아 등의 국가에서 많이 생산하는 석유이며, B는 중국이 세계 생산량의 절반가량을 차지하는 석탄이다. C는 미국과 러시아, 이란에서 생산량이 많은 천연가스이다.

11 화석 에너지 자원의 특징 이해

정답 찾기 세계 에너지 소비량 그래프를 통해 (가)는 석유, (나)는 석탄, (다)는 천연가스임을 알 수 있다.
③ 석유는 석탄보다 자동차나 비행기와 같은 수송용으로 이용되는 비중이 높다.
오답 피하기 ① 석유는 주로 신생대 지층에 매장되어 있다.
② 냉동 액화 기술의 개발로 수요가 급증한 것은 천연가스이다.
④ 국제 이동량은 석유가 석탄보다 많다.
⑤ 상용화된 시기는 석탄이 천연가스보다 이르다.

12 자원 민족주의의 이해

정답 찾기 자원 민족주의는 자원을 보유한 국가가 자원의 생산과 공급을 통제함으로써 자국의 이익을 극대화하는 것을 의미한다.

13 기후 변화의 특징 이해

 ㄱ. 기후 변화란 장기간에 걸친 기후의 변동을 뜻한다. 기후 변화의 원인은 크게 자연적 원인과 인위적 원인으로 구분할 수 있다. 인위적 원인에는 화석 에너지 사용 증가에 따른 온실가스 증가, 도시화와 토지 개발에 따른 토지 이용도 변화 등을 들 수 있다.

ㄷ. 특히 화석 에너지 자원을 소비하면서 대기로 배출되는 이산화 탄소, 메테인(메탄)과 같은 온실가스는 지구 온난화를 유발하는 큰 원인이다.

ㄹ. 해수면 상승에 따른 해안 저지대의 침수 피해는 대표적인 지구 온난화의 피해 사례이다.

 ㄴ. 기후 변화의 자연적 원인에는 태양 활동의 변화, 태양과 지구의 위치 변화, 대규모 화산 활동 등이 있다.

14 세계시민의 자세 이해

 세계화의 흐름 속에서 각 국가는 따로 독립되어 있기보다는 서로 밀접하게 연결되어 서로 영향을 주고받는다. 세계는 하나의 공동체로서의 성격이 점차 강해지고 있다. 따라서 자신이 지역, 국가, 지구촌과 상호 연결된 세계시민임을 깨닫고, 미래 사회의 바람직한 변화를 위해 노력해야 한다. 그러기 위해서는 갑. 지속가능한 발전에 관심을 가지고, 병. 나와 다른 문화적 배경을 가진 사람과 소통하고 협력할 줄 알아야 한다.

 을. 직업 선택 시 자신의 적성과 흥미도 중요하지만, 세계시민의 자세를 갖추기 위해서는 그 외의 다양한 가치도 고려해야 한다.

정. 인류의 보편적 가치를 바탕으로 지역의 특수한 가치를 고려해야 한다.

미리보는 서술형·논술형

본문 181쪽

Step 1 | 서술형 연습하기

 세계 에너지 소비량은 지속적으로 (증가)하고 있다. 오늘날 세계 에너지 소비량은 석탄, (석유), (천연가스) 등 화석 에너지의 비중이 매우 높은 편이다.

| 필수 키워드 | 증가, 석유, 천연가스

상	에너지 소비량의 증가와 에너지 자원의 명칭을 모두 정확히 서술한 경우
중	에너지 자원의 명칭만 정확히 서술한 경우
하	에너지 소비량의 증가만 서술한 경우

Step 2 | 서술형 훈련하기

 인구 피라미드의 형태를 통해 (가)는 개발 도상국, (나)는 선진국임을 알 수 있다. (나)는 (가)와 비교하여 유소년층 인구 비율이 낮고, 노년층 인구 비율이 높다. 따라서 (나)는 (가)보다 출생률은 낮고 기대 수명은 높을 것이다.

| 필수 키워드 | 기대 수명, 출생률, 유소년층 인구 비율, 노년층 인구 비율, 선진국, 개발 도상국

상	인구 피라미드를 통해 유소년층 인구 비율과 노년층 인구 비율을 분석한 후 기대 수명과 출생률 특징을 정확하게 서술한 경우
중	인구 피라미드에 대한 분석 없이 기대 수명과 출생률 특징만 서술한 경우
하	인구 피라미드의 특징만 서술한 경우

Step 3 | 논술형 도전하기

 난민도 보호받아야 하는 인권을 가진 우리와 같은 인간이다. 또한 우리나라는 난민 협약에 가입한 국가로 국제 사회에 책임 있는 역할을 수행해야 할 위치에 있다. 현재 우리나라의 경우 노동력이 부족하고 흔히 말하는 3D 업종에서는 노동력 부족 문제가 나타나고 있다. 우리가 기피하는 업종에 난민들이 취업할 경우 국내 경제에도 긍정적인 효과가 나타날 수 있을 것이다. 또한 난민이 들어올 경우 범죄율이 크게 증가한다고 이야기하지만 통계적으로도 내국인과 외국인 간의 범죄율의 차이는 크지 않다.

| 논리적 전개 예시 | 난민도 인권을 가진 인간임을 서술한다. → 국내의 노동력 부족 상황과 난민의 관련성을 서술한다. → 난민 수용에 대한 반대의 근거가 부정확한 경우가 많다는 점을 서술한다.

평가 충실도	정해진 분량을 충족했음. (단, 질문과 관련 없는 내용으로 답변했을 시에는 분량 기준을 충족시키지 못한 것으로 간주함.)
고차적 인지 능력	인권과 국내 노동력 부족 상황을 연관 지어 논리적으로 설명함.
글의 타당성	현상에 대한 분석과 근거가 타당하게 연결되어 있음.
글의 논리성	전체적인 글의 구성과 짜임새가 매끄러우며, 주장과 근거의 연결이 자연스러움.

고등 예비 과정

통합사회

내신 중점 ★ 고1~2 권장

구분	고교 입문 ›	기초 ›	기본 + 연습 ›	특화
국어	고등 예비 과정	윤혜정의 개념의 나비효과 입문 편 + 워크북 어휘가 독해다! 수능 국어 어휘			국어의 원리
영어	고등 예비 과정 / 내 등급은?	정승익의 수능 개념 잡는 대박구문 주혜연의 해석공식 논리 구조편	(기본서) 올림포스 ·········· (유형서) 올림포스 유형편	올림포스 전국연합 학력평가 기출문제집	Grammar POWER Reading POWER Listening POWER Voca POWER (고급) 올림포스 고급영어독해
수학		(기초) 50일 수학 + 기출 워크북 매쓰 디렉터의 고1 수학 개념 끝장내기			(고급) 올림포스 고난도 수학의 왕도
한국사 사회		(기본서) 개념완성 ·········· 개념완성 문항편	개념완성 전국연합 학력평가 기출문제집	고등학생을 위한 多담은 한국사 연표
과학	50일 통합과학			(인공지능) 수학과 함께하는 고교 AI 입문 수학과 함께하는 AI 기초

과목	시리즈명	특징	난이도	권장 학년
전 과목	고등예비과정	예비 고등학생을 위한 과목별 단기 완성		예비 고1
국/영/수	내 등급은?	고1 첫 학력평가 + 반 배치고사 대비 모의고사		예비 고1
	올림포스	내신과 수능 대비 EBS 대표 국어·수학·영어 기본서		고1~2
	올림포스 전국연합학력평가 기출문제집	전국연합학력평가 문제 + 개념 기본서		고1~2
한/사/과	개념완성&개념완성 문항편	개념 한 권 + 문항 한 권으로 끝내는 한국사·탐구 기본서		고1~2
	개념완성 전국연합학력평가 기출문제집	전국연합학력평가 문제 + 개념 기본서		고1~2
국어	윤혜정의 개념의 나비효과 입문 편 + 워크북	윤혜정 선생님과 함께 시작하는 국어 공부의 첫걸음		예비 고1~고2
	어휘가 독해다! 수능 국어 어휘	학평·모평·수능 출제 필수 어휘 학습		예비 고1~고2
	국어의 원리	원리로 이해하는 내신과 수능 대비 국어 특화서		고1~2
영어	정승익의 수능 개념 잡는 대박구문	정승익 선생님과 CODE로 이해하는 영어 구문		예비 고1~고2
	주혜연의 해석공식 논리 구조편	주혜연 선생님과 함께하는 유형별 지문 독해		예비 고1~고2
	Grammar POWER	구문 분석 트리로 이해하는 영어 문법 특화서		고1~2
	Reading POWER	수준과 학습 목적에 따라 선택하는 영어 독해 특화서		고1~2
	Listening POWER	유형 연습과 모의고사·수행평가 대비 올인원 듣기 특화서		고1~2
	Voca POWER	영어 교육과정 필수 어휘와 어원별 어휘 학습		고1~2
	올림포스 고급영어독해	영어 독해력을 높이는 영미 문학/비문학 읽기		고2~3
수학	50일 수학 + 기출 워크북	50일 만에 완성하는 초·중·고 수학의 맥		예비 고1~고2
	매쓰 디렉터의 고1 수학 개념 끝장내기	스타강사 강의, 손글씨 풀이와 함께 고1 수학 개념 정복		예비 고1~고1
	올림포스 유형편	유형별 반복 학습을 통해 실력 잡는 수학 유형서		고1~2
	올림포스 고난도	1등급을 위한 고난도 유형 집중 연습		고1~2
	수학의 왕도	직관적 개념 설명과 세분화된 문항 수록 수학 특화서		고1~2
한국사	고등학생을 위한 多담은 한국사 연표	연표로 흐름을 잡는 한국사 학습		예비 고1~고2
과학	50일 통합과학	50일 만에 통합과학의 핵심 개념 완벽 이해		예비 고1~고1
기타	수학과 함께하는 고교 AI 입문/AI 기초	파이선 프로그래밍, AI 알고리즘에 필요한 수학 개념 학습		예비 고1~고2